KB268096

재일동포 한국어 문학의 민족문학적 성격

한승옥, 소재영, 송현호
허명숙, 백로라, 이정석, 김형규
박현선, 이정희, 최종환, 강명혜

국학자료원

* 이 저서는 2004년도 한국학술진흥재단의 지원에 의해 연구되었음.
(KRF-2004-072-AM3031)

　지난 2년간 우리가 해결해야 했던 과제는 크게 보아 두 가지였다. 하나는 재일동포 한국어 문예자료를 수집·정리하여 척박한 이 방면의 연구토대를 확보하는 일이며, 다른 하나는 '재일동포 한국어 문예물'의 내적논리를 규명하는 것이었다. 이것은 '한민족 통일문학사' 서술이라는 아젠다로 나아가는 지난한 노정에 하나의 디딤돌 역할을 톡톡히 하게 될 것이다.

　최근에 이르러 해외동포 문학에 대한 관심이 크게 고조되고 있으며 이와 관련된 연구 활동 또한 사뭇 활발하다. 특히 이념적 냉전 대결 구도의 종식과 함께 중국 조선족 문학, CIS 지역 고려인 문학의 자료발굴과 연구는 학계의 뜨거운 관심사로 떠오르기도 했다. 뿐만 아니라 '재미한인 문학'에 관심을 보여 온 연구자들의 괄목할만한 성과도 계속 제출되고 있다. 그러나 재일동포문학의 경우, 여전히 이데올로기 대립이라는 현실 조건에 얽매여 제한된 범주에서의 연구만 이루어지고 있을 뿐이다. 일본 문단에서 주목받고 있는 일부 동포 작가나 작품에 대한 연구자들의 관심에 비해 문예동 소속 문인과 작품에의 관심은 턱없이 미약했던 것으로 보인다. 하지만 이러한 문제점은 오히려 본 연구의 의미와 의의를 강화시켜 주었으며, 우리의 문제의식을 촉발하는 결정적인 계기가 되었다.

　모국어로 작품을 생산, 소비하면서 '조국으로의 귀환을 기다려온' 문예동 소속 문인들은 그동안 우리 문학사에서 철저히 배제되어 있었다. 근대사의 특수한 정치적·역사적 정황으로 인해 이들 문학이 우리 문학사의 '회색지대'에 놓일 수밖에 없었지만, 그렇다고 엄연한 그들의 존재를 언제까지나 외면할 수만은 없다. 문예동 계열의 '재일동포 한국어 문학'을 소위 '북한문예 강령'에 '복속하는 아류' 정도로 평가절하하거나, 특정 문예이론의 잣대에 기대어 그 문학성 유무만을 따지기만 하는 일도 소모적이고 비생산적인 논쟁만을 불러올 것이 뻔하다.

　재일동포 문학, 그 중에서도 문예동 소속 문인들에 의해 모국어로 창작된 문학을 한국문학이나 일본문학의 변방에 밀쳐둔 채 우리와 그들 사이의 정치·이데올로기적 '차이'를 고려하지 않았던 기존 연구자들의 시각은 차제에 재고되어야 한다. '한민족 문학연구'라는 테제 설정과 함께 한국문학사의 외연을 확대해 나가는 것은, 온전한 통일문학사 수립을 앞당김에 있어 무엇보다 중요한 과제가 아닐 수 없다. 그동안 사각지대에 놓여있던 '재일동포 한국어 문학' 자료를 체계적으로 수집하고 정리하는 작업은 해외동포 문학의 민족문학사 편입 문제와 관련하여 더 이상 미룰 수 없는 당면 현안이다. 소위 '한국어로 창작된' 재일동포 문학을 다루면서 균형감각 유지에 각별히 유념했던 것도 우리 연구의 방점이 바로 이 부분에 찍혀 있었기 때문이다.

이 책은, 일본 현지에서 수집·정리한 '재일조선인문학예술가동맹' 소속 문인들의 작품을 대상으로 그 속에 관통하는 내적논리 규명에 진력해 왔던 연구자들의 논문을 모아 엮은 것이다. '모국어로 창작된 재일동포 문학의 민족문학적 성격'이라는 아젠다 아래 진행되어온 그간의 연구결과를 두 권의 책으로 묶고 각각 『재일동포 한국어 문학의 민족문학적 성격』, 『재일동포 한국어 문학의 전개양상과 특징』라는 제명을 붙였다. 이 책에 실린 글들은 문예동 기관지 『문학예술』에 수록된 작품을 논의의 대상으로 삼은 논문들이다. 첫째 권 『재일동포 한국어 문학의 민족문학적 성격』은 본 연구의 전반적인 방향을 개관한 총론의 글, 그리고 민족 정체성 문제나 재일동포 한국어문학의 '민족문학적 성격'을 정면에서 천착한 논문 중심으로 편성되어 있다. 그리고 둘째 권 『재일동포 한국어 문학의 전개양상과 특징』에는 주로 재일동포 한국어문학의 각 장르별 특성이나 최근 동향을 다룬 논문들을 수록하였다. 이처럼 우리의 연구 결과물이 두 권의 책에 분재되어 있지만, 이 글들은 어차피 동일한 문제의식과 관점에 수렴되는 것임을 밝혀둔다. 구태여 분할의 근거를 든다면 각 논문의 입점이 갖는 근사성 정도일 것이다.

『재일동포 한국어 문학의 전개양상과 특징』에 수록한 김학렬 선생의 옥고 「재일조선시문학의 근황」은 본 연구 과정에서 생산된 직접적인 결과물은 아니다. 그러나 우리가 연구대상으로 삼았던 '재일동포 한국어 문학' 당사자의 시각과 목소리를 담고 있다는 점에서, 이 글은 자못 큰 의미를 지닌다. 본 연구에 참여한 사람들과의 논의를 거쳐 이 책에 특별히 수록하기로 했다. 어떤 글보다도 연구자들의 관심을 끌만한 것이며 재일동포 한국어문학에 대한 이해의 폭을 넓히는 데 큰 도움이 될 것이다.

본 연구의 기본 과제이자 일차적 목표라고 할 수 있는 '한국어로 창작된 재일동포 문학 자료의 수집·정리' 작업이 갖는 중요성은 아무리 강조해도 모자람이 없다. 이 작업은 김학렬 선생과 김리박 선생의 적극적이고 헌신적인 협조가 없었다면 애초에 불가능했을지도 모른다. 그리고 '민족문학'이 나아갈 길에 대해 나누었던 이 분들과의 솔직하고 진지한 대화는 오랫동안 잊지 못할 것이다. 문학이라는 울타리 안에서 상호 소통할 수 있는 여지를 찾을 수 있었던 것 역시 이분들의 문학인다운 열린 마음이 있었기에 가능했지 싶다. 재일동포 문학의 실체와 본질을 규명하여 한민족 통일문학사 서술에로 나아가기 위해, 이분들과 함께 공동 관심사와 협조의 폭을 더욱 확대시켜 나가는 일도 계속되어야 할 것이다.

본 연구의 문을 열어주고, 어려움 없이 작업에 전념할 수 있도록 해준 원동력은 두말할 것 없이 학술진흥재단의 연구비 지원(KRF-2004-072-AM3031)이었다. 그리고 출판계의 이러저러한 어려움에도 불구하고 '재일동포 한국어 문학' 연구의 가치와 학문적 생산성을 인정하여 흔쾌히 출판을 허락해 주신 정찬용 사장의 사려 깊은 혜안에 감사드린다. 아울러 적지 않은 분량의 원고를 꼼꼼히 살펴 깔끔한 책으로 묶어준 국학자료원 편집부 제위께도 이 지면을 빌려 사의를 표한다.

2007. 8.

상도동 연구실에서

한승옥 씀

| 목 차 |

제1장
재일동포 한국어 문학의 연구 방향

재일동포 한국어 문학의 연구 총론

한 승 옥

목 차

1. 머리말

본 연구의 목적은 일제 강점기 이후 재일동포의 한국어 문예 자료들을 체계적으로 수집 정리하고, 이들의 민족문학적 성격과 정체성을 규명하는 데 있다. 1990년대 이후 이념적 냉전 대결 구도의 종식과 러시아, 중국과의 국교가 수립되면서 자연스럽게 CIS지역의 고려인 문학, 중국 조선족문학 자료 발굴과 연구가 활발히 진행되고 있는 실정이다. 뿐만 아니라 재미동포 문학에 대한 관심도 이에 못지않아 현재 연구 성과가 괄목할 만한 수준에 이르고 있는 것이 사실이다.

그러나 '재일동포' 문학, 그 문예자료에의 접근만큼은 상당히 불리하거나 제한적인 조건 속에 놓여 있었다. 1980년대 전반까지 왜곡된 레드 콤플렉스에서 완전히 벗어날 수 없었던 현실적 상황이 이들 자료에의 접근이나 연구를 제약하는 결정적 요인으로 작용하고 있었던 것이다. 따라서 국내에서 '재일동포' 문학을 다루었던 기존 연구들은 자연히 제한된 몇몇 작가와 작품을 대상으로 삼거나, 연구 주제와 방법론에 있어서도 일정한 한계를 지닐 수밖에 없었다. 더구나 그 연구 대상은 주로 일본어로 창작하는 작가들에 국한되었으며 연구 관점도 '재일동포' 문학을 일본 내에서 차별 받는 소수 민족의 문학, 일본문학의 주변 정도로 보는 전제적 입장에서 크게 벗어나 있지 못했다.

'재일동포' 문학에는 일본어로 창작된 것과, 한국어로 창작된 두 부류의 작품이 있다. 그러나 국내 문단이나 학계에서는 일본어로 창작하는, 일본 문단에서 주목받는 몇몇 작가와 작품에만 유독 관심을 보일 뿐이다. 일본사회에 쉽게 동화되어 갔던 민단계 교포와 달리 지속적으로 한국어 작품을 생산, 소비하면서 다시 '조국'으로 귀환하게 될 날을 기다려 온 조총련계 문인들에 대한 관심은 상대적으로 부족했던 것이다. 이제까지 북한 문학에 대한 논의가 금기시 되어 왔던 만큼 이들 조총련계 문인들에 대한 언급 또한 지극히 제한된 범주 내에서 이루어질 수밖에 없었다.

'재일동포' 문학이란 일본에 거주하는 우리 동포들이 쓴 문학을 일컫는다. 그러나 이 용어의 엄정한 개념과 의미 범주에 대해서는 아직 논란의 여지가 적지 않으며, 이들의 작품을 한국문학사에 수용할 수 있는가에 대해서도 합의된 바가 없다. 해방 전부터 장혁주나 김사량 등에 의해 일본어로 쓰이고 발표된 작품들을 간혹 일본문학의 일부분으로 생각하는 경향이 없지 않았고, 해방 이후의 김달수, 김석범, 60년대 이회성, 김학영, 정승박, 70년대 양석일, 이양지 그리고 80년대 이후 유미리 등에게서 보듯이 대부분의 재일 한국인 작가들은 일본어로 작품을 발표하면서 상당 부분 일본문단에로 편입되어 갔다. 하지만 한국어에 의한 작금의 창작활동은 '재일조선인문학예술가동맹' 소속 문인들을 중심으로 겨우 명맥을 이어오고 있을 따름이다. 사실 해방 이후 1960년대 중반까지 일본에서 활동하던 동포 작가들 대부분은 '재일조선인문학예술가동맹'이라는 문학조직에 소속되어 있었다. 당대 민족 역사와 삶의 조건 속에서 반제국주의와 노동해방을 추구하던 재일동포 문인들이 '사회주의 문학을 하나의 전통'처럼 받아들이고 있었기에 이것은 너무도 자연스러운 현상이었다. 그러나 조총련의 조직적 장악력이나 정치적·문화적 영향력 약화, 냉전적 이데올로기의 퇴조와 맞물리면서 '재일동포' 문인들도 북한문학 강령에 복속하는 편향성을 드러내기에 이르렀다. 그래서 김달수 같은 이는 재일동포문학을 '일본에서 일본어로 하는 문학활동 또는 그 내용'으로 한정시킴으로써 '문예동' 문학을 '국내(북한)문학'으로 기정사실화하기도 했던 것이다. 반면 일본 학계에서는 이들을 통틀어 '재일 한국인문학'으로 지칭하면서 자신들의 문학과 어느 정도 일정 거리를 두려고 하였다.

일제 강점기로부터 지금에 이르기까지 일본 내 한국문학은 직간접적으로 우리 문학과 밀접한 연관을 맺으면서 그 어떤 지역의 동포문학과도 비견할 수 없는 영향력을 발휘하고 있다. 그리고 100여 년의 한국근대문학 발전과정, 특히 해방 이후 새로운 문화적 환경 속에서도 '재일동포' 문학은 독자성을 확보하면서 나름대로 특유의 성격을 드러내기도 했다. 그동안 축적된 관련 연구 결과에서 확인할 수 있듯이, '재일동포'

문학은 질적으로나 양적으로 괄목할만한 성과를 거두고 있으며 나름대
로 문학적 독자성을 충분히 담보하고 있다. 이것은 최근 일본 문단의
권위 있는 문학상을 수상한 한국인 작가들이 속속 등장하고 있음에서도
확인된다. 그렇다고 해서 '재일동포' 문학이 일본 문단의 중심에 편입되
었다고 말하는 것은 아직 시기상조임에 틀림없다. 뿐만 아니라 그들은
한국 문학의 범주로도 온전히 수렴되지 못한 채 스스로 문학적 정체성
혼란을 겪고 있는 것이 사실이다.

일부 논자들 중에는 아직도 '한국어'로 창작된 일본 내 동포작가의
작품을 '재일조선인' 문학으로 취급하지 않으려는 이들이 있다. 그 작품
들이 '재일조선인문학예술가동맹' 소속 작가에 의해 애초부터 조선문학
이라는 뚜렷한 자기의식 아래 쓰였기 때문에 국내(북한)문학으로 인정해
야 한다는 논리이다. 일본어로 창작된 동포 작가들의 문학만을 '재일조
선인 문학'으로 규정하려는 의도 때문에 불가피한 논리였겠지만, '재일
동포' 문학이 얼마나 정체성 혼란을 겪고 있는가를 웅변으로 보여주는
실례라 하겠다.

하지만, 이제는 이러한 몇 가지 현실적 조건의 어려움을 극복하면서
'재일동포' 문학 영역을 확대해 나가야 할 때다. '재일조선인문학예술가
동맹' 소속 작가들뿐만 아니라 일본에서 한국어로 창작하는 모든 작가들
의 활동상황이나 그 작품에 대한 관심을 가지고, 한시 바삐 이들 자료를
확보할 필요가 있다. 특수 현실 조건 속에서도 모국어를 통해 보여준 그
들의 문학적 형상화 노력, 작품의 내적 논리, 문학성의 의미는 결코 간
단치가 않다. 이들 한국어 작품의 발굴과 수집 정리, 그리고 온당한 재
평가 작업은 더 늦기 전에 시급히 이루어져야 할 것이다. 대다수 1세대
작가들이나 독자들이 세상을 떠나고 2~4세대로 이동하는 동포사회의 세
대교체, 동포사회에 대한 일본 정부의 동화정책, 동포사회 자체의 공동

체 의식 약화와 같은 현실적 조건 때문에 한국어로 쓰인 작품의 독자층은 급격히 축소되고 있다. 이대로 시간이 흐르게 되면 한국어로 쓰인 문학 작품 생산은 더 이상 기대하기 어렵게 되고, 기존 자료들의 온전한 확보조차도 어렵게 될지 모른다.

'재일동포' 문학은 이국에 삶의 뿌리를 둔 동포들의 체험적 삶의 기록이다. 그러한 점에서 한국어로 발표된 작품, 문예자료들을 수집 정리하는 일은 '재일동포'들의 삶의 현주소를 확인하고, 재외 동포 정책을 수립하기 위한 기초 자료로 활용될 수 있다는 점에서 그 의의가 클 뿐만 아니라, 한국문학사의 외연 확대에도 기여하게 될 것이다. 나아가 미구에 우리가 이루어야 할 통일한국문학사를 위해서도 재일 한국인(조선인) 문학, 특히 한국어로 창작 소비된 작품과, 관련 문예자료의 수집 정리는 그 무엇보다 긴요하다고 생각한다.

2. 발굴 수집 자료의 범주

'재일동포' 문학이란 물론 일본사회에서 우리 동포들이 쓴 문학을 가리키는 말이다. 그러나 이 말의 정의와 범위에 대해서는 여전히 논란의 여지가 남아 있다. 뿐만 아니라 장혁주, 김사량, 이회성, 김달수, 김석범을 거쳐 유미리 등으로 이어지는 '재일동포' 문학은 그들이 주로 일본어로 작품 활동을 전개해 왔다는 점에서 사실상 일본 문단에 편입되는 형편에 처해있다. 특히 해방 이후, '한인(조선)문학'의 일환으로 '한국어(조선어)'에 의한 문예창작 활동이 극히 일부에서나마 지속적으로 전개되어 오기도 했지만 우리들에게는 '재일동포' 문학이 일본어에 의한 동포 문인들의 문학 활동으로 널리 인식되어 온 것도 사실이다.

그동안 '재일동포' 문학에 대한 연구자들의 관심도, 일본어로 창작하는 몇몇 문인들과 그들의 작품에만 집중되어 왔다. 그러나 이들 문학은 일본문학이나 한국문학의 영역 어느 쪽에도 편입되지 못한 채 문학사적 관심권에서 크게 벗어나 있었다. 몇몇 작가들의 좌익적인 성향, 민족분열이라는 특수 상황 등은 이들을 터부시하게 만드는 결정적 요인으로 작용하고 있었던 것이다. 그리고 2~4세 동포의 증가와 일본 정부의 동화정책으로 인해 동포사회는 급격히 흔들리면서 자연스럽게 일본 사회로 편입되고 만 점도 없지 않다. 하지만 이러한 주변적 상황의 어려움 속에서도 '재일동포' 문학은 민족문학에로의 편입 의지를 강력히 표현하고 있다.

본 연구를 통해 수집 정리하고 있는 자료는, 일제강점기로부터 지금까지 한글로 쓰인 '재일동포' 문학작품과 이와 관련된 다양한 문예물들이다. 아울러 일본어로 작품을 써왔던 장혁주, 김사량 등이나 김석범, 이회성 등의 한국어 작품도 수집 대상이 될 수 있다. '재일동포' 문학 중에서 한국어로 창작된 작품이나 그와 관련된 문예적 상황에 대한 연구는 거의 전무한 형편이다. 최근 심원섭에 의한 '재일 조선인 시문학에 나타난 자기 정체성의 제양상' 연구나, 설성경 외 4인의 '재일동포'의 문학예술의 현황과 창작방향'에 관한 연구에서 간략히 언급된 한국어 소설에 대한 개관 정도가 전부라고 해도 과언이 아니다. 특히 이런 연구들은 그 대상을 전적으로 조총련 산하 '재일본조선인문학예술가동맹' 소속 작가 작품에 한정함으로써 한계를 보여주기도 했다. 본 연구에서는 이러한 한계를 다소나마 극복하기 위해 민단계 신문이나 잡지, 문학 동호인 활동을 통해 생산된 한국어 작품과 관련 자료들에까지 수집 영역과 범주를 확대시켰다.

이처럼 '재일동포' 한국어 문학작품에 대한 연구 자체도 충분치 못하지만 그 자료의 체계적 수집 정리라는 기초 작업조차 전혀 이루어지지 않고 있는 형편이다. '재일동포' 문학의 총체적 특성을 제대로 해명하고, 이를 바탕으로 민족문학사의 체계를 온전히 마련하기 위해서는 그 무엇보다 이 작업은 우선적으로 이루어져야 한다.

'재일동포' 문학은 일본어로 쓰인 작품일 경우, 초반기에는 주로 일본 사회에서 이방인으로 살아가야 하는 민족의 정체성 문제를, 최근에 이르러서는 사적 영역의 문제를 집중적으로 다루고 있다. 한국어로 쓰인 작품의 경우에도 이러한 경향에서 크게 벗어나는 것은 아니겠지만, '재일조선인문학예술가동맹' 소속 문인의 작품인 경우는 다소 특별한 성향을 보이게 된다. 즉, 북한의 문예지침에 철저히 복무해야 한다는 현실적 정치적 조건으로 인해 사회주의 문학 경향을 강하게 드러내게 되는 것은 그들에게 있어 당연한 일인지도 모른다. 그러나 이들의 문학에도 새로운 시대 상황 속에서 '재일동포'들이 겪게 되는 생존의식, 사유, 생활 방식 등을 반영하는 작품이 전혀 없는 것은 아니다. 대부분 특정의 창작방법이나 문예사조에 일방적으로 경도되고 있는 것은 사실이지만, 그런 와중에서도 작가 특유의 시각으로 해석하는 인간적 삶의 형상화를 만날 수 있다는 것 또한 부인할 수 없는 사실이다. 본 연구에서는 전체적인 특징을 규명하겠지만 동시에 각각의 작가가 지니고 있는 나름대로의 특수성도 예의 주시할 것이다.

3. 일본 현지 자료조사 현황

'재일동포' 사회에는 재일본 대한민국거류민단과 재일본 조선 총연합회라는 양대 조직이 있다. 그리고 한 때에는 민단 반주류파를 중심으로 군사독재정권에 반대하는 한국민주회복 통일촉진 국민회의(한민통) 일본 본부가 활동하기도 했다. 재일본 조선인연맹이 1945년에 결성되어 이것이 뒷날 조총련으로 변신한다. 그러나 이 조직이 공산주의 세력 하에 놓이면서 일본공산당 하부조직으로서의 역할까지 수행하게 되자, 1946년 일부 세력이 신조선 건설동맹을 만들기에 이르고 이것이 뒷날 민단으로 발전하게 된다. 민단의 산하단체로는 재일 대한 부인회, 재일본 대한민국 재향군인회, 재일본 대한체육회, 등이 있고 <한국신문>이 발행되고 있다. 조총련은 산하에 49개 지방본부, 그 밑에 지부 2000여 개를 가지고 있다. 대표적인 단체로는 재일조선민주여성동맹, 재일본 청년동맹, 조선유학생동맹, 그리고 조선신문사와 통신사·출판사 그리고 <금강산 가극단>이 있다. 조선신보사는 1945년 10월 10일 <민중신문>이라는 제호로 창간되어 46년 9월 그 제호를 <해방신문>으로 바꾸었다. 그 후, 1961년 1월 제호가 다시 <조선신보>로 바뀌고 그 해 9월 9일부터 일간신문으로 발행되었다. 그리고 조선어로 간행되는 월간잡지 <조국>은 1964년 1월 1일 창간되어 조총련 회원을 대상으로 정치, 경제, 민족 문화, 풍습 등에 관한 해설을 전해주고 있다. 조총련 산하 '재일조선인문학예술가동맹'(문예동) 작가의 한국어 작품 상당량이 대체로 이러한 지면을 통해 발표되었다.

민단 측에서는 재일동포 사회 구성원들의 결속을 지향하며 기관지 <조선신문> 1946년 3월 10일에 간행하였다. 그 후, <신조선신문>, <민단신문>, <민주신문>, <한국신문>으로 그 제호를 바꾸면서 오늘에 이르고 있다. 이외에도 한글로 발간되는 신문으로 <뉴스다이제스트> <統一日報>가 있다. 특히 <統一日報>는 일본-북한-한국을 잇는 정보센터로서의 역할을 수행하고 있어 주목을 끌게 된 신문이다. 이 신문은 1959년 旬刊紙로 출발하여 週刊紙를 거쳐 1973년 日刊紙로 변모했다. 처음에는 <朝鮮新聞>이라고 했으나 1959년 <統一朝鮮新聞>으로 고친 뒤 1973년에 이르러 지금의 제호로 자리 잡게 되었다. 그리고 또 하나 주목할 만한 재일동포 사회의 한글신문으로 <新世界新聞>라는 것이 있다. 1946년에 처음으로 간행된 이 신문은 일본(大阪)에서 한글판으로 인쇄된 최초의 것이었다. 이러한 지면들은 그 숫자가 비록 얼마 되지 않지만 재일작가의 한국어(조선어) 문예 자료와, 아마추어 수준에 머무는 것일지라도 문학동호인들의 문예자료를 발굴 수집할 수 있는 기본적 통로가 되어 줄 것으로 기대되는데 아직 자료를 확보하지 못한 상태이다. 또한 북한과 밀접히 관련되어 있는 '재일조선인문학예술가동맹'(문예동) 소속 작가들의 작품은 '九月書房', '學友書房'과 같은 곳을 통해 다수 확보할 수 있을 것으로 기대되었으나 이들 서점을 방문한 결과 별로 쓸만한 자료를 구하지 못하였다. 주로 북한의 서적이 대부분이었고, 그것도 빈약하기 이를 데 없었다.

'재일동포' 한국어 문학을 연구하고자 하는 우리의 제일 과제는 실증적 차원에서 이와 관련된 작품 자료 발굴과 정리 작업이다. 특히 조총련에서 탈피한 전향문인인 김달수, 김석범, 박경식, 이진희, 이철 등이나 <문장> 출신으로 이데올로기와 무관한 입장에 서 있던 李漢稷, 李良枝, 강정중, 이회성 등 일본 문단 내에서 활발한 활동을 한 비총련계 작가들의 한국어 작품 발굴과 정리다. 그러나 이 또한 기대한 것만큼의 성과에 미치지 못하고 있는 실정이다. 일본어로 쓴 작품 이외에는 한국어 문학작품이 발견되지 않았기 때문이다. 한편 시나 소설, 비평, 희곡, 수필 등의 자료에 대한 정리 작업도 역점을 두고 있는데 이 또한 총련계 작품이 대부분이다.

현지 자료 조사 수집 활동에서 집중적으로 확인해야 할 또 하나의 사항은 현지 문예단체 및 동호인 활동(민단계, 총련계)의 구체적 현황이다. 하여 본 연구자는 세 번에 걸쳐 연구원들과 함께 일본을 방문하였다. 먼저 오사까를 방문하였다. 동경보다 오사까를 먼저 방문한 것은 재일동포가 가장 많이 살고 있는 지역이기에 어느 지역보다도 한국어 문학 작품이나 동호회가 많으리라고 예상되었기 때문이었다. 처음 그곳에서 만난 사람들은 역사학자 강재언 교수다. 현재 80고령이나 많은 자료를 가지고 있으며, 역사학자로서 재일본 동포 중에서는 존경받는 학자였다. 그러나 그는 역사학자이기에 문학에서는 그리 많은 자료를 소장하고 있지 않아 본 연구자에게는 별다른 도움이 되지 못하였다. 다만 박경식 교수가 많은 자료를 소장하고 있었는데 타계하면서 그 자료를 시가현 대학에 기증하였고, 시가현 대학에 박경식 문고가 소장되었다는 정보를 얻을 수 있었던 것이 소득이라면 소득이었다. 본 연구진은 그에 대한 커다란 기대를 가지고 세 번째 방일에는 본격적으로 연구진을 투입하여 박경식 문고를 뒤지기로 하였다. 시가현 대학에는 단행본은 이미 대부분 정리되어 있었으나 한국어로 된 잡지나 동인지는 상자에 담겨져 정리 안 된 채 쌓여 있었다. 우리 연구진은 큰 기대를 가지고 그 상자를 뒤지기 시작하였다. 그러나 결과는 <한양> 잡지만 쓸만한 자료로 분류되었고, 나머지는 우리에게는 소용이 닿지 않는 자료들이었다. 다만 교또에서 김리박 시인을 만난 것이 다행이라면 다행이었다. 김리박 시인은 일찍이 총련에서 탈퇴하여 독자의 길을 걷고 있는 시인이다. 그는 어려운 고난의 세월은 보내면서도 한국어로 시를 쓰고 있었다. 그를 통해 오사카와 교토뿐 아니라 동경에서 활동하는 시인들의 작품을 입수할 수 있었다. 우리가 원하던 시인을 정통으로 만나게 된 것이다. 오사카와 교토에서의 동인지 발굴과 작품 발굴은 계속되고 있는 중이다. 별첨의 목록에서 뿐 아니라 앞으로도 더 많은 자료가 발굴될 가능성이 있다.

한편 규수 지방도 기대를 걸고 방문하였으나, 거기에는 기대된 것만큼의 소득을 올릴 수 없었다. 거의 한 건도 발굴할 수 없었다. 조직적인 총련의 문인 단체도 없었고, 한국어로 된 작품이나 신문이나 동호회도 발견되지 않았다. 그리하여 발길을 돌린 것이 동경이다.

동경은 역시 동경이었다. 모든 것이 다 동경에 집중되어 있었다. 특히 동경에서 조총련계 문학단체의 거물급인 김학렬 교수를 만난 것은 우리 연구에 활력과 탄력을 불어 넣는 계기가 되었다. 김학렬 교수는 70의 원로 학자이자 시인으로서 동경 한인 문단의 거물이었다. 본 연구진은 김학렬 교수를 통해 그동안 목록으로만 접했던 귀중한 자료를 직접 구해볼 수 있었다. 별첨의 자료 목록 대부분은 김학렬 교수로부터 구한 것이 대부분이다. 또한 그는 민단 시인들과의 교류도 활발히 진행하고 있었다. 이승순 시인을 직접 만나게 된 것도 그를 통해서다. 이것이 계기가 되어 본 연구자는 숭실대학교에서 <21세기 동북아문학 연구의 현황과 전망>이란 주제 하에 2005년 2월 16, 17 양일에 걸쳐 개최한 국제학술대회에 김학렬 교수를 초청하여 귀중한 발표를 듣는 계기를 마련하기도 하였다. 65년만에 방문한 조국 땅이었다. 이제 우리 연구가 통일 문학사에 한 축을 구축한다는 본래의 목적에 조금씩 다가가는 느낌이 든다. 김학렬 교수는 계속하여 재일동포 문학에 대한 자료를 지원하기로 하였다. 이는 앞에서도 언급하였지만 재일동포 문학의 한국문학사 편입과 더 나아가서는 통일문학사 정립에 지대한 공헌을 하리라 전망된다.

4. 발굴 자료의 장르별 연구 개관

본 항에서는 그동안 연구진들이 수집한 자료들을 중간 정리하여 그 결과물을 장르별로 정리한 개략을 소개하려 한다. 본격적인 논문은 각자 연구원 별로 별도의 개별 논문으로 작성되어 이 총론 후에 실릴 것이다. 본 연구에서 분류된 장르는 시, 소설, 희곡, 수기 및 수필 기타 산문으로 구분하였다.

우선 시부터 살펴보기로 한다. 시는 이경수, 조해옥 연구원이 맡아 연구하였다.

이경수는 재일동포 한국어 시문학의 전개 과정을 살펴보았다. 대상 시기는 해방이후 1980년대까지이다. 연구 방법으로는 재일 조선인 시문학의 전개과정을 각 시기별로 살피면서, 각 시기별 시의 특징을 주제별로 유형화하였다. 이경수 연구원은 시대구분을 형성기(해방 후~1960년대), 발전기(1970~80년대), 전환기(1990년대~2000년대)로 나누고, 우선적으로 형성기와 발전기의 시문학을 살펴보았다. 이연구원은 형성기 시문학의 특징으로는 망국의 설움과 반일 감정의 시화, 고향에 대한 그리움, 민족적 자부심의 각성, 역사적 사건에 대한 비판과 풍자, 이방인으로서의 자의식 등을 꼽고 있다. 다음 발전기 시문학에 대해서는 조국에 대한 예찬, 조국 통일의 염원, 민족 교육의 중요성 고취, 남한의 지배계층에 대한 비판 등으로 그 특징을 정리하고 있다. 발전기의 시문학은 재일동포 사회와 북한 간의 교류가 활발했던 시기의 문학으로 이념적으로는 대개 주체문예의 영향권 아래 놓여 있었지만, 양적으로는 재일동포 한국어 시의 역량이 확대된 시기였다.

이경수는 재일동포 한국어 시문학의 주요 창작층이 조총련 산하 기관인 문예동에 소속된 시인들이었기 때문에 북한문학과 별반 다르지 않을 거라는 편견에 오랫동안 갇혀 있었다고 지적하면서, 여러 가지 현실적 제약을 가지고 있었던 재일동포 한국어 시문학의 실상을 제대로 파악하기 위해서는 북한문학과의 공통점에 주목하기보다는 차이점을 찾는 시각이 좀더 바람직해 보인다고 하였다. 재일동포 한국어 시문학 작품 중에서도 재일동포 사회의 비참한 실상을 보여 주는 작품이라든가 주변인이자 소수자로서의 자의식을 드러낸 작품들, 분단 극복의 의식을 드러낸 작품들은 통일 문학사를 구성할 때 남한 문학과 북한 문학의 취약점을 보완해 줄 수 있는 제3지대로서의 역할을 할 것이라고 이경수 연구원은 전망하였다.

조해옥은 구체적인 시인론으로 재일 한국인의 분단극복의식을 교토의 시인인 김리박을 통해 연구하였다. 김리박 시인은 앞에서도 잠깐 언급하였지만 재일 조선인예술가동맹에 속하지 않은 상태에서 한국어를 지키며 창작을 해온 시인이다. 하기에 김리박 시인을 논하려면 문예동 시인들의 창작 경향과 공통된 점과 아울러 그들과 변별되는 점에 대해 논의해야 할 것이다.

김리박 시인은 재일본조선인예술가동맹에 속하지 않으면서도 한국어로 근 삼십여 년 동안 시창작을 지속해온 시인이다. 조해옥 연구원은 그의 논문에서 김리박 작품집들을 텍스트로 하여 재일동포의 한국어 의식과 분단 극복의 시정신 및 재일동포의 한국어문학사에서 차지하는 김리박 시인의 시적 위상을 논하려 하였다. 조해옥은 김리박 시인의 특징을 한마디로 정의하여 서정시적 서사적 형식을 채택하여 그의 시세계를 전개한 시인으로 평가한다. 조해옥은 김리박 시인의<견직비가>(1996년)가 '장편묶음시'로 분류되어 있고, <한길>(1987년)은 '시조'로, <봄의 비가>(2001년)는 '긴 얘기 노래글'로 분류되어 있는데, 여기에서 '장편묶음시'와 '긴 얘기 노래글'은 범박하게 서사시적 특성을 지닌 장편시로 이해할 수 있다고 하였다. 이들 장편시에는 한국어의 고유성을 지키려는 시인의 노력이 역력하게 드러난다고 보았다. 하여 장편시를 편의상 '서정적 서사시' 양식으로 규정해 볼 수 있는데, 1960년대 신동엽의<금강>과 비교하여 연구해 볼 수도 있다는 가능성을 제시하였다. 조해옥은 서정시적 서사시 형식은 한국근현대사의 지대한 영향력 아래 놓여 있는 재일동포의 역동적인 삶을 드러내는 데 적절한 시형식이라고 평가한다.

다음은 소설에 대한 연구다. 소설은 김형규, 허명숙 연구원이 맡아 정리하였다. 김형규는 1990년대 이전작품을 중심으로, 허명숙은 1990년대 이후의 작품을 중심으로 연구를 진행하고 있다.

먼저 김형규는 재일본조선문학예술가동맹의 소설 중 1960·70년대 단편집을 중심으로 연구를 진행하여 그 결과물을 내놓고 있다. 대상 작품은,

1. 『찬사』, 재일본조선문학예술가동맹, 1962
2. 『대렬』, 재일본조선문학예술가동맹, 1965
3. 『조국의 빛발아래』, 조선문학예술총동맹출판사, 1965
4. 『주체의 한길에서』, 조선신보사, 1970
5. 『해빛은 여기에도 비친다』, 문예출판사, 1971
6. 『영광의 한길에서』, 재일본조선문학예술가동맹, 1973
7. 『재일조선인단편집』, 조선청년사, 1975
8. 『신인작품집』, 재일본조선문학예술가동맹 도꾜지부, 1977
9. 『조국은 언제나 마음속에』, 문예출판사, 1979 등이다.

김형규는 위의 작품집을 검토한 결과 거의 모든 작품이 '재일조선인은 누구인가'라는 질문을 던지고 있다고 보았다. 그리고 재일동포가 피식민 국가에서 식민지적 차별과 굴레에서 완전히 벗어나지 못한 채 살아가는 존재라는 점에서 '자기'에 대한 확인과 자각은 핵심적인 문제일 수밖에 없음을 지적하며 그 물음에 대한 답 또한 '북한의 해외 공민'으로서의 자각으로 귀결되고 있음을 지적하고 있다. 이렇게 문예동의 소

설들은 정주와 지향이라는 존재의 이중성을 해외공민으로서의 자각으로 통일시키고 있기 때문에 '자기정체'가 무엇인가라는 문제보다는 자기 정체를 구성하는 방식, 재일조선인이 지닌 존재의 이중성을 어떻게 통일하고 있는가, 정주와 지향의 거리를 극복하는 방식은 무엇인가를 파악하는 것이 연구의 관점이 되어야 함을 우선 강조하고 있다.

검토한 결과에 따르면 문예동의 1960·70년대 소설들은 총련의 헌신적인 노력과 교육 사업, 비극적인 과거 체험과 남한의 부정성, 그리고 불합리한 현실과 일본사회의 허구성 등을 통해 자각의 동기를 부여하고 있음을 알 수 있다. 이러한 양상들을 통해 문예동의 소설들이 민족의식과 역사적인 기억을 관념적인 의식의 차원에서 강화함으로로써 재일조선인이 처한 존재의 이중성과 괴리감을 통일하고자 시도하고 있다는 것이 김형규의 결론이다. 이러한 상황은 상대적으로 현실의 문제인 정주성을 약화 혹은 배제시키는 결과를 가져올 수도 있지만 재일조선인이 처한 '재일(在日)'의 상황을 강한 조국 지향을 통해 극복하고자 하는 것이라는 판단 또한 덧붙이고 있다.

허명숙은 1990년대 이후의 소설 작품을 연구하였다.

1990년대 들어 재일동포문학운동의 두드러진 특징 가운데 하나가 '중·장편 소설 창작'이다. 그 이전의 시대에서는 발견하기 어려웠던 장편소설의 창간, 출간이 빈번해진다. 이러한 현상은 재일동포작가의 문학적 역량의 축적으로 해석할 수 있을 것이다. 손지원[1]의 언급대로 단편소설의 창작경험이 축적되고 작가들의 창작기량이 높아지는 속에서 이루어진 성과라 보여진다. 허명숙은 이런 현상을 일차적으로는 1세대 작가들(박종상, 리은직, 량우직)의 문학세계 확대로, 부차적으로는 독자확대를

---

1) 손지원, 「재일동포국문문학운동에 대하여」, 와세다대학교 재일동포문학세미나 발제문, 2004년 12월 와세다대학교 학술세미나.

위한 방책으로 이루어진 결과로 해석하였다. 그 이전의 단편소설 중심의 소설로 독자를 확보하는 일이 점점 어려워졌을 것이기 때문이라는 것이다. 3, 4세대의 재일동포들은 앞 세대와 달리 민족의식이 그다지 강하지 않으므로 한국어문학작품에 깊은 관심을 보이지 않을 것이기에 흥미 있는 소설창작이 필요했을 것이다.

1990년대 발표된 장편소설 가운데서 단연 돋보이는 것은 량우직의 장편소설들이다. <비바람속에서>, <서곡>, <봄잔디>는 민족학교 사수투쟁을 다룬 소설들이라는 통일된 주제를 다루고 있는데, 같은 주제 아래 쓰여진 작품이지만 세 작품은 조금씩 주제가 확대되고, 소설적 완성도가 높아지고 있다. 그러므로 이 세 작품 간의 변화 발전을 검토하는 일은 매우 흥미로운 연구과제가 될 것이다. 허 연구원은 량우직 소설의 특성을 1)재일조선인운동의 기록, 2)민족교육의 권리 옹호, 3)사회주의리얼리즘에 충실한 소설미학으로 규정하였다.

백로라는 재일동포 한국어 극문학의 전개 양상과 그 특징적인 면들을 살펴보았다. 공연이나 상연을 전제로 창작되는 극문학의 경우, 그것을 이국에서 한국어로 창작한다는 것은 현실적으로 많은 어려움이 따랐으리라 예상된다. 실제로 민단계 작가들이 주로 일본어로 작품을 창작하였던 것이나, 다른 장르의 작품수와 비교해 볼 때 총련계 작가의 극문학 작품이 많지 않은 것은 이러한 공연/상연의 현실적 조건과 무관하지 않을 것이다. 따라서 백로라는 일차적으로 입수한 극문학 자료를 대상으로 하여 재일동포 극문학을 개괄적으로 살펴본 후, 보다 구체적으로, 한국조선인총연합회(조총련)에서 1960년대 이후 현재까지 발간해온 문예지, 즉 <문학예술>(1960~1999)과 <겨레문학>(2000년 여름호~2002년 봄호)에 발표된 극문학 작품을 연구 대상으로 하였다. 백로라가 총련계의 기관지인 두 문예지를 연구 대상으로 선택한 것은 첫째, 민단계 작가와 달리 총련계 작가들이 한국어 창작을 지속했기 때문이다. 둘째, 상연되거나 상영된 대본이 보다 가치 있는 극문학의 자료가 될 수 있음에도 불구하고, 이처럼 지면에 발표된 자료를 연구 대상으로 삼는 것은 보다 일관적인 사적 흐름을 잡아내기 위해서이다. 이것은 구체적인 작가론이나 작품론 혹은 연극론을 논의하기 이전에 선행되어야 할 작업이라고 생각된다. 셋째, 남한의 극문학 작품과는 달리 재일동포 작가의 그것은 레제드라마적 성격을 지닌 것들이 적지 않은데, 이러한 레제 드라마적 성격을 드러내는 극문학 작품은 두 문예지 이외의 자료에서 거의 찾아내기 어렵기 때문에 총련계 작품을 텍스트로 선정하였다.

백로라는 그의 논문에서 재일동포 극문학을 논의하기 위한 구체적인 과정으로서 극문학 창작의 이론적 바탕이 되고 있는 사회주의적 사실주의 문예이론에 대해 검토하고, 다양하게 전개된 극문학의 갈래를 정리한 후 다양하게 전개된 극문학의 특징적인 부분에 대해 논의하였다. 그리고 재일동포 극문학에서 발견되는 고유한 갈등 구조와 인물 구조를 분석하고, 이를 통해 재일동포들의 현실적 삶의 조건과 그에 대응하는 동포들의 현실 의식을 살펴보았다. 이러한 연구 작업을 통해 극작가론, 작품론, 연극운동론과 같은, 이후에 전개될 구체적이고도 심도 있는 논의들을 위해 일정한 방향을 제시하고, 아울러 한국희곡사와 연극사에서 재일동포 극문학 작품이 논의될 수 있는 계기를 마련하고자 한 것이 백로라의 연구 핵심이다.

이정석 연구원은 재일동포 문학 중 수기와 예술산문을 중심으로 연구를 진행하였다. 이정석은 '경계인'으로서의 재일동포의 위치를 규정한 다음 재일동포 한국어 문학의 연구 필요성을 검토하였다. 연후에 수기와 예술산문의 문학적 특징을 운동으로서의 문학과 의사소통 양식으로서의 문학, 공적 세계가 자아를 압도하는 글쓰기로서의 '수기', 자아가 사적 세계에 치중하는 글쓰기로서의 '예술산문'으로 그 특질을 규명하였다. 운동으로서의 문학과 의사소통 양식으로서의 재일동포 문학을 평가하기 위해서는 기존의 미학적 판단척도로는 불가능한 측면이 있다. 특히 수기와 예술산문의 경우, 그 정치적 이념의 편향성으로 인해 북한문학과 대동소이한 모습을 보이기도 한다. 따라서 조선총련계 재일동포의 문학을 분석하기 위해서는 정치적 운동으로서의 문학과 선전의 도구로서의 문학이라는 다소 낯선 입장에서 바라보아야 한다. 그러므로, 그의 논문에서는 수기와 예술산문의 운동성과 의사소통 양식을 살펴보는 데 주력하고 있다. 사실과 허구가 혼용된 수기는 일반적으로 사실적 기록물로 인정될 수 있으면서도, 사실에 기초하면서도 허구적 요소가 많이 가미되고 있는 것이 특징이다. 하여, 그는 수기의 허구성과 사실성을 구별해 보고, 그것이 가진 의미를 분석하여 그 의미를 추출하고 있다. 자아가 사적 세계에 치중하는 글쓰기로서의 '예술산문'은 수필과 유사한 형태의 장르라 여겨진다. 다만 수필보다 분량이 약간 짧은 듯싶지만, 이것도 일관된 특징은 아니다. 그리고 예술산문은 수기에 비해 다소 사적이고 서정적인 요소가 많다. 다만 이 역시도 일관된 것은 아니어서, 논설적 예술산문이 많이 존재하고 있는 것도 한 사실이다.

5. 맺음말

본 연구는 재일동포 한국어 문학연구의 최초 보고서 성격을 띤다. 지금 본 프로젝트의 연구진은 작품을 수집하고 이를 입력하여 분류하는 작업을 진행 중이다. 여기에 발표된 논문들은 이 과정에서 일차적으로 정리되었거나, 현재까지 정리된 것 중에 문학적 가치가 있다고 판단되는 것들을 대상으로 삼았다. 본 연구진은 앞으로 계속하여 일본 내에 거주하는 재일동포 문학을 수집 정리해 나갈 것이다. 별첨으로 첨부하는 작품 목록은 지금까지 수집한 재일동포 문학 작품 목록이다. 우리는 이것을 지금 분류하여 입력 작업 중에 있다. 생각보다 방대한 양의 작품이 발굴되어 이 과정이 당초의 계획보다 길어질 전망이다. 현재까지는 단행본과 정기간행물, 그 중에서도 잡지를 중심으로 자료를 확보하여 이를 분류하고 있다. 재일동포 한국어 문학연구의 또 하나의 축인 <조선신보>는 아직 본격적으로 작업에 착수하지 않고 있다. 현재까지 확보된 자료들이 정리 되는대로 <조선신보>에 게재된 문학작품 연구에 돌입할 예정이다. 다만 <조선신보>에는 순수 아마추어 작품부터 기성 문인들의 작품까지 총 망라되어 있어 옥석을 가리는 것이 문제점으로 대두되고 있다. 그러나 이 문제도 현재까지 확보된 자료를 정리하다 보면 저절로 해결되리라 기대된다. 일본에 거주하는 작가나 시인들이 많지 않기 때문에 기성 문인들의 현주소가 대부분 파악되리라 생각되기 때문이다. 다시 한번 밝히지만 이번 발표는 본 프로젝트의 최초의 보고서에 해당한다. 앞으로 좀더 알찬 연구 결과를 제시할 것을 약속하며 총론을 끝낸다.

참고문헌

權泰三, 「재일동포작가 이회성의 작품을 통해 본 모국상: またふたたびの道, 砧をうつ女, 人面の大岩를 중심으로」, 영남대 일어교육석사논문, 1994.8.

金鎭珪, 「왜 그는 泄瀉를 했을까: 李恢成의 글을 읽고」, 『世代』10, 世代社, 1967.10.

기광서, 「구소련 한인의 민족 정체성 상실과 회복: 역사와 현재」, 『在外韓人硏究』 통권 제10호, 在外韓人學會, 2001.6.

磯貝治良, 「第一世代の文學略圖」, 『韓日硏究』9, 한국일본문제연구회, 1996.10.

김 윤, 「민족분단과 이념의 갈등: 재일본 동포문단」, 『한국문학』제204호, 한국문학사, 1991.7.

김성원, 「재일동포의 문예활동」, 『월간 조선』81년 10월호, 조선일보사, 1981.10.

김용직, 「문학을 통해본 재외동포들의 의식성향 고찰」, 『인문논총』제29집, 서울대학교 인문학연구소, 1993.6.

김윤식, 『한국문학의 근대성과 이데올로기 비판』, 서울대학교출판부, 1987.

김윤식, 『한일문학의 관계양상』, 일지사, 1974.

김은정, 「김사량의 초기 작품 연구」, 『한국어문학연구』제17집, 한국외국어대학교 한국 어문학연구회, 2003.3.

김재남, 「김사량 문학 연구」, 『논문집』제17집, 세종대학교, 1991.5.

김정희, 「재일 한국인 문학」, 『논문집』제29집, 숭실대학교 인문과학연구소, 1999.12.

김총령, 「재일동포 문학의 세계-해방 후의 소설을 중심으로」, 『교포정책자료』제31호, 해외교포문제연구소, 1989.10.

김춘미, 「일본에서의 한국 문학의 평가; 재일 교포 문학과 번역 소개된 국내 작가의 작품을 중심으로」, 『문학사상』280, 문학사상사, 1996.2.

김효진, 「유미리의 「가족시네마」 연구: 가족붕괴를 중심으로」, 한남대 일어교육 석사논문, 2003.2.

大村益夫, 「67년 만에 본격 공개되는 조선어 잡지 ≪우리동무≫: 목숨 걸고 일제

에 저항한 재일 조선인들의 활동 보여 주는 귀중한 기록」, 『문학사상』326, 문
　　학사상사, 1999.12.

문학수첩 편집부 編, 「한민족문화권의 새 지형도: 재일 조선인문학 편:수난의 역사 딛
　　고 일군 문학의 새 텃밭」, 『문학수첩』제1권 제3호 통권3호, 문학수첩 2003.8(가
　　을).

朴庚守, 「일제하 재일 한국인의 문학비평 연구 :金熙明과 白鐵의 문학론을 중심으
　　로」, 『日本語文學』제9집, 日本語文學會, 1999.12.

박병윤, 「재일 민족학교의 교육현황과 문제점」, 『교포정책자료』제42호, 해외교포문
　　제연구소, 1992.9.

百川 豊, 「장혁주의 생애와 문학」, 『인문논총』제47집, 서울대학교인문학연구소,
　　2002.8사회과학원 문학연구소, 『주체사상에 기초한 문예이론』, 도서출판 인동,
　　1989.

徐恩惠, 「金史良의 '民族我'에 관하여」, 『翰林日本學研究』4, 翰林大學校 翰林科
　　學院 日本學研究所, 1999.11.

설성경·김영민·최유찬·양문규·심원섭, 「통일 한국문학의 진로와 세계화 방안
　　연구(Ⅲ)」. 『동방학지』제107집, 연세대학교 국학연구소, 2000.3.

송하춘, 「재일 한인소설의 민족정체성에 관한 연구: 이회성의 소설을 중심으로」,
　　『한민족어문학』제38집, 한민족어문학회, 2001.6.

심원섭, 「재일 조선인 시문학에 나타난 자기 정체성의 제양상」, 『한국문학논총』제
　　31집, 한국문학회, 2002.10.

심원섭, 『한일문학의 관계론적 연구』, 국학자료원, 1998.

양명심, 「이회성 초기작품에 나타난 '정체성'에 관한 연구」, 건국대 일어일문학 석
　　사논문, 2003.8.

양석일 외, 『在日동포작가 단편선』, 이한창 역, 소화, 1996.

양왕용 외, 『일제강점기 재일 한국인 문학활동과 문학의식 연구』, 부산대학교출판부,
　　1998.

吳養鎬, 「滿鮮日報 文藝欄 研究」, 『論文集』20, 仁川大學校, 1995.12.

오양호, 「세계화 시대화 한민족문학 연구의 지평확대-재일동포문학과 그 연구의 사
　　정을 중심으로」, 『한민족어문학』제35집, 한민족어문학회, 1997.

劉秉千, 「移民作家의 限界와 文學傳統: 姜鏞訖·金溶益·金恩國씨의 경우」, 『新

東亞』27, 東亞日報社, 1966.11.

유숙자, 「在日한국인 문학의 현주소」, 『리토피아』제4호, 리토피아 2001.겨울.

유숙자, 「재일한국인 작가의 문학세계」, 『문화예술』205, 한국문화예술진흥원 1996.8.

유숙자, 「타자(他者)와의 소통을 위한 글쓰기: 柳美里 문학의 원점」, 『日本學』19, 東國大學校日本學研究所, 2000.12.

유숙자, 『재일한국인 문학 연구』, 월인, 2000.6.

유은숙, 「이회성의 「다듬이질하는 여인」연구: 제일교포 작가로서의 특수성을 중심으로」, 한남대 일어교육 석사논문, 2003.2.

윤건차, 「21세기를 향한 재일의 아이덴티티」. 강덕상·정진성 외, 『근현대 한일관계와 재일동포』. 서울대출판부, 1999.

尹明求, 「在美 韓人의 文學活動에 대한 研究」, 『人文科學研究所論文集』19, 仁荷大學校人文科學研究所, 1992.12.

윤상인, 「전환기의 재일한국인 문학」, 『日本學』19, 東國大學校日本學研究所, 2000.12.

윤인진, 「중앙아시아 韓人의 言語와 民族正體性」, 『在外韓人研究』7, 在外韓人學會, 1998.12.

이광호, 「고백을 넘어서: 우리가 유미리를 읽는 몇 가지 이유」, 『세계의문학』87, 民音社, 1998.2.

이명재, 「국외 한글문학의 실체 연구: 구소련의 고려인 문단을 중심으로, 『인문학연구』제33집, 중앙대학교 인문과학연구소, 2002.

이연숙, 「日本 체류 韓人系 作家 文學研究: 百濟·渤海 문학을 중심으로, 『韓國文學論叢』23, 韓國文學會, 1998.12.

이유식, 「민족문학의 관점에서 본 해외동포문학」, 『月刊文學』282, 월간문학사, 1992.8.

이유식, 「해외 한민족 문학권의 현황과 전망」, 『한민족문화연구』제5집, 어람출판사, 1999.12.

이재봉, 「재일 한인 문학의 존재 방식」, 『한국문학논총』제32집, 한국문학회, 2002.12

이종호, 「김사량 문학 연구」, 세종대 석사논문, 1995.

이한창, 「아쿠타가와 상을 통해 본 재일동포 문학」, 『日本學』19, 東國大學校日本學研究所, 2000.12.

이한창, 「재일 교포 문학 연구」, 『외국문학』41, 열음사, 1994.12.

이한창, 「재일 교포문학의 작품성향 연구-정치의식 변화를 중심으로」, 중앙대학교

박사학위논문, 1996.12

이한창, 「재일 교포문학의 주제 연구」, 『일본학보』제29집, 한국일본학회, 1992.11.

이한창, 「재일 한국인 문학의 역사와 그 현황」, 『일본연구』제5집, 중앙대학교 일본연구소, 1990.

이한창, 「재일한국인문학의 역사와 그 현황」, 『일본연구』제5집, 중앙대 일본연구소, 2000.

李恢成, 「새로운 세기를 향한 한국과 일본의 문학」, 『창작과비평』101, 창작과비평사, 1998.9.

任展慧, 『日本における朝鮮人の文學の歷史: 1945年まで』, 東京 法政大學出版局, 1994.

임헌영, 「'재일동포'문학에 나타난 한국여성의 초상」, 『韓國文學硏究』35, 한민족어문학회, 1999.

임헌영, 「해외교포 문학과 민족문제- 분단극복에 기여할 수 있을까」, 『계간 해외동포』통권30호, 해외동포문제연구소, 1988.12.

임헌영, 「해외동포 문학의 의의」, 『韓國文學』204, 한국문학사, 1991.7.

임호치, 『재일 조선인 일본어 문학론』, 신간사, 1991.

장영은, 「김사량 소설 연구: 일본어 창작과 식민지 말기 현실 인식을 중심으로」, 성균관대 석사논문, 2003.

정대균, 「재일 한국·조선인문제재고」, 『일본학지』제11호, 계명대학교 일본문화연구소, 1991.2.

정대성, 「8·15 전후 재일 조선인 생활사의 그러데이션」, 『일본학』제19집, 동국대학교 일본학연구소, 2000.12.

정상진 외, 「재소련 고려인 문학의 정체성」, 『민족발전연구』제6호, 중앙대학교 민족발전연구원, 2001.6.

조규익, 「재미한인 이민문학에 반영된 自我의 두 모습: 영문소설 몇 작품을 중심으로」, 『論文集』29, 崇實大學校人文科學硏究所, 1999.12.

趙正民, 「戰後日本の「國民文學」論と金達壽『玄海灘』: 連帶づけられた「弱者」像と 戰後ナショナリズム」, 『日語日文學』제19집, 대한일어일문학회 2003.5.

中村福治, 『金石範と「火山島」: 濟州島4·3事件と在日朝鮮人文學』, 東京 同時代社, 2001.

池明觀, 「먼길……그 「約束의 土地」: 在日韓國作家 李恢成, 金石範의 作品을 分析한다: 世界文學思想의 氣流 ＜日本＞」, 『문학사상』13, 문학사상사, 1973.10.

川村湊, 「在日朝鮮人文學とは何か」, 『韓日研究』9, 한국일본문제연구회, 1996.10.

최효선, 『‘재일동포’ 문학 연구: 1세 작가 김달수의 문학과 생애』, 문예림, 2002.

秋錫敏, 「金史良の文學研究:「ムルオリ島」を中心に」, 『日語日文學研究』제44집 -문학·일본학편, 韓國日語日文學會, 2003.2.

太田厚志, 「李恢成文學の特徵」, 『論文集』제16집, 大邱産業情報大學, 2002.6

布袋敏博, 「해방 후 재일 한국인 문학의 형성과 전개 :1945년~60년대 초를 중심으로」, 『서울大學校人文論叢』제47집, 서울大學校人文學研究院, 2002.8.

許光一, 「中國에 있어서 韓人文學의 成果와 그 特性」, 『僑胞政策資料』26, 海外僑胞問題研究所, 1988.3.

허세욱, 「재중 한인문학에 나타난 한민족의식」, 『亞細亞研究』83, 高麗大學校 亞細亞問題研究所, 1990.1.

호테이 토시히로, 「해방 후 재일 한국인 문학의 형성과 전개」, 『인문논총』제47집, 서울대학교인문학연구소, 2002.8.

홍기삼, 『재일 한국인 문학』, 솔, 2001.12.

수집된 재일동포 한국어 문학작품 목록

1. 소설집

번호	작가	작품집명	출판사	연도	비고
1	김달수 외	조국의 빛발아래	조선문학예술총동맹출판사	1965	재일조선작가 소설집
2	리은직 외	재일조선인단편집	조선청년사	1975	
3	리은직	임무	문예출판사	1984	
4	정춘식 최호철	한석봉과 어머니	조선미술출판사	1985	그림책
5	소영호	고향손님	문예출판사	1985	
6	김민	이른 새벽	문예출판사	1986	
7	박종상	원앙유정	문예출판사	1989	
8	박관범	꽃피는 길	문예출판사	1991	
9	량우직	비바람 속에서	문예출판사	1991	장편소설
10	리은직	성미	재일본조선문학예술가동맹	1992	
11	박종상 외	우리의 길	문예출판사	1992	
12	량우직	서곡	문예동출판사	1995	장편소설
13	김송이	조청반장	문학예술종합출판사	1997	
14	량우직	봄잔디	문학예술종합출판사	2000	장편소설
15	김춘지	봄바람	문예종합출판사	2000	장편소설
16	박종상	봄비	문예종출판사	2001	장편소설
17	리은직	한 동포상공인에 대한 이야기	문학예술출판사	2002	장편소설
18	량우직	지진	문학예술출판사	2003	장편소설
19	박순영	동포동네	문학예술출판사	2005	

2. 시

번호	작가	작품집명	출판사	연도	비고
1	강순	미상	필사본	1955	
2	강순	조선부락	복사본	1955	
3	허남기 외	조국에 드리는 노래	조선작가동맹출판사	1956	
4	강립석 외	전우에게 영광을	조선작가동맹출판사	1958	서정서사시
5	강순	강순시고 제1집	필사본	1962	
6	강순	강순시집	조선신보사	1964	
7	김윤	멍든 계절	현대문학사	1968	
8	고봉전 외	영광의 노래	재일본조선문학예술가동맹	1970	재일본조선인총련합회 결성 15돐기념시집
9	김윤	바람과 구름과 태양	현대문학사	1971	
10	한덕수	60만이 드리는 충성의 노래	총련중앙	1972	
11	한덕수 외	충성의 노래	문예동중앙	1972	
12	한덕수	우리 자랑 이만저만 아니라오	총련중앙	1973	
13	한덕수 외	조국하늘 우러러	문예동중앙	1973	
14	허남기 외	은혜로운 해빛아래	문예동중앙	1975	
15	김두권	아침노을 타오르다	조선신보사	1977	
16	한덕수	주체의 빛발아래	학우서방	1977	
17	김학렬	삼지연	문예동중앙	1979	
18	김학렬 외	해방후서정시선집	문예출판사	1979	
19	정화흠	감격의 이날	문예출판사	1980	
20	허남기	조국의 하늘 우러러	문예출판사	1980	
21	한덕수	고동소리	문예동중앙	1980	
22	정화수	영원한 사랑 조국의 품이여	문예출판사	1980	
23	류인성	고향	문예동중앙	1982	
24	남시우	조국에 드리는 송가	문예출판사	1982	
25	김두권 외	조국의 품에서 부르는 노래	문예출판사	1983	

26	강순	강바람	이화서방	1984	문학잡지
27	정화흠	렴원	재일본조선문학예술가동맹	1985	
28	김두권	조국 그 이름 부를 때마다	문예출판사	1985	시, 아동
29	허남기 외	해와 별 우러러	문예동중앙	1985	
30	오상홍	산이여, 한나여	문예동중앙	1987	
31	김리박	한길	해풍사:오사까	1987	
32	김윤호	내 고향	문예출판사	1987	
33	박호렬	풋고추		1988	
34	허옥녀	산진달래	재일본조선문학예술가동맹 오사까 지부	1988	
35	김태경	배고동소리울려라	문예출판사	1989	시, 아동
36	최동옥	조국의사랑은 따사로와라	문예출판사	1989	
37	강명숙 외	재일조선시선집	재일본조선문학예술가동맹	1989	문예동결성50돐기념시집 1970년대
38	로진용	나는 들었네	재일본조선문학예술가동맹	1989	
39	김학렬	아, 조국은	문예출판사	1990	
40	김아필	무지개다리	조선청년사	1991	동요
41	한룡무	어머니 품이여	예문서림	1991	
42	로진용	내 사랑 내 나라		동경답사 1992	
43	허남기 외	따르는 한마음	문예출판사	1992	
44	홍순련	비단주머니통장	재일본조선문학예술가동맹	1992	
45	강명숙	수국화(강명숙시집)	문예동중앙	1992	
46	허남기	조국에 바치여	평양출판사	1992	서정서사시
47	리방세	하얀 저고리	재일본조선문학예술가동맹	1992	동시
48	김정수	꿈같은 소원	문학예술종합 출판사	1993	
49	로진용	그날을 삭제하라(로진용시집)		동경답사 1995	
50	김아필	예나 이제나 (김아필동요집)	조선신보사	1996	
51	김리박	견직비가	근란문화사:교토	1996	
52	오홍심	꽃피는 화원에서 (오홍심시집)	문예동중앙	1996	

53	오순희	바다가 돼라 (오순희시집)	조선신보사	1997	
54	강명숙 외	우리 마음 조국에로	문학예술종합출판사	1997	재일조선작가 동요동시집 동요동시
55	강명숙 외	봄향기	문학예술종합출판사	1998	재일녀류 3인 시집
56	오홍심	사랑의 요람	문학예술종합출판사	1999	
57	정화흠	민들레꽃	종소리시인회	2000	
58	고봉전	제일고운꽃(시집)	문예동출판사	2000	
59	리덕호	해님 따라 별님 따라	조국사	2000	
60	김리박	봄의 비가	근란문화사: 교토	2001	
61	오향숙	매화꽃(오향숙시집)	문예동중앙	2002	
62	서정인	향산의 나날에	조선대출판부	2002	
63	한명석	나그네의 한생	북동공업주식회사:오사카	2002	
64	손지원	어머니생각(손지원시집)	문예동중앙	2003	
65	이승순	얼음속에 갇힌 초상화	민음사	2003	
66	정화수 외	≪종소리시인집≫	≪종소리≫	2004	
67	김두권	운주산(시집)	≪종소리≫시인회	2004	
68	강순	단장에는 없는 것	필사본	미상	
69	강순	미상	필사본	미상	
70	남시우	봄소식	동경도립어머니학교	1953	
71	최영진	종이배	문예동 효고지부	1978	
72	한덕수	만수축원의노래	조선신보사	1982	
73	김태경	보람찬나날	재일본조선문학예술가동맹	1983	
74	최영진	예	재일본조선문학예술가동맹	1984	
75	로진용	꽃들의미음	재일본조선문학예술가동맹	1986	
76	남시우 외	봄빛속에서	재일본조선문학예술가동맹	1987	동요집
77	고봉전	애기별은빛난다	재일본조선문학예술가동맹	1987	
78	이승순	나그네슬픈가락	정동출판사	1990	
79	이승순	어깨에 힘을풀어요	민음사	1993	
80	이승순	나는더이상기다리지 않아요	민음사	2000	

3. 정기 간행물

번호	작가	작품집명	출판사	연도	비고
1		겨레문학 창간호		2000. 여름	
2		겨레문학 2호		2000. 가을	
3		겨레문학 3호		2000. 겨울	소설, 시, 극, 교술
4		겨레문학 4호		2001. 봄	소설, 시, 극, 교술
5		겨레문학 5호		2001. 여름	소설, 시, 극, 교술
6		겨레문학 6호		2001. 가을	소설, 시, 극, 교술
7		겨레문학 7호		2001. 겨울봄합동호	소설, 시, 극, 교술
8	김송이 외	불씨 vol.14	재일본조선문학예술가동맹	1993	소설, 시, 아동, 교술
9	김광숙 외	아동문학 1	문학예술종합출판사	1999	아동
10	허남기	조련문화 2호	조련문화부	1946.10.15 제2호	시, 극
11	허남기	조련문화 창간호	조련문화부	1946. 창간호	시
12		종소리 제 1~29	종소리시인회	2002.1~2007.1	시
13	김리박	한양 170		1983.1-2	시, 소설, 극
14	김윤 외	한양 38		1965.4	시, 소설, 극
15	김윤 외	한양 48		1966.2	시, 소설, 극
16	김윤 외	한양 50		1966.4	시, 소설, 극
17	김윤 외	한양 53		1966.7	시, 소설, 극
18	김윤 외	한양 54		1966.8	시, 소설, 극
19	김윤 외	한양 56		1966.1	시, 소설, 극
20	김윤 외	한양 57		1966.11	시, 소설, 극
21	김윤 외	한양 57		1966.11	시, 소설, 극
22	김윤 외	한양 58		1966.12	시, 소설, 극
23	김윤 외	한양 61		1967.3	시, 소설, 극
24	김윤 외	한양 62		1967.4	시, 소설, 극
25	김윤 외	한양 63		1967.5	시, 소설, 극
26	김윤 외	한양 65		1968.3	시, 소설, 극

27	김윤 외	한양 66		1967.8	시, 소설, 극
28	김윤 외	한양 67		1967. 9	시, 소설, 극
29	김윤 외	한양 69		1967.11	시, 소설, 극
30	김윤 외	한양 6권 1호		1967.1	시, 소설, 극
31	김윤 외	한양 6권 6호		1967.6	시, 소설, 극
32	김윤 외	한양 70		1967.12	시, 소설, 극
33	김윤 외	한양 71		1955	시, 소설, 극
33	김윤 외	한양 75		1968.5	시, 소설, 극
34	김윤 외	한양 77		1968.7	시, 소설, 극
35	김윤 외	한양 78		1968.8	시, 소설, 극
36	김윤 외	한양 79		1968.9	시, 소설, 극
37	김윤 외	한양 79		1968.9	시, 소설, 극
38	김윤 외	한양 7권 2호		1969.2	시, 소설, 극
39	김윤 외	한양 81		196811	시, 소설, 극
40	김윤 외	한양 82		196812	시, 소설, 극
41	김윤 외	한양 83		1969.1	시, 소설, 극
42	김윤 외	한양 84		1969.2	시, 소설, 극
43	김윤 외	한양 88		1969.6	시, 소설, 극
44	김윤 외	한양 90		1969.8-9	시, 소설, 극
45	김윤 외	한양 92		1970.1-2	시, 소설, 극
46	김윤 외	한양 96		1970.8-9	시, 소설, 극
47	김윤 외	한양 97		1970.10-11	시, 소설, 극
48	남해인 외	한흑 겨울(12.13호)	재일한국문인협회 (한글모임)	1996	시, 교술
49	김리박 외	한흙 35	재일한국문인협회	2004. 35호	시잡지
50	허남기 외	한흙 가을(25호)	재일한국문인협회 (한글모임)	1999	시, 교술
51	한룡무 외	한흙 가을(27호)	재일한국문인협회 (한글모임)	2000	시, 교술
52	김리박 외	한흙 가을(35호)	재일한국문인협회 (한글모임)	2004	시, 교술
53	김리박 외	한흙 가을(4호)	재일한국문인협회 (한글모임)	1993	시, 교술
54	강순 외	한흙 가을(창간호)	재일한국문인협회 (한글모임)	1992	시, 교술

55	허남기 외	한흙 겨울 봄(9.10)	재일한국문인협회 (한글모임)	1995	시, 교술
56	김리박	한흙 겨울(20.21호)	재일한국문인협회 (한글모임)	1997	시, 교술
57	신시성 외	한흙 겨울(23호)	재일한국문인협회 (한글모임)	1998	시, 교술
58	신시성 외	한흙 겨울(28호)	재일한국문인협회 (한글모임)	2001	시, 교술
59	김리박 외	한흙 겨울(33호)	재일한국문인협회 (한글모임)	2003	시, 교술
60	김리박 외	한흙 겨울(36호)	재일한국문인협회 (한글모임)	2004	시, 교술
61	김리박 외	한흙 겨울(5호)	재일한국문인협회 (한글모임)	1993	시, 교술
62	신시성 외	한흙 봄(22호)	재일한국문인협회 (한글모임)	1998	시, 교술
63	신시성 외	한흙 봄(24호)	재일한국문인협회 (한글모임)	1999	시, 교술, 극
64	한룡무 외	한흙 봄(26호)	재일한국문인협회 (한글모임)	2000	시, 교술, 극
65	김리박 외	한흙 봄(29호)	재일한국문인협회 (한글모임)	2002	시, 교술
66	이세일 외	한흙 봄(2호)	재일한국문인협회 (한글모임)	1993	시, 교술
67	김리박 외	한흙 봄(31호)	재일한국문인협회 (한글모임)	2003	시, 교술
68	김리박 외	한흙 봄(34호)	재일한국문인협회 (한글모임)	2004	시, 교술
69	이준식 외	한흙 봄(6호)	재일한국문인협회 (한글모임)	1994	시, 교술
70	이준식 외	한흙 여름 가을(7.8호)	재일한국문인협회 (한글모임)	1994	시, 교술
71	한룡무 외	한흙 여름(`14.15호)	재일한국문인협회 (한글모임)	1996	시, 교술
72	신시성 외	한흙 여름(11호)	재일한국문인협회 (한글모임)	1995	시, 교술
73	남해인 외	한흙 여름(18.19호)	재일한국문인협회 (한글모임)	1996	시, 교술

74	김리박 외	한흙 여름(30호)	재일한국문인협회 (한글모임)	2002	시, 교술
75	신시성 외	한흙 여름(32호)	재일한국문인협회 (한글모임)	2003	시, 교술
76	김인태 외	한흙 여름(3호)	재일한국문인협회 (한글모임)	1993	시, 교술
77		문학예술 1호	재일본조선문학예 술가동맹	1960.1	시, 소설, 극, 교술
78		문학예술 2호	재일본조선문학예 술가동맹	1960.3	시, 소설, 극, 교술
79		문학예술 3호	재일본조선문학예 술가동맹	1961.5	시, 소설, 극, 교술
80		문학예술 4호	재일본조선문학예 술가동맹	1962.10	시, 소설, 극, 교술
81		문학예술 5호	재일본조선문학예 술가동맹	1963.3	시, 소설, 극, 교술
82		문학예술 6호	재일본조선문학예 술가동맹	1963.5	시, 소설, 극, 교술
83		문학예술 7호	재일본조선문학예 술가동맹	1963.9	시, 소설, 극, 교술
84		문학예술 8호	재일본조선문학예 술가동맹	1964.5	시, 소설, 극, 교술
85		문학예술 9호	재일본조선문학예 술가동맹	1964.7	시, 소설, 극, 교술김 학렬
86		문학예술 10호	재일본조선문학예 술가동맹	1964.9	시, 소설, 극, 교술
87		문학예술 11호	재일본조선문학예 술가동맹	1964.12	시, 소설, 극, 교술
88		문학예술 12호	재일본조선문학예 술가동맹	1965.2	시, 소설, 극, 교술
89		문학예술 13호	재일본조선문학예 술가동맹	1965.5	시, 소설, 극, 교술
90		문학예술 14호	재일본조선문학예 술가동맹	1965.7	시, 소설, 극, 교술
91		문학예술 15호	재일본조선문학예 술가동맹	1965.9	시, 소설, 극, 교술
92		문학예술 16호	재일본조선문학예 술가동맹	1965.11	시, 소설, 극, 교술

93		문학예술 17호	재일본조선문학예술가동맹	1966.1	시, 소설, 극, 교술
94		문학예술 18호	재일본조선문학예술가동맹	1966.3	시, 소설, 극, 교술
95		문학예술 19호	재일본조선문학예술가동맹	1966.5	시, 소설, 극, 교술
96		문학예술 20호	재일본조선문학예술가동맹	1966.7	시, 소설, 극, 교술
97		문학예술 21호	재일본조선문학예술가동맹	1967.6	시, 소설, 극, 교술
98		문학예술 22호	재일본조선문학예술가동맹	1967.8	시, 소설, 극, 교술
99		문학예술 23호	재일본조선문학예술가동맹	1967.12	시, 소설, 극, 교술
100		문학예술 24호	재일본조선문학예술가동맹	1968.2	시, 소설, 극, 교술
101		문학예술 25호	재일본조선문학예술가동맹	1968.4	시, 소설, 극, 교술
102		문학예술 26호	재일본조선문학예술가동맹	1968.7	시, 소설, 극, 교술
103		문학예술 27호	재일본조선문학예술가동맹	1968.12	시, 소설, 극, 교술
104		문학예술 28호	재일본조선문학예술가동맹	1969.2	시, 소설, 극, 교술
105		문학예술 29호	재일본조선문학예술가동맹	1969.5	시, 소설, 극, 교술
106		문학예술 30호	재일본조선문학예술가동맹	1969.?	시, 소설, 극, 교술
107		문학예술 31호	재일본조선문학예술가동맹	1969.10	시, 소설, 극, 교술
108		문학예술 32호	재일본조선문학예술가동맹	1969.12	시, 소설, 극, 교술
109		문학예술 33호	재일본조선문학예술가동맹		시, 소설, 극, 교술
110		문학예술 34호	재일본조선문학예술가동맹		시, 소설, 극, 교술
111		문학예술 35호	재일본조선문학예술가동맹		시, 소설, 극, 교술

112		문학예술 36호	재일본조선문학예술가동맹	1970.12	시, 소설, 극, 교술
113		문학예술 37호	재일본조선문학예술가동맹	1971.4	시, 소설, 극, 교술
114		문학예술 38호	재일본조선문학예술가동맹	1971.9	시, 소설, 극, 교술
115		문학예술 39호	재일본조선문학예술가동맹	1971.12	시, 소설, 극, 교술
116		문학예술 40호	재일본조선문학예술가동맹	1972.2	시, 소설, 극, 교술
117		문학예술 41호	재일본조선문학예술가동맹	1972.4	시, 소설, 극, 교술
118		문학예술 42호	재일본조선문학예술가동맹	1972.10	시, 소설, 극, 교술
119		문학예술 43호	재일본조선문학예술가동맹	1972.12	시, 소설, 극, 교술
120		문학예술 44호	재일본조선문학예술가동맹	1972.12	시, 소설, 극, 교술
121		문학예술 45호	재일본조선문학예술가동맹	1973.2	시, 소설, 극, 교술
122		문학예술 46호	재일본조선문학예술가동맹	1973.4	시, 소설, 극, 교술
123		문학예술 47호	재일본조선문학예술가동맹	1973.6	시, 소설, 극, 교술
124		문학예술 48호	재일본조선문학예술가동맹	1973.10	시, 소설, 극, 교술
125		문학예술 49호	재일본조선문학예술가동맹	1973.12	시, 소설, 극, 교술
126		문학예술 50호	재일본조선문학예술가동맹	1974.2	시, 소설, 극, 교술
127		문학예술 51호	재일본조선문학예술가동맹	1974.5	시, 소설, 극, 교술
128		문학예술 52호	재일본조선문학예술가동맹	1974.9	시, 소설, 극, 교술
129		문학예술 53호	재일본조선문학예술가동맹	1974.12	시, 소설, 극, 교술
130		문학예술 54호	재일본조선문학예술가동맹	1975.2	시, 소설, 극, 교술

131		문학예술 55호	재일본조선문학예술가동맹	1975.5	시, 소설, 극, 교술
132		문학예술 56호	재일본조선문학예술가동맹	1975.?	시, 소설, 극, 교술
133		문학예술 57호	재일본조선문학예술가동맹	1975.10	시, 소설, 극, 교술
134		문학예술 58호	재일본조선문학예술가동맹	1975.12	시, 소설, 극, 교술
135		문학예술 59호	재일본조선문학예술가동맹	1976.2	시, 소설, 극, 교술
136		문학예술 60호	재일본조선문학예술가동맹	1976.6	시, 소설, 극, 교술
137		문학예술 61호	재일본조선문학예술가동맹		시, 소설, 극, 교술
138		문학예술 62호	재일본조선문학예술가동맹	1976.12	시, 소설, 극, 교술
139		문학예술 63호	재일본조선문학예술가동맹	1977.2	시, 소설, 극, 교술
140		문학예술 64호	재일본조선문학예술가동맹	1977.5	시, 소설, 극, 교술
141		문학예술 65호	재일본조선문학예술가동맹	1977.12	시, 소설, 극, 교술
142		문학예술 66호	재일본조선문학예술가동맹	1978.3	시, 소설, 극, 교술
143		문학예술 67호	재일본조선문학예술가동맹	1978.9	시, 소설, 극, 교술
144		문학예술 68호	재일본조선문학예술가동맹	1977.6	시, 소설, 극, 교술
145		문학예술 69호	재일본조선문학예술가동맹	1979.12	시, 소설, 극, 교술
146		문학예술 70호	재일본조선문학예술가동맹		시, 소설, 극, 교술
147		문학예술 71호	재일본조선문학예술가동맹	1980. 여름	시, 소설, 극, 교술
148		문학예술 72호	재일본조선문학예술가동맹	1981.3	시, 소설, 극, 교술
149		문학예술 73호	재일본조선문학예술가동맹	1981.7	시, 소설, 극, 교술

150		문학예술 74호	재일본조선문학예술가동맹	1982.2	시, 소설, 극, 교술
151		문학예술 75호	재일본조선문학예술가동맹	1982.4	시, 소설, 극, 교술
152		문학예술 76호	재일본조선문학예술가동맹		시, 소설, 극, 교술
153		문학예술 77호	재일본조선문학예술가동맹		시, 소설, 극, 교술
154		문학예술 78호	재일본조선문학예술가동맹		시, 소설, 극, 교술
155		문학예술 79호	재일본조선문학예술가동맹		시, 소설, 극, 교술
156		문학예술 80호	재일본조선문학예술가동맹	1985.3	시, 소설, 극, 교술
157		문학예술 81호	재일본조선문학예술가동맹	1985.7	시, 소설, 극, 교술
158		문학예술 82호	재일본조선문학예술가동맹	1985.12	시, 소설, 극, 교술
159		문학예술 83호	재일본조선문학예술가동맹	1986.3	시, 소설, 극, 교술
160		문학예술 84호	재일본조선문학예술가동맹	1986.7	시, 소설, 극, 교술
161		문학예술 85호	재일본조선문학예술가동맹	1986.12	시, 소설, 극, 교술
162		문학예술 86호	재일본조선문학예술가동맹	1987. 봄	시, 소설, 극, 교술
163		문학예술 87호	재일본조선문학예술가동맹	1988. 여름	시, 소설, 극, 교술
164		문학예술 88호	재일본조선문학예술가동맹	1987. 가을	시, 소설, 극, 교술
165		문학예술 89호	재일본조선문학예술가동맹	1988. 여름	시, 소설, 극, 교술
166		문학예술 90호	재일본조선문학예술가동맹	1988. 가을	시, 소설, 극, 교술
167		문학예술 91호	재일본조선문학예술가동맹	1988. 겨울	시, 소설, 극, 교술
168		문학예술 92호	재일본조선문학예술가동맹	1989. 봄	시, 소설, 극, 교술

169		문학예술 93호	재일본조선문학예술가동맹	1989. 여름	시, 소설, 극, 교술
170		문학예술 94호	재일본조선문학예술가동맹	1989. 가을	시, 소설, 극, 교술
171		문학예술 95호	재일본조선문학예술가동맹	1989. 겨울	시, 소설, 극, 교술
172		문학예술 96호	재일본조선문학예술가동맹	1990. 봄	시, 소설, 극, 교술
173		문학예술 97호	재일본조선문학예술가동맹	1990. 여름	시, 소설, 극, 교술
174		문학예술 98호	재일본조선문학예술가동맹	1990. 겨울	시, 소설, 극, 교술
175		문학예술 99호	재일본조선문학예술가동맹	1991. 봄	시, 소설, 극, 교술
176		문학예술 100호	재일본조선문학예술가동맹	1991. 여름	시, 소설, 극, 교술
177		문학예술 101호	재일본조선문학예술가동맹	1991. 겨울	시, 소설, 극, 교술
178		문학예술 102호	재일본조선문학예술가동맹	1992. 봄	시, 소설, 극, 교술
179		문학예술 103호	재일본조선문학예술가동맹	1992. 여름	시, 소설, 극, 교술
180		문학예술 104호	재일본조선문학예술가동맹	1992. 겨울	시, 소설, 극, 교술
181		문학예술 105호	재일본조선문학예술가동맹	1993. 봄	시, 소설, 극, 교술
182		문학예술 106호	재일본조선문학예술가동맹	1993. 여름	시, 소설, 극, 교술
183		문학예술 107호	재일본조선문학예술가동맹	1994. 봄	시, 소설, 극, 교술
184		문학예술 108호	재일본조선문학예술가동맹	1998. 겨울	시, 소설, 극, 교술
185		문학예술 109호	재일본조선문학예술가동맹	1999.6	시, 소설, 극, 교술

4. 장르 복합

번호	작가	작품집명	출판사	연도	비고
1	허남기 외	어머니 조국	조선작가동맹출판사	1960	시, 교술
2	김달수 외	찬 사	재일본조선문학예술가동맹	1962	소설, 시, 교술, 극 김일성 원수 탄생50주년기념 재일조선작가작품집
3	고왕민 외	해빛은 여기에도 비친다.	문예출판사	1971	소설, 극 재일조선작가작품집
4	리은직 외	영광의 한길에서	재일본조선문학예술가동맹	1973	소설, 극
5	량우직 외	조국은 언제나 마음 속에	문예출판사	1979	소설, 시
6	김봉식 외	형제	문예출판사	1984	소설, 시, 극
7	리귀영	고향의 무궁화	조선신보사	1990	시, 교술
8	박영일	해협	조선신보사	1990	교술, 소설
9	서상각	동트는 거리	문학예술종합출판사	1994	소설, 극
10	김홍수	돌아온 홍길동	국제인쇄출판연구소	1996	교술, 극, 시
11	강룡옥 외	사랑은 만리에	문학예술종합출판사	1996	소설, 시, 교술
12	정구일	발자국	문학예술종합출판사	1998	교술, 소설, 시
13	감태성 외	풍랑을 헤치며	문학예술종합출판사	2000	소설, 시, 아동, 교술 총련결성45돐기념문학작품집
14	류창하	흰 구름 동동	문예종출판사	2000	시, 소설
15	백운	재일조선인관계자료집성 전후편 제10권		1946. 1	시, 소설, 극, 교술 (다른 잡지 수록분 영인본)
16	강태성 외	입선작품집	재일조선문예동	1985.9.9	소설, 시
17	정화흠 외	대렬	재일본조선문학예술가동맹	1965	시, 소설, 교술
18	김기철 외	신인작품집	문예동 도꾜지부	1977	시, 소설, 극, 교술
19	허남기 외	주체의 한길에서	재일본조선문학예술가동맹	1970	소설, 극

5. 교술

번호	작가	작품집명	출판사	연도	비고
1	김덕수	적후에서 싸워이긴 소년들	금성청년출판사	1976	
2	김성철	흉악한 막후 조정자	근로단체출판사	1991	
3	김학렬	조선프로레타리아문학운동연구	김일성종합대학출판사	1996	문학 연구 및 자료
4	김광수 외	청춘은 래일을 위해 산다	금성청년출판사	1998	실화
5	구대석 외	은혜로운 해빛은 이역만리에도 4	조선신보사	2000	
6	박재로	統一의 새 아침은 온다	조선신보사	2001	
7	이화자	내 청춘에 후회는 없다	새미	2002	
8	김창현	애국에 바친 자욱을 더듬어	학우서방	2002	
9	박재수	고향 찾아 반세기		2003	
10	이경태	분단과 대립을 넘어	우리교육	2003	

6. 극

번호	작가	작품집명	출판사	연도	비고
1	김수중	어머니의소원	재일본조선문학예술가동맹	1986	
2	허남기	우리에게조국이있다	문예출판사	1969	

재일동포 한국어 문학의 전개와 현황

한 승 옥

목 차

1. 머리말

　필자는 이미 「재일동포 한국어 문학의 연구 총론(I)」[1]을 통해 학술진흥재단 프로젝트인 <재일 동포 한국어 문학 작품 수집 및 민족 정체성 연구>에 관해 1차적으로 보고한 바 있다. 이 글은 2차 보고서 성격을 띠며, 현재까지 진행되어 온 한국어 문학 작품 수집 정리 및 연구의 성

---

[1] 한승옥, 「재일동포 한국어 문학의 연구 총론(I)」, 『한중인문학연구』제14집, 2005.4.

과를 총 망라하여 이를 정리하고 그 의미를 점검하여 재일동포 한국어 문학이 지니는 한국문학사적 의의를 자리매김하려는 데 그 목적이 있다.

　재일동포들이 모국어로 문학을 창작하는 것은 한국에서 우리가 우리말로 문학을 창작하는 것과는 그 차원이 다르다. 재일동포들은 식민지 지배 국가였던 일본에 거주하고 있는 특수한 여건 때문에 항상 지향의식과 현존의 실제 상황과의 배치와 이로 인한 갈등 속에서 생활해 올 수밖에 없었다. 일본에서 재일동포가 모국어를 사용한다는 것은 단순한 모국어가 아니라 식민지 지배국에 대한 저항과 민족의 자긍심을 사수하려는 굳은 의지의 또 다른 징표에 다름 아니다. 모국어 사용과 이의 지속적인 교육은 주로 총련계에서 이루어져 왔기 때문에 그것이 좌익 성향을 띤 민족 교육 운동으로 인식하는 경향이 있으나, 재일동포의 지난한 역사를 살피면 그것이 단순 논리로만 이해될 성질의 것이 아님을 간파하게 된다.

　일본에서 모국어를 배우고 그것을 사용한다는 것은 편하고 안락하게 사는 방법을 외면하고 스스로 고난의 길을 선택했다는 의미와 같다. 일본에서 일본어를 기피하며 모국어를 사용한다는 것은 일본 사회에서의 현지 적응을 스스로 포기하는 행위에 다름 아니다. 이러한 거부의 심연에는 언젠가는 조국으로 귀국하리라는 희망이 내재해 있다. 이를 지향한 강한 의식과 불굴의 투지가 없었다면 불가능했을 것이다. 이러한 귀향의식과 모국에 대한 그리움은 재일동포 한국어 문학을 기능케 한 가장 중요한 문학적 모티브가 된다. 그 한가운데에는 현재의 결핍과 정체성의 혼란과 존재에 대한 회의와 부재의식이 위치하고 있다. 이러한 부재의식과 정체성의 혼란은 재일 1세대 뿐 아니라 그의 후손들인 2, 3세대에까지 지속되어 내려온다. 다만 다른 것은 1세대는 구체적인 귀향의식을 지니고 있는데 반해, 2, 3세대는 그것이 관념적이거나 추상적인 특성을 지닌다는 점에서 차이가 날 뿐이다. 아이러니하게도 2,3세대로 오면서 구체적 지향점이 없어진 데 따른 허무의식과 부재의식이 더욱 깊어지고 내면화 된다는 점이다. 이것은 의식적으로나 무의식적으로 재일동포 스스로에게 부정적 암영으로 배경화 되며, 정체성의 혼란을 야기하여 이로 인해 재일동포는 더욱 깊은 경계인적 성향을 지니게 된다. 경계인[2)]으로서의 혼란을 피하기 위해 후세들은 자신도 모르게 일본에 동화되어 가면서 부정적 아이덴티티를 형성하면서 생활하게 된다. 그러나 이러한 부재의식과 부정적 아이덴티티는 문학 창작의 경우 창조의 원동력이 되고 있음을 확인할 수 있다. 이점에 있어서는 일본어로 창작을 하건 모국어로 창작을 하건 동일하다. 그러나 한 가지 분명한 사실은 일본어로 창작을 하면 경계인으로서의 자아를 표현하는 데 그치거나 쉽게 일본에 동화되어 가는 데 반해, 모국어로 창작을 하면 강한 한민족에 대한 자부심과 그의 문학적 형상화와 그에 따른 자긍심이 쉽게 삭으러들지 않는다는 점이다. 한국문학사의 재편 시각에서 보아도 이러한 문학적 성과는 그것의 이데올로기적인 차원을 뛰어넘어 민족 문학사를 재구성하는 데 적지 않은 기여를 할 것으로 생각된다.

2. 재일동포 한국어 문학의 전개와 현황

재일동포 한국어 문학은 점점 그 운명이 하향 곡선을 긋고 있는 실정이다. 주지하는 바와 같이 재일동포는 민단계와 총련계로 양분되어 있다. 더 세밀히 말하면 민단계와 총련계, 그리고 어느 계열에도 속하지

---

2) '경계인'은 재일동포의 실존 상황을 가장 적절하게 표현한 말이다. 이 개념은 본 연구에서도 연구원들이 재일동포의 실존상황을 나타내는 중요한 개념으로 사용하고 있다.

않는 중도파가 있다. 문학에 있어서도 이는 마찬가지다. 재일동포 한국어 문학의 경우 주로 총련계 문예동 작가들이 대부분이며, 중도파의 경우 총련계에서 활동하다가 그에서 탈퇴하여 독자적인 길을 걷고 있는 작가나 시인들이다.[3] 하기에 총련계 작가들의 경우 역사적인 궤적에 따른 필연의 결과였겠지만, 좌익 이데올로기에 침윤되어 있는 것이 사실이다. 겉으로 일별하면 북한의 주체문학과 동일한 특성을 지니고 있는 것처럼 보이기도 한다. 그러나 보다 면밀히 투시하여 보면 거기에는 북한 문학과 분명히 차이가 나는 재일동포만의 문학적 특성이 존재한다. 이것을 찾아내는 작업은 그리 쉬운 일은 아니다. 하지만 이 작업을 하지 않으면 재일동포 한국어 문학 연구는 도로에 그치고 말 것이다. 우리 프로젝트의 연구팀들은 이 연구가 이처럼 도로에 끝나지 않기 위해 눈을 부릅뜨고 그 변별성을 찾아내기 위해 최선의 노력을 경주하였다. 그 결과 각 장르별 연구에서 귀중한 성과를 얻게 되었다. 아직 미흡한 점도 있지만 현재까지 얻은 결실을 정리하면 다음과 같다. 이것은 곧 재일동포 한국어 문학의 현주소이며, 한국 내의 재일동포 한국어 문학 연구의 최근의 현황이기도 하다.

1) 재일동포 한국어 시문학

재일동포 한국어 시문학을 해방 후부터 2000년대까지 통시적으로 정리하여 그 특성을 규명한 논문으로는 이경수, 강명혜, 최종환의 논문이 있다. 이경수는 해방 후부터 최근까지의 재일동포 시문학의 전개 과정을 두 번에 걸쳐 발표하였다. 강명혜는 재일동포 시문학의 전개 과정을

---

3) 김학렬은 「재일 조선인 조선어 시문학 개요」(『숭실어문』제21집, 2005.6)에서 문예동 외 시인으로 김윤, 김리박, 리승순 시인을 거론하고 있다. 이 중 중도파에 해당하는 시인으로는 현재 교토에서 활동하고 있는 김리박 시인을 들 수 있다.

고전 시가와의 전통 선상에서 그 특징을 살펴 전통과의 접맥 여부를 규명하려 하였다. 또한 최종환은 재일동포 한국어 시문학을 관통하는 내적 논리를 규명하여 민족 문학적 성격을 추출하였고, 이의 연장선상에서 양식적 특징까지 규명하려 하였다.

한편 조해옥은 각론으로 들어가 총련과 민단 어디에도 속하지 않으면서 독자적인 시세계를 펼쳐온 김리박 시인의 작품 세계를 살폈으며[4], 윤의섭과 김은영은 재일동포 한국어 시문학의 중요한 거봉 중에 하나인 강순 시와 김윤 시를 각각 검증하여 그들의 시가 우리 문학사에 기여할 수 있는 특징들을 추출해 내려 하였다.

재일동포 한국어 시문학의 전개 과정을 일목요연하게 정리하여 규명하려면 그에 따르는 시대구분이 필요하다. 이 시대 구분은 문학 작품을 보는 시각에 따라 차이가 나게 마련이다. 어떤 관점에서 어떤 이데올로기를 중시하느냐에 따라 같은 현상이라도 다르게 해석 할 수 있기 때문이다. 재일동포 한국어 시문학의 시대구분은 손지원, 김학렬, 이경수의 소론이 있다.[5] 손지원의 시대구분은 이경수의 지적대로[6] 세분화되어 있지만 북한문학과의 관계를 중심으로 구분한 것이기에 객관적이고 중립적인 시각을 필요로 하는 본 연구에서는 참고는 될지언정 현 연구의 기준은 될 수는 없다. 오히려 김학렬과 이경수의 시대구분이 설득력이 있

<hr>

4) 한승옥, 앞의 글, 『한중인문학연구』제14집, 2005.4. 및 조해옥, 「재일 한국인의 분단극복 의지-김리박 시에 대하여-」, 『한중인문학연구』제14집. 2005.4.에 구체적으로 논의하였기에 여기서는 재론을 피한다.
5) 손지원, 「조국을 노래한 재일 조선시문학 연구(1)」, 『겨레문학』, 재일조선문학예술가동맹 문학부, 2000.5.25. 70쪽, 김학렬, 「재일 조선인 조선어 시문학 개요」, 『숭실어문』제21집, 2005.6. 43쪽. 이경수, 「재일동포 한국어 시문학의 전개과정」, 『한중인문학연구』제14집, 2005.4. 353쪽이 대표적이다. 김학렬은 해방 직후부터 1960년대까지를 초창기, 1970년대부터 80년대까지를 발전, 앙양기, 1900년대부터 2000년대까지를 전환기로 설정하였다. 이경수는 김학렬의 구분을 큰 틀에서는 따르면서 그 명칭만을 형성기, 발전기, 전환기로 구분하였다.
6) 이경수, 위의 논문, 359쪽.

다. 특히 김학렬은 총련계의 거물이면서도 학자다운 객관성을 견지하고 있다는 점에서 특기할 만하다. 그는 재일동포 한국어 시작품을 개관하면서 그 기준을 다음과 같은 제시하였다.

> 아름다운 것, 극적인 것, 진실을 감촉할 때 사람들은 으레 자신이 크게 감동되여 터지는 그 격정을 폭발시키려 남에게 전달하고파 하는 법이다. 감동이란 시인자신이 진실하게 살려는 량심과 정의감에서 분출한 개성 내부의 격동이며 이는 많은 경우에 사회발전과 인민대중의 요구, 시대성(시대정신)과 잇닿아진다.
>
> 감동으로부터 시작하여 감동으로 끝난다는 의미에서 시는 머리(인식) 이전에 시인의 가슴(감성)에서 나고 독자의 가슴에 가닿아야 할 점에서 사회과학과 차이점(공통점도 있으나)이 있다.
>
> 작품 평가의 기준으로써 둘째로 주제사상적 측면에 편중(사회과학적시점에 치중)하는 좌경적 편향에 기울이지 않도록 유의하였으며 또한 문학적 특성만을 강조(예술, 기교적 분석에 치중)하는 우경적 편향에도 기울이지 않도록 힘썼다. 즉 량측면을 종합적으로 그리고 역사적으로 정당하게 보려 하였다.[7]

위의 인용에서 우리가 주의 깊게 살펴보아야 할 것은 감동을 중시하였으며, 개성의 발로와 시대정신을 강조하였다는 점이다. 또한 작품 평가의 기준으로써 좌경적 편향(사회과학적 시점에 치중)과 우경적 편향(예술, 기교적 분석에 치중) 어느 곳에도 경도되지 않는 중립적이고 객관적인 입장을 취했다는 점이다. 문학 원론적인 위와 같은 소론을 새삼 주목하는 것은 그것이 남한의 시각이 아니고 재일동포, 그 중에서도 총련계 학자의 견해라는 점에서다. 이는 2000년대 와서 재일동포 문학의 문학적 경향이 다양해지고 변화가 일어나고 있다는 점과 맥이 통하며, 문학을 평가하는 시각에서도 지각 변동이 일고 있음을 뜻한다. 재일동

---

7) 김학렬, 위의 논문, 44쪽.

포 한국어 문학 작품이 우리 문학사에 중요한 시사점을 제공할 수 있다
는 가능성을 보여준다는 점에서도 그렇지만, '남한 문학사의 결락된 부
분을 보충해줄 수 있'다는 점8)에서도 의미가 있다.

김학렬은 위의 글에서 해방 직후의 시단을 평가하면서 중요한 시인으
로 강순, 허남기, 남시우를 꼽고 있다. 다만 아쉬운 점은 김학렬의 논문
은 해방 직후의 시단만을 대상으로 하였기에 그 후에 활동한 시인들의
평가가 유보되어 있다는 점이다. 특히 1960년대부터 2000년 이후 현재
까지 발표된 시들이 어떻게 선별되고 평가될지가 궁금하다.

이러한 점에서 이경수의 논의는 의미 있는 작업에 해당한다. 이경수는
신진 학자의 새로운 시각으로 재일동포 시문학의 전개 과정을 객관적으로
논의하여 설득력을 얻고 있다.9) 이경수는 두 편의 논문을 통해 문학사에
거론될 만한 가치가 있는 시인과 작품을 다음과 같이 선별하고 있다.

해방 이후부터 1960년대까지의 중요 시인의 작품으로, 망국의 설움과
반일 감정을 다룬 시로 허남기의 「조선 겨울이야기」, 강순의 「다리 이
편」을, 고향에 대한 그리움을 나타낸 시로 김윤의 「멍든 季節」, 한명석
의 「민들레꽃」을, 민족적 자부심의 각성을 나타낸 시로 허남기의 「아이
들아 이것이 우리 학교다」, 남시우의 「나는 조선공민이다」, 정화흠의
「새해 첫학습날에」, 김학렬의 「색동저고리」를, 역사적 사건에 대한 비판
과 풍자로 허남기의 「화승총의 노래」, 김윤의 「異邦人」 등을 꼽고 있다.

1970년대부터 80년대까지의 시적 특징으로 조국에 대한 예찬을 펼친
시편으로 허옥녀의 「진달래야」, 김윤호의 「수정봉 기슭에 흐르는 사랑」
을, 조국 통일의 염원을 나타낸 시로 김윤호의 「우리는 나가라고 했다」

---

8) 이경수, 앞의 논문, 372쪽.
9) 이경수는 위의 논문에서 1990년대까지의 시적 전개과정을 살폈고, 후속 논문인
「1900년대 이후 재일동포 한국어 시문학의 변모」(『민족문화연구』제42호, 2005.6)에
서 현재까지의 시적 전개와 변모 과정을 논의하였다.

를, 민족 교육의 중요성을 강조한 시로 김학렬의 「우리 말 학습」을 꼽고 있다. 특히 김윤호의 시는 1980년대 남한에서도 대대적으로 창작된 민중시의 계보에 닿아 있다고 평가하고 있다.

1990년대 이후의 시적 특징으로 이경수는 ①대립적 이분법의 해소와 분단 극복의지, ②남한에 대한 인식의 변화, ③소수자 의식과 차별에 대한 비판, ④전통적 정서의 추구와 서정성의 증폭, ⑤여성 시인의 약진과 일상의 시화'로 대분하고 있다.[10]

이경수는 위에 해당하는 시를 다음과 같이 선별하였다. ①에 해당하는 시는 정화흠의 「나는 죽으면」이다. 이 작품에서 통일을 전망하는 시적 화자의 태도가 변화되었음을 시사한다. 적과 아의 이분법적 시각에서 벗어나 분단자체에 시선을 돌리고 있다. 한명석의 「언제면 가서 지랴」도 이 계열에 속하는 시다. ②에 해당하는 시작품은 오향숙의 「꼴인」이다. 2002년 한일월드컵을 보고 강렬한 통합의 체험을 감동 깊게 형상화한 작품으로 하나의 민족임을 재확인한 작품에 해당한다. ③에 해당하는 시는 한명석의 「김치냄새」로, '김치 냄새를 끔찍하게 싫어하고 모욕적인 말도 서슴지 않던 과거의 일본인의 모습과 김치라면 사족을 못 쓰며 좋아하는 현재의 일본인의 모습을 대비시킴으로써 재일동포의 수난의 역사를 간접적이면서도 구체적으로 보여주는 데 성공한' 작품이다. 손지원의 「보도의 자유」와 정화흠의 「민들레꽃」도 전자가 풍자적 어조가 성공직이며, 후자는 소수자로서의 정체성을 비유적으로 잘 드러내고 있다. ④에 해당하는 시는 정화흠의 「바람」으로, 이념적 색채에서 민족 정서를 드러내는 시로 변모하는 좋은 예다. ⑤의 여성 시인의 약진의 예는 강명숙의 「재봉기소리」다. 이 외에도 홍순련의 시집 『비단주머니 통장』이 있으며, 이 시집을 통해 변화하는 시대에 어울리

---

10) 이경수, 위의 논문, 215~241쪽.

는 적극적인 여성의 모습을 형상화하였다고 평가하였다.

이상에서 볼 때 재일동포 한국어 시는 1990년대에 와서 시단 전반적으로 많은 변화가 있음을 알 수 있다. 이는 남북을 비롯한 주변국의 정치 사회적 여건의 변화와 남북 화해 분위기를 비롯하여 남한 정부 및 민간 단체의 재일 총련 동포들에 대한 포용적 정책과 열린 자세에 기인한다고 볼 수 있다. 통일 문학사를 위해서는 고무적인 상황의 진전이며 변화라 하겠다.

이러한 노력은 본 프로젝트의 원래의 의도이기도 하다. 재일 한국어 문학에 대한 그동안의 오해를 불식하고 새로운 평가를 시도함으로 통일 문학사 구축에 일조를 기하기 위한 것이기 때문이다. 이러한 관점에서 볼 때 강명혜의 소론도 매우 의미 있는 작업에 해당한다. '진달래'의 전통적 정서를 고전 작품과 연계시켜 파악하려는 시도가 그것이다. 진달래는 북한을 상징하는 꽃으로 좌익 이데올로기의 상징처럼 인식되어 그에 대해 언급하는 것이 묵시적으로 금기시 되어 왔던 것이 사실이다. 강명혜는 이러한 고정관념을 깨고 문학 본연의 자세에서 진달래를 우리의 전통에서 기본 정서로 면면히 이어온 시적 오브제로 평가하고 그의 실체를 재일동포 한국어 시문학에서 발견하였다는 점은 시사하는 바 크다 하겠다.[11]

최종환은 재일동포 한국어 시문학의 내적 논리를 규명하면서 '재일동포 한국어 시학은 표면적으로는 사회주의적 당파성에 근거한 민족의 언어를 보여주고 있지만 주밀히 살펴보면 남측의 시인들이 보여준 분단 관련 상황 의식 내지 그 극복 의지 등을 공유하고 있어 통일 문학사를 엮어 나가는데 하나의 날실을 만들어 낼 수 있는 여지'[12]가 있다고 평

---

11) 강명혜, 「민족정서의 지속과 변이 양상-'진달래꽃' 소재 재일동포 한국어 시를 중심으로-」, 『온지논총』제14집, 2006.6, 63~97쪽.

하면서, 한민족의 핏줄 의식과 연관된 동질적 문화 체험의 기억과 그의 표상을 예의 주시하였다. 재일동포 시가 나타내는 사회주의적 특징에 국한된 종래의 평가에서 한 발 진전하여 '심층적 민족의식'을 읽어내고 이들 시에서 '기억의 동질성으로 작용하는 에네르기가 분단 이전의 조국을 조화로운 풍경으로 재구성'해 내고 있다는 것이다. 그는 이어 재일동포 한국어 시에 '남과 북, 그리고 일본에 거주하는 혼종적 민족 주체들을 하나의 끈으로 연결시킬 수 있는 가능성이 내재한다'고 보았다. 최종환은 이의 근거로 최영진의 「우리 이름」, 김윤의 「길」, 오상홍의 「조선은 하나의 신경으로 이어졌다」, 류인성의 「무궁화나무」, 한명석의 「진달래 한그루」 「통일소주」, 강명숙의 「달맞이꽃 설레면」, 박산운의 「귀향」, 남시우의 「길」, 홍순련의 「내 고향 남해바다」의 시를 예거하여 자신의 논지를 전개하고 있다. 이상과 같은 최종환의 소론은 민족문학적 시각에서 재일동포 한국어 시문학의 내적 논리를 규명하여 통일 문학사의 가능성을 타진해보았다는 점에서 그 의의가 인정된다.

또한 최종환은 「재일 동포 한국어 시문학 연구-양식적 특성을 중심으로-」이란 논문에서 재일동포 시문학의 두드러진 양식적 특징을 네 가지로 요약하고 있다. 즉 ①'구술적 화법에 따른 관념적 진술'이 많기에 可聽的, 告白的 성향을 띠며, ②'북측 체제의 미화와 남측 체제의 풍자'가 주를 이루는데, 이는 주체 문예 이데올로기 모델 때문이며, 이러한 경향은 90년대 재일동포 3세대들이 등장하기 전까지는 지속적으로 나타난 현상이라 하였다. 다음으로 ③은 '전통적 이미지 또는 전향화된 이미지 사용'이다. 이미지 구조와 비유 구조를 살핀 후 얻은 결론이다. 최종환은 재일동포 한국어 시 작품에 자주 출현하는 '목란꽃, 목련꽃,

---

12) 최종환, 「재일동포 한국어 시문학의 내적 논리와 민족 문학적 성격」, 『한중인문학연구』제17집, 2006.4. 217~243쪽.

진달래꽃’의 이미지가 한국 전통 문학의 이미지와 연계된다는 점에 유의하였으며, 비유 구조를 분석하면서 층위(예; 천체)와 기표(예; 오각별, 태양)가 어떻게 전형적 기의(예; 수령)로 수렴되는가를 규명하였다. ④는 ‘패턴의 공유 또는 공동 창작물로서의 형식’이다. 재일동포 한국어 시는 내용적인 측면에서 유사한 패턴을 공유하며, ‘산문형식의 틀’도 빈번히 나타나는 공유의 패턴이라 하였다. 이처럼 ‘재일동포의 시에 이미지와 상황, 내적 반응, 언술 등이 반복 재생산되는 것은 재일동포 시인들이 그들 자신이 개별 저자로서 보다는 재일조선인으로서의 하나의 집단자로 인정받기를 원했기 때문’이라고 결론내리고 있다.

윤의섭은 재일동포 강순 시를 수사학적 특성을 중심으로 연구하였다.[13] 특히 윤의섭은 은유와 환유의 기법을 예의 주시하였다. 논자는 강순의 「가재의 봉변」을 인용하면서 ‘법적으로 지위가 보장된 일본인도 아니고 그렇다고 조선인이라고 할 수도 없으며 남한과 북한 어디에도 소속되지 못한 채 부초처럼 살아야 했던 재일동포의 처지와 항변을 “가재”라는 한민족이라는 실체는 무시당한 채 “새우”나 “게” 등의 다른 민족으로 오인 받는 처지, 그리고 이들을 “사깃군”, “스파이”, “기회주의자”로 대하는 일본인들의 의심스러운 눈초리와 반감 속에서 화자는 “가재”로 비유된 민족적 정체성을 단호하게 주장’[14] 함으로써 탁월한 시적 기법을 성취하였다고 평한다. 윤의섭은 이러한 비유적 표현이 강순의 「동네개」에도 동일하게 나타나는데, 시인은 동네 ‘떠돌이개’를 통해 재일동포의 서러운 삶과 끈질긴 생명력을 성공적으로 형상화하였다는 것이다. 또한 환유적 표현도 예의 주시하였는데, 논자는 「진눈까비」를 대표적인 시로 꼽고 있다. 강순은 사실주의 계열의 시도 창작하였는데, 논

13) 윤의섭, 「재일동포 강순 시 연구-『姜舜詩集』을 중심으로-」, 『한중인문학연구』제 15집, 2005.8.
14) 위의 논문, 440쪽.

자는 그 대표작으로 「시궁창」과 「동네마당」을 들고 있다. 전자에서는 '재일동포의 애환과 삶의 건강성, 그리고 작은 승리를 거둔 소외 계층의 생활' 등이 사실적으로 재현되고 있으며, 후자에서는 '가난한 생활을 걱정하고 국내의 정세에 의견을 토로하며 정견 다툼을 벌이는' 재일동포들의 애환이 사실적으로 드러났다고 지적한다. 논자는 이러한 사실주의적 현실 인식의 내면에는 언제나 시인의 고국에 대한 향수와 민족에 대한 긍지가 자리 잡고 있다고 결론 내리고 있다.

김은영은 김윤 시를 주제적 측면에서 연구[15]하면서 그 특징으로 ① 정체성 물음과 자의식의 확대, ②존재의 불안과 심화, ③동포들의 생활상과 민족의식의 반영, ④고향회귀와 모성지향 추구 등으로 짚어 내었다. 이를 표상하는 시작품으로 ①은 「헛된 空間」, 「이방인」, ②는 「외로운 도둑」, 「東京」, ③은 「동경교외」, 「신년송-1968년을 맞으며」, ④는 「멍든 季節」, 「나의 날은」을 그 논증의 자료로 삼았다.

이상의 논의에서 볼 때 연구자들의 눈길이 머무는 곳은 좌경화의 경향을 띠는 이데올로기에 편향된 시편들이 아니라 재일동포의 실상을 깊이 있게 천착하면서 문학 보편성을 형상화한, 그러면서도 통일 문학사를 지향하는 시편들이란 점이다. 이것은 다음에 논의될 소설 문학에서도 그 기본적 기준에 있어서는 변함이 없다.

2) 재일동포 한국어 소설문학

소설문학에 대한 1차적 개관은 허명숙과 김형규의 논의를 중심으로 앞의 총론[16]에서 개략적으로 검토한 바 있다. 하여 김형규는 196,70년

---

15) 김은영, 「김윤 시 연구-작품의 주제 양상을 중심으로-」, 『한중인문학연구』제15집, 2005.8.
16) 한승옥, 「재일동포 한국어 문학연구 총론(I)」, 『한중인문학연구』제14집.

대 문예동의 단편 소설이 지니는 특징을 정주와 지향이라는 존재의 이중성으로 보고, 이러한 존재의 이중성을 해외공민으로서의 자각을 통해 이를 극복하고자 했다고 결론내린 바 있다.[17] 여기서는 이를 재론하지 않겠다. 다만 후속 연구의 편의를 위해 논증의 근거가 된 작품만을 밝혀두고자 한다.

김형규의 논의는 첫째, 자각과 통일의 동기화 양상과 둘째, 재일의 극복: 집단적 기억으로의 '민족'을 중심으로 전개되는데, 전자에 속하는 주요 작품과 그 내용은 총련의 헌신적 노력과 교육사업을 그린 소설로, 총련 조직과 조직원들의 헌신적 노력과 활약을 통해 동포애을 깨닫게 되는 과정을 전형적으로 보여주는 박종상의 「동포」, 조선인임을 부정하던 인물이 처한 위기를 극복하게끔 헌신하는 총련 상공회의 활동을 그린 소영호의 「귀중한 것」, 영세공장을 하는 룡환이의 변화과정을 그려주는 김재남의 「새출발」, 리인철의 「진로」「손풍금」, 신영호의 「운동회날」, 리은직의 「신작로」 등이 있으며, 비극적인 과거 체험과 남한의 부정성을 그린 소설로, 8·15대회에 참가하기 위해 버스를 타고 가는 과정에서 비극적인 과거 기억을 떠올림으로써 재일조선인의 자각을 강화시키고 있는 김병두의 「대회장으로 가는 버스안에서」, 박관범의 「분회장 고인호」, 리단숙의 「팥죽장사」, 리은직의 「생활속에서」와 「노도의 거리」가 있고, 북한 현실의 긍정적인 면을 강조하여 인식의 변화를 얻게 하는 작품들로, 조혜선의 「가죽구두」, 박관명의 「한권의 수첩」, 소영호의 「고향손님」, 리량호의 「첫걸음」, 량우직의 「태양의 품」, 남상혁의 「증언」 등의 작품이 있다. 또한 불합리한 현실과 일본사회의 허구성을 지적한 소설로 외국인 등록증과 관련한 불합리한 차별의 상황을 그

---

17) 김형규, 「조선 사람으로서의 자각과 '재일(在日)'의 극복」, 『한중인문학연구』제14집.

리고 있는 조남두의 「올가미」, 고찬유의 「뱃길」, 성윤식의 「길」 등이 있다. 한편 두 번째 특징인 민족의식을 통한 지향성 강화를 나타낸 소설로 김영곤의 「가정」, 리양호의 「첫걸음」 등이 거론되고 있다. 이들 소설들은 196,70년대에 지면에 소개된 작품들이기에 북한 편향적인 내용들이 주를 이루고 있다는 것이 특징이라 하겠다.

김형규는 계속하여 「귀국 운동과 '재일(在日)의 현실」이란 논문을 발표하여 1959년에 시작하여 1967년에 일시 중단되었다가 1971년에 재개되어 1984년까지 전개된 북한의 귀국운동이 어떻게 소설에 반영되고 그 실상은 어떠한가를 점검하였다.[18] 그 결과 문예동의 이러한 소설들은 재일동포의 구체적인 삶에서 나온 귀국에 대한 관심을 북한에 대한 관심과 지향으로 전환시키는 과정을 형상화하였다고 결론 내렸다. 재일동포들은 재일의 현실을 식민지적 삶의 연장으로 인식하고 있었으며, 재일동포에게 있어 존재성의 확인은 조국의 중요성을 자각하는 것에서부터 시작된 것이라 단정하고 있다. 그러나 한편 귀국운동을 다룬 작품에서는 조국으로의 귀환 못지않게 일본 사회에 정착하여 살아가는 문제를 구체적으로 형상화하고 있음도 동시에 언급하고 있다. 이에 해당하는 작품으로는 김명석의 「혼백」, 조남두의 「굽인돌이에 서서」, 「귀국한 리동무」, 박원준의 「환송」, 리수웅의 「아버지와 아들」, 류벽의 「자랑」, 「춘분」 등이 있다.

허명숙은 1990년대 이후의 재일동포 한국어 소설을 살피면서 그 두드러진 특징으로 중 장편 소설 창작이 많아졌음을 지적하였다.[19] 그리고 그 대표적인 사례로 량우직의 삼부작 『비바람 속에서』(1991), 『서곡』(1995), 『봄잔디』(1999)를 분석하여 그 특성을 규명한 바 있다.

---

18) 김형규, 「귀국운동과 '재일(在日)의 현상」, 『한중인문학연구』제15집.
19) 허명숙, 「재일동포 작가 량우직의 장편소설 연구」, 『한중인문학연구』제14집.

허명숙은 계속하여 재일동포 한국어 장편소설에 대한 연구를 하고 있다. 허명숙의 후속 논문인 「재일동포 한국어 장편소설 연구」에서는 량우직의 삼부작 『비바람 속에서』, 『서곡』, 『봄잔디』를 '민족교육의 재현'이란 측면에서 새롭게 살폈으며, 박종상의 『봄비』를 '학교 중심' 만들기 서사란 측면에서 분석하였고, 량우직의 『지진』을 통해 학교 재건의 기록을 읽어내고 있다. 또한 김춘지의 『봄비』를 '본명 찾기'의 서사로 규정하였다. 허명숙은 이 논문에서 재일동포 한국어 장편소설이 친북한문학이란 편견을 극복하기 위해 디아스포라의 문학으로 이해할 것을 주장하였다. 1990년대 들어 출간된 위에 언급한 9편의 중단편 소설을 연구하기 위해 연구자는 작품 논의에 앞서 '朝鮮籍'의 기원과 '조선'의 내포를 검토하였다. 그 결과 '조선적'에서 '조선'은 '식민지 지배와 인종차별이 강요하는 모든 부조리가 일어나서는 안 되는 곳으로서의 조국'이란 함축적 의미가 있음을 간파한다. 하기에 재일동포 한국어 문학이 아나키즘적 탈중심화의 길을 걸어 왔다면 재일동포 한국어 문학은 민족주의적 중심화의 길을 꿋꿋이 견지해 왔다고 평가한다. 이 확고한 민족 정체성을 허명숙은 재일 디아스포라의 한 부분으로 이해하고 그것의 의의를 인정해야 한다고 주장한다.

한편 허명숙은 최근에 오면서 재일동포 소설문학에 서서히 지각 변동이 일어나기 시작하였음을 조심스럽게 진단한다. 2000년대 『겨레문학』에 발표된 소설들을 검토한 후 다음과 같이 결론내리고 있다.

> 재일동포 민족 정체성은 그들이 처한 일본이라는 사회적 조건의 특수성과 함께 이해되어야 하는데, 그 결과 재일동포들은 여전히 일본을 동화를 거부하는 타자로 인식함으로써 그들의 민족 정체성 지행은 '저항적 민족주의'의 성격을 강하게 띠고 있음을 알 수 있다.
>
> 정체성 갈등을 해소하는 방식은 '토론'과 '견학'의 방법을 거쳐 갈

등주체가 민족 정체성을 재발견하는 구성방식을 주로 택하고 있다. 그런데 가족 이야기의 경우는 그 양상이 달리 나타난다. 즉 '숭엄한 자아'의 아우라에 감싸인 존재로 표현되는 아버지와의 극적인 화해가 그 방식인데, 이것은 세대 간의 지속성에 대한 확고한 믿음을 표현하려는 욕망과 깊은 관련이 있다.

2000년대 들어서면서 재일동포 한국어 소설 문학에서는 '민족' 혹은 '이념'이라는 준거틀로부터 자유를 확보할 때 이루어질 수 있는 소설적 기획들이 발견된다. '修身을 지향하는 자기반성적 서사'와 '차별적 담론의 지향 가능성'이 그것이다.[20]

그동안 재일동포 문학을 구속하였던 보이지 않는 준거틀인 민족과 이념으로부터 자유스러워지기 시작하면서 나타나는 조짐의 결과란 이야기다.

그동안 재일동포 문학의 민족주의적 담론은 '분열'과 '배제'라는 차별주의 담론을 형성해 왔는데, 극히 일부이기는 하지만 신인들의 작품에서 집단적 정체성의 필요성을 부정하는 차원까지는 아니지만 당양한 정체성을 인정하는 담론이 활성화되고 있음을 발견한 것이다. 이러한 변화 조짐은 통일 문학사를 위해서건, 재일동포 문학적 성과를 위해서건, 문학 본연성의 회복을 위해서건 매우 고무적인 현상임엔 틀림없다.

허명숙은 재일동포 2000년대 한국어 소설의 변화 조짐을 '수신을 지향하는 자기반성적 서사'로 명명하고, 이에 해당하는 소설로 '부족하고 무능력한 자기에 대한 심각한 자기부정을 거쳐 성숙한 자아로 거듭나는 과정'을 그린 김명숙의 「주화」, '자기가 하는 일의 소중함을 재발견한 기쁨을 개진'한 윤지홍의 「택시운전수」를 거론하였고, '차별적 담론의 지양 가능성'이 엿보이는 작품으로, '6·15 공동선언의 결과로 시행된 '총련동포고향방문'의 체험을 사실적으로 그린' 강태성의 「유채꽃은 피

---

20) 허명숙, 「재일 한국어 소설문학의 최근 동향」, 『한중인문학연구』제15집, 2005.8. 389쪽.

고지고」, '남한을 동반자로 보여주고 있'는 한성구의 「통일기념일」, 김옥철의 「친구의 고백」을 주목하였다.

이로 볼 때 무엇보다도 반가운 것은 2000년대 들어와 신인 작가들이 나타나면서 이데올로기의 일방적 편향성에서 벗어나 새로운 다양성을 모색하는 문학 본연의 자세를 다시 회복하고 있다는 점이다. 이는 비로소 재일동포 한국어 문학이 보편성을 획득하기 시작하였다는 의미와도 상통한다.

이정희는 재일동포 한국어 소설에 나타난 민족 동일성 담론의 표출 양상에 대하여 논한 바 있다.[21]

이정희는 재일동포 한국어 소설에서 민족문학적 성격은 일차적으로 민족동일성 담론의 형성에 놓여 있음을 전제한 뒤에, 재일동포들이 일제 식민지 시대를 거친 후 극심한 혼란과 격동의 역사를 힘겹게 살아오는 동안 자신의 정체성을 정립하는 작업은 재일동포에게 가장 중요한 선결 과제였음을 상기시킨다. 이러한 상황에서 민족을 매개로 한 민족 동일성 담론의 추구는 그들에겐 필요불가결한 선택이자 생존 전략이었으며, 안으로는 조국으로의 강렬한 지향성과 일체감을 형성하고 밖으로는 타자와의 배타적 관계를 통해 차별과 억압에 저항하고자 한 것이 재일동포 소설이라 결론 내리고 있다. 이를 위해 재일동포 문학은 몇 가지 전형적인 방식을 통해 자신들의 계몽적 의지를 표출하였는데, 그것은 가족주의, 민족교육 등의 내적 지향과 타자와의 관계성을 통한 외적 지향으로 대분된다 하였다.

이정희는 재일동포 소설에 나타난 동일성 담론의 표출 양상으로 ① 가족 이데올로기와 민족 문제 결핍과 환치의 서사, ②민족 교육을 통한

---

21) 이정희, 「재일 동포 한국어 소설 연구-민족 동일성 담론의 표출 양상을 중심으로-」, 『한중인문학연구』제17집.

기억의 전수와 계승, ③타자와의 관계성과 민족 정체성의 변주로 분석하였는데, ①에서는 위의 관점을 중심으로 공경과 귀감이 되는 대상으로서의 아버지보다는 부재하거나 무능력한 모습으로 그려지는 아버지를 주목한다. 김민의 「포옹」은 아버지의 부재로 인한 결핍된 가정의 모습과 그것이 상쇄되어 가는 과정을 교육 현장을 무대로 보여주는 소설인데, 이 작품에는 아버지의 부재의 상황이 불러일으킨 가정의 결핍이 조국이나 민족교육으로 충족되는 과정이 형상화되어 있다고 하였다. 박종상의 「장씨의 소원」은 아버지/남편의 죽음 이후의 유산 상속 문제를 통해 진정한 계승의 문제에 초점을 맞춘 소설이다. 또 같은 작가의 「원앙유정」은 고향에 아내를 두고 일본에 와서 독신으로 살던 정택호가 다시 아내와 재회하게 되는 이야기고, 「결혼문제」는 결혼을 앞둔 여성이 겪는 결혼과 일 사이의 갈등을 통해 나라와 민족을 가정과 등치시키면서 사적 영역과 공적 영역이 하나로 통합되는 과정을 그린 소설이라 하였다. 위에서 보았듯 ①유형에서는 가족의 결핍이 민족의식으로 환치되며, 사적 영역이 공적 영역으로 수렴됨으로 해서 민족 동일성 담론이 구성된다. ②에서는 민족교육이 강조된다. 김민의 「이른 새벽」은 청년 근호가 조선대학교에 입학하면서 변모하는 과정을 어머니의 시선을 통해 보여주며, 「어머니의 력사」는 기억을 통해 세대 간의 계승을 구체적으로 형상화하였고, 조남두의 「비오는 날」은 세대론적 인식을 역사적 과정과 접목시킴으로써 보다 생생한 현실성을 획득한 소설이다. ③에 속하는 소설로는 소영호의 「가장 귀중한 것」이 있다. 이 작품에서는 조선인 사업가 조봉우와 총련 분회장 김창수가 대립한다. 하여 돈보다도 더 귀중한 것이 조국이라는 봉우의 각성 과정을 통해 인물들은 민족정체성을 획득한다. 한편 해방 후 남한 사회를 비판적으로 형상화하고 미국을 비판적으로 묘사한 소설도 다수 발견된다. 리은직의 「신작로」, 박원준의

「이남의 거리」, 리양호의 「첫걸음」, 박관범의 「한 권의 수첩」, 김달수의 「밤에 온 사나이」, 박영일의 「전기」, 리수웅의 「아버지와 아들」 등이 이에 속하는 소설들이다.[22]

이정희는 민족 동일성 담론의 표출 양상을 점검 한 후, '경계에 서서 양쪽을 넘나드는 재일동포들의 존재론적 특수성은 민족이 매개될 때 필연적으로 민족 동일성 담론의 추구로 나아가고, 그것은 재일동포들의 불안정한 정체성을 하나로 통합하는 역할을 하며, 그것을 바탕으로 그들은 모순에 둘러싸인 재일의 현실이 극복되게 된다.'[23]라고 결론 내리고 있다.

이상에서 살펴 볼 때 재일동포 소설들은 시작품보다도 더 현실에 밀착되어 있으며, 서사를 통해 재일동포들의 역경의 삶을 사실적으로 표출하였고, 계몽적 의지와 민족 정체성 확립을 위해 모든 역량을 집중하였음을 알 수 있다. 그러면서도 2000년대 들어서면서 재일동포 3,4세대로 내려오면서 다양성을 통한 새로운 변화의 조짐이 보인다는 것도 특기할 만한 사항이라 하겠다.

3) 재일동포 한국어 희곡, 평론 및 수필

재일동포 한국어 극문학은 희곡(각색 희곡 포함), 가극대본과 노래 이야기, 재담과 사이극, 아동극/동화극/민화극, 그리고 영화문학에 이르기까지 실로 다양한 갈래를 보여줄 뿐 아니라, 각각의 작품이 서로 다른 텍스트 구성 방식과 주제 표현 방식을 드러내고 있다.[24]

재일동포 한국어 희곡에 관한 연구는 백로라가 맡아 진행하였는데,

---

22) 위의 논문, 참조.
23) 위의 논문, 293쪽.
24) 백로라, 「재일동포 한국어 극문학 연구」, 『한중인문학연구』제14집, 425쪽.

지금까지의 성과를 정리하면 다음과 같다.

지금까지 재일동포 한국어 극문학은 각색 희곡을 포함하여 30여 편이 넘게 발표되었으며, 대표 작가로는 윤채, 허남기, 서상각을 들 수 있다. 재일동포 한국어 극문학은 그만의 독특한 갈래로 가극 대본과 노래 이야기가 창작되었다는 점이 특기할 만하다. 이것은 뮤지컬 형식을 띠며, 이에는 혁명적 영웅의 투쟁과정과 통일의 염원, 사회주의 체제와 김일성 찬양(「싸워서 찾으리 고향땅」), 귀국운동, 한일조약 체결 비판, 새 교사 건설을 주제로 다루고 있는 작품(「현해탄의 노래」)들이 있다. 아동극/동화극/만화극은 총 14편으로 순수 창작 희곡 다음으로 많은 편수를 차지하고 있다. 리순영의 「뿔난 너구리」, 남상혁의 「오누이」, 문옥선의 「삼년고개」를 제외한 나머지 작품은 모두 서상각에 의해 창작되거나 각색된 작품이다. 한 가지 특기할 것은 양반과 하인의 갈등과 대결에서 하인이 승리하는 구조로 되어 있는 서상각의 「영리한 돌쇠」(1989), 「호랑이를 잡은 방망이」(1990), 「밑진 재판」(1990) 등의 작품을 제외하면 사상성이 거의 드러나지 않는다는 점이다. 우화적 형식과 짧은 분량, 단순한 갈등 구조로 보아, 이들 작품은 대부분 아동들을 도덕적으로 교육하려는 의도에서 창작된 것으로 백로라연구원은 추정하고 있다.[25] 또한 현재 남한 문학계에서는 거의 찾아 볼 수 없는 영화문학이 재일동포 한국어 극문학에 존재한다는 사실이다. 이는 레제드라마적 특성을 지니며, 이 때문에 영화 문학으로 명명되어진 듯하다. 재일동포 한국어 희곡문학에서 거론할 만한 작품은 위에 예시한 작품 이외에 리호의 「배고동」, 허남기의 「단 하나의 길」, 남상희의 「해빛을 따라」 등이 있다.

백로라는 특히 총련계 극작가 겸 연출가인 김지석의 희곡을 집중 조명한 바 있다.[26] 김지석은 실향의식을 통해 정체성 혼란의 문제를 드러

---

25) 위의 논문, 참조.

내며, 고향 회복을 위한 탐색의 서사를 통해 정체성을 확인한다. 김지석의 정신적 근원지는 모국어와 아리랑이다. 김지석 희곡에서는 탐색의 서사가 빈번히 발견된다. 이는 정체성의 혼란, 고향의 상실, 민족분열 등을 해결해 보고자 하는 작가의 욕망이 투영된 결과로 보여진다. 여기서 그 탐색의 주체로 떠돌이들이 제시되는데, 백로라는 떠돌이들에게 시 한 편씩을 써주는 행위는 뿌리를 잃고 방황하는 동포들에게 희망을 주려는 작가의 신념이 투영된 결과로 해석한다.

백로라는 다음으로 서상각 희곡을 주목하였다.[27] 한 가지 특기할 만한 것은 서상각의 희곡이 북한의 문예이론, 그 중에서도 주체이론에 기초한 사회주의적 사실주의 방법론을 근거로 하지만 예의 주시하면 그와는 변별되는 특징이 있음을 밝힌 점이다. 즉 북한의 희곡에서는 그것이 성황당식 연극형식에 공산주의적 혁명의식을 다룬 것으로 나타난다면, 재일동포 희곡의 그것은 한국어로 된 대화극 형식에 당위로서 주어진 주제와 현실로서 인식되는 주제를 동시에 다루는 것으로 나타난다 하였다. 이처럼 재일동포 희곡은 정치 이데올로기에 함몰되지 않고 민족에 대한 동포 나름의 인식을 반영하고 있다는 점에서 북한의 희곡과 결정적으로 변별된다.

백로라는 그동안 연구 대상으로 다루어지지 않았던 가극, 시극, 극소품(토막극과 재담)을 대상으로 극의 양식적 특성과 주제의식을 연구하는 성과를 보였다. 가극 「싸워서 찾으리 고향땅」, 시극 「4월」, 토막극 「소조일가」, 재담 「민족의 얼을 되찾고 우리 식대로 살며 생활하자」 등을 대상으로 다른 극 양식과 변별되는 형식적 특징을 추출해 내고, 그것이

---

26) 백로라, 「김지석 희곡에 나타난 재일동포의 정체성」, 『한중인문학연구』제15집, 2005.8.
27) 백로라, 「재일동포 한국어 희곡에 나타난 주체문예 이론의 수용 양상과 '민족' 이데올로기-서상각 희곡을 중심으로-」, 『한중인문학연구』제17집. 2006.4.

작가의 주제의식 및 특정한 주제를 구현하고자 하는 작가의 의지와 어떻게 연관되어 있는지를 규명하려 하였다.

이정석과 박현선은 문학평론과 수필 및 기타 산문을 연구하였다. 그 결과 이정석 연구원은 '수기'와 '예술 산문'을 중심으로 재일동포가 창작한 한국어 산문문학의 존재양상을 규명하였고[28], 평론으로 재일동포가 창작한 한국어 소설문학 담론의 존재양상을 '전형의 강조와 서사유형의 규범성', '증여의 공동체 예찬과 상승의 결말', '교환체계의 사회고발과 결말부의 형식적 파탄', '전지적 서술자의 관계성과 주제의 명료화의 서술전략'으로 분석하여 밝혔다.[29]

박현선은 『문학예술』의 한국어 수필을 중심으로 재일동포의 국가 및 민족 정체성과 현실인식을 연구하였다. 재일동포 한국어 수필에서 지속적으로 드러나는 주제의식은 국가 및 민족 정체성에 대한 확립의지이다. 이는 통일에 대한 염원, 그리고 한글의식의 고취와 민족교육에 대한 노력으로 구체화된다. 이러한 주제의식은 재일동포들이 역사적, 사회적, 실존적 상흔을 치유하고 심리적 안정감을 획득하기 위한 노력의 일단으로 평가된다.[30]

한편, 재일동포의 남북한에 대한 인식 태도는 시대 상황에 따라 변화한다. 남북 이데올로기의 대립이 첨예했던 1960~1980년대 이전에는 북한지향적 태도가 드러난다. 그러나 남북한 민중의 통일지향이 가시화된 1980년~1990년 이전서부터 재일동포의 남북한에 대한 인식과 태도가 변한다. 남한 비판과 북한 찬양이 줄어들고 문화활동과 관련된 내용이

---

28) 이정석, 「재일동포가 창작한 한국어 산문문학의 존재양상-'수기'와 '예술산문'을 중심으로-」, 『한중인문학연구』제14집, 2005.4.
29) 이정석, 「재일동포가 창작한 한국어 소설문학 담론의 존재양상」, 『한중인문학연구』제16집, 2005.12.
30) 박현선, 「재일동포의 국가 및 민족 정체성과 현실인식-『문학예술』의 한국어 수필을 중심으로-」, 『한중인문학연구』제17집, 2006.4. 245~264쪽.

급격히 늘어난다.[31]

3. 맺음말

지금까지 필자는 재일동포 한국어 문학의 전개과정과 현황을 점검하고 지금까지 본 프로젝트 연구원들의 성과물을 정리하였다. 이를 통해 확인 바를 요약하면 다음과 같다.

첫째, 재일동포 한국어 문학은 어려운 역경을 견디며 식민지 지배국에서 생존하기 위한 역정이 핍진하게 드러나 있다는 점이었다.

둘째, 재일동포 한국어 문학은 경계인으로서의 정체성의 혼란이 주를 이루면서도 그에 따르는 정주와 지향의 욕구가 문학의 주제로 나타나 정체성의 확립을 추구하는 쪽으로 진행되고 있다는 점이었다.

셋째, 재일동포 한국어 문학은 외적으로는 북한의 주체문예이론을 따르는 것 같으면서도 내적으로는 재일동포문학만이 가지는 특수성을 지니며 통일문학사 서술을 위해서는 이를 예의 주시할 필요가 있음이 확인되었다는 점이다.

넷째, 재일동포 한국어 문학은 시대에 따라 변하며, 특히 주목할 것은 2000년대 와서 다양성을 띠며 새로운 변화의 조짐이 나타난다는 점이었다. 이는 우리 문학사의 폭을 넓혀 준다는 점에서 매우 고무적인 현상으로 평가된다.

---

31) 위의 논문, 참조.

참고문헌

1. 논문

강태성, 「재일조선인 소설문학」, 『재일 조선인 조선어문학의 현황과 과제』, 와세다
　　　　대학 조선문화연구회 발표문, 2004.12.11.

김병익, 「민족, 분단 극복 그리고 세계 시민의 길」, 『황해문화』35집, 2002.여름.

김은영, 「김윤 시 연구」, 『한중인문학연구』제15호, 2005.8.

김응교, 「일본 속의 마이너리티, 재일조선 시」, 『시작』, 2004.겨울.

김태기, 「분단의 갈등을 넘어 통일의 민족 단체로」, 한일민족문제학회 편, 『재일조
　　　　선인 그들은 누구인가』, 삼인, 2003.

김형규, 「조선 사람으로서의 자각과 ‘재일’의 극복」, 『한중인문학연구』제14호, 2005.4.

김형규, 「귀국 운동과 ‘재일’의 현실」, 『한중인문학연구』제15호, 2005.8.

박노자, 「민족국가의 신성불가침에 대한 도전」, 「황해문화」35집, 2002.여름.

백로라, 「재일동포 한국어 극문학 연구」, 『한중인문학연구』제14호, 2005.4.

백로라, 「김지석 희곡에 나타난 재일동포의 정체성」, 『한중인문학연구』제15호,
　　　　2005.8.

손지원, 「재일동포국문문학운동에 대하여」, 『재일 조선인 조선어문학의 현황과 과제』,
　　　　와세다대학 조선문화연구회 발표문, 2004.12.11.

윤건차, 「민족, 민족주의 담론의 빛과 그림자」, 『황해문화』35집, 2002.여름.

윤건차, 「식민 지배와 남북 분단이 가져다준 분열의 노래」, 한일민족문제학회 편,
　　　　『재일조선인 그들은 누구인가』, 삼인, 2003.

윤의섭, 「재일동포 강순 시 연구」, 『한중인문학연구』제15호, 2005.8.

이경수, 「재일동포 한국어 시문학의 전개과정」, 『한중인문학연구』제14호, 2005.4.

이정석, 「재일동포가 창작한 한국어 산문문학의 존재양상」, 『한중인문학연구』제14
　　　　호, 2005.4.

이재봉, 「재일 한인 문학의 존재방식」, 『한국문학논총』제32집, 2002.12.

이한창, 「재일 교포문학의 주제 연구」, 『일본학보』29집, 한국일본학회, 1992.

이한창, 「재일 교포문학의 작품성향 연구」, 중앙대 일문과 박사학위논문, 1996.12.

이한창, 「민족문학으로서의 재일동포문학 연구」, 『일본어문학』3집, 한국일본어문학
　　회, 1997.
이한창, 「아쿠타가와 상을 통해 본 재일동포 문학」, 『일본학』19집, 동국대학교 일본
　　학연구소, 2000.
이한창, 「재일동포조직이 동포문학에 끼친 영향-좌익 동포조직과 동포작가와의 갈등
　　을 중심으로-」, 『일본어문학』8집, 한국일본어문학회, 2000.
이한창, 「재일동포 문인들과 일본문인들과의 연대적 문학활동-일본문단 진출과 문단
　　활동을 중심으로-」, 『일본어문학』24집, 한국일본어문학회, 2005.
이회성, 「새로운 세기를 향한 한국과 일본의 문학」, 『창작과 비평』, 1998.가을.
임헌영, 「재일동포문학에 나타난 한국여성의 초상」, 『한국문학연구』제19집, 동국대
　　학교 한국문학연구소, 1997.3.
조해옥, 「재일 한국인의 분단극복 의식」, 『한중인문학연구』제14호, 2005.4.
한승옥, 「재일동포 한국어 문학연구 총론(1)」, 『한중인문학연구』제14호, 2005.4.
한홍구, 「단일민족의 신화를 넘어서」, 『황해문화』35집, 2002.여름.
허명숙, 「재일동포 작가 량우직의 장편소설 연구」, 『한중인문학연구』제14호, 2005.4.
허명숙, 「재일 한국어 소설문학의 최근 동향」, 『한중인문학연구』제15호, 2005.8.
홍윤기, 「이산과 집산의 민족 정체성」, 『황해문화』35집, 2002.여름.

2. 저서

김인덕, 『우리는 조센진이 아니다』, 서해문집, 2004.
박노자, 『당신들의 대한민국』, 한겨레신문사, 2001.
박일, 전성곤 역, 『재일한국인』, 범우, 2005.
심원섭, 『세계 속의 한국문학』, 새미, 2002.
유숙자, 『재일 한국인 문학 연구』, 월인, 2002.
임지현, 『민족주의는 반역이다』, 소나무, 1999.
임지현, 『우리 안의 파시즘』, 삼인, 2005.
한일민족문제학회 편, 『재일조선인 그들은 누구인가』, 삼인, 2003.
홍기삼 외, 『재일한국인문학』, 솔, 2001.
김태영, 강석진 역, 『저항과 극복의 갈림길에서』, 지식산업사, 2005.

강상중, 임성모 역,『내셔널리즘』, 이산, 2004.
강재언·김동훈, 하우봉·홍성덕 역,『재일 한국·조선인—역사와 전망』, 소화, 1995.
박일, 전성곤 역,『재일한국인』, 범우, 2005.
小森陽一 외, 이규수 역,『내셔널 히스토리를 넘어서』, 삼인, 2005.
서경식, 김혜신 역,『디아스포라 기행』, 돌베개, 2006.23.
Anderson, Benedict, 윤형숙 역,『상상의 공동체』, 나남, 2005.

제2장

재일동포의 역사적 조건과 '在日' 의식

‘재일(在日)’의 현실과 ‘재일(在日)’의 의미
－ 재일동포 한국어 소설의 정체성 구성에 대하여－

송현호·김형규

목 차

---

1. 재일동포 한국어 소설과 디아스포라

외국에 거주하는 한민족(韓民族), 즉 재외동포들은 민족과 국가의 <u>의질성</u>을 바탕으로 자기 정체성을 구성하고 있다. 공통의 신화나 역사적인 기억에 뿌리를 둔 문화는 우리 민족 공동체와 일정정도 공유하지만 현재의 정치, 사회, 경제적 체제는 거주국의 국가 공동체와 함께 한다. 민족과 국가가 일치하지 않는 이러한 차이 때문에 재외동포문학은 우리와 다르면서 다르지 않은, 다시 말해 우리의 민족 문학과 공통의 특성

을 공유하면서도 일정한 거리를 가지고 있을 수밖에 없다. 이 점이 재
외동포문학의 특수한 지위를 가능하게 하는 한편 우리 문학의 또 다른
모습을 볼 수 있는 가능성 또한 만들어 준다. 물론 해외에서 생산되는
한민족 문학에 대한 명칭과 범주는 명확하지 않을뿐더러 일률적인 기준
을 적용하기도 어렵다. 재외동포들의 위상이 거주지역이나 국적에 따라
상이하고, 국가와 민족, 그리고 언어와 역사 등이 복잡한 관계를 맺고
있기 때문이다. 이런 점에서 재외동포문학에 대한 이해는 각 재외동포
들이 지니고 있는 존재의 특수성, 즉 그들이 겪었고 체화해 온 역사적
특수성과 그들이 거주국에서 살면서 감내하고 적응하고 있는 현실적 조
건에 대해 충분히 파악하는 것이 전제되어야 한다.

　재일동포 한국어 문학은 재외동포문학 중에서도 여러 가지 점에서 특
수한 위치에 놓여 있다. 우선, 무엇보다도 그들은 뚜렷한 민족적 자의식
에 바탕을 두고 일정한 문학적 장(場)을 형성하여 문학 활동을 하고 있
다. 한글을 민족의식 유지의 관건으로 보고 의식적·조직적으로 문학
생산의 수단으로 활용하는 것이 그 방증이다. 한글을 문학 활동의 수단
으로 사용하는 점은 일면 중국 조선족 문학과 유사해 보이지만, 조선족
문학을 중국의 소수민족 중 하나라는 분명한 국가의식 아래 창작된다는
점에서 차이가 있다. 재일동포는 한국 국적을 가지고 있는 재외국민으
로서의 재일동포도 있고, 일본으로 귀화한 재일동포도 있을 뿐 아니라
다른 나라와는 동일하게 다루기 어려운, 현존하지 않는 분단 이전의 '조
선' 국적을 지니고 있는 동포들도 많다. 일본에 거주하고 있는 한민족
(韓民族)[1]에 대한 명칭이 재일한국인, 재일조선인, 재일한국·조선인
등 국적이나 국가관에 따라 다양하게 사용되는 현상은 이런 점을 반영

1) 여기서는 한국(남한), 조선(북한)이라는 국가관보다는 혈연적이고 정서적인 차원을
　　강조하는 '재일동포'라는 포괄적인 용어로 통일하여 사용하기로 한다. 또한 그들
　　의 문학도 '재일동포문학', '재일동포 한국어 문학'으로 통일한다.

한 것이라 할 수 있다. 현재는 구식민지 출신자와 그 자손인 재일동포 51만여 명이 '특별영주자'[2]로 영주권을 보장받고 있지만 아직도 국제적으로 무국적을 의미하는 '기호'에 불과한 '조선'이라는 국적이 존재하고 있으며, 한국이나 일본 정부로부터 온당한 국민적인 권리와 의무에서 소외된 부분이 여전히 상존한다. 재일동포들의 정체성은 여전히 남북한 및 일본의 틈바구니에서 불안정한 상태[3]에 놓여 있는 것이다. 이렇게 민족과 국가의 경계에서 혼돈스러운 자기 정체에 바탕을 둔 것이 재일동포 문학이라고 할 수 있다. 그렇기 때문에 일본에서 살아가는 동포들의 현실과 생활을 형상화하는 재일동포문학은 '재일동포는 누구인가'라는 물음을 통해 분열된 '자기'에 대한 확인과 자각을 시도하는데 주력한다. 또한 민족과 국가의 괴리로 인한 분열과 거리를 통일적으로 인식하고 극복하려는 노력을 적극적으로 형상화한다.

조국이 부재하던 식민지시기에 배태되었고, 식민주체였던 일본에서 거주하면서 분단된 조국을 통해 분열된 모국의식을 강요받고 있는 재일동포는 한마디로 우리의 역사적 현실을 가장 예민하게 체화한 삶을 영위해온 존재라고 할 수 있다. 이렇게 식민주의의 왜곡된 삶을 온전히 안고 있는 재일동포들의 삶을 바탕으로 생산되는 재일동포문학은 디아스포라(diaspora)문학의 한 전형으로 볼 수 있다. 샤프란에 따르면 1) 특정한 기원지로부터 외국의 주변적인 장소로의 이동, 2) 모국에 대한 집합적인 기억, 3) 거주국 사회에서 수용될 수 있다는 희망의 포기와 그로 인한 거주국 사회에서의 소외와 격리, 4) 조상의 모국을 후손들이

---

2) 한국 정부와의 협의를 근거로 1991년 5월에 일본 정부가 제정한 출입국관리특례법에 의해 만들어진 영주제도. 기존의 제한적인 '협정 영주자', '특례영주자'를 구 일본제국의 식민지 출신자에게 일괄적으로 자손대대로 일본에서 영주할 수 있게끔 인정한 제도.(한일민족문제학회, 『재일조선인 그들은 누구인가』, 삼인, 2003, 218~219쪽.)
3) 윤건차, 「식민 지배와 남북 분단이 가져다준 분열의 노래」, 위의 책, 22쪽.

'재일(在日)'의 현실과 '재일(在日)'의 의미 83

결국 회귀할 진정하고 이상적인 땅으로 보는 견해, 5) 모국에 대한 정치적, 경제적 헌신, 6) 모국과의 지속적인 관계 유지 등 여섯 가지가 디아스포라의 조건으로 규정된다. 그리고 샤프란은 이 여섯 가지 조건들을 모두 충족해야만 디아스포라라 부를 수 있다고 다소 엄격한 기준을 제시하고 있다.[4] 하지만 디아스포라의 전형이랄 수 있는 유대인조차 위의 조건들을 모두 충족하지는 못한다. 이렇게 디아스포라를 가부의 기준으로 적용할 수 있는 것인지는 논란이 있을 수 있다 해도 재일동포의 삶은 위의 여섯 가지 조건에 거의 대부분 부합된다. 특히, 재일동포 한국어문학의 대부분을 창작하는 재일본조선인총연맹(이하 총련)계 재일동포들은 모국과의 관계 유지를 의식적이고 조직적으로 추구하고 있다는 점, 조국을 언젠가는 회귀할 공간으로 본다는 점에서 다른 어떤 재외동포들보다도 디아스포라의 삶을 살고 있다고 할 수 있다.

'디아스포라' 문학은 식민주의의 역사가 현재의 실제적 삶에 영향을 미치고 유지되고 있음을 확인시켜준다는 점에서 의미가 있다. 또한 이러한 차원의 확인이 새로운 가능성을 탐색하는 과정으로 이어질 수 있다는 데에 중요한 의의가 있다. 전이와 교섭의 첨예한 가장자리에 '끼어'있는 경계의 삶은 민족적이면서 반민족주의적인 새로운 역사를 구성하는[5] '가능성의 문학'이 될 수 있기 때문이다.

본고는 재일동포 한국어소설, 그 중에서도 재일본조선문학예술가동맹(이하 문예동)의 작품집들을 대상으로 재일동포의 삶에 대해 살펴볼 것이다. 그들이 겪어온 과거의 삶들과 원체험을 통해 재일동포의 역사와 역사의식에 대해 살펴보고, 정주 외국인으로서 그들이 겪고 있는 현실

---

4) William Safran, "Diasporas in Modern Societies: Myths of Homeland and Return", Diasporas 1(1), 1991, 83~84쪽. (윤인진, 『코리안 디아스포라』, 고려대학교출판부, 2004, 5~6쪽에서 재인용)
5) Homi K. Bhabha, 나병철 역, 『문화의 위치』, 소명출판, 2002, 93쪽.

적인 삶의 모습을 통해 재일동포의 현재를 살펴볼 것이다. 그리고 그들이 민족과 국가의 불일치와 마찬가지로 어긋나 있는 과거와 현재를 어떻게 통합하고 통일적으로 인식하고자 하는지를 통해 재일동포의 특수한 상황과 정체성을 파악하는 것이 본고의 주된 목적이다. 이러한 과정은 '재일(在日)'의 의미를 우리 민족의 디아스포라 문학의 가능성으로 확대하기 위한 첫걸음이 되리라 생각한다.

2. 수난과 이산의 개인사, 그리고 민족의 역사

　기억의 산물인 소설 속에는 구체적인 개인들의 역사가 있다. 재일동포 한국어 소설에는 자의든 타의든 식민지라는 시대적인 수난의 시기에 타국으로 건너와 생존과 생계의 험난한 줄다리기를 해야 했던 개인 혹은 한 가족의 수난사를 쉽게 찾아볼 수 있다. 우리는 재일동포 한국어 소설들에 나타난 작은 역사들을 통해서 재일동포라는 존재가 배태되고 형성된 우리 민족의 역사, 디아스포라를 만날 수 있다.

　식민지배 체제 아래서 몰락한 농민층의 경제적 이유에 의한 자발적인 도일이든 일본 제국주의의 전시 산업 확대를 뒷받침하기 위한 강제 연행6)이든 간에 조국에서 타국으로, 그것도 식민 주체의 나라로의 이동은 이산의 형식으로 나타난다. 그리고 그 이산의 삶이 식민 지배를 받았던 조국의 상황 아래 이루어진 불가피한 선택이었던 만큼 이산으로 인한 수난의 삶 또한 개인의 의지를 넘어서는 규정력을 가지고 개인의 삶에 영향을 미친다. '한 어머니의 생활 기록 속에서'란 부제가 붙어 있는 리

---

6) 강재언·김동훈, 하우봉·홍성덕 역, 『재일 한국·조선인-역사와 전망』, 소화, 1995, 23~63쪽.

은직의 <관두에 서서>는 한 가족의 수난과 이산의 아픔을 어머니의 자기고백적인 수기 형식으로 들려준다. 개인적인 목소리를 통해 전개되는 한 가족의 수난사는 민족적인 수난의 역사를 그대로 반영하고 있다.

서술자는 두 번의 이산을 체험하는데 한 번은 일본 패전 직후 남한으로 아들을 양자로 보내게 되면서 겪고, 다른 한 번은 1959년부터 시작된 북한으로의 귀국 운동 때 남은 가족들을 귀국시킴으로써 겪게 된다. 군수 공장에서 일하던 남편이 태평양전쟁 때 폭격으로 사망하자 해방을 전후하여 아이 둘을 데리고 귀국하고자 했던 서술자는 귀국을 준비하던 중 어느 유력자의 도움을 받고, 그 과정에서 아들을 유력자의 양자로 보내 귀국시킴으로써 첫 번째 이산을 경험한다. 물론 처음에는 고국으로 아들을 입양시킨 뒤 바로 뒤따라 귀국하고자 하는 마음을 먹었지만 곧 단념할 수밖에 없게 된다. 그녀가 아들을 입양시키고 재혼을 결정하게 된 것은 분명 그녀의 선택이라고 할 수 있지만 그녀가 남한으로의 귀국을 단념하게 되는 것은 해방 직후 불안정한 남한의 사정 때문이다. 먼저 귀국한 유력자의 사업이 뜻대로 되지 않았고, ‘남조선에 돌아가도 먹고 살 길이 없다는 소문’[7]과 밀선을 타고 오히려 일본으로 되돌아오는 사람들이 속출하는 것은 그녀가 일본에서 정착하게끔 만든다. 두 번째 이산은 북한으로의 귀국 운동이 전개될 때 가족과 함께 귀국을 준비하는 와중에 남한으로 입양 간 아들의 편지를 받게 되고 나서다. 아들이 이미 양부모는 사망하고 혼자 병들어 고생하고 있다는 소식을 듣자 그녀는 혼자 일본에 남아 남한으로 들어갈 결심을 한다. 물론 이 때도 가족과 이별하여 아들을 만나러 홀로 남한으로 갈 계획을 하는 것은 그녀의 개인적인 선택이다. 하지만 북으로 귀국할 경우 남한에 홀로

---

7) 리은직, <관두에 서서>, 『대렬』, 재일본조선문학예술가동맹, 1965, 106쪽. 이후 작품의 인용은 원문에 따라 표기한다.

남겨진 아들을 영영 볼 수 없다는 두려움과 걱정, 즉 남한과 북한이 이미 왕래할 수 없는 단절된 먼 나라라는 인식이 바탕이 된, 어쩔 수 없는 선택이다.

> 가능한 일이라면 당장 뛰여 가서 성기를 데려다가 식구가 같이 공화국에 귀국할 수 있다면 오직 좋은 일입니까.
> 그런데 마음대로 가지도 못 하는 처지에 가족들이 산산이 분산된 채 피 눈물을 뿌리지 않으면 안된다는 것이 대체 그 누구의 탓이란 말입니까.
> 어찌 만나고 싶은 어머니와 아들이 마음대로 만나지 못하고 갈리고 싶지 않은 부부간과 부모 자식들이 생 리별을 하지 않으면 안된단 말입니까.[8]

마음대로 가지도, 만나지도 못하는 생이별의 근본 원인은 개인의 문제가 아니라 분단된 남한과 북한의 관계, 그리고 일본과의 관계 때문이다. 생계와 생활을 위해 어쩔 수 없이 식민지 조국을 떠나왔듯이 조국의 해방 이후에도 자유롭게 고국으로 돌아갈 수 없는 상황, 그리고 자유롭게 왕래할 수 없는 분단된 조국 때문이다. 물론 <관두에 서서>는 남한의 부정성을 강조함으로써 이 모든 책임을 남한 정부와 남한의 사회 환경으로 돌리고 있어 그 인식의 타당성은 논란이 있을 수 있다. 하지만 정치적인 차원의 책임 유무를 따지기에 앞서 중요한 것은 재일동포들의 개인의 삶, 한 가족의 수난사는 우리 민족의 정치적·역사적 상황에 민감하게 영향을 받아왔다는 점이다. 어쩌면 그들은 그 어느 시기보다도 개인의 자율적인 삶이나 선택에 제한받아 왔으며, 비극적인 우리 민족의 역사를 온몸으로 감내해야 했던 존재들인지도 모른다. 소영호의 <첫고지>, 박관범의 <분회장 고인호> 등을 비롯한 많은 작품들

---

8) 위의 글, 118쪽.

이 비참했던 과거 기억을 가진 인물들의 이야기를 담고 있으며, 성윤식의 <길>을 비롯해 비교적 최근 작품인 김금녀의 <동백꽃>, 리상민의 <황금탑> 등도 가족간의 이산을 배경으로 하고 있다. 이러한 이산과 수난의 기억들은 모두 식민지였던 조국을 가진 사람이 식민 주체의 나라에서 거주하기 때문에 겪는 고난의 삶들이다.

거시적인 역사의 소용돌이 속에서 훼손되고 규정된 개인의 작은 역사 이야기를 일련의 귀국 운동9)을 다룬 작품들에서도 확인할 수 있다.

박원준의 <환송>은 '김성규'라는 인물이 겪어야 했던 비극적인 삶의 이력을 통해 재일동포가 겪어야 했던 시대적인 부침을 구체적으로 보여준다. 어린 시절 일본으로 건너 온 그는 고된 노동으로 삶을 버텼지만 일본인의 농간으로 가정이 파탄에 이르고, 결국엔 남방의 전쟁터로 끌려간다. 전쟁터에서 탈출한 그는 재일본조선인연맹과 총련의 도움을 받아 시련의 땅인 일본을 떠나 귀국하게 된다.

> 성규의 력사가 그렇듯이 재일 조선인의 처지는 해방 후에도 굴욕과 천대의 련속이였다. 조국이 있으면서도 그 조국에 마음대로 돌아가지도 못 하였고, 제국주의가 존속하는 이 섬 나라엔 새로운 원쑤들이, 둥지를 틀었다.10)

'성규'의 개인적인 역사처럼 재일동포의 삶은 수난과 천대의 연속이었다고 할 수 있다. 그러한 수난과 천대의 역사는 무엇보다도 조국의 부재와 제국주의의 존속에 기인한다. 그리고 해방 후에도 재일동포의

---

9) 북한으로의 귀국 운동은 1959년에 시작되어 1967년에 일시 중단되었다가 1971년에 재개되어 1984년까지 전개된다. 9만 3천여 명이 북한으로 귀국한 이 사업은 무엇보다도 일본과 북한 정부의 정치적 이해관계가 일치되어 추진된 것이라 할 수 있다. 귀국 운동의 형상화에 대해서는 김형규, 「귀국 운동과 '재일(在日)'의 현실」, 「한중인문학연구」15, 20005.8, 411~432쪽을 참고 할 수 있다.
10) 박원준, <환송>, 『조국의 빛발 아래』, 조선문학예술총동맹출판사, 1965, 73쪽.

삶은 이러한 상황에서 달라진 것이 별로 없이 지속된다. 그렇기 때문에 재일동포에게 있어 개인의 행복이 나라의 운명과 함께 한다는 생각은 "나라 잃고 고향을 빼앗겨 일본으로 끌려온 우리 동포들이 식민지 노예 살이를 하면서 뼈아프게 틀어잡은 진리"[11]인 것이다. 이러한 인식은 자신들의 삶이 거대한 정치·사회적 질서 속에서 결코 자유로울 수 없는 상황에 놓여 있음을, 민족의 역사와 흔적이 깊이 베어있음을 자각하는 것이다. 재일동포에게 있어 조국의 존재와 가치에 대한 강렬한 열망은 이러한 자각에서 나온 역사적인 산물이라 할 수 있으며, 해방 이후 조련이나 총련 등의 조직에 대한 경도는 바로 이러한 열망에 현실적으로 부합하여 조국의 존재감을 느낄 수 있었기 때문이라 할 수 있다.

　재일동포의 시련과 고난의 근본적인 책임을 누구에게 물을 것인가, 그리고 그들의 훼손된 삶을 진정으로 보상해줄 조국은 남한과 북한 중 어디인가의 문제는 논란의 여지가 있다. 그러나 분명한 것은 그들의 고국에 대한 강렬한 지향이 식민지 시대부터 이어 온 억압과 시련의 삶에서 나온 자기 대응의 결과라는 점이며, 역사와 사회라는 거대한 힘에 이끌려오면서 적응하고 극복해 온 개인들의 부침의 역사에서 나왔다는 점이다.

3. 정주의 현실, 배재된 국민의 영역

　재일동포들이 비록 식민지라는 역사적 경험에 의해 배태되었지만 현재 그들은 일본 사회 체제 내에서 삶을 영위하고 있다. 하지만 그들은 해방 후 50여 년간 일본 사회의 한 구성원으로서도, 정주하고 있는 외

---

11) 조혜선, <가죽구두>, 『재일조선인단편집』, 조선청년사, 1975, 121~122쪽.

국인으로서도 정당한 권리를 인정받지 못하고 지내왔다. 그렇기 때문에 그들의 현재는 차별과 불평등 속에서 생존과 생계를 이어가는 힘겨운 일상일 수밖에 없다.

해방 직후 재일동포들은 '해방인민(liberated people)'임에도 불구하고 연합국 총사령국에 의해 식료배급·과세·학교 및 농지 매수 등에 대해 일본의 법률에 복종할 것을 강요받음으로써 '적국민(enemy nationals)'으로서의 대우를 받았다.12) 그러다가 1947년 '외국인 등록령'과 1952년 '외국인 등록법' 등을 통해 일본 국적을 일방적으로 박탈당하고 관리 대상인 외국인으로서의 처우를 받게 된다. 특히, '외국인 등록법'은 '일본에 거주하는 외국인의 거주 실태 및 신분관계를 명확히 해서 외국인의 공정한 관리를 위한 자료로 활용하기 위한' 것으로 목적이 제시되고 있지만 제정 당시 재일외국인의 90% 이상이 조선인이었다는 점과 일본의 신헌법 시행 하루 전에 공포됐다는 점을 감안하면 일본 국민에게 적용되는 기본적 인권의 보장에서 재일동포를 제외시키면서 출입국 관리령과 함께 실질적으로는 재일동포를 관리, 규제하기 위한 법이라고 할 수 있다.13)

이 후 일본 정부는 재일동포를 '외국인'으로 보고 각종 권리를 인정하지 않았고 민족교육을 탄압함으로써 그들의 인권과 정주권을 박해하기 시작했다. 특히 '국적 조항'을 이유로 일본 국민과 구별해서 재일동포에 대한 각종 전쟁 피해 보상이나 복지 정책의 적용을 일체 거부했을 뿐만 아니라, 외국인 등록시에 지문 날인을 강요했고 실질적인 '범죄자'처럼 취급14)했다.

조남두의 <올가미>는 외국인 등록증과 관련한 불합리한 차별의 상

---

12) 강재언·김동훈, 앞의 책, 171~174쪽 참조.
13) 고병국, 「남·북한 재일동포 정책의 특성과 문제점」, 『민족연구』2, 1999, 73~75쪽 참조.
14) 윤건차, 앞의 글, 18쪽.

황과 그에 따른 일상의 어려움을 그리고 있다. '한태'의 의식과 경험을 통해 들려주는 재일동포의 일상에는 외국인 등록증이 없이는 다른 지방도 자유롭게 왕래할 수 없는 불편함이 있다. 특히, 지문 날인 과정에서 겪은 치욕적인 경험과 일제시대 때 조선인이어서 박해받았던 기억이 연상되면서 외국인으로서의 차별이 아닌, 조선 사람이기 때문에 겪는 차별적 일상이 현재까지도 지속되고 있음을 '한태'는 절감한다. 일본이란 결국 '한태'에게 있어선 일시 발을 붙이고 있는 외국에 지나지 않지만 '자기의 살아온 생애의 거의를 일본에 파묻고 있다는 것 또한 부정할 수 없는 사실'15)이다. 재일동포의 처우와 사회적인 지위에 대해 들려주는 이 작품을 통해 재일동포의 현재 삶이 일본사회에 정주하는 것이 인정되지 않는, 제도적인 차별 아래 이루어지는 굴욕적인 일상임을 알 수 있다.

남북한과 일본의 틈새에서, 그리고 일본 내의 제도적인 차별 아래서 일상의 어려움을 겪는 모습은 다른 작품에서도 쉽게 찾을 수 있다. 성윤식의 <길>의 주인공 '박'도 재일동포이기 때문에 겪는 일상의 어려움을 사상과 생계의 갈등으로 표출한다.

> 자기 태도 여하에 따라서는 영구 불효자의 오명은 취소할 수 있다. 그리고 그도 벌써 인생의 절반이 넘도록 사라 왔다. 언제까지나 이런 주눅을 펴지 못하는 생활을 계속하는 데 대한 불안도 있었다. 최의 넉살이 아니라도 모처럼 배운 영어를 구사하여 힘끝 능란을 부리고 싶었다. 그걸 지목하여 청운을 바람에 부풀은 돈대 같이 품고 이땅 일본으로 공부하기 위하여 뛰여 온 그다. 한 번만이라도 써보지 않는다면 평생 원한을 품은체 서글프게 죽을 뿐이 아닌가. 그도 일본 관계 업자에세 자기의 능력을 팔아 보자 하였으나 역시 조선 사람이라 하여 몇 번이고 구박당한 래력을 갖고 있었다.16)

---

15) 조남두, <올가미>, 『주체의 한길에서』, 재일본조선문학예술가동맹, 1970, 237쪽.
16) 성윤식, <길>, 『대렬』, 조선신보사, 1965, 139쪽.

주인공 ‘박’도 어머니는 남한에, 여동생은 북한에 있는 이산가족이다. 그는 능력이 있지만 조선 사람이기 때문에, 그리고 남한에 협조하지 않기 때문에 어려운 삶을 살고 있다. 이산의 삶도 그렇지만 ‘주눅을 펴지 못하는 생활’을 계속할 수밖에 없는 것은 자기 자신의 탓이라기보다는 사회·제도적인 차원에 원천적인 원인을 두고 있다.[17] 그것은 결국 일본이라는 국가 체계 내에서 생활하면서 국민으로서의 권리와 혜택에서는 소외된 처지이기 때문이다. 실제로 다른 재외동포들이 거주하는 국가의 국민으로서의 권리와 혜택을 어느 정도 제도적으로 보장받고 있는 것과 달리 재일동포들은 그렇지 못하다. 1991년 이전에는 남한 국적인 사람에게만 제한적으로 ‘협정영주권’을 부여했는데 그 조차도 재입국 허가 제도의 적용이나 공무 취임권 등은 거부당한 채 국민건강보험의 적용만 인정받았을 뿐이었다.[18] 그리고 1991년 이후 ‘특별영주자’로서 영주권을 보장받기 시작했지만 주민세나 소득세 등 각종 납세 의무는 이행하는 반면 국가의 구성원으로서, 국민으로서의 권리 중 하나인 참정권은 여전히 제한 받고 있는 실정이다.

조국이 없어 국가의 보호를 받지 못했던 식민지 시대처럼 재일동포들은 지금 현재에도 국가의 보호로부터 소외되어 있다. 이는 정주하고 있는 일본의 국가 체제 내에서도 그렇지만 모국으로부터도 마찬가지이다. 국제 사회에서 정식 국가로 인정받지 못하는 북한 국적으로 인식되는 ‘조선’ 국적은 말할 것도 없으며, 남한을 국적으로 하는 사람조차도 한국의 재외국민으로서의 정당한 보호를 받고 있다고 보기 어렵다. 성윤식의 <길>에서 주인공 ‘박’이 한국 국적을 가지고 있으나 박정희 정권

---

17) 1970년 박종석의 히타치 취업차별사건이나 1976년 일본 국적이 아니라는 이유로 사법수습생 자격을 거부당한 김경득의 사례는 이러한 상황을 단적으로 보여준다.(윤인진, 앞의 책, 163~164쪽.)
18) 윤건차, 앞의 글, 21쪽.

에 비판적이라는 점 때문에 한국으로의 왕래가 제한되고 있는 것이나 북에 있는 여동생 때문에 남한에 있는 노모가 고초를 치르는 것 등은 '한국'이라는 국적이 실생활에 별로 도움이 되지 못함을 보여주는 것이다. 물론 이러한 인식은 친북적 성향이 강한 문예동 작가들의 작품이기 때문에 부각된 것일 수 있다. 하지만 실질적으로도 남한의 재일동포 정책은 재일동포 전체를 위한 것이었다기보다 '친한국적' 재일동포에게만 제한된 측면이 강했기 때문에 '조선' 국적의 동포나 일본으로 귀화한 동포들은 의도적으로 배제하는 성격이 강했다는 점은 부정할 수 없다. 국민의 영역에서 소외된 채 일본 사회에서 정주하고 있는 재일동포들에게 현실은 항상 차별과 불평등의 일상일 수밖에 없기 때문에 문예동의 소설은 현실에 대한 부정적인 인식을 바탕에 두고 있는 경우가 많다. 김재남의 <새출발>, 고왕민의 <편입생 상준이>, 현길보의 <명숙어머니> 등의 작품에서도 이러한 현실인식에 바탕을 둔 일상의 비참함이 그려지고 있다.

부정적인 현실 인식에 바탕을 둔 것은 남한을 배경으로 한 작품에서도 마찬가지이다. 즉, 남한을 배경으로 한 작품들은 남한의 현실, 그리고 그 속에서 생활하는 사람들의 일상을 부정적으로 그림으로써 남한의 국가 권력이 남한 민중을 실질적인 국민으로 처우하지 않는다는 점을 강조하고, 나아가 남한의 국가권력을 부정하여 남한의 국가주의가 일본 사회에서 배제된 국민의 영역을 대신해줄 수 없음을 보여주고 있다. 물론 이러한 점은 문예동의 작품이기 때문에 남한의 국가 권력에 대한 의도적인 부정이 크게 작용했으리란 것은 짐작할 수 있지만 남한의 국가주의가 재일동포의 삶을 보호해주는데 실질적인 한계가 있음을 드러내는 것으로도 볼 수 있다. 한국전쟁 당시 치안대원들의 횡포에 남편을 잃고, 월남전쟁에서 아들을 잃은 '최씨'의 힘겨운 일상을 그리는 리단숙의

<팥죽장사>를 이와 같은 맥락에서 읽을 수 있다. 특히, 팥죽 장사를 해 벌이를 하려는 며느리가 미군 지프차에 치여 생계가 막막해지는 상황과 대통령 선거철 빈민촌의 풍경을 강조하는 것은 남한의 국가 권력이 온전한 국민화의 역할에 충실하지 못함을 보여주는 것이라 할 수 있다.

일본 사회에서 살아 온 시간이 길어지고 세대가 교체되어 감에 따라 차별과 불평등의 현실 문제, 즉 일본에서 '살아가기' 위한 정주의 문제는 더욱 확대되어 갈 수밖에 없을 것이다. 이에 따라 문예동의 소설은 세대교체의 상황을 자연스럽게 반영하면서 구체적인 일상의 문제를 좀 더 다양한 인물들을 통해 그려내기 시작한다. 주식 투기로 빚을 떠안은 후 불철주야 메마른 노동에 시달리는 택시운전사(<'만풍년' 찬가>), 대기업과 힘겨운 경쟁을 앞 둔 조선인 기업가(<추억>), 좋은 환경에서 자식에게 교육의 기회를 만들어 주고 싶어 하는 부모(<아빠>), 차별과 멸시에서 벗어나기 위해 폭력을 선택했던 조직 폭력배(<상처>), 총련의 조직에서 활동했던 사람이 결혼 후 가정과 생활환경 때문에 고민하는 주부(<동백꽃>), 조국 지원 사업의 일환인 벼 가꾸기 사업을 통해 진정한 민족교육의 의미를 깨달아가는 신임 교원(<가꾸는 마음>), 일본학교에 다니다가 민족 학교로 전학한 초급학생(<진달래>) 등 문예동의 초기 소설에서는 볼 수 없는 다양한 인간상들을 통해 구체적인 일상의 문제와 함께 재일동포의 특수한 정체성을 드러내고 있다.

재일동포의 특수성을 일반적이고 보편적인 삶의 태도와 연관시켜 드러내는 경우가 많아지는 것도 정주의 현실 문제를 보다 적극적으로 형상화하는 과정에서 나오는 현상이라 할 수 있다. 성공한 재일동포 기업가의 혈육문제와 재산 상속 문제를 다루는 리상민의 <황금탑>에서 "인생에서 가장 귀중한 것은 돈이 아니라 인간의 참된 넋"[19]임을 강조

---

19) 리상민, <황금탑>, 『사랑은 만리에』, 문학예술종합출판사, 1996, 228쪽.

하는 것이나 귀화한 조선인의 정체성 혼란을 그리고 있는 김지성의
<봄>에서 "친구는 잃기는 쉽지만 얻기는 어렵다"[20]는 언급을 반복하
는 것이 그 예다. 또한 민족의 구성원으로서 분단된 조국을 위해 통일
운동에 적극적으로 참여할 것을 다짐하는 과정을 보여주는 <우리의 소
원>은 역사적이고 사회적인 환경에서 자유로울 수 없는 개인의 삶과
역할에 대해 이야기하고 있다.

4. 기억의 전승과 자각, 그리고 국가주의

재일동포의 삶은 역사적, 사회적 영향을 그 어떤 존재들보다 강하게
받아왔다. 그들의 현재는 역사적인 조건과 현실적인 차별 속에서 각 개
인의 능력을 발휘하거나 자신의 의지에 따라 선택할 수 있는 여지가 상
대적으로 제한된 상태에 놓여 있다. 식민지 시대부터 이어 온 조국의
부재와 현실적인 국가의 보호로부터 소외당해온 과정이 그들의 역사인
것이다. 근대적 의미의 국민으로서 한번도 대접받지 못한 그들은 무엇
보다도 조국의 부재와 민족적 차별을 절감하고, 민족이나 조국에 대한
절실하고도 강한 지향을 갖게 된다고 할 수 있다. 그렇기 때문에 재일
동포 한국어 소설이 개인보다는 민족, 개성적인 삶의 양상보다는 공동
체의 운명과 직결하여 자신들의 삶과 정체성을 이해하려는 시도를 주로
보이는 것은 어느 정도 당연한 귀결이라 평가 할 수 있다. 나라와 민족
대 개인의 행복과 권리의 대립으로 쉽게 확대되어 나라와 민족이라는
상상의 공동체를 개인의 구체적인 현실보다 우위에 둔다[21]거나 사적 영

---

20) 김지성, <봄>, 위의 책, 264쪽.
21) 김형규, 「조선 사람으로서의 자각과 '재일(在日)'의 극복」, 『한중인문학연구』14,
　　한중인문학회, 2005.4, 406쪽.

역-가족을 공적 영역으로 확대 상상함으로써 생물학적 가족을 초월한 정치학적 조직-가족을 구성하고 있다[22]는 평가들은 이런 특징을 지적한 것이라 할 수 있다.

하지만 정주의 시간이 길어지고 세대가 변함에 따라 문예동 소설은 민족이나 조국 지향에 의해 일방적으로 외면되었던 개인이나 미시적인 일상에 대한 관심이 확대되어 감을 볼 수 있다.

> 그것을 물끄러미 지켜 보면서 동호는 깊은 생각에 잠기였다.
> …대학생 한사람 한사람에게는 다 그들의 가정이 있고 그들을 낳아 기른 어머니들이 있을 것이다. 1천500명을 헤아리는 이 대학생들, 아니 이미 대학을 졸업한 수천의 졸업생들과 앞으로 이 대학에 입학해올 수천수만의 래일의 대학생들에게도 다 그들을 못잊어하는 이러한 어머니가 있을것이 아닌가.
> 그것은 너무나도 당연한 일이였다.
> 그러나 동호는 20여년간 대학에서 교육사업을 하면서 언제한번 이러한 어머니들의 심정을 생각하면서 사업해본 일이 있었던가.
> - 중 략 -
> 그러나 그러한 그로서도 사랑하는 자식을 여섯 살 어린 나이에 멀리 학교 기숙사에 떼놓은 어머니들의 쓰라림과 그 가슴속 깊이 숨어 있는 간절한 소원을 속속들이 알고 교육을 하고 있었던 것은 결코 아니였다.[23]

박종상의 <어머니의 심정>에 나오는 한 부분이다. 민족대학의 교원인 '최동호'가 멀리 홋까이도에서 막내딸 '옥순' 때문에 자신을 찾아온 어머니의 말을 듣고 한 생각이다. '옥순'의 아버지는 소년 시절인 일제 때 징용으로 끌려와 갖은 노동에 시달리며 고생하다가 광복 이후 결혼

---

22) 허명숙, 「재일동포 작가 량우직의 장편소설 연구」, 위의 책, 479쪽.
23) 박종상, <어머니의 심정>,『풍랑을 헤치며』, 문학예술종합출판사, 2000, 157쪽.

을 하고 가정을 꾸렸다. 가정을 꾸린 후 홋까이도에 정착해 살았지만 자식들은 민족교육을 위해 멀리 떨어진 민족학교에 보내왔다. '옥순'도 여섯 살 때부터 가족과 떨어져 민족학교에서 기숙사 생활을 해왔다. 그러다가 아버지가 죽고 두 아들은 졸업 후 다른 지역에서 조직 활동을 하게 된다. 홋까이도에서 홀로 남아 생활하는 어머니는 '옥순'마저 자신과 떨어져 다른 곳에 가 조직 활동을 할까봐 걱정이 되어 학교까지 찾아오게 된 것이다.

20여 년 동안 교육 사업을 해오던 '최동호'가 어머니의 이런 사정을 듣고 '한사람', '한사람의 가정과 어머니' 등에 대해 다시 생각해보며 자신의 태도를 반성하게 되는 것은 분명 변화의 모습이다. '옥순'의 어머니가 민족의식이 없거나 민족교육에 부정적인 인식을 가진 사람이 아니지만 외진 곳에서 혼자 살아가야 하는 현실은 그녀에게 가볍지 않다. 재일동포의 삶이 민족이나 조국이라는 공동체의 운명과 뗄 수 없는 관계에 있고, 그 중요성을 인식하더라도 개인의 구체적인 일상이 무조건 무시될 수 있는 것은 아니며, 때에 따라서는 보다 절실한 문제일 수도 있음을 보여 주고 있다. <동백꽃>, <육친의 정>, <아빠> 등에서 민족 교육의 당위성을 인정하거나 조직 활동을 했었던 사람들을 등장시켜 그들의 고민을 형상화하는 것도 이런 차원에서 이해할 수 있다.

이러한 상황은 그동안 문예동 소설들이 보여줬던 개인과 집단, 가족과 민족이라는 갈등 구조의 질이 달라지는 것이라 할 수 있다. 정주의 시간이 길어지고 세대가 변함에 따라 정주의 현실에 보다 구체적으로 관심을 가지기 시작하면서 생기는 변화라고 할 수 있으며, 한편으론 변화된 현실을 적극적으로 반영하고 인식하고자 하는 문예동 소설의 자기 반성의 결과라고 할 수 있다. 하지만 그 갈등의 해결, 즉 결론은 여전히 조국 지향, 북한 지향으로 귀결된다.

갈등 구조의 근본 원인이 조국이 부재했던 식민지 시기, 그리고 온전한 의미의 국민의 영역에서 소외된 상황에 있다는 점에서 보면 민족이나 국가의 담론이 강조되는 것은 당연하다 볼 수 있지만 조국, 특히 북한에 대한 맹목적인 지향이 잃어버렸던 국민의 영역을 되찾아줄 수 있는가는 회의적이다. 북한이 아직도 국제 사회에서 온전한 국가로 인정받지 못하고 있기 때문에 재일동포의 인권문제와 관련한 실질적인 정주의 문제를 해결할 능력을 가지고 있는가도 의문이지만 무엇보다도 북한이 남한과 마찬가지로 제국주의-식민주의의 대결 구도 아래 형성된 체제이면서, 현재에도 남한과 북한이라는 국가주의, 나아가 재일동포를 포함한 일본이라는 견고한 국가주의의 한 틀을 유지하고 있는 주체이기 때문이다. 다시 말해 북한지향이 남한과 일본이라는 국가주의에 대한 대안이기보다는 또 다른 국가주의에의 함몰이 될 수 있다는 것이다.

그렇더라도 재일동포 한국어 소설의 민족적 정체성을 구성하는 방식이 점차 변화되고 있음을 간과해서는 안 될 것이다. 즉, 문예동 소설이 기본적으로는 '북한의 해외공민'으로서의 정체성 확립을 추구하고 있지만 '재일(在日)'이라는 구체적인 현실을 성급하게 관념적인 북한지향으로 무화시키고 있는 상황[24]이 약화되면서 구체적인 정주의 현실에 바탕을 두어 부모세대의 기억을 전승하는 방식으로 변화되고 있음을 주목해야 한다.

부모세대의 기억을 전승하여 자신의 삶의 방식으로 받아들이는 과정은 부모에 대한 기억을 행동 변화의 중요한 동인으로 삼음으로써 이루어진다. 그 예로 김금녀의 <추억>에 나오는 중심인물 '태호'를 들 수 있다. 일본 대기업과의 경쟁을 앞두고 가족에게도 말 못할 고민을 하고

---

[24] 김형규, 「조선 사람으로서의 자각과 '재일(在日)'의 극복」, 『한중인문학연구』14, 한중인문학회, 2005.4, 409쪽.

있던 그가 찾은 곳은 제주도를 닮아서 아버지가 자주 찾던 '하쯔시마' 섬이다. 그곳에서 그는 아버지를 떠올리며 결국엔 "차별과 멸시 속에서 빈손으로 장사를 일군 아버지"[25]처럼 당당하게 일본 대기업과 경쟁할 것을 다짐한다. 아버지를 떠올리며 아버지를 닮고자 하는 모습을 통해 현실의 부정적인 상황을 극복하고자 하는 것이다. 이는 자신의 뿌리를 확인하여 부모 세대가 가졌던 역사, 역사에 대한 태도와 의식을 전승하여 재일동포로서의 역사인식을 획득하는 것이라 할 수 있다.

또한 부모의 모습을 보여줌으로써 젊은 세대가 재일동포로서의 역사인식을 자연스럽게 자각하게 만들어 자신의 행동의지를 다지게 하는 경우도 부모 세대의 기억을 전승하는 방식이다. 박순영의 <혈육의 정>에서 '희숙'은 시어머니가 남한에 있는 노모가 보내 온 옷을 전하러 온 질부를 만나는 과정을 함께 하면서 변화된 인식을 획득하게 된다. 질부와의 만남이 '총련이요 민단이요'[26]하는 것 때문에 어렵게 이루어지는 과정을 겪고, 노모가 오랫동안 간직해 온 자신의 옷을 매몰차게 보내는 시어머니의 모습을 본다. 그리고 노모가 자신의 옷을 보내 온 것은 이제 자신을 만날 수 있을 거란 기대를 버리는 것이며, 이는 곧 통일에 대한 기대를 버리는 것과 같다는 시어머니의 말을 듣고 '희숙'은 다음과 같은 생각을 하게 된다.

> 그러나 어머니는 갈라져 사는 육친에 대한 그리움을 단순히 한가닥의 겉정으로 대하지 않았다.
> 모처럼 보내온 옷을 도로 돌리는 것은 겉보기에 박정한 것 같다. 그러나 그런 것이 아니었다.
> 거기에 진정한 혈육의 정이 깃들어있는 것이 아닌가.

---

25) 김금녀, <추억>,『풍랑을 헤치며』, 문학예술종합출판사, 2000, 220쪽.
26) 박순영, <육친의 정>,『입선작품집』, 학우서방, 1985, 61쪽.

　　희숙이의 가슴속에 뜨거운 것이 치밀어올랐다.
　　어머니의 혈육과의 생리별의 력사는 량단된 조국의 력사와 뗄래야
　뗄수 없는 것이다.[27]

　　결혼 전에 조직사업을 하다가 결혼 후에 일상적인 삶 속에 묻혀 살고 있던 '희숙'은 어머니의 모습을 보고 진정한 혈육의 정과 함께 조국의 역사와 재일동포의 일상적인 삶과의 관련성을 자각한다. 자신의 삶이 남한과 북한이라는 분단된 조국의 영향에서 아직도 자유롭지 못함을, 그리고 재일동포의 삶과 현재는 바로 조국의 역사를 그대로 투영하고 있음을 깨닫는 것이다. 과거의 민족적 기억과 역사의식을 전승하여 부모세대와의 동질감을 형성함으로써 재일동포로서의 정체성을 다시 한 번 자각하고 획득하는 것이라 하겠다.

　　문화에 대한 인식을 새롭게 함으로써 전통에 대한 자각을 이루는 모습도 부모세대의 기억을 전승하여 변화된 '재일(在日)'의 상황을 이해하는 방식으로 볼 수 있다. <'만풍년' 찬가>의 '석두'처럼 '도꾜조고'의 전통이 된 '만풍년' 공연과 그 속에서 긴 상모를 열정적으로 돌리던 자신의 과거 모습을 떠올리고, 일상 속에 묻혀 있던 자신을 각성하는 경우를 들 수 있다. 힘겹게 택시 운전을 하며 지내던 '석두'는 '만풍년' 공연의 참석 부탁을 거절하지만 상모를 고치면서 고등학교 시절의 과거 기억, 특히 '만풍년'공연의 감흥과 열정을 떠올리고는 생각을 바꿔 공연에 참석할 것을 결심한다. 일상 때문에 잊고 지내던 재일동포로서의 민족적 정체성을 과거의 기억, 전통문화에 대한 새로운 인식을 통해 다시금 확인하는 것이다. 고찬유의 <문화제>에서 진로에 대한 고민을 하던 '준하'가 민족 문화의 화려함과 장엄함을 표현한 '혁명가극'을 보고 자신의 정체성을 깨닫고, 조선인임을 숨기고 지내던 학생들을 규합하는

---

27) 위의 책, 70쪽.

것도 비슷한 경우다. 이러한 문화에 대한 재인식과 자각은 타인, 즉 일본인들의 언술과 행동으로 나타나기도 한다. <아빠>에서 일본인 이발소 주인이 조선학교 아이들의 춤과 노래를 칭찬하는 것이나 <문화제>에서 조선의 노래와 춤을 함께 공연하는 '준하'의 일본인 동급생들의 모습을 들 수 있다. 또한 오랫동안 별거 중이던 <'만풍년' 찬가>의 '석두'가 결말 부분에 가서 처음으로 처가에 먼저 전화를 거는 모습은 일본에서 살아가는 일상의 문제들이 전통과 문화에 대한 자각을 통해 조선인으로서, 재일동포로서의 민족적 정체성을 확고히 하는 것과 별개의 문제가 아님을 보여주는 것이기도 하다.

5. 탈식민과 탈국가를 위하여

재일동포 한국어 소설은 민족과 국가의 괴리로 인한, 분열된 '자기'에 대한 확인과 자각을 일관되게 시도하고 있다. 재일동포의 삶이 지닌 역사적인 조건과 현실적인 상황을 통해 민족 혹은 조국 담론을 강조하는 것도 일관된 내용이다. 수난과 이산의 개인사가 곧 민족의 역사와 무관하지 않고, 일상 속에서의 차별과 불평등은 식민지 시대부터 이어 온 조국의 부재와 국민의 영역에서 배제된 사회적인 환경과 밀접함을 문예동의 소설은 보여준다. 하지만 세대가 변하고 시대적인 환경도 달라지면서 문예동의 소설은 변화의 양상들, 즉 정주의 현실을 보다 적극적으로 형상화함으로써 민족정체성에 대한 자각과 확립을 시도하고 있음도 부정할 수 없다.

과거의 기억, 즉 부모 세대의 기억을 전승하여 재일동포로서의 역사성을 현재까지 확장하여 인식하고, 그 인식에 바탕을 두어 구체적인 '재일(在日)'의 현실을 이해하고자 하는 것이 바로 변화된 '재일(在日)'의 상황을 반영한 양상이라 할 수 있다. 실제로 재일동포의 특수성은 그들이 존재하게 된 원천적인 역사성을 배제하고 이해할 수 없기 때문에 재일동포로서의 내력을 확인하는 역사에 대한 성찰, 즉 역사의식이나 역사에 대한 자각과 계승은 무엇보다 중요한 문제가 된다. "내 몸에 이어받은 조선 사람의 피와 얼을 내 아들에게서 손자한테로, 손자에게서 그 자식한테로 대대손손 맥맥히 흘러가게 고스란히 넘겨"[28]주는 일은 재일동포 한국어 소설 뿐 아니라 재일동포 사회의 중요한 과제이기도 하다.

하지만 변화의 양상 중 무엇보다 중요한 것은 역사에 대한 자각이나 민족정체성에 대한 자각을 이루게 되는 계기가 구체적인 형상을 근거로 이루어지고 있다는 점이다. 즉, 문예동 초기의 소설이 관념적이고 당위적인 차원에서 조직과 민족을 강조하고 성급한 조국지향이나 북한지향으로 귀결하고 있는 것에 반해, 1970년대 중반 이후의 소설에서는 보다 구체적인 정주의 현실들을 반영해 과거의 기억, 부모 세대의 기억들을 전승하는 구체적인 양상들을 형상화함으로써 역사인식을 획득하고 있다. 특히, 전통문화에 대한 새로운 인식의 단초를 제시함으로써 민족의 역사와 정체성에 대한 새로운 자각을 시도하고 있는 양상은 매우 고무적이다.

재일동포 한국어 소설은 재일동포의 삶이 우리 민족의 수난사와 밀접함을, 그리고 그 영향이 아직도 지속되고 있음을 구체적으로 보여준다. 그리고 제국주의/식민주의, 국민/비국민, 그리고 민족/국가라는 틀 속에 그들의 삶과 문학이 존재하고 있음을 보여준다. 이런 점에서 재일동포의 삶과 문학은 바로 식민주의의 역사이면서 동시에 식민주의 극복의 역사라고 할 수 있다. 아직도 잔존하고 있는 식민주의의 그늘 아래에서 치열한 삶을 살고 있는 재일동포의 모습을 통해 식민주의의, 그리고 탈

---

28) 김정지, <붉은 계주봉>, 『사랑은 만리에』, 문학예술종합출판사, 1996, 313쪽.

식민의 서사를 만날 수 있다는 것이 재일동포 한국어 소설이 지닌 첫 번째 의의라 할 수 있다.

하지만 문예동 소설에서 추구하는 저항적 민족주의가 비국민을 배제하는 지배적 민족주의나 국가주의의 한계 속에 놓일 수 있음 또한 간과할 수 없다. 특히, 맹목적인 북한 지향이 식민주의의 결과로 고착된 또 다른 국가주의로의 귀속일 수 있다는 점을 유의해야 한다. 여기에 재일동포 한국어 소설이 지닌 두 번째 의의가 있다. 첫 번째 의의가 재일동포 한국어 소설의 존재와 관련한 의의라면 두 번째 의의는 재일동포 한국어 소설과 우리 문학과의 관계에서 생각할 수 있는 의의이다. 다시 말해 우리는 재일동포 한국어 소설을 통해 식민주의의 존속을 확인하면서, 동시에 민족=국가라는 편협한 국가주의에 대한 반성을 시도할 수 있다는 점이다. 국가를 넘어서는 민족적·문화적 공동체의 추구, 그리고 이에 바탕을 둔 민족문학의 가능성을 구체적으로 생각해볼 가능성을 지닌 작품들이 재일동포 한국어 소설이다. 국가의 경계를 넘어서는 차이와 공통점을 규명하는 것, 문학적 다양성을 인정하면서 문화적·민족적 정체성을 형성해 나가는 것은 통일문학사를 위해서도, 국제적 감각의 새로운 민족문학의 개념 설정과 형성을 위해서도 중요하고 가치 있는 일이 될 것이다. 이럴 때 우리 민족의 '디아스포라' 문학으로서 재일동포 문학이 지닌 의의는 결코 작지 않을 것이다.

참고 문헌

1. 기본 자료

『대렬』, 조선신보사, 1965(총련결성 10주년 기념 문집).

『조국의 빛발 아래』, 조선문학예술총동맹출판사, 1965(재일조선작가 소설집).

『주체의 한길에서』, 재일본조선문학예술가동맹, 1970(재일본조선인총련합회 열다섯 돐기념작품집).

『재일조선인단편집』, 조선청년사, 1975.

『입선작품집』, 학우서방, 1985(재일본조선인총련합회결성 30돐 기념 문학예술작품현상모집).

『사랑은 만리에』, 문학예술종합출판사, 1996(총련결성 40돐 기념 문학작품집).

『풍랑을 헤치며』, 문학예술종합출판사, 2000(총련결성 45돐 기념 문학작품집).

2. 논문 및 저서

강재언·김동훈, 『재일 한국·조선인-역사와 전망』, 하우봉·홍성덕 역, 소화, 1995.

김인덕, 『우리는 조센진이 아니다』, 서해문집, 2004.

윤인진, 『코리안 디아스포라』, 고려대학교출판부, 2004.

이광규, 『재일한국인-생활실태를 중심으로』, 일조각, 1983.

한일민족문제학회, 『재일조선인 그들은 누구인가』, 삼인, 2003.

니시카와 나가오, 『국민이라는 괴물』, 윤대석 역, 소명출판, 2002.

Bhabha, Homi K., 『문화의 위치』, 나병철 역, 소명출판, 2002.

김형규, 「귀국 운동과 '재일(在日)'의 현실」, 「한중인문학연구」15, 20005.8.

______, 「조선사람으로서의 자각과 '재일(在日)'의 극복」, 『한중인문학연구』14, 한중인문학회, 2005.4.

한승옥, 「재일동포 한국어 문학연구 총론(Ⅰ), 『한중인문학연구』14, 한중인문학회, 2005.4.

허명숙, 「재일동포 작가 량우직의 장편소설 연구」, 『한중인문학연구』14, 한중인문학회, 2005.4.

재일본조선문학예술가동맹의 소설에 나타난
귀국 운동과 '재일(在日)'의 현실

김 형 규

목 차

---

1. '재일(在日)'의 특수성과 귀국 운동

외국에 거주하고 있는 한민족(韓民族)을 한국 국적의 재외국민과 비한국 국적의 재외동포로 나누어 볼 때 재일동포[1]는 중국의 조선족과는 달리 명확한 규정을 내리기 어렵다. 한국 국적을 가지고 있는 재외국민

---

[1] 일본에 거주하고 있는 한민족(韓民族)에 대한 명칭은 재일한국인, 재일조선인, 재일한국·조선인 등 국적이나 국가관에 따라 다양하게 사용되고 있다. 여기서는 분단 이전의 일본 거주 한민족(韓民族)을 지칭할 경우에만 '재일조선인'이란 용어를 사용하고 그 외에는 한국(남한), 조선(북한)이라는 국가관보다는 혈연적 차원에 입각한 '재일동포'라는 포괄적인 용어로 통일하여 사용하기로 한다.

으로서의 재일동포도 있고, 일본으로 귀화한 재일동포도 있을 뿐 아니라 여타의 다른 나라와는 동일하게 다루기 어려운 북한 국적의 재일동포도 있기 때문이다. 게다가 현존하지 않는 분단 이전의 '조선' 국적을 지니고 있는 동포들도 많다는 점은 재일동포라는 존재가 지닌 특수성을 단적으로 보여준다.

1945년경에 210만여 명에 이르던 재일조선인은 해방을 전후하여 140여만 명이 귀환하고 60여만 명이 남아 재일동포 사회를 이루게 된다.[2] 그 후 재일동포 사회는 조국의 분단으로 인해 총련과 민단으로 이분되어, 현재까지도 모국은 같으나 국적은 제각각이고, 사회적 정체성 또한 명확하지 않은 채, 어디에도 귀속되기 힘든 존재로 살아가고 있다. 재일동포의 특수성은 바로 식민지와 분단 모순이라는 우리 근대사의 결정적인 질곡과 첨예하게 맞닿아 있는 것이다.

재일동포 문학은 재일동포라는 존재가 지닌 특수성을 전제하지 않고서는 논하기 어렵다. 하지만 그동안 재일동포 문학에 대한 관심이 많지 않았던 것만큼 그 특수성에 대한 깊이 있는 논의 또한 부족했던 것이 사실이다.

재일동포가 정치적·사회적 상황과 밀접과 관련을 맺고 형성되었기 때문에 존재의 역사적인 차원을 기본적으로 염두에 두고 접근해야 함은 자명하다. 하지만 분단 모순이 해결되지 않은 상황에서 역사적 차원의 거시적인 안목은 쉽게 이념적인 잣대와 결부되어 재일동포의 특수성을 단순하게 인식할 위험이 없지 않다. 1990년대 이후 일본어로 창작 활동

---

2) 중일전쟁 이전의 도일은 식민지배 체제아래서 몰락한 농민층에 의해 주로 이루어진 자발적인 도일이었으며, 1938년부터는 강제연행의 형식으로 이루어진 도일로 그 인원이 100만여 명에 이른다. 식민지 시대 도일 인원과 원인 그리고 과정 등은 강재언·김동훈, 하우봉·홍석덕 역, 『재일 한국·조선인-역사와 전망』, 소화, 1995, 23~63쪽을 참고할 수 있다.

을 하는 재일작가들 중 대중적으로 관심을 끈 일부만이 주목을 받은 것이나, 한국어로 창작활동을 지속해 온 총련계 작가나 작품에 대한 관심이 미약했던 것은 이와 관련이 있을 것이다.

여기에 최근의 재일동포 사회는 세대교체가 이루어진 사회라는 점, 따라서 최근의 문학 역시 민족이라는 명제 대신 개인의 삶, '재일(在日)'이라는 특별한 체험보다는 보편적 주제에 경도되고 있는 점3)은 '재일'이라는 특수한 조건과 삶을 경시하거나 외면한 채 일반화할 가능성이 있다. 이는 재일동포라는 존재의 원천을 이해하기 위한 전제 조건인 역사적 특수성을 단순하게 추상화하여 현재까지 지속되고 있는 차별 구조에 대한 관심을 약화시켜 재외동포 문학의 범주 속에 재일동포문학을 획일적으로 수렴시킬 가능성도 있음을 의미한다.

본고는 이런 차원에서 재일동포의 역사적인 특수성을 반영하고 있으면서 현재의 재일동포 사회가 형성된 궤적을 단적으로 드러내고 있는 귀국 운동, 특히 1959년부터 북한과 총련 주도로 이루어진 북한으로의 귀국 운동4)을 형상화한 '재일본조선문학예술가동맹(이하 문예동)의 작품들을 살펴보고자 한다.

재일동포의 귀국 운동은 해방 직후에 이루어진 대대적인 귀환 과정과 1959년부터 1984년까지 이루어진 북한으로의 귀국 운동이 대표적이다. 여기서 북한으로의 귀국 운동은 조직적이고 의도적으로 진행되었지만 해방을 전후한 귀국은 자발적인 차원에서 이루어졌기 때문에 '운동'이란 표현은 논란이 있을 수 있다. 하지만 해방을 전후한 귀국 과정에서

---

3) 윤상인, 「전환기의 재일한국인 문학」, 『외국문학』, 열음사, 1994.겨울, 105쪽.
4) 이 시기의 귀국 운동은 소위 '북송사업'이라는 명칭으로 주로 불리고 있다. 하지만 '북송'이라는 말이 '북으로 끌려갔다'는 이념적 색채가 덧 씌어진 말이고, 실제 귀국 동포들은 조국으로의 귀환이라는 의미로 받아들이고 있다는 점에서 '귀국 운동'이라는 용어를 사용하기로 한다.

1938년 이후 강제 연행된 인원보다 훨씬 많은 140여만 명이 귀국했다는 점은 어느 정도 일본 사회에 정주하고 있던 동포들까지도 귀국의 대열에 동참하는 '운동'으로서의 열기를 가지고 있다고 볼 수 있다.[5] 또한 잔류를 선택한 64만여 명 중에서도 13만여 명을 제외한 인원이 귀국을 준비하다가 귀국하지 않은 점[6]은 그들 중 거의 대다수가 귀국 대열에 동참하고자 했지만 다른 사정으로 잔류할 수밖에 없었음을 짐작케 한다. 게다가 당시의 적극적인 귀국 열기는 해방 직후 한국 사회에 지배적이었던 '새 사회', '새 나라' 건설의 분위기에 동참하고자 하는 내재적 동기도 영향을 미쳤을 것이라는 점에서 '운동'으로의 적극성을 지닌다고 볼 수 있을 것이다.

어떠한 형태든 재일동포의 고국 귀환은 조국이 부재하던 왜곡된 시기의 산물이다. 이런 점에서 그들의 귀국 과정은 왜곡된 삶을 바로잡으려는, 다시 말해 차별과 억압의 삶 속에서 키워 온 민족적 지향이 구체화되는 한 양상일 수 있다. 특히, 한반도에 두 개의 국가가 자리 잡은 후인 1959년부터 시작된 북한으로의 귀국 운동은 식민지적 모순에 분단의 상처가 덧 씌워진 그들 삶의 양상을 반영하고 있을 것이다. 고국으로의 귀환의지가 식민지적 억압과 분단의 상처를 가장 예민하게 보여주는 민족 모순의 현재적 지표일 수 있다는 점에서 고국으로의 귀환 과정은 그들의 사회적·역사적 삶의 양태를 압축적으로 보여주어, '재일(在日)'[7]

---

5) 최영호, 「해방 직후의 재일한국인의 본국 귀환, 그 과정과 통제구조」, 『한일관계사연구』4, 한일관계사학회, 1995, 100쪽.
6) 1946년 3월 18일에 일본 정부의 후생성이 행한 등록결과에 의하면, 재일 동포의 총수는 647,006명이고 그 가운데 귀국 희망자는 총수의 80%에 가까운 514,060명이었다.
   (강재언·김동훈, 앞의 책, 114쪽.)
7) 이재봉은 '재일'의 의미를 일본이라는 공간 속에서 자기 나름의 역할과 논리를 찾아가는 '재일하다'라는 적극적인 차원에서 이해해야한다고 지적하고 있다. 그리고 재일한인문학의 특징도 '재일하다'라는 적극적인 행위의 논리와 특성을 밝혀

이라는 특수한 현실과 그 현실에 적극적으로 대처하며 살아가는 한 양상을 살펴볼 수 있을 것이다. 그리고 고향, 고국이라는 추상적이고 감상적인 의식이 북한으로의 귀국을 선택하는 과정을 살펴볼 수 있을 것이다. 또한 이를 통해 문예동의 소설들이 재일동포의 특수성을 북한의 정책이나 총련의 지도 노선에 맞춰 어떻게 인식해 가는지도 짚어볼 수 있을 것이다.

재일동포 문학 특히, 문예동의 소설들에서 해방 직후의 귀국 운동을 다룬 작품들은 거의 없고 있어도 극히 단편적으로만 언급할 뿐, 대부분 북한으로의 귀국 운동을 소재로 한 작품들이 많다. 실제로 해방 직후 간도나 만주 지방에서의 귀환을 다룬 소설들처럼 일본에서의 귀환을 본격적으로 다룬 작품은 아직 확인된 바 없다. 이는 해방 직후 일본에서 남한으로의 귀환과정을 실질적으로 체험한 작가가 없기 때문이기도 하겠고, 문예동의 당면 문예 정책과도 관련이 있을 것이다. 그리고 『문학예술』8)의 창간 시기 또한 북한으로의 귀국 운동의 추진과 맞물려 있기 때문에 『문학예술』의 초창기 작품집에 북한으로의 귀국 운동을 다룬 작품들이 집중되어 있는 것으로 보인다.9) 예외적으로 『문학예술』의 1, 2호에 연재된 김민의 <바닷길>은 해방 직후 고국으로 귀환하는 동포

내는 일이어야 함을 강조하고 있다.(이재봉, 「재일 한인 문학의 존재 방식」, 『한국문학논총』 32, 한국문학회, 2002.12, 364~368쪽.)
재일동포의 삶이 '재일'이라는 특수한 조건을 감내하고 극복하는 과정이라는 점에서 '재일하다'라는 적극적인 의미를 통해 그들의 삶과 문학을 이해할 필요는 충분하다고 보인다. 다만 그들의 삶과 문학에 적극적인 의미를 부여하기 위해서는 재일의 특수성이 무엇인지, 그리고 어떻게 인식되고 있는지가 보다 구체적으로 탐색될 필요가 있을 것이다.
8) 1960년 1월에 창간되어 2000년 『겨레문학』이 창간되기 직전인 1999년 109호까지 발행된다.
9) 실제로 북한으로의 귀국 운동을 본격적으로 다룬 작품들은 귀국 운동이 시행된 1959년을 즈음하여 1960년대 중반까지의 작품집에 몰려 있다. 그리고 북한으로의 귀국 운동이 중단되었다가 재개된 1971년을 즈음하여 몇 편 게재되는 것으로 확인된다.

들의 상황을 구체적으로 그리고 있지만 2회로 연재가 중단되어 있고, 그 이후의 작품은 확인되지 않았기 때문에 본격적인 연구 대상으로 다루기에는 한계가 있다.[10]

2. 고향 의식과 조직적인 귀국 운동

북한으로의 귀국 운동은 1959년에 시작되어 1967년에 일시 중단되었다가 1971년에 재개되어 1984년까지 계속된다.[11] 9만 3천여 명이 북한으로 귀국한 이 사업은 무엇보다도 일본과 북한 정부의 정치적 이해관계가 일치되어 추진된 것이라 할 수 있다.

일본 내 좌익 세력과 함께 정권 비판세력으로 주로 활동한 재일동포, 특히 총련계 동포들은 일본 정부에 정치적인 부담이 되었으며, 대부분 빈곤층이었던 재일동포들의 삶은 경제적인 부담으로 작용하였다. 또한 일본 정부는 1951년부터 계속된 한일회담에서 보다 유리한 위치를 점하기 위해 한국을 견제할 필요가 있었다. 북한은 재일동포의 귀국을 통해 국내의 부족한 노동력을 보충하고자 했으며, 재일동포 사회와 혈연적 유대관계를 형성함으로써 재일동포 사회에 대한 영향력을 강화하고자 했다. 또한 대대적인 귀국 운동의 전개는 남한에 대한 체제 우위를 선전할 수 있는 좋은 기회였다.[12]

---

10) <바닷길>에는 '1945년 8월 22일 마이즈르(舞鶴)항구의 폭파사건 희생동포에게 드린다'는 부제가 달려 있다. 이 사건은 '우키시마호 사건'으로도 불리는데 부산으로 귀환하는 한국인들을 태운 배가 마이즈루만 근처에서 의문의 폭침을 당한 사건이다. 한국인들에 대한 의도적 폭격이라는 의혹이 있지만 전모가 밝혀지지는 않았다.

11) 고병국, 「남·북한 재일동포 정책의 특성과 문제점」, 『민족연구』2, 한국민족연구원, 1999, 90~92쪽 표 참조.

12) 위의 글, 82~83쪽.

이러한 정치·사회적 배경 속에서 재일동포들의 북한으로의 귀국 열기는 실제로 대단했던 것으로 보인다. 특히 1960년, 1961년에는 전체 귀국 인원 9만 3천여 명 중 7만 명이 넘는 인원이 북한으로 귀국했다. 당시 재일동포의 9할 이상이 남한 출신이었다는 점을 감안하면 재일동포들의 구체적인 현실이 정치·사회적 배경에 부합하여 귀국 운동의 동력이 되었음은 쉽게 짐작할 수 있다. 물론 이러한 배경에는 북한의 적극적인 정책적 지원도 한 몫을 한 것으로 판단된다.[13] 이러한 정책적 지원에 영향을 받았던 것은 그만큼 재일동포들의 구체적인 삶의 질이 문제였고 그래서 조국과 민족의 공동체적 정서에 기댈 수밖에 없었음을 반증하는 것이다. 결국 일본 사회에서 벗어나고 싶게 만드는 그들의 귀국 동기는 구체적인 삶의 문제에서부터 찾아야 함을 보여주는 것이기도 하다.

당시 귀국 운동이 총련의 주도로 이루어졌기 때문에 귀국 운동을 다룬 대부분의 작품들은 무엇보다도 귀국 실현의 감동을 형상화하는데 주력하고 있다. 역사의 소용돌이 속에서 타국으로 밀려와 온갖 천대와 고난의 삶을 살던 재일동포들에게 귀국 실현은 그 지향이 남이든 북이든 간에 감격적인 사건으로 다가온다. 그리고 그러한 감격의 저변에는 무엇보다도 고국에 대한 향수가 자리 잡고 있다.

김석범의 <혼백>은 짧은 소품을 통해 귀국 실현의 감동을 애잔하게 그려내고 있다. 작품에서 '나'는 기나긴 이국생활을 하다 고향 구경도

---

13) 북한은 당시 귀국 동포에게는 의식주를 해결해주고 직장을 주며, 아동들은 취학케 하며, 정착금으로 성인 1인당 2만 엔, 아동 1인당 1만 엔을 지급한다고 선전했다. 이밖에 당시 귀국 사업을 위해 북한이 소비한 비용은 2조 엔에 달하는 것으로 알려져 있다.(이광규,『재일한국인』, 일조각, 1993, 64~65쪽.)
또한 재일동포에 대한 교육 원조비로 1957년부터 1959년 사이에 2백만 불 정도를 지원했으며, 1971년까지 지원한 누계 교육 원조비는 30,315,320달러에 달한다.(고병국, 앞의 글, 85~86쪽.)

못하고 숨진 모친 앞에서도 눈물을 보이지 않았다. 생전에 어머니 봉양을 잘 하지도 못하고 이제와 무슨 눈물인가라는 죄책감에서이다. 그러던 그가 귀국 사업의 첫배 출항 장면을 TV를 통해서 보고 자기도 모르게 어머니가 있던 병원으로 가게 되며, 거기서 어머니의 영상을 떠올리면서 눈물을 흘리게 된다.

그가 그토록 참았던 눈물을 흘리는 것은 바로 귀국 실현의 감동 때문이다. 그리고 그 귀국 실현의 감동이 고향 구경도 못하고 숨진 모친의 영상과 겹치면서 참았던 눈물을 흘리게 만드는 것이다. 이때의 감동은 바로 머나먼 이국 타향과 대비되는 고향을 구체적으로 실감하게 된 감동이며, 전멸된 마을 사람을 대신하여 '둥지를 틀고 나선 미국놈과 끄나불'이 있는 지금의 섬마을이 아닌 가족과 이웃이 있는 과거의 섬마을에 대한 향수가 되살아난 것 같은 감동이다. '고향이, 조국이 나의 눈앞에 염원히 다가 선 것이었다.'[14)는 그의 말은 귀국 실현의 감동이 강렬한 향수 의식에서 나온 것임을 보여준다.

조남두의 <굽인돌이에 서서>에서도 머나먼 이국에서 강렬한 고향의식을 간직한 채 살아가던 재일동포의 모습을 확인할 수 있다. 아버지와 부자의 인연을 끊고 지내오던 '나'는 아버지의 죽음 앞에서도 눈물을 흘리지 않는다. 하지만 죽음을 앞둔 아버지의 말을 통해 그의 삶의 이력을 알게 되고, 괴로운 목소리로 중얼거리는 '아! 한 번 고향에 돌아가 봤으면'이란 말을 듣고 딱 한번의 눈물을 흘리게 된다.

> 내가 눈물을 흘리며 운 것은 그 때 뿐이었다. 그것이 아버지에 대해서 흘린 최초의 눈물이며 또한 최후의 눈물인지도 모른다.
> 나는 화장장에 서서 그런 아버지의 생애를 더듬어 보고 있었다.

---

14) 김석범, <혼백>, 『문학예술』4, 1962.10, 18쪽. 인용문의 표기는 원문을 따른다.

　　　일본에 들어 온 이듬해에 관동 대진재를 만나 구사일생(九死一生)
을 얻었다는 아버지. 고향 사람이라고 찾아가 가진 천대를 받았다는
아버지. 누구 하나 믿을 사람도 없이 자기만을 믿고 살아 온 아버지.
그것은 식민지 시대를 허둥지둥 살아가는 가운데서 이그러질 대로 이
그러진 사람의 한 전형이리라!
　　　나는 그 아버지에 대해서 이젠 추궁만 할 수도 없다고 생각했다. 그
렇다고 나는 아버지의 일생에 관대한 마음으로서만도 대할 수 없었다.[15]

아버지의 생애를 '식민지 시대를 허둥지둥 살아가는 가운데서 이그러
질 대로 이그러진 사람의 전형'이라 평가하며 흘리는 아버지에 대한 한
번의 눈물은 결국 재일동포들의 비극적인 삶에 대한 동감에서 비롯된
것이라 할 수 있다. 그리고 그 동감은 식민지 시대부터 누구하나 믿을
사람 없이 타향살이를 해 온 동포들에게 내재되어 있는 강렬한 향수에
대한 동정이기도 하다. 자의든 타의든 간에 고국을 떠나온 후 타향에서,
그것도 조국이 없는 상황에서 온갖 고초와 천대를 겪어 온 재일동포 1
세대들에게 고난의 현실은 항상 잃어버린 고향과 동의어로 작용하고 있
음을 죽음을 앞둔 아버지의 모습에서 확인하는 것이다.

하지만 조남두의 작품은 김석범의 작품과 달리 막연한 향수에 대한
경계심을 표출하고 있기도 하다. 아버지의 일생을 듣고 눈물을 흘리지
만 죽음 후 화장할 때는 역시 눈물을 흘리지 않고 있으면서 그의 일생
을 '관대한 마음으로만 대할 수 없다'고 한다. '나'가 끝까지 아버지의
삶 전부를 이해하지 못하는 것은 그동안 자신에 대한 냉대가 컸기 때문
인데, 그것은 곧 자신과 어머니를 버리고 일본 여자를 선택한 아버지의
삶에 대한 반감인 것이다. 이러한 반감은 고향의식이 곧 민족적 연대감
을 유지시키는 전부가 아니라는 인식을 보여주는 것으로 판단된다. 즉,

---

15) 조남두, <굽인돌이에 서서>, 『문학예술』7, 1963.9, 61쪽.

막연한 향수와 민족의식 혹은 조국의식을 동일한 차원으로 혼동해서는 안 됨을 역설하는 것으로 볼 수 있다. '나'가 어머니와 함께 귀환했다가 다시 일본에 와 정착해 살아가고 있다는 점 또한 감상적(感傷的)인 향수의 공간이 바로 바람직한 민족의식의 공동체를 보장해주는 조국의 장(場)이 될 수 없음을 보여주는 것이다. 이를 통해 북한으로의 귀국 운동이 구체적이고 감상적인 귀향에서 의식적이고 조직적인 차원으로 전화되는 근거를 마련하게 된다.

이러한 인식은 당시 재일동포의 대다수를 차지하고 있던 남한 출신 동포들에게 남한의 부정성을 환기시키면서 북한으로의 귀국을 합리화하는 것이라 할 수 있다. 하지만 해방 직후 남한으로 귀환한 동포들의 정착과정이 빈곤과 사회적 냉대로 이어졌고 그로 인해 1946년 하반기부터 남한으로의 귀환자 수가 급감하게 되는 상황을 감안하면 이러한 인식은 현실감을 가지고 있는 것이기도 하다.[16] 해방된 후 한국(제주도)으로 돌아갔다가 신통치 않아 다시 일본으로 돌아온 '고령감'의 모습을 통해

---

16) 해방 직후에 전재민(전쟁재난민)이라 불렸던 귀환 동포들의 좌절의 모습은 소설 속에서 쉽게 찾아볼 수 있다. 다음은 해방 직후 귀환 동포들이 지녔던 해방과 고국 귀환에 대한 희망, 그리고 그 좌절의 상황을 압축적으로 보여주고 있는 채만식 소설의 한 장면이다.

> 영호는, 여기에 모여 사는 사람들도 어디서 온 전재민인지는 모르나, 이 사람들 역시 고국으로 돌아만 가는 날이면, 동포의 따뜻한 마중과 더불어 우리를 못살게 굴던 왜사람들이 쫓겨 가고 없는 대신, 살집이 있고 농사할 땅이 있고 하려니 하는 희망을 품고서 고국으로 돌아온 사람들임에 틀림없을 것이라고 생각하였다. 살던 집고, 농사할 곡시과, 근근히 장만한 세간을 죄다 버리고서 말이었다.
> '그렇다면, 타국으로 흘러가서 간신히 의지하고 살던 집과, 농사하던 땅이며, 농사 진 곡식, 애탄가탄 장만한 세간과, 더러는 어머니까지도 해방은 우리에게서 뺏은 것이 아닌가? 그리고서 준 것은 압제 없는 살기와, 살집과 농사할 땅과의 대신에 입었던 옷을 누더기를 만들게 한 것과, 석탄 부스러기와 밀가루와 쓰러져 가는 저 알량한 집과 이것이 아닌가?' (채만식, <소년은 자란다>, 『채만식 전집』6, 창작과 비평사 1989, 404쪽.)

한국으로의 귀향이 별 도움이 안 되고, 한국 국적 또한 별 도움이 안 된다는 내용을 보여주는 김병두의 <고집쟁이>에서도 이러한 인식을 확인할 수 있다.

감격적인 귀국 환송 이야기를 그리고 있는 박원준의 <환송>은 한 인물의 삶의 이력을 통해 귀국 운동의 구체적인 동력을 생생하게 그리고 있다. '나'가 귀국 동포를 환송하러 가는 과정에서 회상하게 된 '김성규'라는 인물의 이야기는 바로 재일동포가 겪어야 했던 비극적인 삶의 과정이다. '김성규'는 18세에 일본으로 와서 고된 장사와 노동 등으로 하루하루를 살아가다가 결혼을 했으나 아내에게 흑심을 품은 일본 사람의 농간으로 징용을 가게 된다. 징용을 갔다 온 사이 아내는 일본인에게 모욕을 당했고, 그는 그 앙갚음을 하려다 살인미수로 체포되고, 결국엔 남방의 전쟁터로 끌려가기에 이른다. 천신만고 끝에 탈출했으나 이미 아내는 죽고 자식만 남아있었다. 한없는 노력에도 불구하고 철저하게 파괴된 그는 고난의 장소인 일본을 떠나 고국으로의 귀환을 결심하나 이미 귀국의 길을 막힌 후였다. 그 후 그는 조련17)의 협조를 받으며 자식의 교육과 고국으로의 귀국을 위해 노력해 결국 귀국선을 타게 되었다.

> 이는 력사가 교체되는 순간이였다.
> 설음과 기쁨, 고뇌와 환희, 굴욕과 영광이 이 순간에 서로 자리를 바꾸는 것이다. 성규의 력사가 그렇듯이 재일 조선인의 처지는 해방 후에도 굴욕과 천대의 련속이였다. 조국이 있으면서도 그 조국에 마

---

17) 재일본조선인연맹. 해방 직후 재일동포들의 생명과 재산을 보호하기 위해 생겨난 자생적 조직들이 1945년 전국적으로 확대되면서 결성된다. 초당파적으로 출발했으나 좌파가 주도하여 교육과 문화사업에 주력하여 한글로 신문·잡지 등을 출판했다. 일본 정부와 정면으로 대립하는 활동을 지속하다가 1949년 9월에 해산된다.(이광규, 앞의 책, 48~49쪽.)

음대로 돌아 가지도 못 하였고, 제국주의가 존속하는 이 섬 나라엔
새로운 원쑤들이, 둥지를 틀었다. 그러나 지금 바다 건너 멀리서 따뜻
한 손길이 그들을, 령어의 설음 속에서 데려 가려는 것이다.[18]

인용문은 재일동포의 삶이 수난과 천대의 연속이었음을 지적함으로써
북한으로의 귀국 열기가 무엇보다도 조국의 부재로 인한 고난의 삶 속
에서 나왔음을 보여주고 있다. 이는 곧 조련, 총련, 북한에 대한 경도가
이념적인 것이 아닌 식민지인으로서, 또는 그 연장선에서 나온 민족적,
국가적 연대의식의 결과물이었음을 보여주는 것이다.

재일동포의 시련과 고난의 근본적인 원인을 무엇으로 볼 것인가, 그
들의 훼손된 삶을 진정으로 보상해줄 조국은 남한과 북한 중 어디인가
의 문제는 논란의 여지가 있다. 그러나 분명한 것은 그들의 고국에 대
한 강렬한 지향이 식민지 시대부터 이어 온 억압과 시련의 삶에서 나온
자기 대응의 결과라는 점이다. 특히 해방 후에도 지속된 이국에서의 차
별과 억압이라는 문제적 상황의 근본원인을 타향살이에서 조국의 부재
의식으로 연결, 확장시켜 인식하게 되는 것은 당연한 것이라 할 수 있
다. 결국 북한으로의 귀국 운동은 재일동포의 귀향에 대한 강렬한 의지
와 함께 조국의 부재에 따른 고난의 역사에 대한 재일동포 스스로의 적
극적인 대응이 구체적인 동력의 일부로 작용했다고 할 수 있다.

3. '재일(在日)'의 현실 반영과 관념적 지향의 강화

귀국 운동의 열기에서 확인할 수 있는 재일동포들의 강렬한 귀국 의
지는 무엇보다도 그들이 조국의 부재로 인해 겪었던 고난과 시련의 식

---

18) 박원준, <환송>, 『조국의 빛발 아래』, 조선문학예술총동맹출판사, 1965, 73쪽.

민지적 삶 속에서 나왔다. 2차 세계 대전의 종전으로 일본에 의한 식민 지배에서 벗어났지만 실질적으로 관리와 억압이라는 생활체제는 종식되지 않았던 것이다.

실제로 전쟁이 끝난 후 1952년까지 일본 사회를 관리하던 연합국 총사령국은 재일동포들을 '해방인민(liberated people)'이라면서도 오히려 '적국민(enemy nationals)'로 대우하는 방침을 실질적으로 강화해 갔다. 식료배급·과세·학교 및 농지 매수 등에 대해 일본의 법률에 복종할 것을 강요함으로써 재일동포들의 삶은 해방이 되었음에도 불구하고 또 다른 지배 체제 속에 놓이게 된 것이다.[19] 이렇게 실질적인 삶에서는 일본인으로 취급되어 연합국총사령국의 지배체제 속에 놓여 있던 재일동포는 일본 정부가 1947년 공포·시행한 '외국인 등록령'을 통해 또 다른 형태의 관리를 받아야 하는 처지에 놓인다.[20] 그리고 1952년 샌프란시스코 강화조약의 발효로 주권을 회복한 일본 정부는 재일동포들의 일본 국적을 일방적으로 박탈[21]하고 관리 대상인 외국인으로서의 처우를 지속하게 된다.

이렇게 때로는 외국인으로, 때로는 내국인이라는 혼란스러운 기준으로 관리를 받은 재일동포들이 일본 사회에서 살아가기 위해서는 무엇보다도 자신의 정체성을 자각하는 것이 최우선의 과정인 것이다. 여기에 해방된 후에도 지속된 관리와 지배체제는 식민지적 삶의 연장과 다를 바 없었기 때문에 자신의 정체성을 확인하고 유지시키는 길은 곧 조국

---

19) 강재언·김동훈, 앞의 책, 171~174쪽 참조.
20) 외국인 등록령은 1952년 '외국인 등록법'으로 제정되어 시행된다. 이 제도는 '일본에 거주하는 외국인의 거주 실태 및 신분관계를 명확히 해서 외국인의 공정한 관리를 위한 자료로 활용하기 위한' 것으로 목적이 제시되고 있지만 제정 당시 재일외국인의 90% 이상이 조선인이었다는 점을 감안하면 출입국 관리령과 함께 실질적으로는 재일한국인을 관리, 규제하기 위한 법이라고 볼 수 있다.(고병국, 앞의 글, 73~75쪽 참조.)
21) 강재언·김동훈, 앞의 책, 122쪽.

의 존재감을 자각하는 것에서부터 출발한다는 인식으로 자연스럽게 이
어진다.

조남두의 <귀국한 리동무>는 '권'의 자포자기적 범죄와 자살에 대한
이야기, 빈민굴에 살면서 남한에 가족을 두고도 북한으로 귀국할 결심
을 한 '리동무'의 이야기를 통해 조국의 중요성을 강조하고 있다.

> "너의 말이 옳았어. 우린 역시 조국이 없이는 못 산다. 비록 외지
> 에 살아도 우리 가슴에 조국이 새겨져 있지 않으면 불행하단 말이야.
> 난, 이번 일본에서 몸에 붙인 때자국을 깨끗이 청산하고 조국에 돌아
> 가 새로 출발하겠다. 허기야 어머니와 누이동생의 일이 마음에 사모
> 치지. 가만히 드러누웠다가도 그걸 생각하면 전신에서 피덩어리가 솟
> 아 올른다. 허지만 그렇다고 해서 어머니가 잘 살겠니? 아무리 걱정한
> 들 어쩔 도리가 없다. 그러고 있느니보다 빨리 조선에 돌아가 통일을
> 위하여 싸우겠다. 통일이 되는 날에는 어머니와 누이동생을 누구보다
> 도 행복하게 해드려야지."22)

인용문에서 재일동포가 겪는 불행한 삶의 근본적인 원인을 조국의 부
재에서 찾고 있음을 확인할 수 있다. 이러한 식민지적 인식은 해방 후의
현실에 대해서도 마찬가지이다. 그렇기 때문에 사적 영역을 공적 영역으
로 확대 상상하는,23) 다시 말해 개인의 구체적인 체험을 민족이나 조국
이라는 공동체를 통해 인식하는 것은 식민지적 삶의 연장이라는 인식으
로 현실을 바라보는 재일동포들에게 있어서는 당연한 귀결인 것이다.

개인의 정체성을 민족이나 조국이라는 집단의 차원에서 인식하는 과
정에서 문예동의 소설들은 북한을 단 하나의 조국으로 부각시키고 있
다. 여기서 북한을 유일조국으로 강조하는 방법은 앞의 조남두의 작품

---

22) 조남두, <귀국한 리동무>, 『문학예술』3, 1960.10, 62쪽.
23) 허명숙, 「재일동포 작가 량우직의 장편소설 연구」, 『한중인문학연구』14, 한중인
    문학회, 2005.4, 479쪽.

인용문에서처럼 남한의 부정성을 대비하는 것이다. 남한에 있는 어머니와 누이동생의 처지를 비관적으로 인식하며, '어쩔 도리가 없기' 때문이라고 보고 그 대항 의식으로 북한을 선택하게 되는 것이다.

리수웅의 <아버지와 아들>에서도 대부분 재일동포들의 고향이었던 남한 사회의 부정성을 부각시킴으로써 고향이 아닌 고국으로서의 북한에 대한 지향을 강화시키고 있는 것을 확인할 수 있다. <아버지와 아들>에서 '마령감'은 남한에 두고 온 아들이 지리산 유격대에서 사망하고 그로 인해 부인은 감옥에서 죽고, 며느리는 양갈보가 되어 있는 사연을 가지고 있다. 그런 그가 아들에게 과거의 이야기를 해주게 됨으로써 남한의 부정성을 강조하고, 현재의 고국으로서 북한이 단 하나의 고국임을 부각시켜 북한으로의 귀국을 합리화하게 되는 것이다.

전쟁의 피해를 부각하고 있는 것도 남한의 부정성을 강화하기 위한 것으로 볼 수 있다. <아버지와 아들>에서 미군 폭격으로 부모가 사망한 '석준이', <자랑>에서 원폭피해로 사망한 '명환'의 어머니, <춘분>에서 한국전쟁의 종전을 요구하던 시위로 3년간 옥살이를 한 '민수', 전쟁 수행의 도구로 전락한 <환송>의 '성규'의 모습 등에서 전쟁의 잔혹함을 보여주고 있다. 그리고 이들 전쟁의 원인을 미제와 남한으로 인식하고 있다.24)

이렇게 남한의 부정성을 드러내고 그 대비를 통해 북한 지향을 합리화하고 있기 때문에 남한의 부정성이나 전쟁의 피해 상황은 주로 구체적인 형상으로 제시되고 있는 반면 상대적으로 북한의 긍정성이나 희망적인 조국으로서의 가능성은 추상적인 진술로만 제시되는 경우가 대부

---

24) "생각하면 원통하고 분하기 짝이 없었다. 보고 싶던 가족과 같이 살지 못하게 한 자는 누구며 해방이 되고 십수년이 지난 오늘까지 상봉마저 막고 있는 자는 누군가! 생각은 석준이의 눈앞에 가증스러운 승냥이와 같은 미 제국주의자와 그 앞잡이 리 승만이의 얼굴이 차차 똑똑해져 나왔다. 그의 두 주먹은 어느새 꽉 쥐여지고 있었다." (리수웅, <아버지와 아들>, 『문학예술』1, 1960.1, 79쪽.)

분이다. 이러한 현상은 유일 조국으로서의 북한 지향이 재일동포의 구체적인 삶의 조건에서부터 나온 필연적인 선택이 아니라 의식적, 관념적 차원에서 이루어진 선택임을 보여주는 것으로 북한의 정책과 총련의 조직 노선을 문학적으로 실천하고자 하는 문예동의 구조적 특징이 작용한 것으로 볼 수 있다. 즉, 재일동포가 처한 현실의 부정성을 민족 모순의 부정성으로 바로 등치시키고, 민족 모순의 근본을 '재일(在日)'의 외부에 있는 북한의 입장을 직접적으로 적용하여 인식하고 있는 것이다.

부정적인 현실의 원인을 조국의 부재에서부터 찾고 조국의 존재감을 자각함으로써 귀국의 동기를 부여하는 과정은 재일동포의 구체적인 현실을 형상화하고 있지만 불행의 근본을 인식하고 조국 지향을 합리화하는 과정에서는 개별적인 체험이나 의식을 성급하게 집단의 의식으로 연결시킴으로써 '재일(在日)'이라는 특수성을 관념적인 차원으로 무화시킬 가능성이 있다고 하겠다.

해방 직후 귀환하지 않고 잔류를 선택한 재일동포들에게 있어서 또 하나의 특수하고도 중요한 현실은 바로 일본에서 조선인으로서 '살아가는' 문제, 즉 정주성의 문제이다.

해방 직후 귀환과정에서 미군은 1945년 12월부터 귀환자의 지참금을 1천 엔으로, 수하물은 250파운드로 제한했다. 당시 담배 20갑밖에 살 수 없는 금액과 간단한 옷가지만을 반입할 수 있는 귀환 환경과 혼란스러운 남한의 정치 상황은 재일동포들이 쉽게 귀환 결정을 할 수 없게 만들었다.[25] 게다가 먼저 귀환한 사람들을 통해 남한의 실정과 정착과정의 어려움을 전해들은 재일동포들은 귀환을 연기하거나 일본의 잔류를 선택하게 된다. 하지만 그 후 일본 정부는 1947년 '외국인 등록령'

---

25) 남종영, 「차별을 넘어, 밥그릇을 넘어」, 『한겨레 21』, 한겨레신문사, 205.6.3,
    (http://zine.media.daum.net/mega/h21/200506/03/hani21/v9251826.html)

을 공포해 재일동포를 '외국인'으로 보고 각종 권리를 인정하지 않았고 민족교육을 탄압함으로써 그들의 인권과 정주권을 박해하기 시작했다.

이렇듯 부당한 송환 조건과 열악한 귀환 환경으로 인해 선택한 일본 잔류는 그 자체가 또 다른 생존과의 싸움이었기 때문에 일본 사회 속에서 적응해가야 하는 문제는 외면할 수 없는 그들 삶의 또 다른 존재 기반인 것이다. 귀국 운동을 형상화한 작품들에서도 이러한 정주성의 문제를 살펴볼 수 있다.

> 그렇다! 조국이 바다 건너 멀리에 있는 것이 아니다. 바로 여기, 이 일본 우리 생활에도 그 거룩한 손이 뻗어 있는 것이다. 재일 60만의 생활, 그것은 조선인민 생활의 뗄 수 없는 부분이 아닌가! 60만 생활의 적극적인 주인공으로서 사는 것은 바로 3천만 생활의 적극적인 주인으로 사는 그것이다.[26]

류벽의 <자랑>에 나오는 한 부분이다. 위의 진술을 하는 작중인물 '명환'이는 아버지의 귀국 동참에 대한 편지를 받고 고민하다가 귀국을 미루고 재일동포들을 각성시키는 조직 활동가를 지향하게 된다. 귀국문제를 놓고 아버지와 갈등을 보이지만 결국엔 '60만 동포의 삶이 3천만 조국의 삶'이라 인식하며 잔류를 결정하게 된다.

'명환'이의 이런 태도는 '재일(在日)'의 문제가 곧 해결되거나 해소될 일시적인 것이 아닌 '정주'의 문제임을 보여주는 것이라 할 수 있다. 재일동포에게 있어 고국으로의 귀환뿐만 아니라 일본 사회에서 각종 불합리와 차별을 극복하며 적응하는 것 또한 중요한 문제임을 제시하고 있는 것이다.

총련 활동가 '리민수'와 일본인 아내와의 갈등을 그리고 있는 류벽의

---

26) 류벽, <자랑>, 『문학예술』2, 1960.3, 87쪽.

다른 작품 <춘분>에서도 정주성의 문제를 확인할 수 있다. 일본인과의 결혼은 일본 사회에 정착하고 살아가는 재일동포들에게는 당연히 발생할 수 있는 일 중의 하나이다. <춘분>이 북한으로의 귀국이라는 제한된 상황 속에서 일본인 아내와의 대립과 해소 과정을 보여주고 있지만, 이를 통해 일본인과 끊임없는 관계를 맺을 수밖에 없는 현실에서 민족 의식을 유지·고취하면서 동포사회에 적응하는 문제를 제기하고 있다고 볼 수 있다. 이런 점에서 <춘분>은 일본 사회에서 살아가기 위한 정주성의 차원에서 구체적인 '재일(在日)'의 현실을 반영하고 있다고 할 수 있다. 특히, 일본인과의 결혼 문제는 재일생활을 일시적인 체류라고 생각해 온 1세대[27]의 비율이 줄어들수록, 강화되어 가는 재일동포의 정주성을 구체적으로 보여주는 양상이다.

하지만 유일조국으로서 북한으로의 지향이 의식적, 관념적 차원에서 강화되는 것처럼 정주성의 문제가 사상적 차원에서 해결됨으로써 보다 중점적으로 서사의 핵심으로 부각되지는 못한다.

> "민수동무! 우리는 유일하게 정당한 세계관을 가진 의식적인 사람들이요. 따라서 항상 우리 행동의 기준은 우리 사상에 있소. 공정 생활에는 말할 것 없고, 사생활이나 감정 생활에까지, 우리 사상이 철저하게 침투되고 발현되여야 하는 것이요. 그러나 우리는 다 같이 아직 미숙하기 때문에 항상 사상 수준을 제고하기에 노력해야 하며, 그를 기준으로 자기의 모든 생활을 재 보고 달아 봐서 부족점들을 고쳐 가야 하는 것이요.
>
> 동무는 지금, 벅찬 우리의 현실이 요구한 수준에서, 동무의 십년이 넘는 가정 생활을 점검받고 있는 것이요. 이 점검을 철저히 받으시오. 그리고 거기에서 밝혀진 약점들을 극복하게 우선 전력을 다해야 하는 것이요. 그렇지 않소?[28]

---

27) 강재언·김동훈, 앞의 책, 167쪽.

위의 인용문에서 확인되듯이 개인간의 구체적인 갈등이나 가정생활이라는 사적인 영역의 문제를 공적인 사상의 문제로 해결하고자 한다. 보다 사상적으로 투철한 인물의 관념적 진술이 이를 해결하는 결정적인 계기로 작용하고 있다. 결국 일본인 아내와 살아가면서 겪는 언어, 옷차림 등 구체적인 생활 습관의 차이를 공적인 세계관을 통해 극복하는 것이다. 작중인물인 '민수'가 아내와의 갈등 때문에 잠시 동포 여자인 '덕순'에게 가졌던 사적 감정 또한 사상의 실천을 통해 해결하는 모습을 보인다.

이렇게 '재일(在日)'의 현실을 일시적인 체류가 아닌 정주의 문제로 인식하고는 있지만 그 문제 해결은 의식적·관념적 차원에서 성급하게 이루어지고 있다. 이는 이 시기가 아직 '민족'에 대해 보다 집착하는 1세대, 즉 한반도 출생 세대가 많은 상황이라는 점, 그리고 귀국 운동의 시행 자체가 개인보다는 조국이라는 집단적이고 추상적인 관념을 강조하게 만드는 상황이라는 점과 연관지어 생각해볼 수 있을 것이다. 1960년대 후반 이후 북한의 문예정책이 좀 더 확고해지고 북한의 정책 실현을 위한 총련의 노력이 강화되면서 정주의 문제를 성급하게 관념의 차원으로 치환[29]시켜 해결하고자 하는 의도는 강화되어, 문예동 소설의 기본적인 특성을 이루게 되는 것으로 보인다. 이는 결국 '재일(在日)'의 문제적 현실에 대한 인식과 극복 방안을 '재일(在日)'의 외부로부터 찾고 있는 문예동의 조직적 성향에서 근본적인 원인을 찾을 수 있을 것이다.

---

28) 류 벽, <춘분>, 『문학예술』3, 1961.5, 33쪽.
29) 졸 고, 「조선 사람으로서의 자각과 '재일(在日)'의 극복」, 『한중인문학연구』14, 한중인문학회, 2005.4, 404쪽.

4. 귀국 운동 형상화의 의의

지금까지 북한으로의 귀국 운동을 형상화한 문예동의 소설들을 통해 귀국 운동의 동력과 구체적인 '재일(在日)'의 현실을 살펴보았다. 그리고 그 과정에서 문예동의 소설들이 '재일(在日)'의 현실을 어떻게 북한 지향으로 합리화 해가고 있는지 검토해 보았다.

북한으로의 귀국 운동 자체가 복잡한 정치적인 배경을 가지고 있지만 재일동포들의 구체적인 삶 또한 귀국 운동의 필요성과 동력을 구성하는 배경임을 무시할 수 없을 것이다. 그리고 문예동의 소설들은 바로 이러한 구체적인 삶에서 나온 귀국에 대한 관심을 북한에 대한 관심과 지향으로 전화시키는 양상을 주로 그리고 있으면서, 다른 한편으로는 혼란스러운 조건 속에서 자기 정체성을 확인하고자 하는 적극적인 과정을 반영하고 있다고 할 수 있다.

우선, 식민지적 삶의 연장으로 현실을 인식하고 있는 재일동포에게 있어 조국의 중요성을 깨닫는 것은 그들의 존재성을 확인시켜주는 우선적인 요건이라고 할 수 있다. 문예동의 소설들은 전쟁의 피해와 남한의 부정성을 부각함으로써 조국의 중요성을 유일 조국으로서 북한에 대한 지향으로 합리화하고 있다. 이 과정에서 남한의 부정성은 구체적으로, 북한의 긍정성은 추상적인 진술로 제시하는 경우가 대부분이다. 이러한 현상은 유일 조국으로서의 북한 지향이 재일동포의 구체적인 삶의 조건에서부터 나온 필연적인 선택이 아니라 의식적, 관념적 차원에서 이루어진 선택임을 보여주는 것으로, 북한의 정책과 총련의 조직 노선을 문학적으로 실천하고자 하는 문예동의 구조적 특징이 작용한 것으로 볼 수 있다. 즉, 재일동포가 처한 현실의 부정성을 민족 모순의 부정성으로 바로 등치시키고, 민족 모순의 근본을 '재일(在日)'의 외부에 있는 북한의 입장을 직접적으로 적용하여 인식하고 있는 것이다. 이는 개별적인 체험이나 의식을 성급하게 집단의 의식으로 연결시킴으로써 오히려 '재일(在日)'이라는 특수성을 관념적인 차원으로 무화시킬 가능성으로 작용할 수도 있을 것이다.

또한 조국으로의 귀환 못지않게 일본 사회에 정착하여 살아가고 있다는 정주성의 문제도 구체적으로 인식하여 일본인과 끊임없는 관계를 맺을 수밖에 없는 현실에서 민족의식을 유지·고취하면서 동포사회에 적응하는 문제를 형상화하고 있다. 이 과정에서 개인간의 구체적인 갈등이나 가정생활이라는 사적인 영역의 문제를 공적인 사상의 문제, 사상의 실천을 통해 해결하는 모습을 보이고 있다. 갈등의 해결이 의식적·관념적 차원에서 성급하게 이루어지고는 있지만 '재일(在日)'의 현실을 일시적인 체류가 아닌 정주의 문제로 인식하고 있음을 확인할 수 있다. 관념적 차원에서 해결하는 양상은 이 시기가 아직 '민족'에 대해 보다 집착하는 1세대, 즉 한반도 출생 세대가 많은 상황이라는 점, 그리고 귀국 운동의 시행 자체가 개인보다는 조국이라는 집단적이고 추상적인 관념을 강조하게 만드는 상황이라는 점과 연관지어 생각해볼 수 있을 것이다. 그리고 무엇보다도 '재일(在日)'의 문제적 현실에 대한 인식과 극복 방안을 '재일(在日)'의 외부로부터 찾고 있는 문예동의 조직적 성향에서 근본적인 원인을 찾을 수 있을 것이다.

문예동이 총련의 하부단체로서 북한 정책의 문학적 실천을 시도하는 단체라는 점에서 '재일(在日)'의 문제적 현실을 관념적인 차원에서 인식하는 양상을 보이고 있기는 하다. 그러나 개인보다는 민족, 국가의식의 강화는 곧 식민지인과 재외국민이라는 재일동포의 구체적인 현실에서 기인하는 바가 크다고 할 수 있다.

민족정체성은 문화적 정체성의 특정한 형태로, 공통의 문화가 민족을 창출한다[30]는 점에서 '재일(在日)'의 특수성은 사회적인 상호작용이라는 구체적인 양상을 검토하는 것에서부터 출발해야 할 것이다. 그렇기 때문에 일본어로 창작된 작품이든 한국어로 창작된 작품이든 간에 재일동포문학은 전반적으로 보다 더 많은 자료의 발굴과 심도 있는 논의가 필요하다. 문예동의 작품들에 대한 검토도 전반적으로 확대하여 재일동포문학으로서의 특징을 추출하고 우리 문학사에 수렴시키는 작업이 계속되어야 할 것이다. 이 과정에서 해방 직후부터 1960년대 이전까지의 작품과 총련에서 이탈한 작가들의 작품들을 발굴·검토하고 나아가 일본어로 창작된 작품들과의 상관관계까지 살펴봄으로써 '재일(在日)'의 특수성을 보다 폭넓게 규명하는 작업이 이어져야 할 것이다. 그렇기 때문에 1945년 해방 이후부터 1960년대 중반 이전까지의 작품들에 대한 관심이 중요하다는 것이 필자의 소견이다. 당시가 재일동포 사회의 형성이라는 역사적 특수성을 직접적으로 반영하면서도 한편으로는 1965년 한일회담과 1967년 북한의 주체사상 공표 이전으로, 이념적 채색이 전일적으로 반영되기 이전이라는 점에서 재일동포의 역사적 특수성을 보다 구체적으로 살펴볼 수 있으리라 여겨진다. 물론 1950년대 후반과 1960년대의 재일동포 문학을 동포작가들의 현실 참여와 총련 조직의 간섭 등으로 인한 문학 활동의 소강상태로 보는 견해도 있다.[31] 하지만 적어도 『문학예술』이라는 '재일본문학예술가동맹'의 기관지를 통해 한글 작품이 꾸준히 발간되었기 때문에 그들의 성과를 어떤 식으로든 수렴해야 할 필요가 있을 것이다. 그리고 이 과정에서 조직적인 지도 노선이 즉각적이고 전일적으로 작품에 반영되었는지는 좀 더 세밀하게 검토될 필요가 있다.

---

30) E. Gellner, *Nations and nationalism*, Oxford: Basil Blackwell, 1983, 55쪽.
31) 이한창, 「재일동포 조직이 동포문학에 끼친 영향」, 『일본어문학』8, 한국일본어문학회, 200.3, 108쪽.

참고문헌

1. 기본자료

리수웅, <아버지와 아들>, 『문학예술』1, 1960.1.

류 벽, <자랑>, 『문학예술』2, 1960.3.

조남두, <귀국한 리동무>, 『문학예술』3, 1960.10.

류 벽, <춘분>, 『문학예술』2, 1960.3.

김석범, <혼백>, 『문학예술』4, 1962.10.

김병두의 <고집쟁이>, 『문학예술』4, 1962.10.

조남두, <굽인돌이에 서서>, 『문학예술』7, 1963.9.

박원준, <환송>, 『조국의 빛발 아래』, 조선문학예술총동맹출판사, 1965.

2. 논문

고병국, 「남·북한 재일동포 정책의 특성과 문제점」, 『민족연구』2, 한국민족연구원, 1999.

김형규, 「조선사람으로서의 자각과 '재일'의 극복」, 『한중인문학연구』14, 한중인문학회, 2005.4.

남종영, 「차별을 넘어, 밥그릇을 넘어」, 『한겨레 21』, 한겨레신문사, 205.6.3. (http://zine.media.daum.net/mega/h21/200506/03/hani21/v9251826.html)

심원섭, 「재일 조선인 시문학에 나타난 자기정체성의 제 양상」, 『한국문학논총』31, 한국문학회, 2002.

윤상인, 「전환기의 재일한국인 문학」, 『외국문학』, 열음사, 1994.겨울.

이재봉, 「재일 한인 문학의 존재방식」, 『한국문학논총』32, 한국문학회, 2002.12.

이한창, 「민족문학으로서의 재일동포 문학 연구」, 『일본어문학』3, 한국일본어문학회, 1997.6.

이한창, 「재일교포 문학 연구」, 『외국문학』, 열음사, 1994.겨울.

이한창, 「재일동포 조직이 동포문학에 끼친 영향」, 『일본어문학』8, 한국일본어문학회, 2000.3.

진희관, 「재일동포의 '북송' 문제」, 『역사비평』61호, 역사비평사, 2002년.겨울.

최영호, 「해방 직후의 재일한국인의 본국 귀환, 그 과정과 통제구조」, 『한일관계사
　　　연구』4, 한일관계사학회, 1995.6.

허명숙, 「재일동포 작가 량우직의 장편소설 연구」, 『한중인문학연구』14, 한중인문학
　　　회, 2005.4.

3. 단행본

『21세기 동북아 한국어문학연구의 현황과 전망』. 숭실어문학회 국제학술대회 발표논
　　　문집, 2005.2.

『재일조선인 조선어문학의 현황과 과제』, 2004년도 제2회 조선문화연구회 발표 자
　　　료집, 2004.12.

강덕상 외, 『근·현대 한일관계와 재일동포』, 서울대출판부, 1999.

강재언·김동훈, 하우봉·홍석덕 역, 『재일 한국·조선인-역사와 전망』, 소화, 1995.

설성경 외, 『세계 속의 한국문학』, 새미, 2002.

오자와 유사쿠, 이충호 역, 『재일조선인 교육의 역사』, 혜안, 1999.

유숙자, 『재일한국인문학연구』, 월인, 2000.

이광규, 『재일한국인-생활실태를 중심으로』, 일조각, 1983.

채만식, 『채만식 전집』6, 창작과 비평사 1989.

홍기삼 편, 『재일한국인 문학』, 솔 출판사, 2001.

Gellner, E., *Nationa and nationalism*, Oxford: Basil Blackwell, 1983.

'조선' 국적의 내포와 재일동포 한국어 장편소설의
서사적 특징

허 명 숙

목 차

1. 머리말

재일동포 한국어 문학은 <재일본조선문학예술가동맹(문예동)>의 문
학부에 소속된 작가들에 의해 주로 이루어져 왔다. <문예동>은 결성

---

* 이 글은 『한국문학과 비평』제31집 별집(2006.6)에 실린 「재일동포 한국어 장편소설
   연구」와 같은 논문임·

당시부터 현재까지 '한국어 창작'이라는 대원칙을 굳세게 지키고 있다. <문예동>은 1959년 6월 7일에 결성된 이래 지금에 이르고 있는 <재일본조선인총련합회(총련)> 산하 문학 예술가들의 조직이다. 개인에 따라 각각의 차이가 있긴 하지만 이들 대부분은 총련에 소속되어 있다는 점, '조선籍'을 유지하고 있다는 점, 모국어(한국어)를 능숙하게 구사한다는 점, 민족학교 출신이거나 민족학교 교사들이라는 점 등의 공통점을 지닌다. 이처럼 강한 민족 정체성을 지향하는 작가들에 의해 이루어진 문학이므로 재일동포 문학은 다른 재외동포 문학과는 달리 매우 풍성한 한국어 문예작품을 보유하고 있으며, 특유의 독자적 영역을 이루고 있다. 이는 또한 '정주국 시민 되기'를 실존적으로 혹은 심리적으로 거부하는 재일동포들의 정치적·문화적 특수성과도 깊은 관련이 있다. 따라서 재일 한국어 문학은 재일동포 정체성의 특수성과 그들의 역사에 대한 이해를 전제하지 않고는 올바른 해석과 평가가 어렵다고 생각한다.

재일동포 한국어 문학에의 접근이 가능해진 것은 최근 들어서이다. 냉전 이데올로기를 강하게 구사하던 군사정권 시절, 이 작품들은 접할 수도 없었고, 우연히 접했다 하더라도 연구 대상으로 삼을 수 없었다. 지금은 총련계 재일동포 한국어 문학을 입수하는 것도 읽는 것도 자유롭다. 그런데 문제는 우리의 시각이 자유롭지 못하는 것, 좀더 구체적으로 말하면 그것을 해석하는 우리의 시각이 냉전적 이데올로기에 물들어 있다는 것이다. 때문에 '친북 성향의 문학', '북한 문학의 아류'라는 해석을 떨치기 어렵다는 사실을 고백하지 않을 수 없다. 그러나 우리의 이런 태도를 냉정히 들여다보면 지나치게 제한적인 콘텍스트로 문학을 해석한 편협한 입장이라는 사실을 깨닫게 된다.

재일동포 한국어 문학은 창작 주체들이 친북한 단체인 총련의 조직활동에 적극적으로 기여해 온 사람들이며, 문학작품들도 북한의 정치적 담론에 지대한 영향을 받아 왔으며, 심지어 북한의 정치담론을 그대로 옮겨 놓기도 한다. 또한 대부분의 문학작품들은 북한에서 인쇄되어 일본에 보급된다. 이러한 사실들만으로도 충분히 재일동포 한국어 문학은 '친북문학'으로 분류됨 직하다. 그러나 그렇게 규정함으로써 우리는 그것의 본질적 특성, 즉 '디아스포라 문학'이라는 점을 간과하게 된다는 점을 헤아려야 할 것이다.

디아스포라(diaspora)라는 말은 본래 '이산'을 의미하는 그리스어[1]로서 팔레스타인 땅을 떠나 세계 각지에 거주하는 이산 유대인과 그 공동체를 가리키는 말에서 유래하였다. 그러나 오늘날 다양한 이산민을 일반적으로 지칭하는 말로 그 내포가 확장되면서 전자를 대문자(Diaspora)로 후자를 소문자(diaspora)로 구별하여 쓴다. 1990년대 들어서 디아스포라는 "유대인의 경험뿐만 아니라 다른 민족들의 국제이주, 망명, 난민, 이주노동자, 민족공동체, 문화적 차이, 정체성 등을 아우르는 포괄적인 개념으로 사용되고 있다."[2] 디아스포라가 폭넓게 사용되면서 세대와 시대 변화에 따라 점점 디아스포라의 전형[3]을 규정하기 어려워지므로 디아스

---

1) 디아스포라는 그리스어 전치사 dia(영어로 'over,' 우리말로 '-를 넘어')와 동사 spero(영어로 'to sow,' 우리말로 '뿌리다'에서 유래되었다: 윤인진, 『코리안 디아스포라』, 고려대학교 출판부, 2004, 5면.
2) 위의 책, 7면.
3) 사프란은 디아스포라의 특성으로 (1) 특정한 기원지로부터 외국의 주변적인 장소로의 이동, (2) 모국에 대한 집합적인 기억, (3) 거주국 사회에서 수용될 수 있다는 희망의 포기와 그로 인한 거주국 사회에서의 소외와 격리, (4) 조상의 모국을 후손들이 결국 회귀할 진정하고 이상적인 땅으로 보는 견해, (5) 모국에 대한 정치적, 경제적 헌신, (6) 모국과의 지속적인 관계 유지 등 6가지로 들었다. 하지만 최근 연구에서는 모국으로 귀환하려는 희망을 포기하였거나 또는 처음부터 그러한 생각을 갖지 않았던 이주민 집단도 디아스포라로 간주하고 있다. 특히 미국의 유대인들은 이민 세대가 변해가면서 미국사회와 문화에 동화되는 정도가 커졌지만 여전히 디아스포라의 전형으로 받아들여지기도 한다. 따라서 사프란의 디아스포라 조건에 맞춰 디아스포라를 규정하는 것은 무리가 따른다는 견해가 설득력을 얻고 있다: 위의 책, 5~7쪽 참조.

포라를 ‘정도(程度)의 개념’[4]으로 이해하자는 추세이다.

디아스포라를 이해함에 있어 무엇보다 중요한 것은 그들이 이주한 땅에서 어쩔 수 없이 ‘이방인’이며, ‘소수자’라는 사실이다. 다수자는 대부분 ‘조상 대대로 전해 내려온 토지·언어·문화를 공유하는 공동체’라는 견고한 이념에 안주하고 있으므로, 다수자의 입장에서는 소수자인 디아스포라들은 자신들의 공동체라는 성채에 틈입한 타자로 간주된다. 그러므로 디아스포라는 언제나 다수자 혹은 지배집단의 배타적 시선을 받아 왔으며, 그들의 목소리는 다수자의 목소리에 묻혀 버리곤 하였다. 이 점은 역설적으로 디아스포라 문학 연구의 의의를 설득하는데, 거기에서 우리는 소수자의 시선과 목소리를 만날 수 있기 때문이다. 따라서 본고는 재일동포 한국어 문학을 친북 성향의 문학으로 읽히는 시선을 되도록 억압하면서 ‘디아스포라 문학’, ‘디아스포라 문화’로서 그들의 삶과 목소리가 어떻게 드러나고 있는지를 검토하고자 한다.

총련계 재일동포들은 일본뿐만 아니라 우리(남한)에게도 소수자·주변인으로 묻혀져 왔다. 이제까지 우리 정부는 “재미한인의 경우는 민족성을 기준으로 삼아 미국시민권자도 한인으로 포함하는 반면 재일한인의 경우에는 국적을 기준으로 삼아 일본 국적 소지자는 한인 통계에서 제외”하여, “재미한인은 과대하게, 재일한인은 과소하게 추정”[5]하는 결과를 초래했다. 이렇게 함으로써 남한 정부는 아직도 ‘조선’적을 유지하고 있는 재일동포를 배제하고 백안시[6]해 왔다.

<‘조선籍’=북한적>이란 오해야말로 냉전적 발상에서 비롯된 것으로, 이는 반드시 청산되어야 할 편견이다. 오히려 ‘조선적’의 재일동포들이야말로 재일 디아스포라의 원점으로서, 그 동안 일본 사회에서는 ‘무국적

---

4) 위의 책, 7쪽.
5) 위의 책, 7쪽.
6) 그간 총련계 재일동포들이 간첩단 사건에 연루되어 고초를 겪었던 일이 빈번했다.

자'로, 남한에서는 '친북 집단'으로 간주되어 안팎의 불이익을 감내하면
서도 디아스포라로서의 정체성 모색을 적극적으로 실천해 왔던 집단이라
고 할 것이다. 이제 이러저런 이유와 사정으로 '한국적'으로 바꾸거나,
'일본적'을 취득하거나 하는 재일동포들이 늘어감에 따라 '조선적'을 유
지하는 사람들은 재일동포 사회 안에서도 소수자[7]가 되고 있다.

재일동포 사회도 세대교체가 이루어져 3-4세로 세대의 중심이 옮겨가
고 있으며, 일본에서 태어나고 자란 3-4세들은 식민적 역사경험을 한 선
대들과는 달리 '일본 정주'를 전제로 '재일'을 모색한다. 시대가 변하고
세대가 교체되면서 재일동포 사회도 다양한 정체성이 공존하고 있으며,
끊임없이 언어, 혈통, 교육, 국적, 거주 등에서 새로운 정체성을 모색하
고 또 그것을 인정하자는 방향으로 나아가고 있다. 그에 따라 한국어로
문학창작을 할 수 있는 언어적 역량을 지닌 작가들도 점차 줄어들고 있
으며, 더불어 한국어 문예작품을 읽을 수 있는 독자층도 점점 얇아지고
있다. 이런 변화는 재일동포 한국어 문학계의 위축으로 이어질 것이다.

<문예동> 문학부는 1990년대 들어서부터 1, 2세대 작가들의 장편소
설을 출간하고, 2000년에는 순문예지 『겨레문학』을 창간함으로써 신진
작가의 작품을 중심으로 지면을 꾸미고 있다. 기성 작가의 작업을 정리
하고 신진 작가의 창작을 적극 독려함으로써 자칫 문학적 침체로 이어
질 국면을 극복해 가고 있다. 이처럼 재일동포 한국어 문학은 소수자로
서 '자기 목소리 내기'를 매우 의지적으로, 조직적으로 실천하고 있다.
물론 이것은 일본인과 일본 사회의 온갖 차별과 시대변화에 따른 정체

7) 1997년 조사 자료에 의하면 재일동포 가운데 외국인등록자 수는 678,997명이며,
   그 가운데 '한국' 국적 표기자는 454,884명으로 이는 외국인등록자 전체의 67%이
   며, '조선' 국적 표기자는 224,113명인 것으로 알려졌다. 참고로 1950년 조사 때는
   '한국' 국적 표기자가 전체 외국인등록자 14.2%였었다: 권준희, 「'분단 내셔널리
   즘'과 '조선적' 재일조선인」, 『한일민족문제연구』3호, 한일민족문제학회, 2002, 197
   쪽 참조.

성 혼란 등에 대한 문학적 대응이다. 본고는 1990년대 들어 출간된 장편소설 『봄비』, 『지진』, 『봄바람』들8)의 서사를 분석하면서 재일 디아스포라로서의 시선과 목소리가 어떻게 표현되었는지 읽어내고자 한다.

2. '朝鮮籍'의 기원과 '조선'의 내포

본고는 문학작품 논의에 앞서 '朝鮮籍'의 역사적·정치적 기원을 검토하고, '조선'으로 표시되는 '조국'이 내포하는 의미가 무엇인지를 검토하고자 한다. 종종 '조선적'을 유지하는 하는 사람, 혹은 '재일조선인'이란 명칭은 우리에게 '북한의 해외 공민'이란 뜻으로 해석되어 왔으나, 이는 그렇게 단선적으로 이해할 수 없는 매우 중대한 진실을 품고 있기 때문이다. '조선적'과 '조선'의 내포를 정당하게 이해하지 않고는 총련계 재일동포뿐만 아니라 스스로를 '재일조선인'이라 호명하는 재일동포들을 친북인사로 바라보는 편견으로부터의 자유를 얻을 수 없다.

8) 현재까지 조사·수집한 재일동포 한국어 장편소설은 다음과 같다. 그 가운데 재일동포 민족교육운동을 형상화한 량우직의 3부작─『비바람 속에서』, 『서곡』, 『봄잔디』 등을 필자는 앞서 연구하였다.(허명숙, 「재일동포 작가 량우직의 장편소설 연구」, 『한중인문학연구』제14호, 2005. 4) 『성미』와 『조청반장』은 중편소설이어서, 「한 동포상공인에 대한 이야기」는 문학적 가치가 떨어져서 본고의 연구대상에서 제외하였다. 본고는 아래의 텍스트를 연구대상으로 삼았으며, 작품인용은 이 텍스트에 의거하며, 작품명 다음 인용면수를 적는 방식으로 그 출처를 밝힐 것이다.
    량우직, 『비바람 속에서』, 문예출판사, 1991.
    리은직, 『성미』, 재일본조선문학예술가동맹, 1992.
    량우직, 『서곡』, 문학예술종합출판사, 1995.
    김송이, 『조청반장』, 문학예술종합출판사, 1997.
    량우직, 『봄잔디』, 문학예술종합출판사, 1999
    김춘지, 『봄바람』, 문예종합출판사, 2000.
    박종상, 『봄비』, 문예종합출판사, 2001.
    리은직, 『한 동포상공인에 대한 이야기』, 문학예술출판사, 2002.
    량우직, 『지진』, 문학예술출판사, 2003.

‘조선적’과 ‘조선’의 이해는 재일동포가 ‘일제 식민지배와 민족 분단이라는 민족사가 낳은 이산민(dispora)’[9]이라는 역사적 인식에서 출발해야 한다. 재일동포는 ‘일제 식민 지배의 역사적 결과’로 자발적이든 강제에 의해서든 일본에 가게 되었고, 일본의 패전 이후 조국의 정치적 혼란과 그에 이어지는 분단으로 귀국을 포기한 사람들을 1세대로 하는 동포들이다. “정주지가 다름 아닌 구 식민종주국이며, 게다가 본국은 분단되어 있고, 그 중 북한은 정주국 일본과 수교가 단절된 상태”[10]이므로 그들은 정주국 일본에서는 여전히 식민지 백성으로서의 취급을 받아야 했으며, 남한으로부터는 반일감정과 반공주의로 인한 부당한 오해를 받아야만 했다. 다시 말해 그들의 일상적 삶은 끊임없이 남한, 북한, 일본 등 3국의 정치적 역학관계에 따른 예기치 못한 파고에 휘말려 왔으며, 본국과 정주국에 아직까지 청산되지 않은 역사적 감정의 폭력적 표출로 얼룩지곤 했다.

이러한 역사적·실존적 상황들은 다른 재외동포들이 처한 상황과는 매우 다르고, 특수하기까지 한데, 이로 인해 재일동포들은 정주국민으로서의 동화를 완강히 거부하는 정치적 무의식을 지니게 된다. 이는 특히 ‘국적’의 문제를 통해 확인할 수 있다. 정주국의 국적 취득을 거부하고, 아직까지 ‘조선’ 혹은 ‘대한민국’의 국적을 유지하고 있다는 점에서이다. 특히 ‘조선’ 국적자들은 분단 이전, 더 나아가서 식민지배 이전의 ‘조선’을 조국으로 생각하는 지향성을 지녔던 사람들이다. 통념적으로 <‘조선적’=‘북한 국적’>으로 이해하곤 하는데, 재일동포의 역사를 검토해 보면(특히 국적 문제를 둘러싼 시대적 굴곡들을 들여다보면)[11] 이

---

9) 김인덕, 『우리는 조센진이 아니다』, 서해문집, 2004, 13쪽.
10) 위의 책, 14쪽.
11) 재일동포 국적과 관련된 논의는 김인덕, 강재언, 정대성의 글을 참조하여 필자가 정리하였음.

는 실상과 상당한 거리가 있다는 것을 알게 된다.

재일동포 형성 기원인 해방 이전, 재일동포들은 일제 식민지 백성으로서 '일본'적을 강제 부여받게 된다. 해방 직후 일본은 미군연합군사령부와의 공모 하에 그들의 이익에 따라 때로는 일본인으로, 때로는 외국인(敵國民)으로 간주했다. 즉 권리를 보장해야 하는 국면에서는 '외국인'으로 취급하여 재일동포의 권리를 제한하고, 책임을 추궁하기 위한 국면에서 '일본인'으로 취급하여 형벌제도와 세무제도로써 그들을 옭죄었다. 이처럼 일본은 재일동포들에게 이중의 잣대를 적용해 그들의 권리를 제한하고 봉쇄해 왔는데, 이러한 병폐는 정도가 조금 나아졌다 뿐이지 여전히 계속되고 있다.

1947년에 재일동포들의 국적은 최초의 외국인 등록에서 일괄적으로 '조선'12)으로 표시된다. 그 당시 한반도는 좌우이념대립이 격화되었던 시기였고, 독립국가 탄생 이전이었기 때문이다. 1948년 8월에 대한민국이 성립되자 한국 정부는 외국인 등록상의 국적 표시를 '대한민국' 또는 '한국'으로 표기할 것을 일본 정부에 요구하였고, 일부 재일동포들도 그것을 희망했다. 그 당시는 한국과 일본의 수교가 이루어지지 않은 때였으므로, 희망자에 한하여 외국인 등록의 국적 표시를 '한국'으로 바꿀 수 있도록 허용되었지만, 대다수의 재일동포들은 '조선'이란 기호를 '대한민국'으로 바꿀 필요성을 못 느꼈다. 어느 경우이든 '무국적자'임에는 마찬가지이며, 그 당시 조국이 남과 북으로 분단되어 있지만 곧 통일되리라 희망하고 믿었기 때문에, 그 필요를 절실히 느끼지 못한 것이다. 통일이 되면 조국으로 돌아가든지, 통일조국의 국적으로 바꿀 요량이었

---

12) 그 당시 국적란의 선택지에는 '조선'밖에 없었다. 그 때부터 '조선'은 국가명이 아니라 조선반도 출신, 조선 민족의 일원이라는 의미, 즉 국적이 아니라 민족적 귀속을 나타내는 기호였다. 서경식, 김혜신 역, 『디아스포라 기행』, 돌베개, 2006, 21쪽 참조.

을 것이다. 그러나 1950년 한국전쟁 이후 조국의 분단체제가 굳어지게 되자, 국적을 '조선'으로 유지하느냐 '대한민국'으로 변경하느냐의 문제는 그들에게 복잡한 정서적·정치적 반응의 스펙트럼을 형성하게 된다.

1965년 6월 22일에 재일동포들의 법적 지위를 규정한 한일협정을 남한의 한국정부와 일본은 북한을 배제한 채 체결한다. 이 <한일법적지위협정>은 국제인권법 공통기준에 미달하는 반인권적 조약이었으며, 재일동포 사회 안에 또 다른 민족분열을 야기하는 원점이 되었다. 다시 말해 "양국간의 협정 부재 때문에 발생하는 자의적 차별에 마침표를 찍는 것이었다고 인식되었지만, 실제로 그 내용을 보면 역사적 책임을 청산되지 않고 불합리한 차별은 대부분 그대로였으며 민족성을 유지하는 데 필수적인 민족교육 또한 무시되었다."[13] '민족교육'은 재일동포 정체성 형성과 유지에 중추적인 역할을 담당하고 있었으며, 민족교육을 위한 민족학교의 설립·유지는 일정 정도 북한의 물적·심적 지원 아래 이루어져 왔다. 그에 반해 남한은 협정 이전에도 이후에도 민족교육에 그다지 깊은 관심을 쏟지 않았을 뿐 아니라, 더욱이 민족교육운동을 방해하는 정치 공작을 펼치기까지 하였다.

민족학교는 재일동포 후속세대들이 모국어(한국어)를 배우고 민족역사를 배울 수 있는 유일한 장으로서, 동화를 거부해 왔던 재일동포들에게 민족교육의 요구는 아주 긴요한 것이었다. 해방 직후 귀국을 염두에 두고 시작된 '국어강습소'는 귀국의 길이 차단되면서 민족학교로 발전하였고, 재일동포들은 일본 당국의 민족학교에 대한 숱한 탄압과 싸우면서 그것을 지켜냈다. 민족학교를 수호하기 위해 그들은 조직[14]을 중심으로

---

13) 김인덕, 앞의 책, 215쪽.
14) 해방 직후 자연발생적으로 성립한 조직은 <조련>이었다. 이는 일본과 한국의 정치적 격변에 따라 <민전>, <총련> 등으로 변화되어 간다. 1955년 <총련>의 출범 이후, 이승만 정권은 정치적으로 남한보다는 북한과 유대를 이루고 있

싸워왔다. 지배집단 일본의 횡포와 차별에 저항한 재일동포 운동은 민족학교를 수호하기 위한 투쟁, 생존권 투쟁, 인간 존엄권의 투쟁으로 분화되어 갔고, 그 투쟁 구심점은 언제나 '학교'와 '조직'이었다.

협정이 체결된 후, 1966년 1월부터 재일동포 '협정 영주권' 신청이 시작되었을 때, 영주권 신청이 저조하였던[15] 것으로 알려져 있는데, 이는 한일협정 혹은 남한 정부에 대한 재일동포 사회의 부정적 인식을 입증한다. 그러한 여론이 형성되는 데에는 민족교육, 예컨대 민족교육에 대한 재일동포들의 역사적 요구, 남한의 민족교육에 대한 무관심과 방해공작 등과 관련된 그들의 체험이 깊이 작용하였을 것으로 생각한다. 일본 내에서 '민족학교'와 '총련'은 불온한 반정치적 집단으로 각인되어 언제나 사찰과 탄압의 대상이 되어 왔는데, 민족교육을 무시한 한일협정을 맺은 남한 정부는 일본의 이런 정치적 음모를 묵인하고, 심지어 공모했다고 해석될 여지가 충분하기 때문이다.

70년대, 80년대가 되면서 사정은 뒤바뀐다. 북한의 실상이 알려지고 국제사회에서의 남한의 위상이 높아짐에 따라 혹은 재일동포 각자의 현실적인 필요에 따라 '조선적'을 한국 국적으로 바꾸는 사람들이 점차적으로 늘었다. 조선적을 지닌 사람들은 재일동포 가운데서도 소수자가

는 <총련>에 대칭될 만한 조직의 설립을 지원하는데, 그것이 <민단>이다. 재일동포 사회에서 처음부터 <민단>과 <총련>이 대등한 입지를 지닌 것은 아니었다. 무엇보다 교육운동을 통해 운동 역량을 확보하고 있던 <총련>이 재일동포 운동을 주도했고, 재일동포 사회의 주류를 형성했다. 이후 한일협정, 7·4 공동성명 거치고, 남북의 정치적·경제적 위상에 따라 그 관계를 역전된다. 시대와 정세의 변화에 따라 재일동포 조직은 이합집산의 변전을 겪지만 재일동포들은 일본이란 지배집단의 부당한 횡포와 싸워 나가기 위해 직·간접으로 조직과 연결되어 있다. 이 글에서 '조직'이란 용어는 구체적으로 <총련>을 말하는 경우가 대부분이지만, 시기에 따라 상황에 따라 적합지 않은 경우도 있으므로 '조직'이란 포괄적인 용어를 사용하였다.

15) 김태기, 「분단의 갈등을 넘어 통일의 민족 단체로」, 한일민족문제학회 편, 『재일조선인 그들은 누구인가』, 삼인, 2003, 42쪽.

되고 있다. "그 중에는 자각적으로 북한의 국민이고자 하는 사람들도 있지만, '본시 조선은 하나'라는 생각을 소중히 간직하려는 사람들, 재일조선인이 형성된 역사의 기록을 지키고자 하는 사람들, 자발적인 난민으로서 기꺼이 불리한 지위를 택하고자 하는 사람들, 또는 단지 기재변경을 할 기회가 없었던 사람들 중 다양한 입장이 뒤섞여 존재한다."16) 따라서 '조선적'에 표시된 '조선'이란 기표를 '북한'을 지시하는 것으로 이해하는 것은 '참'일 수 없다. 그것은 그저 '조국'을 가리키기 위한 기호, 요컨대 "식민지배와 인종차별이 강요하는 모든 부조리가 일어나서는 안 되는 곳을 의미"17)하는 '디아스포라 조국'을 소급해 내기 위한 기호인 것이다.

3. 재일동포 한국어 장편소설 서사의 특징

1990년대 들어서 1세 혹은 2세 작가들에 의해 쓰여진 중·장편소설이 다수 출간된다. 이것들은 <문예동>의 기관지『문학예술』에 연재되었던 것이 뒤늦게 단행본으로 출간되어 나온 것들도 있지만, 미발표 원고가 곧바로 책으로 묶여 출간된 것들도 있다. 「장편소설『비바람 속에서』를 출판하여」18)라는 글에는 문예지를 통해 연재된 장편소설이 단행본으로 출간되어 나오기까지의 과정이 상세히 기록되어 있다. 이 글을 통해 재일동포 한국어 장편소설의 창작과정과 출판경로를 추적해 보기로 한다.

---

16) 서경식, 앞의 책, 23쪽.
17) 위의 책, 7쪽.
18) 량우직, 「장편소설『비바람 속에서』를 출판하여」,『문학예술』100호, 1991.여름.

> 작품의 체계구성, 등장인물들의 성격묘사, 사건의 세부묘사, 언어구
사에 이르기까지 그야말로 극진하고도 세심한 방조를 받았다. 조국의
작가들의 방조를 받으면서 나는 장편소설을 반드시 써내야 하겠다는
생각과 써낼 수 있다는 자신이 났다. (중략) 본부위원장의 쾌락을 받
은 후에 중앙의 비준을 받아 1988년 초봄에 새로 쓴 작품을 들고 조
국을 방문하여 조국의 문학창작사의 도움 밑에 집중적으로 작품완성
을 위해 작업하게 되었다. 그해 가을에 다시 조국에서 집중작업을 하
였으며 다음해 봄과 가을에 네 번째로 조국을 방문하여 마지막 작업
을 완료하였다. 이젠 책이 출판되는 것만을 기다릴 뿐이었다. (중략)
관계부문 간부동지들한테서 나의 작품이 국가심의위원회에서 통과되
여 장편소설로서 출판하게 된다는 전달을 받고 나는 정말 도리어 부
끄러워 몸둘바를 몰랐다.[19]

위 인용문을 통해 작가는 작품의 개작에서 출간되기까지 북한의 작가
동맹과 긴밀하게 소통 관계에 놓여 있으며, 뿐만 아니라 총련계 문학작
품이 인쇄되어 일본으로 보급되기까지 북한의 '국가심의위원회를 통과'
해야 한다는 사실을 알 수 있다. 이러한 사실은 작가와 작품에 따라 정
도의 차이는 있을지언정 총련계 재일동포 문학작품이 출간되어 나오기
까지의 일반적인 과정으로 환원하여 이해해도 무방하다고 본다.

재일동포 사회에서 해방 직후 각종 문예활동에 나선 이들은 "일본에
살 수밖에 없었던 재일동포 1세대 무명의 젊은이들이었다." 이들은 "일
본 사회에서부터 최저변 상태에 놓여" 있었으므로 "문필만으로 생계를
유지하는 것은 거의 불가능한 일이었다." 일본이란 타국에서 일본어도
아닌 한국어로 창작을 한다는 것은 "요컨대 상업문예지, 불특정 다수의
독자, 문학의 국가적 보호" 등에서 "애초부터 결정적으로 결여"[20]된 것

---

19) 위의 글, 90~91쪽.
20) 송혜원, 「재일조선인문학의 조선어 창작활동의 변천」, 『재일 조선인 조선어문학
　　 의 현황과 과제』, 와세다대학 조선문화연구회 발표문, 2004.12.11, 3쪽.

이었다. 이런 여건에서 가장 심한 제약을 받는 것은 아무래도 소설문학
일 것이다. "국문소설을 쓰는 작가란 광복 후 통틀어 놓고 보아도 얼마
안 되며 직업적인 작가라고 할 수 있는 사람, 말하자면 국문소설을 써
서 생활을 유지하고 있는 작가란 한 사람도 없다."21) 이런 사정들을 감
안해 본다면 2편의 중편소설22)과 7편의 장편소설이란 문학적 결실은
양적으로만 측량될 수 없는 무게를 지닌다고 하겠다.

1) '학교-중심' 세우기의 서사—박종상의 『봄비』

　박종상은 장편소설 『봄비』 출간 이전에 단편집 『원앙유정』23)을 냈으
며, 최근까지 『김선생』24)이란 장편소설을 연재하기도 하였다. 『봄비』는
2001년에 출판되기에 훨씬 앞서 1979년 『문학예술』 68호-70호를 통해
연재되었던 작품이다.25) 『봄비』는 재일 1세대의 민족교육운동을 형상화
한 량우직의 삼부작들과 내용상 같은 계열에 속하는데, 특히 그 가운데
서도 『서곡』과는 시간적 배경이 겹친다. 『봄비』는 <민단>계 간부(김만
수)를 모든 사건의 배후로 설정하고 있는데, 그 결과 사건은 재일동포와
일본의 싸움이라기보다는, 재일동포와 민단과의 싸움처럼 읽혀진다.
　『봄비』는 총련이 결성된 1955년 섣달에서 시작한다. 이 작품에서 배
경으로 삼고 있는 '가와하라'와 '마쯔바라'에는 태평양 전쟁 말기에 조
선에서 징용된 동포들과 동척과 결탁한 식민회사 다모기비료회사에 땅

---

21) 강태성, 「재일 조선인 조선어 소설문학」, 『재일 조선인 조선어문학의 현황과 과
　　제』, 와세다대학 조선문화연구회 발표문, 2004.12.11, 1쪽.
22) 리은직의 『성미』와 김송이의 『조청반장』은 중편소설이다.
23) 박종상, 『원앙유정』, 문예출판사, 1989.
24) 「김선생」은 『겨레문학』3호(2001.봄)부터 7호(2002.8)까지 5회분이 연재되다 중단되
　　었다. 『겨레문학』이 문예동의 사정으로 휴간 상태이기 때문이다.
25) 『문학예술』에 연재되었던 작품과 단행본으로 출간된 작품은 세부적인 디테일에
　　있어서 가필이 되었으나 크게 달라진 점은 없다고 하겠다.

을 빼앗기고 그 공장의 모집에 끌려온 농민들이 주로 살고 있다. 해방된 지 10년이 지났건만 재일동포들은 변변한 직업 없이 여전히 밑바닥 인생을 면하지 못하고 있다. 이 작품의 5장 서두에 나타나는 공간묘사(봄비: 43-45)는 채만식의 『탁류』의 첫 장면에 버금갈 만한 명장면으로 디아스포라의 시선에 포착된 일본 근대화의 허상을 아주 적실하게 묘파하고 있다. 일본이란 근대사회 전체 지형도를 그려나가면서 그 지배집단·다수자 사회에서 재일동포-소수자가 어떻게 존재하는가를 매우 상징적으로 담아냄으로써 일본이란 절대타자와의 직접적인 갈등을 그리지 않으면서도 갈등의 국면마다 일본이란 절대 타자를 환기하는 효과를 거둔다. 따라서 이 작품은 일본인 혹은 일본 당국과의 직접적인 투쟁과 갈등을 그리지 않으면서도 항일 감정과 항일의식을 고취하게 된다.

효고현의 서북에서 시작하여 남쪽 기슭으로 반슈평야가 끝없이 펼쳐져 있다. 일본에서도 이름난 곡창지대인 이 검은 들을 가로 질러 철도와 국도가 동서로 가로질러 있다. 이 반슈평야의 해변 쪽에는 일철주식회사 히로하따공장, 하리마조선소, 고베제강소 다까사고공장, 다구마기관, 가네가부찌방직회사 다까사고공장, 니혼게오리 가꼬가와공장… 같은 대공장들이 "우주에서 내려 온 무슨 괴물처럼 밤낮없이 요란한 굉음을 울리며 섬광을 번쩍거리"고 있다. 철도와 국도를 따라 늘어선 대공장의 변두리마다 재일동포들이 모여 사는 부락들이 흩어져 있다. 이들이 모여 사는 함바는 흡사 "거지움막" 같고, 조선인 부락은 "반슈평야에 생긴 옴부스레기 같이 험상궂게 보인다." "이 드넓은 곡창지대 한가운데서도 콩깨묵죽도 제대로 얻어먹지 못하고 굶주리며 피땀을 흘리며 우마와 같이 혹사당하였었다. 이 땅이 기름진 것도 악착스레 짜낸 조선사람들의 피땀이 스민 것"이기 때문이다. 그래서 검은 논밭을 가로 지르는 국도와 철도는 "두 마리의 거대한 구렝이처럼" 흉물스럽기만 하다. 그들을 이곳을 실어와 괴물 같은 공장들에서 죽음의 고역에 시달리게 했기 때문이다.

"철길과 도로가 서로 영 관계없이 달리고 있는 것 같더니 서쪽으로 향하면서 사이가 점점 좁아져 교차"한다. 그 지점에 역이 있고, 역사의 주변은 "판자와 함석으로 간단히 지은 집들이 게딱지처럼 다닥다닥 붙어"서 있는 상점가이다. 이 상점가의 한 쪽 끝에는 "아사가오도오리(나팔꽃거리)"라는 환락가가 있다. 이 골목에 서면 "서 있기가 무서울 정도로 추하고 역한 자극성의 악취가 코를 찌른다." 이 추하고 초라한 골목은 밤이 되면 "도깨비불 같은 네온등"이 커지고 "이상야릇한 아름다움"으로 둔갑한다. 이 환락가는 "이 넓은 반슈평야라는 사막에 있는 안식처요, 오아시스인 것이다." 문명의 상징인 철도와 도로는 어디로 치닫는 줄도 모르고 곡창지대의 검은 들을 가로 지른다. 아이러니컬하게도 질주하던 문명이 교차하는 지점에 문명의 그늘이 드리워져 있다. "서 있기가 무서울 정도로 추하고 역한 자극성의 악취"를 풍기는 음지, 이 악취 나는 곳은 안식의 장소라기보다는 '퇴폐'의 장소이다. '사막' 같은 황폐함을 피해 더 악취 나는 곳으로 기어들어 구한 안식이므로, 정화되기는커녕 더 황폐하고 추악해지기 때문이다.

재일동포들은 이런 제국주의적 문명의 희생자이며, 문명의 바깥에 존재하는 주변인이므로 그들은 질주와 퇴폐를 표상하는 공간을 "빠져 나"가 "자동차 한 대가 겨우 다닐 수 있을만한 길"을 따라 갔을 때 도달하는 변두리 공간에 "질서없이 올망졸망" 모여 있다. "어느 집을 보아도 세월과 세파에 시달려 뽀얗게 먼지를 덮어 쓰고 지친 듯한 자태로 서있다." 그리고 이 부락의 중심에는 '가와하라조선초급학교'가 있다. 이 학교도 초라하기 그지없다. 일본아이들은 이 학교를 "따라지 학교", "거러지학교", "바람 불면 날아 간다"라고 말한다. "듬성듬성한 나무울타리"

와 "검무칙칙한 판자"로 된 학교이지만, 재일동포들에게 '학교'는 부락과 그들의 공동체의 중심이다. 그러므로 학교를 무시하는 일본인의 언행은 참을 수 없다.

『봄비』는 '일본인의 멸시'라는 다수자의 시선을 겨냥한 싸움을 벌인다. 이 작품에서 조선인이 일본인의 멸시를 받지 않는 길은 학교를 '중심'답게 우뚝하게 세우는 일이다. 하나는 학교 교사를 새로 짓는 일이며, 또 하나는 일본학교에 다니는 아이들을 조선학교로 데려오는 일이다. 주인공 김춘석은 여러 어려움이 따르더라도 이 두 사업을 동시에 추진해야 한다고 주장하고 실천한다. 일본학교에서 받았던 온갖 천대와 멸시의 심리적 상처 때문에 비행을 저지르는 아이들을 보아 왔기 때문이다. 영옥이의 폭력이 그랬으며, 승남이의 도둑질이 그랬다. 그 애들은 춘석의 따뜻한 보살핌과 가르침을 받으면서 점점 본성을 찾아 갔다. "이 세상에 기아와 빈궁이 없어지지 않는 이상, 차별과 불평등이 있는 이상 순진한 아이들이 바로 자라나지 못하고 삐뚤어지는 아이들이 생겨나는 것은 필연적인 것이다. 그렇기 때문에 교육이 필요"(봄비: 69)하다고 생각한다. 그가 생활의 어려움을 감수하면서도 교육자의 사명에 헌신하는 이유는 어린 세대들이 비뚤어지지 않게 '중심'을 형성해 주는 일을 민족교육이 담당한다고 믿기 때문이다.

앞서 지적한 바와 같이 『봄비』의 갈등은 주로 재일동포 내부의 갈등에 그 초점이 맞춰져 있는데, 이것은 다시 교원들 간의 갈등과 총련계 재일동포와 민단 간부와의 갈등으로 나누어 볼 수 있다. 주로 전자는 김춘석과 다른 교원들 간의 노선 차이 때문에 생기는 갈등이며, 후자는 조직 활동에 대한 김만수의 방해공작을 둘러싼 싸움이다. 작품의 대부분은 전자에 해당하는 기회주의자 구자룡 교장, 합리주의자 은상섭 교원, 소시민적인 강정구 들과 김춘석과의 의견 차이, 노선 차이를 부각시키는 서술이 주를 이룬다. 그런데 후자의 갈등과 관련된 싸움에서 승패가 결정적으로 드러나게 되는 국면에 이르러 구자룡, 은상섭, 강정구 들은 스스로 자신의 한계 내지는 문제점에 대한 자각에 이름으로써 다채롭게 경합을 벌이던 인물들의 목소리가 갑자기 하나의 목소리(김춘석과 같은 목소리)를 내게 된다. 결국 '천불이'라는 별명으로 호칭되던 민단 간부 김만수의 악행이 폭로되고 그가 추방되면서 모든 갈등적 요소들은 일제히 서사의 맥락에서 자취를 감춘다.

김만수는 "고향땅에서 유부녀를 강탈하여 죽이고 달아난 일부터 일제 시기 이른바 '상애회' 간부로", 학교와 조직에 대한 방해공작(돼지 독살, 학교 방화)등은 그가 "일제의 주구가 되어 저지른 죄행"으로 폭로된다. 또한 김만수는 광복 후 "일본 깡패놈들과 짜고서 (조선인들이) 고향에도 돌아가지 못하게 하고 공사장 함바들에서 고역에 시달리는 동포들의 등쌀을 뜯어 먹고 피를 빨아 먹은 악독한 행위"를 일삼았던 너절한 인간이라는 사실도 드러난다. 김만수와의 갈등은 그의 저질적 악행과 부도덕성으로 말미암아 서사의 결말에 가서 그만 긴장감을 잃고 만다.

모두가 경제적, 생활적으로 어려운 상황이지만 민족학교를 새로 건립하고, 민족교육을 실천하는 일은 총련계 재일동포 사회에서 예부터 지금까지 변함없는 당위명제이다. "학교는 우리 후대들을 사회주의 조국의 아들딸로, 올바른 총련 애국사업의 계승자로 키우는 교육기관일 뿐만 아니라 지역에서 민족문화를 선전보급하며 동포들이 단결하는 거점"이므로 "학교가 있는 데서는 동포들의 단결이 강화되었고 학교가 없는 데서는 동포들은 뿔뿔이 흩어졌다."(봄비: 114)라는 서술을 통해 알 수 있듯이 『봄비』의 서사는 이 명제를 훼손하지 않기 위해 복잡한 갈등과 다양한 목소리를 지워나가는 방향을 택하고 있는 것이다.

2) 학교 재건의 기록-량우직의 『지진』

2003년에 발표된 량우직의 『지진』은 1995년에 있었던 '한신아와지대
진재'(한신고베지역 대지진)로 인해 파괴된 학교의 신축과정을 사실적으
로 기록한 작품이다. 이 작품은 상공인 주인공을 중심으로 이야기를 풀
어나가고 있는데, 이 점은 교원이 서사의 주체로 등장하는, 량우직의 다
른 장편들과, 다른 재일동포 한국어 장편소설과 비교해서도 매우 이채
롭다 하겠다. 상공인은 재일동포 한국어 소설의 '학교 세우기' 서사에서
주로 설득의 대상으로 설정되어 있는데, 이 작품은 설득의 주체로 설정
되어 있다는 점에서 그러하다.

학교건설사업은 상공인들이 얼마나 적극적으로 협조하느냐에 실현 가
능성이 좌우될 만큼 그들에게 많은 부분을 의존한다. 그렇기 때문에 '학
교 세우기' 서사는 일본의 부당한 조치에 맞서 싸우는 이야기와 상공인
의 협조를 이끌어 내기까지의 이야기라는 두 가닥의 서사가 엮이는 양
상으로 나타난다. 일본과 맞서 학교를 지켜내는 이야기는 사실을 바탕
으로 할 수밖에 없으므로 허구적 상상력이 활성화되기 어렵다. 반면 학
교사업에 소극적이던 상공인이 거액의 건설기금을 헌납하기까지의 과정
의 묘사는 재일동포 한국어 장편소설에서 가장 커다란 비중을 차지하며
핍진성이 살아나는 대목이기도 하다.

『지진』의 주인공 안승구는 지진이 있은 날 새벽 학교로 향한다. 그
의 아버지가 광복 후 동포들과 앞장서서 모든 것을 바쳐 세운 학교이
다. 학교는 완전히 부서지지는 않았지만 심하게 파손되었다. 상공인들은
지진 피해로 모두가 힘든 상황에서 학교 신축은 경제적 무리가 따를 것
이라며 보수하자고 하고, 학부모들은 철골이 비틀리고 콘크리트에 금이
간 상태인 교사를 보수한다 해도 그 안전을 보장할 수 없으니 신축해야

한다며 의견이 엇갈렸으나 결론은 신축 쪽으로 내려진다. 학생의 안전
도 안전이지만 무엇보다 21년 동안 끌어왔던 학교의 비행기 소음문제를
이참에 해결하기 위해서이다. 그 동안 학교의 비행기 소음문제 해결을
위해 항공사와 일본정부에 여러 차례 진정을 했으나 조선학교는 문부성
이 정한 '1조교'가 아니라는 이유는 무시해 왔었다. 그런데 새 교사를
짓게 되면 문부성의 규정에 맞는 학교가 아니더라도 비행기 소음 문제
를 해결하겠다는 확답을 받았기 때문이다.

학교 건축위원회 위원장의 적임자로 안승구만한 사람도 없다. 그런데
안승구는 자신의 현재 형편상을 그 일을 책임질 수 없어서 고민한다.
그는 일본의 경기가 좋을 때 주택건설업으로 많은 돈을 벌었지만 일본
경제의 거품이 빠지면서 수억의 빚을 떠안게 되었다. 앞으로 수십 년
동안 빚을 갚아야 할 형편에 처해 있다. 작품의 전반부의 서사는 주로
안승구가 위원장 일을 맡느냐의 문제를 두고 벌이는 내적 갈등의 선을
따라가고 있다. 그런데 그의 가족성원 모두는 그가 당연히 그 책임을
맡아야 한다고 그를 설득한다. 그리고 안승구가 학교신축사업을 해낼
수 있도록 적극 도와 나서겠다고 한다. 결국 안승구는 가족들의 뜻을
받아들여 학교재건사업을 맡기로 결심한다.

학교재건을 위한 건축기금 조성과 관련하여서는 기업가 천동수의 협
조가 최대 관건인데, 그는 총련의 회비만 내는 정도였을 뿐 조직일을
방관해 왔다. 뿐만 아니라 일본학교를 나왔고, 일본인과 결혼하였고, 총
련을 비방 중상하는 '공생회'의 책임자와 가깝게 지내는 등, 점점 민족
정체성으로부터 멀어지고 있다. 때문에 그의 가정의 파탄 직전에 놓여
있다. 따로 살고 있는 노모를 일본인 며느리는 찾아가 보지도 않으며,
일본학교에 다니는 아들은 학교에 적응하지 못해 폭주족이 되었다. 이
작품에서 천동수의 가정은 민족 정체성을 확고하게 지키고 있는 안승구

의 가정과 두드러지게 대비된다. 안승구의 가정은 어려운 일이 닥치면 각자 조금씩 양보하고 희생하며 서로 돕고 의지한다. 끈끈한 가족적 유대와 가족애가 살아 있다. 반면 천동수의 가정은 서로가 무슨 일을 하는지도 무슨 고민을 하는지도 모른다.

> "그래 당신의 아들이 폭주족 놈들에게 칼을 맞아 사경에 처했을 때, 경찰과 깡패들의 무지한 위협을 조직이 구원한 것도 그래 개인 문제로 그렇게 했다고 생각하오?… 그건 당신과 일남이가 조선동포이고 우리 민족의 한 성원이기 때문이었소. 난 당신이 아주 위험한 민족배반의 구렁텅이에 빠질가 보아서, 그걸 막기 위해서 선의로 묻는 거요!…"(지진: 186)

이 작품의 결말에서 천동수는 자신의 지향이 잘못되었음을 크게 깨닫고 거액의 건축기금을 헌납하고 조직일에 적극적으로 나서겠다는 다짐을 보인다. 천동수의 심경 변화는 '공생회' 추영삼과의 결별을 계기로 이루어진다. 추영삼은 '총련조직과 완전히 결별하는 경우 일본당국은 천동수의 기업활동에 온갖 특혜를 베풀 것'(지진: 268)이라고 유혹한다. 그때 천동수는 추영삼에게 "나는 조선사람으로 평생 살고 싶소! 나는 우리 동포들을 위해 무엇인가 좋은 일을 하는 체하며 돌아다닌 당신에게 그동안 속히웠던 것을 수치스럽게 생각하고 있고. 그건 나의 과오였소. 눈이 멀었었단 말이요! 이제 더는 당신과 상종하지 않겠소."(지진: 269)라고 명확하게 밝힌다. 재일동포는 개인으로서가 아니라 민족으로서 존재한다는 안승구의 충고가 천동수를 크게 깨우친 것이다.

『지진』은 특히 학교를 세우고 그런 가운데서 민족 정체성을 확고히 다지는 '학교 세우기' 서사라는 점 외에도, '디아스포라 삶의 기록'이란 차원에서도 주목할 만하다. 요컨대 '학교 재건 보고서', '재난 복구 보고서'로 삼아도 좋을 만큼, 지진 피해 현황, 지진 피해 복구를 돕기 위한 각 지부로부터의 구호물자 내역, 학교 건축을 준비하는 전 과정, 학교 건축에 소요되는 예산 규모, 학교 건축기금 모금방법, 각 기구와 분회별 건축기금 할당금액 규모 등등에 대한 구체적 정보와 수치들을 기록하고 있다. 이러한 부분의 서술들이 과잉으로 인하여 이 작품은 허구에서 멀어져 역사로 근접하고 있다는 인상을 준다. 소설적 가치보다는 사실을 보유하고 기록한 자료로서의 가치가 더 인정되는 작품이다.

리은직의 『한 동포상공인에 대한 이야기』[26]도 자료적 성격을 띠는 서술의 빈도와 비중이 아주 높게 나타나고 있는 작품이다. 때문에 소설적 재미와 문학성을 잃고 있다. 이러한 서술의 특성은 재일동포 한국어 장편소설에서 정도의 차이만 다를 뿐 공통적으로 발견된다. 이러한 특징은 재일동포 소설을 허구적 상상력으로 지어낸 이야기로서보다는 현실을 충실히 담아내는 도구로 이해하려는 문학적 규범과 관련지을 수 있으며, 사회주의적 사실주의적 창작방법론을 적극적으로 수용[27]한 결과로도 해석할 수 있을 것이다.

3) '본명 찾기'의 서사—김춘지 『봄바람』

김춘지[28]의 『봄바람』은 재일동포 3세-4세의 정체성 탐색을 보여준

---

26) 실존인물을 모델로 한 소설로 그의 일대기를 그린 리은직의 『한 동포상공인에 대한 이야기』도 이러한 경향으로 기울어진 작품이다. 이 작품은 1980년대에 쓰여져 2002년에 출간된 작품이다. 조봉우라는 동포 상공인이 살길을 찾아 10대에 밀선을 타고 일본으로 오게 된 경위부터 온갖 직업과 장사를 거쳐 존경받는 성공한 상공인으로서 살다간 일대기를 단선적 스토리 라인을 따라 전개된다.
27) 백로라, 「김지석 희곡에 나타난 재일동포의 정체성」, 『한중인문학연구』제15호, 2005.8, 423쪽.
28) 김춘지는 1942년 부모를 따라 일본에 건너와 1960년 3월 오사까조선고급학교 졸업하고, 1960년 4월부터 민족학교의 교원으로서 봉사한다. 교육사업에 바친 그의 공로가 인정되어 북한 정부로부터 '공훈교원칭호'를 받는다. 1984년 전국군중

수작이다. 지나간 시대를 배경으로 삼고 있는 다른 장편소설과 달리 이 작품은 동시대의 소설이란 점에서 그 의의를 우선 인정해야 할 것이다. 지난 시대를 배경으로 한 1-2세의 서사와 달리 3-4세가 서사의 주체의 주축이 되는 동시대의 서사는 통명(일본명, 일본식 이름)을 버리고 본명(민족명, 한국식 이름)을 밝히는 과정을 그린, '이름 찾기 서사'로 나타난다. 이름의 문제는 "언어와 함께 재일 한국인 개인은 물론 가족, 친족, 민족, 국가 등의 아이덴티티의 중심을 차지하며 또한 골격을 이룬다."[29) 통명 사용을 암묵리에 강요당하는 요인은 차별과 강제에 의해서든, 자발적으로든 일본인들의 한국인에 대한 차별적 인식과 직접적으로 연결된다. 그러므로 '이름 찾기'는 단지 일본식 이름을 버리고 한국식 이름을 택하는 선택의 문제에 머물지 않는다. 이름을 말하는 데 머뭇거리게 하고 숨기게 하는 온갖 식민주의적 관계를 통찰하고 그에 대응하는 문제까지를 포함한다. 이 작품에 앞서 출간된 김송이의 『조청반장』도 이와 같은 계열의 작품이긴 하지만, 서사의 볼륨이나 짜임새의 면에서 『봄바람』은 훨씬 돋보인다.

『봄바람』의 주인공 박애실은 재일동포라는 근원을 숨기고 생활한다. 그녀는 조선인이라는 사실로 인해 뼈아픈 상처를 안고 있다. 고등학교 시절 사귀었던 일본 남자의 어머니로부터 조선인이라는 사실만으로 모욕을 당한다. 그 어머니는 "조선 여자와 교제한다는 것이 알려지면 그 애의 흠이 될 뿐 아니라 우리 가문의 수치"(봄바람: 7)라고 모욕한 후에 협박까지 한다. 그 일을 겪은 후 애실은 '조선인은 결코 일본인에게 멸

문학작품현상모집에서 2등에 당선된 단편소설 「아들」을 비롯하여 여러 편의 우수한 단편소설들을 창작 발표하였으며, 장편소설 『봄바람』을 창작하여 전국군중 문학작품현상모집에서 3등의 영예를 얻는다. 그는 1993년 병으로 세상을 떠났으며, 『봄바람』은 사후에 출간되었다.
29) 허점숙·황진걸, 「재일 한국인의 성명사용을 통해서 본 민족적 아이덴티티의 행방」, 『일본어문학』제22집, 일본어문학회, 2003.9, 458쪽.

시당할 열등한 존재가 아니다'라는 것을 증명해 보이기라도 하듯이 학업
에 전념하여 간호사가 된다. 그런데 취업의 문턱에서 다시 일본사회라는
벽에 부딪히게 된다. 심지어 어느 병원의 인사과장은 조선인이 인사지원
을 했다는 사실 자체를 문제 삼아 그녀에게 폭력을 행사하기도 한다. 이
런 저런 상처를 받으면서 애실은 민족차별의 압박감을 더 이상은 참을
수가 없어 조선인이라는 것을 숨기고 일본사람 행세를 하기로 한다.

　그녀는 일본이름을 쓰기로 약속을 하고 직장도 구했고, '사이또 아이
꼬'라는 이름으로 '우에다'라는 일본 남성과도 교제중이다. 그녀뿐만 아
니라 그녀의 가족도 조선인인 것을 숨기고 살고 있다. 그녀의 아버지는
히로시마 원폭 후유증으로 젊은 나이에 죽으면서 아들이 의사가 되길
바란다는 유언을 남겼다. 애실의 동생 덕수는 아버지의 유언대로 의사
가 될 꿈을 품고 의대 입학을 바라고 있다. 그래서 입시에 유리한 일본
학교에 진학했고, 일본이름으로 학교생활을 하고 있다. 그런데 조선인이
라는 것이 폭로되어 모욕당한 이후부터 학교를 멀리하고 폭주족들과 어
울려 다니며 불량배가 된다.

　이 작품에서 1세대의 전형으로 그려지는 애실의 할아버지 박병섭은
그런 손자, 손녀들이 못마땅하고 그것을 묵인하는 며느리도 못마땅하다.
그는 덕수의 진학문제를 놓고 손녀딸과 크게 말다툼을 한 뒤 딸집으로
거처를 옮겨 따로 살고 있다. 애실의 혼사문제를 의논하기 위해 손녀를
만나러 오지만 매번 애실의 마음을 돌리지 못하고 마음만 상하여 돌아
가곤 한다. 애실은 작품 속에서 할아버지와 가장 크게 부딪치지만 결국
할아버지의 과거를 알게 되면서 크게 뉘우치고 할아버지의 생각이 옳다
는 것을 깨닫게 된다.

　박병섭은 히로시마 원폭으로 아내와 아들과 딸을 잃었다. 그가 반평
생을 바쳐 키운 아들과 딸(애실의 아버지와 고모)은 사실상 친구 박상훈

의 아들과 딸이다. 이 작품에서 '같은 동포를 친혈육처럼 키워낸 동포 1세의 사랑과 정성'이란 함축을 지니는 박병섭의 헌신적인 사랑은 여러 인물들의 마음을 크게 움직인다.

애실은 할아버지의 과거를 들으면서 할아버지의 위대성을 알아 간다. 그것은 '민족'이란 거시적인 안목으로 자신의 삶과 세상을 살아낸 위대함이다. 이제 '할아버지 같이' 세상을 바라보기로 한다. 그 결과 세상을 바로 보게 된다. 문제가 무엇인지, 잘못이 무엇인지 확연하게 분별할 수 있게 된다.

김기택은 애실의 내적 변화가 행동으로 이어지도록 계속 자극하고 용기를 주는 이 작품의 또 다른 주인공이다. 김기택을 주축으로 이 작품의 서사를 정리하면 『봄바람』은 여타의 다른 장편과 같이 '학교 세우기 서사'로 이해되는 선에서 머물렀을 것이다. 그는 재일동포 한국어 장편소설에서 주인공의 전형에 완벽하게 일치한다. 확고한 민족 정체성을 지니고 있으며, 민족교육사업에 일생을 투신한 교원이며, 가족들도 조직의 사업을 열성적으로 하는 총련의 일꾼이며, 자신의 판단을 굳게 믿고 어떤 경우에도 방황하지 않는. 기택을 주축으로 하는 '학교 세우기 서사'는 일본학교에 다니는 조선학생을 조선학교로 데려오는 사업을 중심으로 펼쳐지는데, 덕수는 바로 그 서사의 대상으로 그려지고 있다. 우등생이 폭주족으로, 어머니의 지갑을 터는 비행청소년으로 전락한 덕수는 기택의 도움으로 되살아난다.

『봄바람』은 덕수의 '학교 세우기 서사'에서 한 걸음 더 나아가, 덕수와 애실의 서사가 서로 만나면서 '이름 찾기 서사'라는 방향으로 차원을 높인다. 할아버지와 기택의 도움으로 세상과 자신을 바로 인식하게 된 애실은 직장 동료와 우에다에게 자신의 본명을 말한다. 그 결과는 애실은 일본 사회에서 뿌리 뽑히지 않은 식민주의적 잔재를 재확인한다. 우에다의 적극적인 구혼에도 불구하고 그를 거절하고 기택을 택한 이유는 우에다는 허위고 기택은 진실이기 때문이며, 우에다는 비틀린 현실이고 기택은 반듯한 이상이기 때문이다.

> 애실은 큰 숨을 한번 쉬고 나서 할아버지의 이름 밑에 박애실이라고 또박또박 정성담아 써넣었다. 이상스레 가슴벅차 올랐다. 장참 써오던 <사이도 아이꼬>라는 일본식 통명 대신 할아버지가 지어준 <박애실>이라는 조선이름을 처음 써넣었지만 그것으로 조선사람이 다 된 듯 싶었고 조국 통일성업에도 뭔가 보탬을 한 것 같았다.(봄바람: 376)

임수경의 석방 요구 서명서에 '박애실'이란 이름으로 서명함으로써 애실은 자신의 '이름 찾기'를 완성한다. '학교 세우기 서사'에는 일본은 싸우고 맞서야 하는 敵으로서의 타자라는 뿌리깊은 민족감정이 깔려 있다. 그러나 '이름 찾기 서사'는 일본에 대한 냉정한 인식에서 출발한다. 일본은 재일 디아스포라에게 그들이 살아가야 할 환경이며, 외부세계로서의 타자이다. 서사의 주체가 타자를 적으로 인식할 때에 서사는 싸우고 이기는 방향으로 나아간다. 그러나 타자를 환경으로 인식할 때에는 타자의 본질을 파악하고, 그에 따라 동화하거나, 공존하거나, 투쟁하거나 하는 등의 고민의 흔적을 서사가 따라가게 된다. 김춘지의 『봄바람』은 1-2세대의 이야기인 '학교 세우기 서사'와는 확연히 구별되는 지점은 바로 그 곳이다. 고민하고 갈등하고 실수하고 괴로워하는 인물의 감정선을 그대로 노출하면서 그것을 따라 서사가 진행된다는 데서이다. 이러한 성취는 비단 작품의 설정, 즉 동시대를 시대적 배경으로 하고 주인공을 3-4세로 잡았기 때문에 얻어진 결과는 아니라고 생각한다. 과거 속에서 현재를 축조해 낼 줄 아는 작가의 정확한 역사의식이 뒷받침 되지 않고서는 불가능한 일이며, 뛰어난 작가 혼자의 작업으로는 불가능한, 축적된 문학적 토대 위에서 이루어질 수 있는 일이라고 생각한다.

4. 맺음말

본고는 재일동포 한국어 장편소설을 친북한 문학으로 해석하는 편견을 극복하기 위해 디아스포라의 말과 생각과 삶을 담고 있는 '디아스포라의 문학'으로서 그것을 이해하는 관점에서 논의를 진행하였다. 문학적 논의에 앞서 '朝鮮籍'의 기원과 '조선'의 내포를 검토한 것도 그런 이유에서였다.

'조선적'에 대한 해석은 역사학·사회학·법학 등의 제 분야에서 이루어진 재일동포 선행 연구를 통해 지속적으로 이루어져 왔다. 본고는 선행 연구들의 행간을 읽어내는 작업을 통해 그에 접근해 본 결과 '조선적'에서 '조선'은 '식민지 지배와 인종차별이 강요하는 모든 부조리가 일어나서는 안 되는 곳으로서의 조국'이란 함축을 지닌다고 보았다.

1990년대 들어 출간된 재일동포 한국어 장편소설의 서사를 검토한 결과 그것들은 '학교 세우기' 서사와 '본명 찾기' 서사로 크게 분류되는데, 그 가운데 '학교 세우기' 서사가 압도적인 주류를 형성한다.

량우직의 『비바람 속에서』, 『서곡』, 『봄잔디』는 재일동포운동사에 길이 빛날 민족교육운동을 사실적으로 재현하였고, 박종상의 『봄비』는 학교를 재일동포의 사회의 구심점으로 묘사하고 있으며, 량우직의 『지진』은 노후한 학교의 재건과정을 상세히 기록하고 있다. 이상의 작품들은 '학교 세우기' 서사에 해당한다. 김춘지의 『봄바람』은 '본명 찾기' 서사로서 다른 장편소설들과 여러 가지 면에서 구별되면서도 단연 돋보이는 작품이다. 동시대를 배경으로 삼고 있으며, 이야기의 중심을 1-2세대에서 3-4세로 설정했으며, '학교 세우기' 서사라는 재일동포 한국어 장편소설의 일관된 특색을 포함하면서도 '이름 찾기' 서사로 발전해 갔다는 점에서이다.

재일동포 한국어 장편소설은 디아스포라의 말과 삶의 구체적인 기록으로서의 가치가 충분하다. 다양한 재일동포 정체성이 모색되고 현존하는 현재에도 재일동포 한국어 소설은 '조선인'으로서의 강한 자의식을 가져야 한다고 말한다. 재일동포 일본어 문학이 아나키즘적 탈중심화의 길을 걸어 왔다면 재일동포 한국어 문학은 민족주의적 중심화의 길을 꿋꿋이 견지해 왔다고 할 수 있다. 그 확고한 민족 정체성도 재일 디아스포라의 한 부분으로 이해하고 그것의 의의를 인정해야 할 것이다.

참고문헌

1. 기본자료

김춘지,『봄바람』, 문예종합출판사, 2000.
박종상,『봄비』, 문예종합출판사, 2001.
량우직,『지진』, 문학예술출판사, 2003.

2. 단행본

김인덕,『우리는 조센진이 아니다』, 서해문집, 2004.
윤인진,『코리안 디아스포라』, 고려대학교 출판부, 2004.
강상중, 임성모 역,『내셔널리즘』, 이산, 2004.
강재언·김동훈, 하우봉·홍성덕 역,『재일 한국·조선인—역사와 전망』, 소화, 1995.
서경식, 김혜신 역,『디아스포라 기행』, 돌베개, 2006.
윤건차, 이지원 역,『한일 근대사상의 교착』, 문화과학사, 2003.
小森陽一 외, 코모리 요우이치 외, 이규수 역,『내셔널 이스토리를 넘어서』, 삼인, 2005.
Harman, Chris, 크리스 하먼, 배일룡 역,『민족문제의 재등장』, 책갈피, 2001.

3. 논문

강태성,「재일조선인 소설문학」,『재일 조선인 조선어문학의 현황과 과제』, 와세다 대학 조선문화연구회 발표문, 2004. 12. 11.
권준희,「'분단 내셔널리즘'과 '조선적' 재일조선인」,『한일민족문제연구』3호, 한일 민족문제학회, 2002.
김관웅,「북한 주체문학시기 수령형상문학의 근대성」,『비평문학』제20호, 한국비평 문학회, 2005. 5.
김종회,「재외 동포문학의 어제·오늘·내일」,『어문논총』제32권, 한국어문교육연 구회, 2004. 12.

김태기, 「분단의 갈등을 넘어 통일의 민족 단체로」, 한일민족문제학회 편, 『재일조
　　　선인 그들은 누구인가』, 삼인, 2003.

량우직, 「장편소설 『비바람 속에서』를 출판하여」, 『문학예술』100호, 1991.여름.

백로라, 「김지석 희곡에 나타난 재일동포의 정체성」, 『한중인문학연구』제15호, 2005.8.

송혜원, 「재일조선인문학의 조선어 창작활동의 변천(1945~1970)」, 『재일 조선인 조
　　　선어문학의 현황과 과제』, 와세다대학 조선문화연구회 발표문, 2004.12.11.

윤건차, 「식민 지배와 남북 분단이 가져다준 분열의 노래」, 한일민족문제학회 편,
　　　『재일조선인 그들은 누구인가』, 삼인, 2003.

이홍락, 「재일 한국·조선인」, 『재외한인연구』10호, 재외한인학회, 2001.

조현미, 「일본인의 대한인식과 재일동포의 아이덴티티」, 『일본어문학』제23집, 일본
　　　어문학회, 2003.10.

조현미, 「한일간 상호인식의 변화와 에스닉·아이덴티티」, 『일본어문학』제20집, 일
　　　본어문학회, 2003.2.

허동찬, 「남북통일과 재일한국조선인」, 『연구총서』, 전남대학교 사회과학연구소, 1999.

허명숙, 「재일동포 작가 량우직의 장편소설 연구」, 『한중인문학연구』제14호, 2005.4.

허점숙·황진걸, 「재일 한국인의 성명 사용을 통해서 본 민족적 아이덴티티의 행방」,
　　　『일본어문학』제22집, 일본어문학회, 2003.9.

제3장
재일동포 한국어 문학과 민족 정체성

김지석 희곡에 나타난 재일동포의 정체성

백 로 라

1. 재일동포 한국어 희곡과 김지석

재일동포는 식민지 정책과 민족차별로 점철된 고통스러운 역사를 혹독하게 경험한 자들이다. 그들은 "식민주의를 둘러싼 근대세계의 모순을 집약적으로 띠고 있는 존재"로서 현재까지도 "일본과 남북한에 걸친 경계인으로서의 삶"[1]을 살아가고 있다. 그것이 식민지 경험, 분단, 정치적 이데올로기의 대립이라는 외적 조건과 피식민지 민족 출신이라는 내

---

1) 윤건차, 「재일동포의 민족체험과 민족주의」, 『시민과 세계』제5호, 2004. 69쪽.

적 조건에서 비롯된 것이기 때문에, 경계인 혹은 주변인으로서의 재일
동포의 존재론적 위치는 선택적이거나 가변적이라기보다는 운명적이며
규정적이다.2) 따라서 재일동포들은 언제나 자기 정체성에 의문을 제기
할 수밖에 없으며, 그 정체성 탐색의 과정에서 국가, 민족, 이데올로기
의 문제와 직면할 수밖에 없는 것이다.

이것은 재일동포 문학이 주로 자기 정체성과 민족의식의 문제를 핵심
적인 주제로 다루어왔던 이유를 짐작하게 한다.3) 주목할 것은 재일현
실4)에 대한 문제의식과 동포들의 정체성 및 민족의식과 관련된 주제의
식이 그동안 재일동포 문학연구5)에서 배제되어 온 재일동포 한국어 문

---

2) 윤건차는 재일동포의 아이덴티티가 타자로부터 그 규정이나 지표를 부여받은, 선
   택 불가능한 것이기 때문에, 재일동포들이 필연적으로 역사적 의미를 띠는 민족,
   혹은 민족=조선(한국)에 대해 생각하지 않을 수 없다고 지적한다. 윤건차, 위의
   글, 67~68쪽 참조.
3) 장영우, 「재일 한국인 문학을 어떻게 할 것인가」, 『한국문학평론』 제7권 제3·4호
   통권 26호(2003년 가을·겨울호), 국학자료원, 2004.1. 47~254쪽 참조. 이 글에서
   장영우는 재일동포 작가 1세대로부터 3세대의 일본어 문학 작품에 나타난 제재
   와 주제를 검토한 후, 이들의 문학을 한국문학의 범주에 포함시켜야 한다고 주장
   하고 있다.
4) 재일동포들의 '재일' 현실은 다음의 여섯 가지로 요약될 수 있다. ①조국의 분단
   으로 '민단'과 '조총련'이라는 배타적 동포집단을 구성한다. ②동포들은 한국과
   조선 중 어느 한 국가로부터 국민의 자격을 박탈당하고 고향방문을 제한 당한다.
   ③전 식민지 지배 국가에서 거주하기 때문에 민족적 차별을 경험한다. ④민족 정
   체성의 위기를 느낀다. ⑤모국어 교육이 동포들을 현실적 딜레마에 빠뜨린다. ⑥
   세대교체로 동포들의 가치관이 분화의 국면에 접어들고 있다. 백로라, 「재일동포
   한국어 극문학 연구」, 『한중인문학연구』제14집, 이회문화사, 2005.4, 428~429쪽
   참조.
5) 그동안 재일동포 문학은 일본어 문학을 대상으로 전개되어 왔다. 장영우는 재일
   한국인 문학이 "일본에 거주하는 한국인이 일본 문단과 일본 독자(한국인 독자
   포함)를 대상으로 하여 일본어로 창작한 작품을 가리킨다"고 주장하면서 자연스
   럽게 재일동포 문학연구에서 한국어 문학을 배제시킨다. 다른 연구자들도 이러한
   입장과 유사한 입장에 서 있다. 이것은 재일동포 문학이 주로 일본문학 전공자들
   에 의해 이루어져 왔다는 사실과, 조총련계 작가들에 의해 창작된 한국어 문학이
   북한문학의 지류 정도로 인식되었던 것과 관계된다.
   장영우, 앞의 글, 참조.
   유숙자, 『재일한국인문학연구』, 월인, 2000. 참조.

학에서 보다 적극적으로 다루어져 왔다는 사실이다. 재일동포 한국어 문학의 창작 주체는 주로 조총련계 작가들인데, 이들은 북한과 긴밀하게 관계된 집단에 소속되어 있기 때문에 일본 사회에서 적대시되어 왔다. 더구나 대부분의 경우 조선적을 유지하고 있기 때문에, 조총련계 작가들은 "남북 분단과 북일 단교의 틈바구니에서 무국적자로 무권리 상태"[6]에 놓여있는 것이다. 이처럼 "비국민의 주체"[7] 혹은 무국적자로서 살아온 소외의 역사는 이들 작가들로 하여금 자아정체성과 민족정체성의 문제에 대해 보다 심각하게 고민하게 하였던 것이다. 이들이 한국어로 문학작품을 창작해 온 것은 언어를 통해 민족정체성을 확인하고 그것을 유지하고자 하는 의식과 깊게 관계된다. 동포들이 자신의 신분을 밝히거나 모국어를 일상적으로 사용하는 것이 거의 불가능한[8] 재일현실을 고려할 때, 극히 제한된 수용 계층을 대상으로 한국어 문학을 발표하는 행위는 그 자체로 이미 강한 민족의식을 내포하고 있다고 볼 수 있다.

상연과 연계되는 희곡의 경우는 텍스트의 수용과정이 훨씬 더 복잡하기 때문에 한국어 창작에 많은 어려움이 따른다. 희곡 텍스트는 극작가, 연출가, 배우, 관객 모두가 한국어의 일상적 구어 표현을 제대로 이해할

조현미, 「일본인의 對韓認識과 재일동포의 아이덴티티」, 『일본어문학회』제23집, 2003.10. 참조.

6) 정대성, 「한국에게 재일 동포란 무엇인가」, 『재일조선인 그들은 누구인가』, 한일 민족문제학회 편, 삼인, 2003. 57쪽.
이 글에서 정대성은 '조선적'은 '북한국적'이 아닌 단순한 기호이며, 그것은 식민지 조선에서 건너온 사람 및 그 후손들 가운데 국적을 취득하지 않았던 자를 의미한다고 지적한다.

7) 권준희, 「분단내셔널리즘과 국민/비국민의 경계」, 『연세학술논집』제34집, 연세대학교 대학원 총학생회, 2001.8. 138쪽.

8) 일례로, 일본의 연예계에서는 뿌리 깊은 민족 차별의 벽 때문에 '재일동포'라는 존재를 밝히고 본격적인 활동을 전개하는 것이 현실적으로 불가능하다고 한다. 한국어를 유창하게 구사하여 매스컴의 주목을 받고 있는 배우들은 어려서부터 의식적으로 '민족교육'을 받아온 자들이다.
'한류 붐 타고 커밍아웃', 『시사저널』, 2005.1.18, 68쪽 참조.

수 있을 때. 그것이 비로소 무대화될 수 있다. 그런데 대다수의 재일동포들이 한국어보다는 일본어에 익숙하기 때문에 한국어 작품을 공연하거나 혹은 그것을 관람하는 것이 현실적으로 어려운 것이다. 이것은 재일동포 한국어 희곡이 무대상연의 기회를 갖지 못하거나 혹은 처음부터 레제드라마로 창작될 수밖에 없는 이유를 설명해준다.

열악한 공연 환경 속에서 한국어 희곡을 창작하여 그것을 지속적으로 상연해온 조총련계 극작가 겸 연출가 김지석은 재일동포 희곡계와 연극계에서 단연 돋보이는 존재라고 할 만하다. 재일동포 2세인 김지석(1962-)은 조선대학 재학시절부터 창작 및 연출 활동을 시작하여 현재까지 30여 편이 넘는 한국어 희곡 작품을 공연하여 왔다. 김지석 희곡이 특징적인 것은 그것이 조총련 기관지나 문예지에 발표되지 않고, 대부분의 경우 상연으로 직접 이어졌다는 데에 있다. 이 때문에『문학예술』에 발표된 초기작 <빛고을 파랑새 전설>을9) 제외한 대부분의 작품이 상연대본의 형태로 남아있는 것이다. 이러한 상연대본은 몇 가지 점에서 문예지에 발표된 다른 조총련계 극작가들의 희곡 텍스트와 변별된다. 첫째 지면 발표가 아닌 실제 공연을 위해 창작된 것이기 때문에, 그의 텍스트는 풍부한 연극성뿐 아니라 생동감 있는 한국어의 일상적 구어표현을 그대로 담고 있다. 둘째 그것은 불특정 다수의 재일동포 관객을 대상으로 창작된 것이기 때문에 특정한 동포집단의 이데올로기보다는 동포들의 현실적 문제나 내면적 갈등을 폭넓게 다룬다. 셋째 창작시기와 상연시기가 매우 근접해 있기 때문에 강한 시의성을 띠게 된다. 바로 이러한 점 때문에 김지석 희곡은 재일동포 한국어 희곡문학 연구에서 귀중한 자료적 가치를 지니는 것이다.

김지석 희곡은 그것이 관객과의 지속적인 관계 속에서 생산된 재일동

---

9) 김지석, <빛고을 파랑새 전설> (上)(下), 『문학예술』88호, 91호.

포 한국어 희곡 텍스트라는 점에서 기존의 조총련계 극작가들과는 또 다른 시각으로 재일동포의 현실과 갈등적 상황을 다루고 있을 것으로 짐작된다. 따라서 본 연구는 작가로부터 입수한 김지석의 상연대본을[10] 주된 텍스트로 삼아 작품에 나타난 극적 공간, 인물의 행동 및 대사를 분석함으로써 작가의 주제의식과 현실의식을 밝혀 보고자 한다. 이것은 결과적으로 재일동포들의 현실적 삶과, 분단, 통일, 민족, 재일, 정체성 과 관련된 동포들의 문제의식을 탐구하는 계기가 될 것이다.

2. 문제의식의 출발점, 1980년대 광주

1980년대 광주민주화항쟁은 일본의 새로운 동포세대에게 민족의식을 각성시키는 중요한 계기로 작용한다. 매스컴에 의한 보도와 일본인 체 재자의 광주학살 목격담, 광주항쟁 보고를 통해 광주항쟁의 과정을 비 교적 자세하게 전해들은 동포청년들은 한국 군부의 폭력성을 고발하고 저지하기 위해 시위에 참여하면서[11] 민중과 민족의 개념에 눈을 뜨게 되었던 것이다. 당시 간부층에게 행진단 방해의 조직지령이 내려왔음에 도 불구하고 남한 정부를 추종하는 민단측 동포들조차 그러한 명령에

---

10) 김지석은 2005년 3월 자신이 소장하고 있던 공연대본 20여 편의 복사본을 본 연 구를 위해 보내주었다. 상연대본 외에도 김지석이 보내준 공연 녹화 테이프, 팸 플릿, 그리고 공연 리뷰가 실린 다수의 자료는 본 연구에 커다란 도움이 되었 다. 김지석의 상연대본들은 공연을 위한 대사 정리 흔적과 연출 메모들을 고스 란히 담고 있기 때문에, 앞으로 김지석과 그의 희곡을 연구하는 데에 소중한 자 료적 가치를 지닐 것으로 생각된다.

11) "광주항쟁이 일어나자마자 한청, 한민통 등은 3번의 중앙집회를 개최하고, 특히 한청은 '광주학살 규탄, 군정타도, 재일한국인 행진단'을 결성하고 6월 1일부터 10일까지 전국 중앙부가 히로시마부터 동경까지 역전, 동포밀집지역, 지역 집회 에서 여러 번 정보선전을 행했다."
임병택, 「광주항쟁과 재일 한국인」, 『OK times』통권 제102호, 2002.5. 37쪽.

따르지 않았던 것은 '민족의식의 발로'였다고 볼 수 있다.[12] 이 사건을
통해 동포사회에 '광주세대'라는 말이 생겨났을 정도로 광주항쟁은 동포
들로 하여금 남한의 정세에 관심을 갖게 하였으며, 그들의 민족의식을
강하게 자극하였던 것이다.[13]

　일본에서 태어난 동포 2세 김지석도 광주민주화 항쟁 소식을 접하면
서부터 자신이 살고 있는 일본으로부터 조국 혹은 부모의 고향으로 관
심의 시선을 돌리게 된다. 1980년 대학에 입학하자마자 간접적으로 경
험하게 된 광주항쟁은 그에게 "멀기만 하던 고향땅을 몸의 한 부분으로
받아들이게 해주었"[14]던 것이다. 그는 대학시절 광주항쟁의 문제를 다
룬 <재연의 날>을 발표하고, 이후에 이를 <빛고을 파랑새 전설>[15]과
<떠돌이의 모험>[16]으로 발전시킨다. <빛고을 파랑새 전설>이 87년
올림픽을 한 해 앞둔 시점에서 80년 광주사건을 되돌아보고 있다면,
<떠돌이의 모험>은 87년 민주화 항쟁과 광주항쟁을 연계적으로 다루
고 있다. 초기작에 속하는 두 작품은 일본이 아닌 한국을 극적 공간으
로 선택하고 있으며, 그의 작품에서 지속적으로 다루어지는 주제의식과
형식적 특성을 고스란히 드러내고 있다.

　<빛고을 파랑새 전설>은 1987년 다섯 번째의 직할시로 승격되어 소
란과 축제의 분위기에 휩쓸린 광주를 무대로 한 작품으로서 실종한 비
둘기의 행방을 찾아나서는 두 형사, 실종한 두 아이를 찾기 위해 새의
깃털을 팔고 다니는 어머니, 그리고 어둠산에서 탄생한 7명의 고아들에

---

12) 임병택, 위의 글, 39쪽 참조.
13) 임병택, 위의 글, 38쪽 참조.
14) 박성미, 앞의 글, 188쪽.
15) 공연대본(김지석 작, 김정호 연출), 극단 <아랑3(삶)세> 창단 공연, 1988.6.24~26.
　　호오세이대학 학생회관.
　　김정호, 「1970년대 말 이후의 연극활동」, 『재일조선인 조선어문학의 현황과 과
　　제』, 2004년도 제2회 조선문화연구회 발표 자료집, 2004.12.
16) 공연대본(김지석 작, 김정호 연출), 극단 <아랑3(삶)세>, 1989.8.16~17. 오사카.

의해 극적 사건이 전개된다. 형사들과 어머니는 비둘기와 두 아이를 찾기 위해 1980년과 1987년 사이를 시간여행하고, 그 과정에서 어둠산의 고아들과 그들의 분신들이 참여하는 시위의 현장 한가운데에 서 있게 된다. 결국 민중들이 수세에 몰리고 형사가 시위에 참여한 소년들을 체포하려고 할 때, 그들이 들어 올린 팔 사이로 파랑새가 날아오르고, 38도 각도로 세워진 철길이 하늘로 솟아오르면서 소년들도 허공으로 날아오르게 된다.

상연 당시 이 작품은 "어둠산의 7명의 고아들을 통해 광주의 정신이란 무엇이며 그것이 오늘에 어떻게 이어지는가를 펼쳐주면서 구속된 넋의 해방, 자유에로의 비상을 주요테마"로 삼고 있다고 지적되며, 더욱이 마지막 장면이 "관중들에게 통일된 하나의 조국을 눈앞에 그려보게 하여 깊은 감명을 안겨주었다"[17]라는 평가를 받는다. 이 작품에서 우선적으로 주목해야 할 점은 광주민주화항쟁이 발생한지 7년이 지난 시점에서 그것을 되돌아보고 있다는 것이다.

> 빛고을 어둠산-
> 불꺼진 뒤 아찔한 암흑에 정신을 잃은 도시.
> 주먹만큼의 심장 속으로 오그라들어 무수한 고아들이 눈빛만 총총히 주마등처럼 줄지어 늘어선 어둠의 젖가슴.
> 교교한 달빛속 적막한 정적과 포연이 소리죽여 얼싸안은 뒤골목에서 최루탄 쇠붙이와 돌맹이 부스럼마저 폐허우에 붙안고 흐느끼던 그해 오월을 아는가 모르는가.(중략)
> 그것은 도청앞 광장을 날아예던 비둘기떼라고 한다. 아니 그것은 우리의 원초적인 모습을 담은 녹두밭 파랑새라고도 한다.
> 허나 빛고을이 인천, 대구에 이어 다섯번째의 직할시로 승격돼 소란과 축제의 분위기가 섭쓸리는 일구팔칠 전야, 거기서는 온갖 새떼가 자취를 잃었다. (하략)[18]

---

17) '≪빛고을 파랑새전설≫상연', 『조선신보』, 1988.7.1.

　　상징과 이미지를 통해 극적 공간을 시적으로 표현한 작품의 도입부이다. 이 극은 '빛고을'(광주)의 '그 해 오월'(80년 5월)과 '일구팔칠 전야'를 배경으로 사건이 전개되는데, 이때 극적 공간으로서의 광주는 빛('빛고을')과 어둠('어둠산')의 이미지를 동시에 지니게 된다. 소란과 축제의 분위기에 들떠있는 현재의 광주가 결코 빛으로 가득 찬 밝음의 공간이 될 수 없는 것은 80년 5월 이후로 '민중'들의 정신이 사라졌기 때문이다. 여기서 고아, 비둘기, 녹두밭 파랑새, 새떼는 폭압의 역사 속에서 자취를 감출 수밖에 없었던 민중 혹은 자유와 해방의 정신을 의미한다.

　　대략의 줄거리와 도입부 지문에서 짐작할 수 있듯이 이 극은 역사적 사건을 사실적으로 재현하는 대신 다양한 상징과 이미지를 통해 그것을 추상적, 비현실적, 몽상적으로 제시한다. 여기서 김지석은 80년 광주에서 벌어진 역사적 사건보다는 직할시로 승격되어 흥성거리고 있는 87년 현재 광주의 풍경 혹은 그 풍경이 드리우고 있는 암담한 그림자를 보여주는 데 주력한다. 극적 인물이 빈번하게 과거와 현재 사이를 이동하는 것도 축제의 분위기에 들떠있는 현재의 광주 풍경과 민중들의 자유 항쟁 의지가 짓밟힌 살육의 현장을 오버랩시키기 위해서이다. 이로써 87년 광주는 80년의 광주보다 더 절망적으로 인식된다. 민중의 항거의 정신이 이미 사라졌거나 망각된 풍경을 보여주기 때문이다. 따라서 현재의 광주는 '빛고을'로서의 의미를 상실한 죽음의 도시를 함축하게 된다. 즉 억울하게 죽은 영혼들이 바벨탑처럼 쌓아 올려진 도시, 어둠산의 도시, 그것이 바로 1987년의 광주인 것이다.

　　김지석은 광주에서 벌어진 역사적 사건을 통해 한국 군부의 폭력적 체제를 비판하는 것이 아니라, 그것을 통해 자신을 둘러싼 세계와 그 세계를 움직여 온 역사의 아이러니를 확인한다. 광주의 과거와 현재를

18) 김지석, <빛고을 파랑새 전설> 공연대본, 1쪽.

번갈아 바라보면서 그는 현실의 비극성이 아니라 세계와 역사의 아이러니를 인식하는 것이다. 작품 초반, 형사부장이 한 손에 들고 나오는 커다란 부호 '?'과 '!' 는 역사적 아이러니에 대한 작가적 인식을 상징적으로 표현해주는 연극적 오브제에 해당한다. "의문으로 시작돼 감탄으로 끝나는 여기에 인간사회의 모든 변증법이 깃들어" 있다고 말하는 극중 인물의 대사에서 이러한 문장부호의 상징적 의미를 짐작할 수 있다. 즉 '?'과 '!'이 결합된 '?!'는 서로 대립하는 것들이 그것의 모순과 갈등을 변증법적으로 해소시키지 못하고 그대로 병치되어 대치하고 있는 상황을 환기시킨다. 이러한 상황은 모순적이면서 아이러니컬한 상황에 다름 아니다. 작품에서 발견되는 대립적 이미지들, 즉 빛고을/어둠산, 80년 광주/87년 광주, 손을 든 아이들/무장한 경찰들, 죽음/탄생, 폭력/평화, 자유/피 등과 같은 이항 대립적 의미항들은 현실의 부조리성과 아이러니에 대한 작가의 날카로운 인식을 반영하는 것이다.

87년 광주가 환유하는 조국 혹은 고향 공간에는 '손가락에 지문을 찍어야 하는'(16) 재일동포들의 현실과 민중의 피로 얼룩진 희생의 역사가 말끔하게 지워지고, 그 대신 38도 각도로 선 끊어진 철로(32), '자유의 여신상'(9), 그리고 '시세이도 화장품'(13)이 그 빈자리를 채우고 있다. 즉 미국의 자본주의에 지배되어 분단극복, 동포의 법적지위 확보, 일제 식민지 청산이라는 민족적 과제를 그대로 남겨두고 있는 현실, 그것이 바로 김지석이 바라본 1980년대의 고향 혹은 조국의 풍경이었던 것이다. 따라서 소외된 민중과 재일동포는 어둠산의 고아들처럼 '집'으로 돌아가지 못하고 허공을 떠돌 수밖에 없는 것이다. 이러한 의미에서 아이들의 죽음 혹은 비상의 순간에 38도 각도로 세워진 철로가 하늘로 이어지는 결말 부분은 당면 과제를 상상적으로나마 해결해 보고자 하는 작가적 의지의 표현이라고 할 수 있다.

<빛고을 파랑새 전설>의 2부에 해당하는 작품이 바로 <떠돌이의 모험>이다. 이 작품은, 고향을 찾아 떠도는 재일동포 청년이 등장한다는 점, 각 인물과의 대화를 통해 민중들의 피의 항쟁이 이루어졌던 역사적 순간들을 환기시킨다는 점, 그리고 빛과 어둠의 상징적 의미를 보다 구체적으로 드러내고 있다는 점에서 역사와 현실을 바라보는 작가의 시선을 명료하게 드러내게 된다.

떠돌이 청년이 조국에 도착하여 처음으로 마주하게 되는 다섯 개의 문은 이 극에서 가장 중요한 상징적인 의미를 갖는다. 이 극에서 떠돌이 청년은 각기 다른 문을 통해 할아버지의 고향으로 떠나지만 그 문을 통해 출발지점인 쓰레기장으로 되돌아오는 행위를 반복한다. 이 과정에서 청년은 80년 광주에서 시체들을 실어 날랐던 거지 도깨비 노인, 광주 현장에서 수많은 죽음들을 목격한 후 벙어리가 된 소년, 87년 6월 항쟁 당시 동생의 죽음을 보고 거리를 헤매게 된 창녀, 전경이 되어 친구들의 시위를 진압해야 했던 탈주병 등을 만나 그들의 상처와 고통을 이해하게 된다. 이처럼 문은 고향으로 떠날 수 있는 출구로서 혹은 과거, 현재, 미래를 연결시켜주는 통로로서 기능하면서, 떠돌이 청년의 고향 탐색의 여정과 폭력에 의해 희생된 민중들의 개인사라는 두 개의 극적 서사를 효과적으로 병치시킨다. 바로 이 때문에 청년의 고향 탐색의 여정은 민중의 희생의 역사를 더듬어가는 과정과 동일한 의미를 갖게 되는 것이다.

> 생명의 문 1 살아있는 생명의 문을 두드려보십시오. 그리고 주저함이
> 없이 열어 보십시오. 거기서 당신들은 당신들 자신의 얼
> 어붙은 그림자를 만나게 될 것입니다.
> 생명의 문 2 그것은 이 땅에 참다운 광명, 자유와 민주, 통일을 불러
> 오기 위하여 쓰러져간 수많은 민중들의 시체입니다.
> 생명의 문 3 그것은 오늘도 차디찬 어둠의 감방 속에 갇혀있는 수많

　　　　　　　은 민중들의 의지입니다.
생명의 문 4 그것은 올림픽의 미명아래 권리와 생존을 위협받으면서
　　　　　　　허덕이고 있는 이 나라의 로동자, 농민들입니다.
생명의 문 5 그리고 그것은 온갖 꾸며진 모략과 책동을 박차고 민족
　　　　　　　통일의 미래에로 치달아 오르려는 온 겨레들의 피맺힌
　　　　　　　소원입니다.
생명의 문 1 그리고 그 어둠 속에 눈부시게 반짝이는 5개의 불빛들이
　　　　　　　합쳐져서 하늘에 찬란한 오색 무지개를 피게 할 것입니다![19]

　여기서 다섯 개의 생명의 문은 떠돌이 청년에게 그가 문을 열 때마다 빛과 어둠의 싸움과 포옹을 목격하게 될 것이라고 예고한다. 이때 문을 두드리고 여는 것은 고향을 찾는 행위와 희생된 민중들의 상처를 들여다보는 행위를 동시에 의미하게 된다. 청년이 생명의 문을 열었을 때 빛과 생명 대신에 '얼어붙은 그림자'나 '민중들의 시체'와 조우하는 것은 그들의 고통, 희생, 죽음, 피맺힌 소원이 여전히 어둠 속에 갇혀있기 때문이다. 이 극은 '참다운 광명'이 올림픽이 아니라 '자유와 민주, 통일'에서 비로소 획득될 수 있음을 암시한다. 또한 진정한 빛이 이 땅에 내려오기 위해서는 반드시 우리의 기억 속에서 지워진 역사적 과거 혹은 희생되거나 소외된 민중들의 존재를 기억하고, 그들의 정신을 내면화해야 한다고 지적한다. 이것이 이루어지지 않는 한, 빛과 어둠은 영원히 '포옹'하지 못하고, 쓰레기더미로 돌아오는 떠돌이 청년의 행위처럼 동일한 역사를 반복할 것이기 때문이다.

　<빛고을 파랑새 전설>과 <떠돌이의 모험>은 극작 초기의 김지석의 문제의식을 그대로 담고 있다. 그가 일본이 아닌 80년대 광주를 극적 공간으로 선택한 것은 광주민주화항쟁이 그에게 던져준 정신적 충격이나 당대의 동포사회의 분위기 때문만은 아니다. 김지석이 광주라는

---

19) 김지석, <떠돌이의 모험>, 공연대본, 1989.8.16~17. 29쪽.

공간에 관심을 가졌던 것은 그곳이 민중, 민족, 고향, 조국을 환기시키기 때문이다. 따라서 김지석 희곡에서 광주는 구체적인 역사적 현장으로서의 의미보다는 관념적 공간으로서의 의미를 보다 강하게 드러낸다. 이것은 광주와 광주의 사건이 추상적, 상징적, 비현실적으로 다루어지거나 외부자적 시선에 의해 포착되고 있는 데에서 짐작할 수 있다. 그러나 초기작에서 작가가 보여준 민족과 조국에 대한 관심은 이후의 작품에서 구체적·현실적인 의미를 띠고 진지하면서도 심각한 주제의식으로 발전하게 된다. 이것은 김지석이 외부자적 시선을 거두고, 자신이 직면한 현실적 문제에 대해 보다 적극적으로 고민하는 것과 관계된다.

3. 실향의식과 자아정체성의 혼란

재일동포 한국어 희곡에서 분단 조국의 현실과 고향방문의 문제가 주로 민족적 혹은 사회적 문제로 확산되는 것과는 달리, 김지석의 희곡에서 그것은 보다 근원적이면서도 본질적인 문제로 응축되는 양상을 보인다. 남북한의 대결구도 때문에 자유로운 고향방문이 허용되지 않는 현실, 그래서 국적을 바꾸거나 귀화해야 하는 정치적 현실은 김지석에게 부차적인 문제로 인식되는 듯하다. 그의 희곡에서 '분단'과 '고향'이 갈등적 상황을 만들고 있다면, 그것은 돌아갈 고향이 없다는 현실 인식과 관계된다.

동포 1세대들이 조국으로 귀향을 꿈꾸었던 것은 그들에게 일본이 "일시적으로 거주할 수밖에 없는 '남의 땅'이자 '남의 나라'를 의미"했기 때문이다. 그러나 2세 이후의 동포들은 "약속만 되고 반복적으로 연기되어온 '조국으로의 귀향'이 환상이었음을 인정하는 데서 출발한다".[20]

이들에게 귀향의식이 발견된다고 하더라도, 그것은 동포 1세대의 고향을 자신의 뿌리로 생각하고, 1세대가 떠나온 조국과 자신을 직접 연결시키려는 의식과 관계되기 때문에, 이들의 귀향의식은 고향에 대한 판타지와 결합되어 있다고 볼 수 있다.[21]

김지석 희곡에서 다루어지는 고향은 돌아가야 할 땅도 아니며, 판타지로서의 고향도 아니다. 그의 희곡은 오히려 고향을 가지지 않았다는 상실의식으로부터 출발한다. 동포 1세대들에게는 그리워 할 고향이라도 있지만, 일본에서 출생하여 그곳에서 자란 2세대 이후의 동포들은 남한, 북한, 일본 그 어디에서도 자신의 뿌리를 확인시켜주는 고향을 찾을 수 없다고 여기는 것이다. 이들에게 조국은 분열되어 그 본래적 공간의 의미를 상실하고 있으며, 일본은 식민지 지배의 유습이 잔존하는 억압적인 공간으로 인식되기 때문이다.

고향은 개인적, 민족적 뿌리와 관계되기 때문에, 그것의 부재 혹은 상실의식은 개인의 정체성의 상실이나 혼란을 초래할 수밖에 없다. 김지석 작품에 나타나는 실향의식은 조국의 분단과 깊게 관련되어 있기 때문에, 고향, 조국, 정체성의 문제가 동일한 층위에서 다루어지게 된다. <별하늘의 메아리>[22], <해뜨는 땅에 천마여 천마여>[23], <회오리>[24]

---

20) 권숙인, 앞의 글, 19쪽.
21) 권준희, 앞의 글, 165쪽.
22) 공연대본(김지석 작/연출), 극단 <파랑새>, 1992.8.10-12. 동경예술극장.(1992.4.2. 창작 대본)
23) 공연대본(김지석 작, 김정호 연출), 극단 <아랑 3(삶)세>, 1990.7.10~15. 바우스시아타, 도쿄.
   이 공연은 총련 결성 35돌 기념 <1990 재일조선인 연극주간> 기획 공연으로서, <재생>(서상각 작, 정순일 연출)과 함께 무대에 올려졌다.
   '총련결성 35돐기념 ≪1990 재일조선인 연극주간≫ 진행', 『조선신보』, 1990.7.16.
24) 공연대본(김지석 작/김정호·김지석 연출), 극단 <아랑 3(삶)세>. 이 작품은 1991년부터 92년에 걸쳐 도꾜와 오사까에서 다른 연출로 상연되었다. 1991.8.22~24. 이따미아이홀, 모오다홀. 8.26~27. 교또부립문화예술회관, 8.19. 동경. (1991.6.17.

는 분단이 실향의식이나 정체성의 혼란과 긴밀하게 연결되어 있음을 보여주는 작품들이다.

<별하늘의 메아리>는 1943년부터 2003년까지 60년 동안에 일어나는 극적 사건을 다룬다. 옥화는 어머니의 고향에서 가져온 흙 한줌으로 약초를 심고, 그것을 10년마다 캐보면서 약초가 천삼이 되기를 고대한다. 그녀가 천삼을 확인하는 10년의 주기마다 옥화 어머니의 영혼인 보름, 친구 초승과 그믐, 그들의 딸 초숙과 금옥이 옥화를 방문한다. 옥화는 죽음에 임박해서야 천삼을 키우는 데 성공하고, 옥화의 두 친구 그믐과 초승은 각각 북쪽과 남쪽으로, 금옥이와 초숙이는 그 어머니들이 거주하는 공간과 정반대의 공간으로 떠난다. 천삼을 키워낸 후, 옥화는 비로소 자신의 곁에 있어준 억쇠와 결혼하여 보름과 아름(억쇠 동생)을 닮은 쌍둥이를 낳고 아름다운 천상의 공간으로 올라가게 된다.

비현실적인 극적 상황과 비논리적인 서사의 전개에도 불구하고 이 작품에서 분단 현실이 지속적으로 환기되는 것은 작품을 지배하는 대립적인 이미지들 때문이다. 남/북, 초승/그믐, 이곳/고개 너머, 산 자(옥화)/죽은 자(옥화 어머니, 보름), 현실 세계/비현실의 세계(별 하늘) 등과 같은 이항대립적인 이미지들은 분단 현실을 연상시킨다. 조국이 분단되었기 때문에 옥화 어머니는 죽어서도 돌아갈 고향을 찾지 못하고 옥화의 곁을 맴도는 것이며, 초승과 그믐은 서로 어긋나기만 하고, 억쇠를 통해 부쳐진 편지는 늘 고향에 도착하지 못하는 것이다.

> 보름이 두려워서 그래. 사람은 죽을 때 자기가 걸어온 인생, 나서 자란 고향, 조국에 대해 긍지가 없으면 다시 그곳에서 태어날 수가 없어. 내가 하늘나라로 간 후 조국의 모습은 너무너무

대본 창작).
김정호, 앞의 글, 참조.

변한 것만 같구나. 내가 거기에 가서 만일 절망해버리면 네
곁으로 돌아올 수 없단 말이야. 그게 두렵거든. 난 어디서 어
떻게 다시 태어나면 좋단 말인가? … 북이냐, 남이냐, 아니면
여기 일본이냐?[25]

여기서 보름이 북쪽, 남쪽, 일본 중 어느 공간에서 태어나야 할 지
쉽게 선택하지 못하는 것은 어느 공간이든 모두 '변해버려서' '조국에
대한 긍지'를 심어주지 않기 때문이다. 조국의 분열과 변질은 태어날 공
간, 돌아갈 공간으로서의 본래적 고향이 사라졌음을 의미한다. 그믐과
초승의 이름 속에 함축되어 있듯이, 극적 인물들에게 고향은 온전하지
않은 공간으로서 '여기'가 아닌 '고개 너머 머나먼 곳'에 있다. 이 때문
에 항상 '여기'에 있어도 '저쪽' 어딘가에 나의 분신이 존재하는 듯한
환상을 느끼면서 정체성의 분열을 일으키는 것이다. 이 극에서 극적 인
물들이 10년마다 옥화에게 돌아오거나 편지를 보내오는 것은 그녀가 키
우고 있는 '천삼'이 분단이 극복되는 '통일'='고향회복'을 상징하기 때
문이다. 그러나 대단원에서 결혼한 억쇠와 옥화가 비현실적인 천상공간
으로 이동하기 때문에 이러한 '통일'은 현실적인 의미를 잃게 된다. 이
것은 통일과 고향회복이 반드시 이루어져야 한다는 작가적 의지와 기원
을 반영하는 것일 뿐이다.

　<해뜨는 땅에 천마여 천마여>는 과거, 현재, 미래 사이를, 그리고
꿈과 현실을 오가면서 동포 1, 2, 3세에게 조국과 고향이 무엇인지를
묻고 있는 작품이다.[26] 1989년 현재, 희영은 광복 44번째 기념 공연 리
허설 중에 의식을 잃고 통일이 이루어진 미래의 시공간으로 여행을 떠

---

25) 김지석, <별하늘의 메아리>, 공연대본, 1992.8.10~12. 31쪽.
26) '동포들의 지향 그린 연극 호평-「재생」, 「해뜨는 땅에 천마여 천마여」 상연', 『조
　　선상공』, 1990.7.24.

난다. 그곳에서 희영은 할아버지의 손자가 되어 가족의 역사를 담은 홈
비디오를 촬영한다. 가장 감동적인 사연을 보내준 가족에게 국토 종단
의 기회를 제공한다는 정보를 전해 들었기 때문이다. 할아버지에게 고
향 제주도는 사랑하는 여인이 일본인에게 유린당한 상처의 공간이며,
4.3봉기가 휩쓸고 간 죽음의 공간이었다. 고향에 대한 그리움으로 가족
을 돌보지 않는 할아버지에게 가족들은 그들의 고향이 과연 어디인가를
묻자, 할아버지는 그들의 고향은 1세들의 몸뚱이라고 말해준다. 할아버
지는 비디오 촬영이 끝날 무렵 자신의 본래의 고향을 찾아 길을 떠나
고, 가족들은 할아버지가 꿈꾸던 고향이 제주도라는 물리적인 공간이
아니라 바로 '통일'이었다는 사실을 나중에야 깨닫게 된다. 이때 소년
(희영)은 통일을 위해 자신이 아무것도 한 일이 없다는 사실에 고통스러
워 하다가 불현듯 나타난 임수경으로부터 지금부터 통일을 위해 노력하
면 된다는 위로와 격려의 말을 듣게 된다. 임수경과의 대화를 통해 소
년은 자신의 고향을 찾게 되는데, 그것은 자신이 통일을 위해 단식투쟁
에 참여한 바로 그곳, 자신이 새롭게 태어난 바로 그 땅이 고향임을 알
게 된다. 소년(희영)이 진정한 고향을 찾는 순간, 의식을 회복하면서 임
수경이 판문점을 막 통과했다는 소식을 듣게 된다.

　이 작품에서 희영이 졸도하여 의식을 회복하기까지의 시간여행은 그
녀가 자신의 고향을 발견하고 정체성을 회복하는 과정에 다름 아니다.
동포 3세로서 자신의 고향을 어디에서도 찾을 수 없었던 희영은 미래의
시공간에서 가족과 만나 할아버지-아버지-손자(자신)로 이어지는 혈육의
끈을 확인하게 될 뿐 아니라, 할아버지의 고향을 찾아주려고 다함께 노
력하는 동안 고향이 통일과 동일한 의미를 지닌 것임을 깨닫게 되기 때
문이다. 이 극에서 통일은 조국＝고향이 본래의 공간적 의미를 회복하
고, 남한, 북한, 일본에 거주하는 분열된 민족이 하나로 통합되는 것을

의미한다. 환언하면, 분열된 조국은 고향상실과 민족분열을 초래하며, 그 결과 희영이나 그의 가족처럼 개인과 민족이 뿌리 없이 이국의 땅을 떠돌아다니게 된다는 것이다. 이 극에서 희영이 통일을 위해 노력하는 그 순간 자신의 고향에서 새롭게 태어날 수 있다고 생각하는 것은 민족 공동의 목표를 지향할 때 비로소 하나의 민족적 끈, 하나의 정신적 뿌리를 형성할 수 있음을 깨달았기 때문이다.

<회오리>는 폭풍 때문에 외딴 섬에 표류하게 된 여섯 명의 인물들이 기억상실증에 걸려 자신이 누구인가를 탐색하는 과정을 다룬다. 이들은 다양한 연극적 상황을 통해 자신의 신분을 예측하려고 하는데, 그 과정에서 각각 이성에게 사랑을 느끼고 행복한 시간을 갖게 된다. 그러나 각 인물들은 자신들이 사용하는 언어와 문화적 배경이 서로 다르다는 사실을 깨닫게 되고, 배역에 몰두하면서 자신의 정체를 기억해내기 시작한다. 이들은 각각 남한, 북한, 일본에서 모인 배우들로서 공동 작품을 공연하기 위해 베이징으로 가는 도중에 폭풍우를 만나 그곳에 이르게 되었음을 기억해낸다. 바로 그 순간, 이전까지 그들을 사로잡았던 사랑의 감정이 증오의 감정으로 변하여 서로 치열하게 대립하게 된다. 그러나 결국 인물들은 자신들이 기억상실에 빠졌던 상황이 오히려 행복했던 순간임을 깨닫고 서로에 대한 이유 없는 증오의 감정을 거두게 된다. 그들을 구출하기 위해 헬리콥터가 다가오지만 인물들은 그 섬에서 애초에 계획했던 연극 공연을 하기로 한다. 그것이야말로 진정한 의미에서의 합동 공연이 될 수 있기 때문이다.

이 극에서 인물들이 망각의 상태에서 서로 사랑하고 화합하다가 자신의 정체와 소속 국가를 기억했을 때 서로를 증오하는 극적 상황은 현재의 민족분열이 분단 현실로부터 비롯된 것임을 암시한다. 극중 인물들이 자신의 정체, 조국, 고향을 기억하지 못할 때 서로를 사랑할 수 있

는 것은 그들이 같은 민족이기 때문이며, 모든 것을 기억했을 때 서로를 증오하는 것은 그들이 분리되어 대립하는 공간에 소속되어 있기 때문이다. 그러나 분단이 극복되지 않는 한 고향, 조국, 국적을 망각하는 행위는 별다른 의미를 지니지 못한다. 그것이 갈등과 반목을 일시적으로 중단시킬 수는 있어도 개인의 정체성과 민족적 정체성을 확인시켜 주지는 않기 때문이다. 이 극에서 작가는 분단 현실을 망각하거나 혹은 그것을 기억하도록 요구하지 않는다. 그가 인물들의 '망각과 기억'이라는 극행동을 통해 강조하는 것은, 동포들이 진정으로 기억하고 되찾아야 할 것은 분단되어 온전하지 못한 각자의 고향이 아닌, 분단과 분열 이전에 모두가 한 민족이었다는 사실에 있다.

4. 모국어와 아리랑을 통한 민족정체성 확인

김지석은 분단 현실 자체보다는 그로 인한 민족의 분열, 그리고 민족적 뿌리를 잃은 개인들의 정체성의 혼란에 주목한다. 따라서 그에게 있어 무엇보다 시급하게 이루어져야 할 부분은 민족의 하나됨을 확인하는 것이다. 그가 한국어에 강한 애착을 보여주는 것도 그것이 시간과 공간, 그리고 정치적 이데올로기의 장벽을 초월하여 민족의 동일한 뿌리를 확인시켜 줄 수 있다고 믿기 때문이다.

일인극 <여보세요? 우리말>27)은 재일조선인의 우리말이 일본말의 영향을 받고 있는 상황에 주목하여 '일본식 우리말'과 구수한 우리말을 반복적으로 보여주면서 우리말을 되찾는 실천적인 방법을 제시하고 있다.28) 재일동포들이 우리말에 일본말을 뒤섞어 사용하는 현상은 그들이

27) 공연대본(김지석 작/연출), 극단 <부루나 2000>, 2003.2.25. 이쿠노조선초급학교 강당. (2003.2.5.대본 창작)

우리 민족 고유의 정서와 감정을 공유하지 못하는 것을 의미한다. 따라서 김지석은 우리말의 장단, 가락, 호흡을 소개함으로써 우리말의 고유성이 그것의 민족성과 관계되어 있음을 강조한다.

<깃-DNA>[29]은 라디오 방송에서 성우가 북한의 한북일과 남한의 서남희의 억양과 목소리를 흉내 내다가 실제 두 인물을 결합시켜주는 내용을 다룬다. 여기서 작가는 평양말, 서울말, 재일동포말을 보여주면서 같은 민족이 이질적 언어를 사용하고 있는 현상을 지적하고, 우리말의 장단과 호흡을 살린 통일 우리말의 중요성을 함축적으로 제시한다.

> 디 렉 터　겉으로만 흉내 내려고 하지 마. 서울말, 평양말 의식하지도
> 마. 너희들 가슴속에 깃든 것, 그 깊디깊은 마음속의 소리
> 를 들어라. 생각해봐라. 너희들은 재일동포 3세지?
> 프로듀서　할아버지 할머니가 썼던 말이다. 불과 수십 년 전의 일이다.
> 너희들의 체내에는 1세 할아버지, 할머니의 피가 깃들고 있
> 잖아. 그때는 비록 나라는 없었을망정 서울과 평양 사이에
> 분계선이 없었다. 우리 민족이 완전히 하나였던 시절의 기
> 억이 너희들의 가슴 속에 깃들어 있어. 그 피의 고동소리를
> 들어라.(p.16)

평양과 서울의 경계가 지워진 우리말에는 조상들의 '피'와 정신과 숨결이 담겨 있기 때문에, 동포들은 그러한 언어를 사용함으로써 분단과 분열 이전까지 유지되었던 우리 민족의 고유한 정서와 감정을 기억하거나 물려받을 수 있는 것이다. 이때 우리말은 흩어진 민족을 하나로 엮어주는 민족의 '핏줄'(20)인 동시에 일종의 'DNA'(20)가 될 수 있다.

<하나 아리랑>[30]에서는 우리말과 노래가 동포들에게 민족 정체성을

---

28) '구수한 우리 말 장단에 태워-김민수 일인극《여보세요? 우리 말》', 『조선신보』, 2003.3.14.

29) 공연대본(김지석 작/연출), 극단 <부루나 2000>, 2000.7.6. IMA중앙관.

확인시켜줄 수 있음을 제시한다.

　　　　청미는 우리말
　　　　기요미는 일본말
　　　　기요미라 불리면 우울한 얼굴
　　　　슬피 우는 나
　　　　청미라 불리면 활짝 핀 얼굴
　　　　기뻐서 웃는 나
　　　　신기해 나는 누구
　　　　　　　　　- 〈청미의 고향〉(작사 김지석/ 작곡 윤영란) -

　　<하나 아리랑>에 삽입된 노래 부분이다. 여기서 청미는 우리말과 일본어로 자신의 이름이 호명될 때 경험하였던, 상반된 정서를 표현하고 있다. 대부분의 재일동포들은 극중 인물들처럼 두 개의 이름을 가지고 있기 때문에 청미처럼 자신이 '누구'인지 의구심을 품으면서 민족 정체성을 확인하고자 하는 것이다.

　　<아리랑과 더불어 하나된 우리>[31]에서 극중 인물은 월드컵 경기장과 아리랑 축제에서 노래 <아리랑>을 통해 민족적 일체감을 경험했음을 밝힌다. 아리랑은 우리 민족의 감정과 정서가 배어있는 민족의 노래이기 때문에 다른 어느 나라에서도 아리랑일 수밖에 없으며, 어떤 다른 단어로도 번역될 수 없는 것이다. 이 극에서 극중 인물이 '조선 이름'이나 '아리랑'처럼 다른 무엇으로도 변할 수 없는 것이 바로 '민족성'이라고 이야기하는 부분(16)은 언어와 노래가 민족적 정체성을 확인시켜 주는 주요한 매체임을 함축한다.

---

30) 공연대본(김지석 작/연출), 극단 <부루나 2000> 제21회 한국전국연극제 참가작, 공주시문예회관, 2003.6.26.
31) 공연대본, 극단 <남이 21>, 2002.7.18.

5. '떠돌이 고아' 혹은 '거리 시인'으로서의 작가의식

　　김지석 희곡은 형식적·주제적 측면에서 다른 조총련계 극작가들의
한국어 희곡과 구별되는 독자적인 특성을 보여준다. 우선 김지석 희곡
에는 다른 재일극작가들의 한국어 희곡과 달리 전형적이고도 도식적인
서사구조와 갈등구조가 나타나지 않는다. 이것은 그가 초현실주의, 상징
주의, 표현주의적 기법을 통해 빈번하게 시공간을 이동시키거나 일종의
역할극처럼 극중 인물들에게 다양한 배역을 부여하고 있기 때문이다.
둘째 김지석은 문제적 상황을 조총련 집단과의 유대와 협력 속에서 쉽
게 해결하는 낙관적 결말 구조를 선택하지 않을 뿐만 아니라, 남북한
양쪽을 객관적인 시각으로 바라보고 있다는 점에서 다른 한국어 극작가
와 변별된다. 셋째 김지석은 모국어와 고향에 대해 새로운 시각을 보여
준다. 그의 희곡에서 한국어는 민족의식이나 민족적 유대감을 강화시키
기 위한 수단이라기보다는 민족의 분열과 통합을 확인시켜주는 정신적
뿌리로서의 의미가 강하다. 다른 극작가의 작품에서 모국어가 주로 '학
습'과 직결되어 모국어 학습의 수용과 거부의 문제가 핵심적인 갈등을
구성한다면, 김지석의 작품에서 그것은 평양어, 표준어, 재일동포어 등
으로 분화되어 나타나다가도 어느새 하나로 통합되는 과정을 보여주게
된다. 그가 강조하는 것은 한국어를 읽고 쓸 줄 아는 문자 해독 능력이
아니라, 호흡, 가락, 장단에 맞춰 말할 수 있는 언어구사능력이다. 고향
에 대한 문제의식도 다르게 나타난다. 다른 극작가들의 작품에서는 고
향의 문제가 고향방문과 직결되면서 국적포기나 전환이라는 사회적 문
제를 환기시키지만, 김지석의 희곡에서는 진정으로 방문할 제 고향이
어디인지 알 수 없는 상황이 전개되며, 이를 통해 재일동포들의 혼란스
러운 정체성의 문제가 심각하게 제기되는 것이다. 김지석 희곡이 이러

한 특징을 드러내는 것은 그가 조총련 집단에 소속되어 있으면서도 소속 집단의 문제를 밖으로 시야를 넓혔기 때문이며, 더 나아가 남북한의 이데올로기에 구속되지 않았기 때문이다. 그가 관심을 두었던 것은 어느 한쪽의 동포집단이나 정치적 이데올로기가 아니라, 재일동포의 신분으로 일본에서 거주한다는 현실 그 자체에 있다.

새로운 세대의 재일동포들은 부모 세대에게 운명처럼 붙어 다녔던 민족과 조국이라는 개념, 일시적인 정착지로서의 일본, 이질감을 느꼈던 일본이라는 의식에서 탈피하려고 하며, 스스로의 정체성을 재확인하려는 움직임을 보여준다고 한다. 이들은 '재일 한국인', '재일 조선인', '일본인'도 아닌 자신의 정체성을 '자이니치'라는 단어로 표현하고 있다고 한다.[32] 이들 자이니치처럼 재일동포 2세 김지석도 부모세대와는 다른 방향에서 정체성의 문제를 고민하게 되는데, 그것은 본질적으로 출생지와 조국이 다르기 때문에 비롯된 고민이다. 그리고 이러한 개인적 고민이 사회적, 민족적인 차원으로 심화되었던 것은 그러한 출생지가 민족적 차별이 가해지는 공간이라는 사실과 조국이 두 개의 국가로 분열되었다는 사실과 무관하지 않다.

김지석은 "재일교포라는 딱지를 붙이고는 공무원도 될 수 없고 대기업이나 대학에서 일자리를 얻기가 힘든 일본이란 나라"에서 "귀화도 하지 않고 한국식 이름을 그대로 쓰고 있는 한, 더 이상 희망이 없다"는 사실을 일찍이 깨달았다고 한다.[33] 그는 어렸을 때부터 정체불명인 자신의 위치를 눈치 채고 자신을 표현하고자 하는 강한 욕구를 느껴오다가 말하고 싶은 욕망 혹은 표현하고 싶은 욕망을 충족시키기 위해 극작가 겸 연출가의 길을 걷게 되었다고 한다.[34] 김지석의 희곡은 자기표현

---

32) 조현미, 앞의 글, 22쪽.
33) 박성미, 앞의 글, 186쪽.
34) 위의 글, 186쪽.

의 욕구를 채워주는 동시에 그로 하여금 자신의 정체성을 탐색하도록 하였던 것이다. 그의 희곡 작품의 인물들이 한 곳에 정착하지 못하고 무엇인가를 찾아 떠돌아다니고 있는 것도 개인적·사회적 자아를 탐색하고 확인하려는 작가적 욕망과 무관하지 않다.

어둠 속에서 누군가에 의해 이름이 부여되어 다시 태어나기를 기다리는 <빛고을 파랑새 전설>의 고아들, 고향을 찾아 길을 헤매는 <떠돌이의 모험>의 떠돌이 청년, 꿈을 통해 미래의 시간으로 이동하여 결국 자기 자신의 고유한 고향의 의미를 발견하는 <해뜨는 땅에 천마여 천마여>의 희영 등은 모두 작가의 자아가 강하게 투영된 극적인물들로서 떠돌이의 이미지를 갖고 있다. 이때의 떠돌이는 방황하는 존재가 아니라 탐색하고 성찰하는 존재로서의 떠돌이다. 이들은 세계로부터 소외되거나 혹은 스스로 세계와의 화해를 거부하면서 끊임없이 무엇인가를 탐색하고 있기 때문이다. 이들이 어둠 속에서 빛을 찾아가는 여정은 고립되어 소외된 자아에게 민족 및 민중과 엮어질 수 있는 끈을 마련해주는 과정에 다름 아니다. 떠돌이들이 궁극적으로 추구하는 것이 민중의 자유정신, 고향, 통일이라는 사실에서 이것은 어렵지 않게 확인된다.

김지석이 자아정체성의 혼란과 고향상실 의식을 극복하는 것은 '민족'의 개념을 발견하면서부터이다. 그가 모국어에 집착하는 것도 민족언어 속에 조국과 민족이 분열되기 이전의 한민족의 의식과 정서가 담겨 있기 때문이다. 그는 민족의 정서와 감정을 공유하는 한, 민족은 결코 분열될 수 없으며, 현재 서로 갈등적 관계에 있는 한국인, 조선인, 재일동포가 다시 하나로 통합될 가능성을 갖는다고 믿는 듯하다. 김지석이 일본의 열악한 공연 환경 속에서 한국어로 작품을 창작하고 공연하는 것도 민족의 얼이 담긴 언어를 통해 동포들에게 민족정체성을 확인시켜주고자 하는 것과 깊게 관계된다.

그가 고향을 찾는 것은 그곳으로 돌아가기 위함이 아니라 자신이 거주하는 공간에서 단단하게 뿌리를 내리기 위함이다. 정체성을 확인시켜주는 '민족', 그리고 통일을 위해 지속적으로 노력하는 순간 지각되는 '고향'이 바로 그가 지향했던 것이라고 할 수 있다. 이제 김지석은 정체성을 확인하기 위해 고향을 찾아나서는 떠돌이의 모험은 더 이상 하지 않는 듯하다. 대신 그는 떠돌이들에게 시 한 편씩을 써주며 그들 자신의 자리를 찾도록 해주는 '거리시인'처럼[35] 동포들에게 보여줄 한국어 희곡창작과 연극공연에 몰두하고 있는 것이다.

---

35) 김지석 희곡 <자리>와 <거리시인>에는 거리에서 행인들에게 시를 써주는 극적인물이 등장한다.

참고문헌

1. 기본자료

김지석, <빛고을 파랑새 전설-어둠산의 고아들>, 공연대본, 극단 <아랑3세>, 1988.6.24~26. 호오세이대학 학생회관.

______, <빛고을 파랑새 전설>(상)(하), 『문학예술』88호, 91호.

______, <떠돌이의 모험>, 공연대본, 극단 <아랑3세>, 1989.8.16~17. 오사카.

______, <별하늘의 메아리>, 공연대본, 극단 <파랑새>, 1992.8.10~12. 동경예술극장.

______, <해뜨는 땅에 천마여 천마여>, 공연대본, 극단 <아랑3세>, 1990.7.10~15. 바우스시아타, 도쿄.

______, <회오리>, 공연대본, 극단 <아랑3세>, 1991.8.22~24. 이따미아이홀, 모오다홀. 8.26-27. 교또부립문화예술회관, 8.19. 동경.

______, <여보세요? 우리말>, 공연대본, 극단 <부루나 2000>, 2003.2.25. 이쿠노조선초급학교 강당.

______, <깃-DNA>, 공연대본, 극단 <부루나 2000>, 2000.7.6. IMA 중앙관.

______, <하나 아리랑>, 공연대본, 극단 <부루나 2000>, 2003.6.26. 공주시문예회관.

______, <아리랑과 더불어 하나된 우리>, 공연대본, 극단 <남이 21>, 2002.7.18.

______, <자리>, 공연대본, 극단 <부루나 2000>, 2001.8.27.

______, <거리시인>, 극단 <부루나 2000>, 2003.9.24.

2. 연구 논저 및 기사

권숙인, 「월경하는 정체성: 재일 한인, 민족, 그리고 '우리'」, 『OK times』통권 제103호, 2002.6. 14~26쪽.

권준희, 「분단내셔널리즘과 국민/비국민의 경계」, 『연세학술논집』제34집, 연세대학교 대학원 총학생회 편, 2001.8. 135~171쪽.

백로라, 「재일동포 한국어 극문학 연구」, 『한중인문학연구』제14집, 이회문화사, 2005.4. 428~429쪽.

유숙자, 『재일한국인문학연구』, 월인, 2000.

윤건차, 「재일동포의 민족체험과 민족주의」, 『시민과 세계』제5호, 2004.3.

임병택, 「광주항쟁과 재일 한국인」, 『OK times』통권 제102호, 2002.5. 26~40쪽.

장영우, 「재일 한국인 문학을 어떻게 할 것인가」, 『문학평론』제7권 제3·4호 통권 제26호, 2003년 가을·겨울합본호. 2004.1.

정대성, 「한국에게 재일동포란 무엇인가」, 『재일조선인 그들은 누구인가』, 한일민족문제학회 편, 삼인, 2003.

조현미, 「일본인의 對韓認識과 재일 동포의 아이덴티티」, 『일본어문학회』제23집, 2003.10. 495~535쪽.

'≪빛고을 파랑새전설≫상연', 『조선신보』, 1988.7.1.

'총련결성 35돐기념 ≪1990 재일조선인 연극주간≫진행', 『조선신보』, 1990.7.16.

'동포들의 지향 그린 연극 호평-「재생」, 「해뜨는 땅에 천마여 천마여 상연」', 『조선상공』, 1990.7.24.

박성미, 「일본 연극계서 주목받는 교포 연출가-김지석」, 『Win』, 중앙일보사, 1995.9, 186~189쪽.

'구수한 우리 말 장단에 태워-김민수 일인극≪여보세요? 우리말≫', 『조선신보』, 2003.3.14.

'한류 붐 타고 커밍아웃', 『시사저널』, 2005.1.18. 68쪽.

재일동포의 국가 및 민족 정체성과 현실인식

―『문학예술』의 한국어 수필을 중심으로―

박 현 선

목　차

1. 재일동포 한국어 수필의 특수성

재일동포 한국어 문학은 한민족의 역사적 경험과 그 소산으로서의 의식을 드러내는 문학으로 남북한의 정치·경제·문화적 상황과 긴밀하게 연관되면서 창작되었다. 하지만 이들의 문학은 일본이나 한국 어느 편의 문학에도 온전히 소속되지 못한 채 방치되어 있었으며, 따라서 그에 대한 연구 성과가 아직 미약한 실정이다. 특히 수필에 대한 연구는 시·소설·극문학의 연구에 비해 더욱 저조하다. 이것은 수필이 변두리 문학[1]으로 치부되는 것과 관계된다. 한국에서 수필이 문학적 연구의 주된 대상이 되지 못한 것은 어제오늘의 일이 아니고, 이러한 학계의 분위기가 재일동포문학을 연구하는 데에도 영향을 미친 것이다. 또 하나의 이유는 재일동포 수필이 지닌 정치적 교조성과 미학적 한계 때문이다. 실제로 재일동포 한국어 수필은 북한 사회주의 이데올로기에의 편향성을 강하게 드러낼 뿐만 아니라 여과되지 않은 언어와 감정을 노출하고 있다.

하지만 재일동포 한국어 수필(이하 재일동포 수필)에 대한 평가는 다른 시각에서 이루어질 필요가 있다. 첫째, 이들의 사상적 편향성에 대한 객관적 이해가 선행되어야 한다. 해방 직후 북한은 재일동포 사회에 적극적으로 개입하여 물질적·정신적으로 영향을 주었으며, 이러한 북한의 정책이 재일동포의 집단적 민족의식을 강화하는 데 크게 기여했다. 반면에 남한은 재일동포를 백안시했으며, 이것이 재일동포의 북한 편향적 의식을 강화하는 데 일조했다. 즉 재일동포의 북한 편향성은 남북한 정책의 상호작용에 의해 형성된 결과라고 할 수 있다. 따라서 통일문학을 지향하는 오늘의 시점에서 재일동포의 이데올로기적 성향에 대한 감정적 대응은 바람직하지 못하다. 그보다는 이들을 객관적인 시각으로 인식하고 이해하는 것이 필요하다. 둘째, 조국에 대해 끊임없는 지향의지를 지니면서도 분명한 소속감을 획득하지 못한 채 부유했던, 재일동포의 삶 자체가 지닌 특수성을 감안해야 한다. 그리고 재일동포 수필의 비문학적 요소들이 이들의 삶이 지닌 특수성과 관계된 것임을 이해해야 한다. 즉 재일동포에게는 개인의 내면적 성찰보다 민족 정체성의 확인

---

1) 유종호, 「변두리 형식의 주류화」, 『세계의 문학』, 1984.가을, 51쪽.

이 절실했고, 따라서 이들에게 수필은 사적인 체험의 예술적 형상화가 아니라 집단적 정체성을 강화하기 위한 공적 담론의 통로로서 의의를 지닌다. 그러므로 이들의 수필에 대한 이해는 예술적 형상화의 성공여부보다는 이러한 내용과 형식을 지닐 수밖에 없었던 이유와 그 효과에 대한 고찰을 바탕으로 해야 한다. 국내에서 창작된 수필과 동일한 잣대로 이들의 문학을 평가하게 될 경우, 그것은 영원히 이질적이고 저급한 문학으로 치부되고 말 것이다. 셋째, 재일동포에게 있어 모국어가 지니는 의미와 이들의 모국어 사용 능력이 지닌 특수성을 이해해야 한다. 재일동포에게 모국어는 '민족의 기억'[2]으로서 의미를 지닌다. 즉 이들은 민족적 집단의식을 고수하고, 조국과의 연계의식을 강화하기 위해 모국어를 고수한다. 그러므로 이들에게 중요한 것은 모국어 사용 자체이며, 언어적 예술성의 획득은 부차적인 것이다. 게다가 1, 2세대를 제외한 재일동포 대부분에게 모국어는 사실상 외국어와 다름없다. 때문에 재일동포 수필에서 고급의 언어적 형상미를 기대하는 것은 무리이다. 즉 이들의 수필은 '어떻게' 쓸 것인가 보다 '무엇을' 쓸 것인가 혹은 '무엇을' 전달할 것인가에 주안점을 둔다.

따라서 재일동포 수필에 대한 고찰에는 한국 내의 수필을 고찰할 때와는 다른 잣대와 방법이 필요하다. 본 논문은 재일동포 한국어 수필을 이해하는 출발점이 주제의식과 이러한 주제의식이 발현된 이유 및 결과에 대한 객관적 이해라는 전제 아래 '재일본조선인총련합회'(총련, 1955.5 결성) 산하 '재일본조선문학예술가동맹'(문예동, 1959.6.7 결성)에서 창간한 『문학예술』의 수필[3]을 고찰하고자 한다. 『문학예술』은 1959년 9월 창

---

2) 레오 바이스게버, 허발 옮김, 『모국어와 정신형성』, 문예출판사, 1993, 134쪽.
3) 『문학예술』은 수필과 수기를 구분하여 명시하고 있지만, 주제와 표현방식에 있어서 이 둘은 구분되지 않는다. 따라서 이 글에서는 수기와 수필을 모두 고찰의 대상으로 삼았다.

간된 이래 최근까지 지속적으로 재일동포 한국어 문학의 발표지로서 자료 보존도 잘 된 편[4]이기 때문에 한국어를 고수했던 재일동포의 의식적 궤적을 통시적으로 살펴보는 데 유용하기 때문이다. 즉 본 논문에서는 1960년 이후 『문학예술』에 게재된 수필의 주제의식을 통해 재일동포의 삶에서 지속적으로 문제시되고 있는 점이 어떤 것인가를 살피고, 나아가 남북한과 일본의 정치상황이나 국제관계에 따라, 혹은 시대적 위상의 변화에 따라 재일동포의 의식이 어떻게 변모해가고 있는가를 고찰해 보고자 한다.

2. 실존적 위기와 국가 및 민족 정체성 회복 의지

일반적으로 수필의 제재 및 주제는 다채롭지만, 재일동포 수필의 제재 및 주제는 비교적 단순하다. 즉 재일동포 수필의 제재는 통일과 한글 의식, 남한과 미국에 대한 비판, 북한·김일성·총련에 대한 찬양, 그리고 문화적 활동에 대한 체험의 제시 등으로 간략하게 분류되며, 이것은 재일동포의 국가적·민족적 정체성 확립을 향한 의지와 노력이라는 주제의식으로 단일화 된다. 즉 재일동포 수필은 공적 담론의 성격을 강하게 드러내는데, 이것은 재일동포가 경험한 역사적·사회적 현실의 특수성에서 비롯된다. 즉 재일동포는 자신들의 실존적 삶을 민족적·국

---

4) 1960년 이전의 문헌을 살펴보는 것은 사실상 불가능하다. 해방 직후 한글로 창간된 잡지나 기관지들은 지속적으로 간행되지도 않았고, 자료보존도 온전하지 않기 때문이다. 해방직후 한국어로 간행된 것으로는 『신세계 신문』(1945.2.조선어 간행), 『조련문화』(1946.4.2호까지만 확인 가능), 『해방신문』(1946.9.) 등이 있으나 이들은 지속적으로 간행되지 못했을 뿐만 아니라 자료를 구하기도 어렵다. 이 시기에 일본어로 간행된 것으로는 『조선문학』(1946.3. 재일조선문학회 기관지), 『청년』(1946~1947 건청 문화부), 『자유조선』(1946), 『민단신문』(1947.3.), 『진달래』(1953), 『민주신문』(1954.5), 『백엽』(1956) 등이 있다.

가적 차원에서 이해하고 있으며, 이로 인해 파생된 현실적 모순을 해결하기 위한 방안 역시 그러한 차원에서 모색하고 있는 것이다. 따라서 재일동포 수필의 이러한 특성은 재일동포의 역사적·사회적 삶의 특수성 속에서 형성된 것이라고 할 수 있다.

재일동포의 삶과 의식이 지닌 특수성은 이주와 귀환의 '비자발성'에서부터 비롯된다. 이들 중 대부분은 일제에 의해 강제이주 되었으며, 해방 후에도 일본의 자국 중심적 행태와 연합군의 억압 정책에 의해 귀국할 수 없는 상황에 놓이게 되었다. 즉 해방 직후부터 1946년 12월까지 이루어졌던 귀환 수송은 한국에서 일본으로, 일본인을 싣고 온 배로만 이루어졌다. 재일동포의 귀환을 위한 통로는 애초부터 마련되지 않았던 것이다. 그리고 재일동포의 귀환을 담당했던 연합군은 귀국하는 한인들에게 고국에 가져갈 수 있는 돈을 1천 엔으로 제한했다. 그 결과 일제 강점기 당시 200만 명 이상이었던 재일동포 중 60만 명은 일본에 남을 수밖에 없었다.[5] 둘째로 문제되는 것은 일본이 재일동포들을 '배제의 논리'로 관리하려 했다는 점이다. 해방 후에도 일본과 연합군은 재일동포에게 해방민족으로서의 지위를 인정하지 않았을 뿐만 아니라 현지에 남아있는 재일동포를 '외국인'으로 규정함으로써 법적으로 배제[6]시켰고, 이에 따라 재일동포는 일본에서 법적인 타자의 자리에 놓이게 되었다.

---

5) 마츠다 토시히코(松田利彦), 「해방 후 민족 교육의 발자취」, 『재일조선인 그들은 누구인가』, 삼인, 2003. 143쪽.

6) 1945년 12월 17일에 '개정 중의원 의원선거법'을 공포하여 종래에 일본 거주 조선인이 가지고 있던 중의원 의원의 선거권 및 피선거권을 박탈했다. 그리고 1947년 5월 2일에는 칙령으로 '외국인 등록령'을 공포하여, 연합국과의 강화조약이 체결되기 전의 구(舊)식민지 출신자들은 일제히 외국인으로 취급한다며 외국인 등록과 등록중의 소지를 의무화하였다. 그에 따라 1947년 12월 말까지 외국인 등록을 마친 조선인은 약 60만 명이었다. 바로 이들이 현재 일본에서 '특별 영주'의 자격으로 정주하고 있는 재일 조선인의 원형이다.(김광열, 「재일 조선인은 어떻게 형성 되었나」, 『재일조선인 그들은 누구인가』, 삼인, 2003, 73쪽.)

재일동포는 해방 후에도 민족적 차별과 억압으로부터 벗어날 수 없었던 것이고, 이것이 재일동포의 민족의식 강화에 결정적 영향을 미쳤다. 셋째로 문제되는 것은 해방 조국의 정치적 위기 상황이다. 한국전쟁과 남북분단은 그들의 국가 정체성에 극심한 혼란을 초래했다. 국가와 민족을 일원화하여 인식하고 있었던 재일동포에게 분단으로 인한 국가 정체성의 혼란은 곧 민족 정체성의 혼란이었다. 그것은 그들을 지탱해 주던 민족적 긍지에 치명적인 외상을 입혔으며, 나아가 그들을 하나로 묶어 주던 민족 공동체 의식을 위태롭게 했다.

재일동포의 실존적 위기가 비자발적 이주와 민족차별, 조국의 분단 등 그들의 의지와는 무관했던 외적 요인으로 인해 발생한 것이기 때문에 재일동포의 억압적 삶은 그들 자신만의 노력으로는 극복될 수 없다. 재일동포의 실존적 상황을 개선하기 위해 무엇보다 필요한 것은 그들의 국가적·민족적 정체성의 확립 근거가 되어 줄 조국의 통일이며, 그들을 정치적으로 보호할 수 있는 국력이다. 따라서 재일동포들은 통일조국을 열망하게 된다. 통일은 재일동포들의 귀국 의지를 실현하기 위한 근본적이면서도 일차적인 요건이며, 일본 내에서 살고 있는 이들의 국가적·민족적 정체성을 회복하기 위한 전제조건으로 인식되기 때문이다.

> 시비를 가릴 것이 아니라 서로 만나서 흉금을 털어 담화하고 교류하는 데 그 해결의 실마리는 있을 것이 아닌가!
> — 안우식, 〈밀항 여덟 동포의 죽음을 듣고〉,
> 『문학예술』3호, 1960.5. —

> 통일은 우리 인민들의 념원이며 5천만 우리 겨레의 숙원인데 어찌하여 조국 통일을 가로막아야 하는가!
> — 박충신, 〈모두다 통일의 대로에 나서자〉,
> 『문학예술』43호, 1972.12. —

재일동포에게 통일은 민족 전체의 실존적 위기를 극복하기 위한 절대적 명분으로 인식된다. 따라서 재일동포는 통일을 방해하는 어떠한 것도 용납할 수 없다는 의지를 분명히 드러낸다. 즉 통일을 위해서는 정치적·사회적·이념적 문제들을 초월해야 한다고 주장한다. 통일을 위해서는 '시비를 가릴 것이 아니라 서로 만나서 흉금을 털고 담화하고 교류'해야 하며, 그것만이 '5천만 우리 겨레의 숙원'을 해결할 수 있는 길이 되는 것이다. 이러한 재일동포의 통일염원은 그들이 지닌 민족의식의 소박성과 연관된다. 즉 재일동포에게 있어서 민족이나 민족의식은 식민지배의 경험 속에서 획득한 혈통·언어 및 문화를 기반으로 한 공동체 의식을 의미한다.

재일동포의 민족의식은 한글의식과 민족교육으로 구체화된다. 한글은 민족 정체성을 드러내는 가장 명확한 실체이며, 나아가 남북한의 사상적 대립을 초월할 수 있는 상징이다. 그리고 민족교육은 그러한 한글을 지켜나가기 위한 현실적이고도 구체적인 방법으로서 강조된다. 재일동포가 한국어 수필을 창작·발표하는 것도 이러한 목적의식과 무관하지 않으며, 한글의식과 민족교육을 주제로 한 수필이 지속적으로 발표되는 것 역시 이와 관계된다.

> 아름다운 우리말을 정확하게 쓰는 문제는 연극인들에게 있어서 초보적이며 기본적인 문제의 하나다. 우리말을 정확하고 아름답게 쓴다는 것은 또한 초보적이면서 어려운 일이다. 특히 일본에 살고 있는 우리들에게는 더욱 그렇다.
> — 서상각, 〈초보적이면서도 가장 중요한 것들〉,
> 『문학예술』17호, 1966.1. —

> 자식들에게 우리말을 배워주어라. 우리말을 똑똑히 모르면 아이들이 다 일본사람이 되고 만다. 그래서 마지막에는 너희들마저 버림당

하게 된다.

예문에서 확인할 수 있는 바와 같이, 재일동포에게 있어서 한국어를 지속적으로 익히고 사용하는 것은 '초보적이면서도 어려운 일'이다. 그럼에도 불구하고 이들이 한국어를 익히고 사용하기 위해 노력하는 것은 '진짜 조선 사람'이 되기 위해서이고, 민족적 동질성과 존재기반을 확보하기 위해서이다. 즉 재일동포에게 한글은 그들의 흔들리는 정체성을 극복하기 위한 상징으로서의 의의를 지닌다.

재일동포 한국어 수필에서 지속적으로 드러나는 주제의식은 통일염원, 한글의식 고취, 민족교육에 대한 의지이다. 공적 담론으로서의 성격을 강하게 지니는 이러한 주제의식은 재일동포가 경험한 역사적·사회적 삶의 특수성에서 비롯된다. 즉 재일동포는 민족적 집단의식을 강화함으로써 그들이 직면한 현실적 문제들을 극복하고, 정신적 불안감을 해소하고자 했던 것이다.

3. 시대적 위상 및 현실인식의 변화 양상

재일동포의 의식적 근간에는 국가 및 민족 정체성의 회복에 대한 열망이 내재되어 있고, 이것은 통일에 대한 염원과 한글 수호 의지로 표출된다. 따라서 이러한 주제의식은 시대적 상황의 변화와 상관없이 지속적으로 드러난다. 반면에 재일동포의 남북한에 대한 인식 태도는 시대적 상황에 따라 변화한다. 즉 남북한이 첨예하게 대립되어 있던 시기에 재일동포들은 남한에 대해서는 적개심을, 북한 및 김일성에 대해서는 존경심을 드러낸다. 이러한 태도는 남북한의 냉전 분위기가 완화되고 통일 지향이 가시화되면서 달라진다. 따라서 재일동포 수필의 변화 양상은 남북한의 정치적·경제적·사회적·문화적 상황과의 관계 속에서 고찰되어야 한다.

남북한의 정치적·경제적·사회적·문화적 상황과의 관련 속에서 고찰했을 때 『문학예술』에 게재된 수필은 세 가지 시기로 구분해 볼 수 있다. 제1기는 반제국주의 의식을 근거로 남북한에 대한 비판과 옹호의 태도를 확연하게 드러냈던 북한 지향기(1960~1980년 이전)이고, 제2기는 남북한 민중의 통일지향이 가시화되고, 재일동포 사회의 세대 교체가 이루어지면서 재일동포의 남북한에 대한 인식과 태도가 변화하기 시작한 전환기(1980~1990년 이전)이며, 제3기는 김대중 정권의 햇빛 정책, 김일성의 사망, 러시아를 비롯한 사회주의 체제의 붕괴, 그리고 세계적인 개방화 추세의 영향 속에서 재일동포가 북한편향성을 극복하고 조국에 대한 객관적 인식을 드러내는 시기(1990년 이후)이다.

1) 반제국주의 의식과 북한 지향(1960~1980년 이전)

1960년대 재일동포 수필에서 가장 두드러진 것은 북한과 남한에 대한 호오(好惡)가 분명하게 드러난다는 점이다. 이것은 해방 이후 북한의 문예 정책 및 주체사상이 재일동포 사회에 막강한 영향력을 행사했던 것과 관계된다. 즉 이 시기 재일동포 사회는 북한을 조국으로, 김일성을 민족의 지도자로 인식함으로써 절대적인 추앙의 자세를 견지한다. 반면에 남한을 비롯한 미국, 일본 등에 대해서는 비판의 태도를 확연히 드러내는데, 이러한 비판은 반제국주의 의식을 근거로 한 것이다. 즉 재일동포는 남한정부를 제국주의적 국제 관계를 청산하지 못한 반민족적 단체로 규정했다.

문제적인 것은 이 시기의 수필들이 대체로 북한에 대해서는 추상적 동경을, 남한에 대해서는 막연한 적개심을 드러내고 있다는 점이다.

> 희랍신화의 옛이야기에 있던 그 세계는 영순의 마음에 조국을 바라보는 광명을 주었다.
> -중략- ……………
> 아직까지 밟아보지도 못한 자기 조국-언제나 바라고 동경(憧憬)하는 조국 로동당 부름에 따라 누구나 다 전진해야 될 조국.
>
>> — 한미비, 〈모색(暮色)의 동화〉, 『문학예술』4호,
>> 1962.10. (방점은 인용자) —

> 아마 그때부턴가 싶다. 나는 조선 지도를 보면 곧 백두산을 찾는 버릇이 생겼다.
> 그 후 중학교에 올랐을 때 '백두산에서 김일성 장군이 조선독립을 위해서 싸우고 계
> ………………
> 신다'는 소문을 듣고 백두산은 나에게 있어서 더욱 가까운 것으로 되었다.
>
>> — 강남석, 〈조선 지도〉, 『문학예술』17호,
>> 1966.1.(방점은 인용자) —

'밟아보지도 못한 조국과 고향에 대한 동경', 그리고 '소문으로만 들은 존재(김일성)에 대한 존경'은 재일동포가 지닌 북한 인식의 추상성을 드러낸다. 즉 이들의 북한에 대한 동경은 북한에 대한 객관적 인식을 기반으로 한 것이 아니라 조국과 고향에 대한 막연한 그리움에서 배태된 것이다. 이러한 재일동포의 인식적 한계는 재일동포들이 겪고 있는 국가적·민족적 정체성 혼란의 심각성과 그에 대한 극복 의지의 절실함에서 비롯된다. 그리고 북한에 대한 찬양이 추상성을 지니는 것과 마

찬가지로 남한에 대한 비판 역시 추측으로 일관하는 모습을 보여준다.

> 그도 학자란 량심이 있는 만큼 민족 분렬을 조장시키고 미제의 노예로서 매국적인 '한일회담'을 감행할려고 하는 박정희 도당의 하는 일에 반감을 품지 않을 수 없었을 것이다. 그리고 자기 사랑하는 제자들을 미제의 대포밥으로 월남에 끌고 가서 개죽음을 시키려고 하는 데 대하여 격분을 참지 못했을 것이다.
> — 리은직, 〈괴상한 성명서〉, 『문학예술』15호, 1965.9. —

> 거기에는 팔둑같이 굵은 글자로 '韓國에 가자!'라고 씌여 있지 않겠는가!
> 순간, 나는 무슨 독기라도 쐬운 것처럼 몸이 오싹해 나고 입에서 열물이 돌아나는 쓰거움을 느껴 몇 번이고 게춤질을 하지 않으면 안되였다.
> "밑도 끝도 없이 '한국에 가자!'는 건 어찌된 수작인가?"
> — 박영일, 〈려행 소감〉, 『문학예술』20호, 1966.7. —

남한에서 발행되는 신문의 내용을 근거로 한 것이기는 하지만, 리은직의 글은 시종일관 사건의 추이를 추측하고 있으며, 이러한 추측이 남한 정부에 대한 일방적인 적대감을 강조하는 데 기여하고 있다. 그리고 김영일의 글 역시 '한국에 가자'라는 현수막에 지나치게 감정적인 적대감을 드러내고 있다. 1960년대 재일동포 수필은 남한을 비롯한 자본주의 사회에 대한 적대감과 북한에 대한 무조건적 추종이라는 특징을 드러내는 바, 이것은 북한의 교시를 따르는 총련의 입장을 그대로 드러내는 것이라 할 수 있다.

1960년대의 이러한 친북성향은 1970년대 들어서면서 더욱 강화되었다. 주목되는 것은 김일성을 찬양하는 내용이 압도적으로 많아지면서 북한 찬양도, 남한·미국·일본 비판도 줄어들었다는 점이다. 이것은 단순히 재일동포 사회가 북한의 경직성에 동화되어 간다는 의미에서만 문제되는 것이 아니다. 그보다는 재일동포가 국가적·민족적 정체성을 확립하기 위해 북한을 조국으로 받아들이고 정신적 근거로 삼는 것이 아니라 김일성 한 사람을 신격화·우상화함으로써 조국애나 동포애를 추상화시키고 있다는 점이 더 문제시 된다. 그것은 조국이나 동포에 대한 왜곡된 인식과 그로 인한 그릇된 현실인식의 요인이 될 수 있기 때문이다.

> 별의별 치료를 다 해보았지만 그때뿐이고 한해에도 몇 번씩 도지군했다. 앞으로 치료를 계속하자면 막대한 돈이 들고 완치의 담보도 없었다. 귀국을 승인한 리유의 하나가 무상치료제인 조국에 가면 병을 고칠수 잇다는 신심이였다.   -중략-
> 아, 위대한 수령님께서 두달동안 시중호에서 료양을 하면서 전문치료를 받도록 해주신것이였다.
> 일본의 병원에서 난치의 병이라고 하던 아들녀석의 병을 우리수령님께서 고쳐주시였다.
> — 서묵, 〈감사〉, 『문학예술』 68호, 1979.6. —

실제로 김일성 찬양을 주된 내용으로 하는 글에는 남한에 대한 잘못된 인식과 과도한 적대감이 동반된다. 즉 제한된 정보와 북한의 선전 및 교육에 의해 제일동포는 남한 사람들이 김일성을 선망하고 있는 것으로 생각할 뿐 아니라 '남조선 겨레들은 기아와 빈궁, 학대와 무권리에 허덕이고 있다'고 믿고 있다. 당시 남한이 비민주적 정권의 탄압 아래 있었던 것은 사실이지만, 1960년대 이후 물질적으로 풍요로워지기 시작했다는 점 역시 사실이다. 그러나 제일동포는 남한에 대한 왜곡된 인식을 드러내고 있다. 이러한 왜곡은 김일성 우상화를 꾀하는 북한의 선전과 선동에 의한 것이라는 점에서, 그리고 재일동포를 백안시했던 남한의 정책에 의한 것이라는 점에서 비극적이다.

1960년부터 1980년까지의 기간에 재일동포는 친북성향을 선명하게 드러낸다. 이러한 편향성의 근본적 원인은 재일동포가 지닌 반제국주의적 민족의식에 있다. 즉 재일동포는 자신들이 경험한 억압적 상황이 제국주의적 모순에서 비롯되었다고 생각하기 때문에 민족 주체성을 추구하는 것으로 판단되는 북한을 진정한 조국으로 인식하는 반면 제국주의적 억압으로부터 벗어나지 못함으로써 민족 주체성을 상실한 것으로 판단되는 남한 정부를 구축(驅逐)의 대상으로, 남한 동포를 구휼의 대상으로 인식했다. 여기에 남북한의 재일동포에 대한 정책적 차이가 현실적으로 작용하면서 재일동포의 북한 편향적 태도는 더욱 강화된다. 즉 정신적·물질적으로 재일동포를 지원한 북한과 재일동포를 방기할 뿐 아니라 적대시한 남한의 태도는 재일동포들의 북한에 대한 동경과 남한 정부에 대한 적대감을 심화시켰다. 그리고 그것은 남북한에 대한 왜곡된 인식으로 이어졌다.

그러나 재일동포의 북한 편향적 의식이 사회주의에 대한 추구를 의미하는 것은 아니다. 재일동포가 남북한에 대해 편견을 지니고 있었다는 것은 사실이나, '시비를 가릴 것이 아니라 서로 만나서 흉금을 털어 담화하고 교류'해야 한다는 주장은 재일동포의 통일에 대한 염원이 이념을 초월한 것임을 드러낸다. 즉 재일동포가 지향하는 것은 사회주의 '조국'이지 '사회주의' 조국이 아니며, 재일동포가 적대시하는 것은 남한 정부이지 남한 동포가 아니다. 그러므로 재일동포 한국어 수필에서 종종 발견되는 '사회주의 조국 건설' 등의 표현은 민족적 주체성 회복에 대한 염원과 조국(북한)의 지향에 대한 단순한 동조로서 이해되어야 한다. 그리고 김일성 우상화 태도는 국가와 민족에 대한 간절한 그리움의 반증으로 이해되어야 한다. 또한 남한 정부에 대한 적대의식은 남한 동

포에 대한 연민의 반작용이며, 민족 자주성 회복에 대한 염원으로 이해
되어야 한다. 이것은 재일동포에 대한 남한 사회의 편견을 극복하기 위
해, 그리고 진정한 민족 화합을 위해 전제되어야 할 요건이다.

2) 세대교체와 인식의 전환(1980년~1990년 이전)

1980년대 재일동포 수필에서 두드러진 특징은 남한에 대한 비판과
북한에 대한 찬양이 더욱 줄어들었다는 점이다. 그리고 문화 활동 관련
내용이 갑작스럽게 늘어났다는 점이다. 이것은 재일동포 사회와 남북한
및 일본의 전반적인 변화 때문이다.

첫째, 1970년대 말부터 재일동포 사회에서 1세대 동포의 비중이 급격
히 감소하고 2, 3세대들의 비중이 증가함으로써 실질적인 세대교체가
이루어졌으며, 이에 따라 재일조선인운동이 신세대에 의해 주도되었다.
신세대는 1세대와는 다른 정치적 식견을 가지고 현실사회에 적응해갔던
것이다. 그리고 재일동포의 절대다수가 상공인[7]으로 자리 잡게 되었던
것도 재일동포 사회의 사상적 변화에 영향을 미쳤던 것으로 판단된다.
둘째, 일본은 고도의 경제성장 속에서 개방화 되어 갔다. 즉 일본은 재
일동포가 일본사회의 발전에도 유익한 존재라는 것을 깨달아 가면서 이
들을 인정하는 태도를 취하기 시작[8]했고, 동시에 북한이나 총련에 대해
서는 적대적 태도를 노골적으로 드러냈다. 이런 상황에서 김일성 찬양
내용이 줄어들지 않은 것은 북한 체제의 경직성과 총련의 위기의식 때
문인 것으로 해석된다. 셋째, 남북한 정치상황의 변화 때문이다. 남한은
1977부터 거류민단에 매년 10억엔을 지원하기로 약속함으로써 재일동포

---

7) 손지원, 「재일동포국문문학운동에 대하여」, 『재일조선인 조선어문학의 현황과 과
   제』, 와세다대학 조선문화연구회, 2004.12. 8~9쪽 참조.
8) 윤건차, 「21세기를 향한 '재일'의 아이덴티티」, 강덕상·정진성 외 공저, 『근·현
   대 한일관계와 재일동포』, 서울대출판부, 1999, 302쪽.

사회에 실질적인 영향력을 행사하기 시작한 반면, 북한은 김정일 세습 체제를 굳힘으로써 재일동포 사회가 북한에 대해 불신을 품게 하는 원인을 제공했다. 즉 총련 내부에 북한 사회에 대한 회의가 일기 시작했으며, 1980년대 중반 이후에는 북한에 송금하는 것에 대해 총련 3·4세들이 의문을 제기하기 시작[9]했다. 이러한 상황이 북한을 지향하는 총련으로 하여금 위기의식을 느끼게 하였고, 이러한 위기의식의 반작용으로 김일성 우상화가 의식적으로 강조되었다. 넷째, 박정희 사망과 광주 민주화 항쟁 등을 계기로 남한의 정치적 상황이 급변했던 점과 이산가족 상봉(1983)과 남한 학생들의 북한 방문 등 분단 해소를 위한 남한의 민중적 노력이 가시화 되었던 점도 재일동포사회가 지닌 북한 편향성을 약화시키는 데 영향을 미쳤을 것으로 판단된다.

> 일본에 동화되여가는 동포들이 늘어나고 그에 영합하여 현실추종하는 경향이 조직내에서도 일부에 나타나고 있는 이때에 일본에서 민족자주정신을 굳건히 고수한다는 것은 참으로 어렵고 그만치 또 중요하다. 그것은 그대로 이땅에서의 주체적인 민족문학예술의 사명과 임무의 중대성을 말해주는 것이기도 하다.
>
> — 박종상, 〈두서없이 생각함〉, 『문학예술』93호, 1989 여름. —

제시된 글에서 알 수 있는 것은 일본 사회에 동화·흡수되는 재일동포의 수가 갈수록 늘어나고 있고, 총련이 위기의식 속에서 내부 갈등을 겪고 있다는 점이다. 이것이 1970년대 이후로 계속해서 일본에 대한 비판과 북한 찬양이 줄어드는 직접적인 이유이다. 그리고 김일성 찬양의 내용이 줄어들지 않는 간접적 이유이기도 하다. 즉 이 시기에 내부갈등

---

9) 김태기, 「분단의 갈등을 넘어 통일의 민족 단체로」, 『재일조선인 그들은 누구인가』, 삼인, 2003, 44쪽.

이 심화되던 총련은 문제해결을 위한 구심점이 필요했으며, 따라서 의식적으로 김일성의 주체사상을 강조하려 했고, 이것이 김일성 찬양 내용의 비중을 늘리는 데 영향을 미쳤을 것으로 판단된다.

문화 활동에 대한 내용이 급격히 늘어난 것 역시 이러한 변화와 관련된다. 즉 이러한 내용의 글은 1987년 이후에 창작되기 시작했는데, 이것의 직접적인 이유는 『문학예술』이 문예동 결성 30돌을 기념하여 특집호를 발간했기 때문이다. 그러나 그 이면에는 북한 지향의 강박으로부터 벗어나고 있는 재일동포 사회의 전반적 분위기가 실질적으로 작용하고 있었던 것으로 판단된다. 김일성 주체사상과 북한사회를 찬양하기 위한, 혹은 그것을 구심점으로 한 재일동포 사회의 단결을 유도하기 위한 문화 활동을 강조하던 이전과는 달리 이 시기의 수필들은 북한 편향성이 약화된 상태에서 문화예술 활동의 과정과 그 성과를 구체적으로 표현하는 데 치중하고 있기 때문이다.

> 돌이켜보면 1980년대에 들어서면서 전국 각지에서 미술운동이 더욱 활발히 전개되게 되었다. -중략-
> 그런데 이 일련의 미술운동에서 20대 후반기부터 40대 전반기의 젊은 세대가 주동력이 되고 있다는 것이 오늘의 흐름의 특색이라고 말할 수 있을 것이다. -중략-
> 이러한 중요한 굽인돌을 맞이한 시기에 나는 우리 미술운동의 새로운 비약과 발전을 위해 여러 모로 힘써 나가며 창작적 성과로 이신 작칙한 굳은 결심을 지금 다지고다진다.
>
> — 리동일 〈청년미술가들의 진출〉, 『문학예술』87호, 1987 여름.

이 시기에 들어서 재일동포 수필의 주된 관심은 김일성과 북한이 아니라 문화와 삶 자체에 있다는 것이 리동일의 글에서 확인된다. 또한 김일성이 아닌 작가 개인이 추모와 찬양의 대상이 되고 있는 점도 확연히 달라진 점이다. 이러한 변화는 첫째, 총련과 총련 관계자들이 정치적인 강박으로부터 벗어나기 시작했음을 드러낸다는 점에서 주목할 만하다. 둘째, 구호성이 감소한, 수필다운 수필의 등장하기 시작했다는 점에서 문학적 의의가 있는 일이다. 셋째, 재일동포가 집단적 거대담론에 견인되기 보다는 경험을 바탕으로 자신의 삶을 들여다보는 성찰적 태도를 드러내기 시작했다는 점에서 긍정적으로 평가될 수 있다. 즉 이러한 변화는 재일동포 사회의 중심이 새로운 세대를 향해 옮겨가고 있는 것과 관계되며, 이에 따라 재일동포의 현실에 대한 인식이 변화되고 있음을 드러낸다.

1980년대는 재일동포의 남북한에 대한 인식 변화가 가시화되는 시기이다. 즉 북한에 대한 찬양 태도와 남한에 대한 적대적 태도가 모두 약화된다. 김일성 우상화가 강화되는 것은 문제적이지만, 이것은 재일동포의 국가적 정체성에 대한 위기의식을 역설적으로 드러내는 것이며, 총련의 경직성을 반증하는 것이다. 그러므로 보다 주목되어야 할 것은 재일동포가 남북한과 재일동포 자신에 대한 인식적 변화를 드러내고 있다는 점이다.

3) 내적 성찰과 객관적 현실인식(1990년 이후)

1990년대의 재일동포 수필에서 크게 눈에 띄는 것은 첫째, 통일에 대한 염원을 주제로 한 글의 표현양상이 달라졌다는 것이다. 북한에 의한 통일보다는 남북한의 화합 자체를 지향하는 경향이 강해졌다. 남북한 단일팀의 승리에 대한 기쁨을 표현한다든가 남북한의 공동행사의 모습을 구체적으로 표현[10]하는 글에서 북한과 김일성에 대한 찬양이나 남한에 대한 적대의식은 거의 찾아볼 수 없다.

　　　<코리아>유일팀 성원들의 마음에는 분계선이 없음을 확인해주는
눈물이기도 했다. 조그만한 탁구알이 우리겨레들에게 크나큰 감격을
가져다주었다. 그리하여 우리 겨레들의 가슴에 조국통일의 의지를 굳
게 심어주고 민족단합과 통일기운을 한층 높였음을 나는 가슴흐뭇이
생각했다.

　　　　　　　　　　　　　－ 정일구, 〈자그만 탁구알이 가져다준 크나큰 감격〉,
　　　　　　　　　　　　　　　　　『문학예술』100호, 1991 여름.

　둘째, 남한비판의 내용과 김일성 찬양 내용이 현저히 줄어들었다는
점도 특기할 만하다. 남한 비판의 내용은 비중뿐만 아니라 내용적인 측
면에서도 변화를 보여준다. 즉 남한 정부나 체제에 대한 막연한 적대감
을 표현하기보다는 5·18 광주민주화항쟁에 대한 추모[11] 등 구체적인
사건과 이에 대한 객관적 인식을 드러낸다. 김일성 찬양이 줄어든 것은
1994년 김일성의 죽음과 전례 없는 자연재해를 겪은 북한의 상황이 직
접적인 영향을 준 것으로 판단된다. 여기에 1980년대부터 시작된 일본
의 반공화국 반총련 캠페인이 더욱 노골적으로 전개되고, 사회주의 세
계의 붕괴와 더불어 전개된 개방화 물결에 영향을 받으면서 재일동포의
북한에 대한 태도가 급격히 변화한 것 같다. 이 시기에 김일성 찬양이
총 63편 중 3편에 불과하다는 것은 재일동포가 북한 편향성과 의식적
경직성을 극복했다는 것을 증명한다.

　셋째, 문화 및 재일동포의 실제 생활에 대한 내용이 전체의 50%를
상회하게 되었다는 점이다. 이것은 재일동포 사회가 공적인 단합을 추

---

10) 구쾌남, <더 큰 통일잔치를 벌리자>, 『문학예술』107호, 1994.봄/ 김범, <'코리아
　　통일미술전'에 대한 소감>, 『문학예술』107호, 1994.봄/ 정남준, <'93코리아통일
　　미술전에 대한 작은 보고서>, 『문학예술』107호, 1994 봄.
11) 오호일, <돐을 두고>, 『문학예술』98호, 1990.겨울.

구하기보다는 개인의 내면적 충실성과 실존에 대해 더 많은 관심을 갖기 시작했다는 것을 의미한다. 우리말의 중요성을 강조한 글에서도 예전의 한글의식이 민족적 정체성의 고수를 위한 신념의 강화에 치중한 것인 반면, 이 시기 글에서는 일본인과의 관계와 주체적 삶의 태도를 드러내는 데 치중하고 있다. 예를 들어 박정순의 <안녕하십니까!>(『문학예술』97호, 1990.여름)는 집에 찾아오는 손님이 누구인가에 따라 일본어로 인사를 하든지 한국어로 인사를 하든지 하던 아이들이 지금은 어떤 손님이 오든 한국어로 인사를 하고 있으며, 그것이 오히려 일본사람들에게 칭찬을 듣는 계기가 됐다는 내용이다. 재일동포로서의 피해의식과 총련에 대한 자긍심을 완전히 배제하지는 못하고 있지만, 이 글은 재일동포와 일본 사회의 변화를 확연하게 느낄 수 있게 한다. 이밖에도 일본에서의 성공기[12], 남한 친구와의 우정[13], 김치나 고추의 우수성[14], 자기생활태도 반성 및 인생회고[15] 등 사적인 내용이 많아졌다. 특히 사랑이 곧 행복이라는 주제의식[16]은 이 시대 재일동포의 의식이 얼마나 크게 변모했는가를 단적으로 보여준다.

1990년대 이후 재일동포는 북한편향성을 탈피함으로써 남북한을 이전보다 객관적으로 인식하는 경향을 드러내고 있으며, 이는 재일동포의

---

12) 우점분, <내가 걸어온 길>, 『문학예술』104호, 1992 겨울/ 려성근, <조국과 더불어 영생하는 기업가가 되련다>, 『문학예술』101호, 1991 겨울/ 최영식, <나라가 없으면 어디가도 못산다>, 『문학예술』102호, 1992 봄/ 리주원, <'만경봉-92'호와 더불어 영원히>, 『문학예술』105호, 1993 봄/ 강상효, <선반으로 조국의 변영에 기여하려>, 『문학예술』106호, 1993 여름./ 김응석, <나의 적극 인생>, 『문학예술』109호, 1999.6.

13) 남상혁, <액땜>, 『문학예술』100호, 1991 여름.

14) 김광숙, <입맛 당기는 김치>, 『문학예술』102호, 1991 겨울/ 박정순, <고추>, 『문학예술』107호, 1994 봄.

15) 김순향, <환희>, 『문학예술』105호, 1993 봄/ 강화석, <삶의 아름다움을 찾아>, 『문학예술』107호, 1994 봄/ 김영순, <녀성 후원회 간사로 사업한 나날>, 『문학예술』106호, 1993 여름 등.

16) 림유춘, <행복에 대하여>, 『문학예술』106호, 1993 여름.

국가 정체성이 유연성을 획득하고 있다는 것을 의미한다. 즉 재일동포 사회는 이 시기에 이르러 북한만을 조국으로 인식하는 편향성을 극복하고 있는데, 이는 남북한의 정치적·사회적·문화적 상황 및 세계적인 개방화 추세에 견인된 결과이다. 이러한 인식적 변화는 재일동포가 자신들의 실존적인 삶의 문제에 대해 진지한 관심을 드러내는 데 영향을 미친다는 점에서, 그리고 민족 동질성 회복에 긍정적으로 작용한다는 점에서 의의를 부여받을 수 있다.

4. 맺음말

『문학예술』에 게재된 수필을 통해 알 수 있는 것은 재일동포들이 민족적·국가적 정체성의 수호와 조국통일을 가장 중요한 것으로 인식하고 있다는 점이다. 이러한 의식이 강화된 것은 해방 후에도 민족적·국가적 정체성을 회복할 수 없었던 재일동포 사회의 특수성 때문이다. 즉 어디에도 온전하게 소속되어 보호받지 못했기에 정체성의 혼란을 겪을 수밖에 없었던 이들에게 집단적 민족의식은 국외자의 소외와 불안을 해소하는 데 유효했다. 이것이 해방 후 50여 년의 세월이 흐른 지금까지 재일동포 사회가 한국어 문학을 창작할 수 있었던 동력이자 이유이다.

민족적·국가적 정체성의 근간과 주체성의 회복이 절실하게 필요했던 재일동포에게 북한의 재일동포 포용정책과 주체사상은 막강한 영향력을 행사했다. 북한과 재일동포의 정서적 유대는 정체성 위기에 처한 재일동포로 하여금 강한 민족적 자부심을 지닐 수 있는 근거가 돼 주었던 것이다. 그러나 이것은 재일동포가 북한을 이상화함으로써 동경의 대상으로 삼는 데 일조했고, 이에 따라 재일동포에게 있어서 조국은 상

상의 공동체가 되어버렸다. 김일성 숭배는 이러한 의식적 편향의 극점
이라 할 수 있다. 또한 이러한 의식적 편향은 남한에 대한 왜곡된 인식
의 근거가 되었다.

그러나 정치적 역학관계와 사회적 상황의 변화 속에서 재일동포 한국
어 수필은 점차로 정치적 교조성을 탈피해가고 있다. 북한을 근거로 한
민족적 자부심의 표현은 점차로 줄어드는 반면 남한 역시 조국으로 인
식하는 경향이 점차로 확대된다. 또한 재일동포의 실제적인 삶과 문화
에 대한 관심이 증대되고 있다. 이것은 북한의 체제 경직화와 남한의
경제성장, 일본의 포용 정책, 그리고 세계적인 개방화 추세에 견인된 결
과라고 할 수 있다. 그러므로 주목해야 할 것은 남북한의 정치적·사회
적·경제적·문화적 상황의 변화에 따라 재일동포의 국가 정체성도 유
연성을 획득해 가고 있으며, 이것이 민족 화합을 위한 기반으로서 작용
할 수 있다는 점이다.

참고문헌

1.기초자료

재일본조선문학예술가동맹 중앙위원회 기관지,『문학예술』, 1961.5~1999.6.

2. 논저

강덕상・정진성 외 공저,『근・현대 한일관계와 재일동포』, 서울대출판부, 1999.
김형규, 「조선 사람으로서의 자각과 ‘재일’의 극복」,『한중인문학연구』제14집, 2005.4.
    389~416쪽.
백로라, 「재일동포 한국어 극문학 연구」,『한중인문학연구』제14집, 2005.4. 417~440쪽.
송혜원, 「재일조선인 문학의 조선어로의 창작활동의 변천(1945~1970)」,『재일조선인
    조선어문학의 현황과 과제』, 와세다대학 조선문화연구회・해외동포문학편찬사업
    추진회・재일본조선문학예술가동맹 공동심포지엄 자료집, 2004.12.11. 1~13쪽.
손지원, 「재일동포국문문학운동에 대하여」,『재일조선인 조선어문학의 현황과 과제』,
    와세다대학 조선문화연구회・해외동포문학편찬사업추진회・재일본조선문학예술가
    동맹 공동심포지엄 자료집, 2004.12.11. 1~18쪽.
이경수, 「재일동포 한국어 시문학의 전개과정」,『한중인문학연구』제14집, 2005.4.
    353~388쪽.
이정석, 「재일동포가 창작한 한국어 산문문학의 존재양상」,『한중인문학연구』제14
    집, 2005.4, 441~460쪽.
조해옥, 「재일 한국인의 분단극복 의식」,『한중인문학연구』제14집, 2005.4. 485~504쪽.
한승옥, 「재일동포 한국어 문학연구 총론(1)」,『한중인문학연구』제14집, 2005.4.
    323~352쪽.
한일민족문제학회,『재일조선인 그들은 누구인가』, 삼인, 2003.
허명숙, 「재일동포 작가 량우직의 장편소설 연구」,『한중인문학연구』제14집, 2005.4.
    461~454쪽.

1990년대 재일동포 한국어 소설과 민족 정체성

허 명 숙

--- 목 차 ---

1. 머리말

재일동포[1] 문학 연구는 1990년대 들어서 비로소 본격적으로 시작[2]되었고, 2000년대로 접어들면서[3] 더욱 활기를 띠고 있다. 재일동포 문학

은 크게 세 양상[4]—1) 일본에 귀화를 거부한 채 우리 이름을 쓰면서 일

1) 재일동포 대다수는 스스로를 재일조선인이라 부른다. '재일조선인'이란 명칭은 '조선'적을 지닌 사람을 뜻하는 명칭으로 종종 오해하기 쉬우나 이는 사실과 다르다. 한국 국적을 지닌 사람들도 자신을 '재일조선인'이라고 한다. 재일조선인은 해방 이전 한반도-조선에서 일본으로 건너와 살게 된 사람과 그의 후예들이라는 의미를 더 강하게 띠고 있다. 그러므로 '재일조선인'에서 '조선'은 '국가'를 지칭하는 개념이 아니라 '민족'을 지칭하는 개념이다. '재일조선인'을 친북 재일동포, 혹은 총련계 재일동포로 환원하여 이해하는 것은 '한국-남한, 조선-북한'이라는 오해에서 빚어진 결과이다. 이런 오해는 재일한국인의 경우에도 적용되고 있다. 이는 모두 남북분단과 분단 고착에서 초래된 것으로서 우리가 극복해야 할 것이다. 이런 불필요한 오해를 덜기 위해 '재일코리언', '자이니치'라는 용어가 모색되기도 하였으나, 재일동포의 특수성을 환기하지도 못할뿐더러 재일동포들 스스로도 그 명칭을 널리 사용하지 않는다고 한다. 이미 그들에게 '재일조선인'이란 호칭은 그들 역사 속에서 정체성의 한 부분이 되었기 때문이라고 본다. 이런 맥락에서 재일동포를 '재일조선인'이라 칭하는 것이 타당할 것이나 본고는 객관적이고 중립적인 관점에서 논의를 진행하기 위해 '재일동포'라는 중성적인 용어를 사용하기로 한다. 다만 '재일조선인'이라는 용어를 사용한 선행연구를 인용할 경우나 문맥상 '재일조선인'이란 용어가 보다 적확한 경우에는 '재일조선인'이란 용어를 사용하기로 한다.
2) 이 분야의 연구는 이한창(1990)에서 비롯되었다. 이한창은 이후 박사학위논문 「재일 교포문학의 작품성향 연구」(1996)를 발표하였을 뿐만 아니라 지속적으로 이 연구를 천착하고 있다. 그에 의해 이루어진 연구성과들은 다음과 같다.
    이한창, 「재일 교포문학의 주제 연구」, 『일본학보』29집, 한국일본학회, 1992.
    이한창, 「재일 교포문학의 작품성향 연구」, 중앙대 일문과 박사학위논문, 1996. 12.
    이한창, 「민족문학으로서의 재일동포문학 연구」, 『일본어문학』3집, 한국일본어문학회, 1997.
    이한창, 「아쿠타가와 상을 통해 본 재일동포 문학」, 『일본학』19집, 동국대학교 일본학연구소, 2000.
    이한창, 「재일동포조직이 동포문학에 끼친 영향 -좌익 동포조직과 동포작가와의 갈등을 중심으로-」, 『일본어문학』8집, 한국일본어문학회, 2000.
    이한창, 「재일동포 문인들과 일본문인들과의 연대적 문학활동-일본문단 진출과 문단 활동을 중심으로-」, 『일본어문학』24집, 한국일본어문학회, 2005.
3) 2000년대 들어서 '재일 한국인 문학' 연구 저서가 두 권 간행되었다. 홍기삼 편의 『재일 한국인 문학』(솔, 2001)과 유숙자의 『재일 한국인 문학 연구』(월인, 2002)가 그것이다. 이 외에도 임헌영(「재일동포문학에 나타난 한국여성의 초상」, 『한국문학연구』제19집, 동국대학교 한국문학연구소, 1997.3), 김응교(「일본 속의 마이너리티, 재일조선 시」, 『시작』, 2004.겨울), 심원섭(「재일동포의 문학예술의 현황과 창작 방향」, 『세계 속의 한국문학』, 새미, 2002), 이재봉(「재일 한인 문학의 존재방식」, 『한국문학논총』제32집, 2002.12) 등의 연구가 있다.
4) 이한창(1997), 앞의 글, 250쪽 참조.

본어로 작품활동을 하고 있는 경우, 2) 우리말로 작품활동을 하는 경우, 3) 일본에 귀화하여 일본명으로 작품을 발표하는 경우 등으로 나타난다. 그런데 이제까지 이루어진 연구들은 대부분 1)에 편중되어 있는 실정이다. 1)을 '한국문학'의 범주로서 해석하고 평가하려는 이러한 논의는 속문주의를 벗어나 민족문학의 지평을 확대한다는 차원에서 커다란 의의가 있다고 하겠다. 그러나 이런 관점에서라면 무엇보다 1)에 앞서 2)에 대한 논의가 선행되어야 하며, 1)과 함께 3)도 우리의 관심 대상이 되어야 할 것이라고 생각된다.

2)는 주로 총련5)의 산하조직인 '재일본문학예술가동맹'(약칭 문예동)에 소속된 문인들에 의해 이루어졌는데, 이한창은 이에 대해 "그 수가 많지 않고 작품의 수준도 그다지 높지 않아 문학적 성과는 미미한 편이다"6)라고 지적한 바 있다. 그러나 이는 사실과 거리가 있다. 문예동은 1959년 6월 7일 결성되어 현재에 이르고 있으며, 문예동에서 발간하는 기관지『문학예술』은 1960년 1월에 창간되어, "100호(1991년)에까지 문학작품 1500여 편"이 발표되었고, "322명의 작가들이 글을 썼다"7)라고 알려지고 있다. 『문학예술』은 1999년 6월, 109호로 종간되고, 그것의 후신으로 『겨레문학』이 2000년 5월 창간되어 현재 7호까지 간행되었

---

5) 재일동포 사회에는 현재까지 '재일본대한민국민단(약칭 민단)'과 '재일본조선인총연합회(약칭 총련)'이라는 두 개의 단체로 양분되어 있다. 이들은 "남과 북의 대리조직으로써 또 하나의 38선을 만들어 교포사회를 분열하게 만들었다는 비난을 받았다."(이한창(1996), 앞의 글, 98쪽) 재일동포 조직(단체)의 역사와 현황에 대해서는 이한창(2000)의「재일동포조직이 동포문학에 끼친 영향-좌익 동포조직과 동포작가와의 갈등을 중심으로-」, 김태기의「분단의 갈등을 넘어 통일의 민족 단체로」(한일민족문제학회 편,『재일조선인 그들은 누구인가』, 삼인, 2003), 김인덕의『우리는 조센진이 아니다』(서해문집, 2004)4장, 박일의『재일한국인』(전성곤 역, 범우, 2005)6장 등을 보면 알 수 있다.
6) 이한창(2000), 위의 글, 110쪽.
7) 손지원,「재일동포국문문학운동에 대하여」,『재일 조선인 조선어문학의 현황과 과제』, 와세다대학 조선문화연구회 발표문, 2004.12.11, 11쪽.

다. 뿐만 아니라 시집, 소설집, 장편소설, 기타 작품집 등 재일동포 한국어 문학은 실로 방대한 양을 이룬다.[8] 그러므로 이한창이 '수가 많지 않다'고 파악한 것은 실상과 다르다. 또한 그는 다른 글에서 "사상성을 앞세우고 있어 (문학성은)[9] 그리 높지 않는 편이다."[10]라고 하였다. 이 점에 대해서도 본고는 생각을 달리 한다. "친북 조직인 총련계 작가들에 의해서 이루어져 왔기 때문에 자연스럽게 북한문학의 일부로 인식되어 다루어져 왔고, (중략) 이념적, 미학적 선입견이 부지불식간에 작용해"[11] 서둘러 가치판단을 했다는 느낌을 떨치기 어렵다. 이에 대한 판단은 이 분야에 대한 연구가 진행됨에 따라 앞으로 자유롭고 엄정하게 이루어져야 할 것이다.

2)에 대한 연구[12]가 그 동안 미미했던 이유는 그것의 양과 질 때문이라기보다는 오히려 그것과 관련된 문학외적 상황 때문이었다고 본다. 재일동포 사회는 그 어느 재외 동포들이 처한 현실보다도 특수한데, "재일 조선인의 현실 생활이나 한국, 북한, 일본이라는 세 나라의 틈바구니서 흔들리고 있으며 꽤 복잡한 양상을 띠고 있다."[13] 요컨대 그들은 모국인 남북한의 역사적·정치적 상황에 따라 매우 깊고 심대한 굴절을 겪어 왔다. 그렇기 때문에 과거, 분단 구조를 그대로 반영한 분열 정책을 구사했던 시기, 총련계 재일동포들에 의해 이루어진 문학에 접

---

8) 한승옥, 「재일동포 한국어 문학연구 총론(1)」, 『한중인문학연구』제14호, 2005.4, 여기에 재일동포 한국어 문학에 대한 자료 목록이 실려 있다.
9) 탈자 보완: 필자
10) 이한창(1997), 앞의 글, 250쪽.
11) 김형규, 「조선 사람으로서의 자각과 '재일'의 극복」, 『한중인문학연구』제14호, 2005.4, 391쪽.
12) 심원섭, 김응교 등에 의해 2)에 대한 연구가 이루어져 2)에 대한 관심을 불러 일으켰다.
13) 윤건차, 「식민 지배와 남북 분단이 가져다준 분열의 노래」, 한일민족문제학회 편, 『재일조선인 그들은 누구인가』, 삼인, 2003, 13쪽.

근하는 것 자체가 반국가적인 행위로 오해받을 빌미가 되었으므로 그것
에 관심을 갖는다거나 그것을 연구한다는 것은 현실적으로 어려웠다.

90년대 들어서 재일동포 문학 연구가 시작되었다는 것도 이러한 사
실과 깊은 관련이 있다. 이제 남과 북이 극단적 대립을 극복하고 통일
을 위해 화해와 공존을 모색함으로써 재일동포 문학, 특히 총련계 재일
동포들에 의해 이루어진 문학에 접근하는 데 그 어떤 제약이나 조건이
따라붙지 않는다. 이 연구는 최근 들어 집중적으로 이루어지고 있는 2)
에 대한 연구14)의 연장선에서, 1990년대『문학예술』을 통해 발표된 한
국어 소설작품을 주요 연구대상으로 삼아 총련계 재일동포들의 정체성
을 파악하고, 그것의 구현 방식을 분석하고자 한다.

2. 1990년대 재일동포 사회 변화

1990년대 이후 일본은 급속하게 '다민족 사회'로 나아가고 있다.
1980년대 후반 일본 엔화가 세계 최고의 통화가 됨에 따라 외국인 노
동자들이 대대적으로 일본으로 들어오게 되어, "외국인의 90퍼센트 이
상을 차지했던 '절대적 존재'로서의 재일 조선인에서 '외국인 가운데 하

---

14) 한승옥, 앞의 글.
　　김형규(2005.4), 앞의 글
　　허명숙, 「재일동포 작가 량우직의 장편소설 연구」,『한중인문학연구』제14호, 2005.4.
　　이경수, 「재일동포 한국어 시문학의 전개과정」,『한중인문학연구』제14호, 2005.4.
　　김형규, 「조선 사람으로서의 자각과 '재일'의 극복」,『한중인문학연구』제14호, 2005.4.
　　백로라, 「재일동포 한국어 극문학 연구」,『한중인문학연구』제14호, 2005.4.
　　조해옥, 「재일 한국인의 분단극복 의식」,『한중인문학연구』제14호, 2005.4.
　　허명숙, 「재일 한국어 소설문학의 최근 동향」,『한중인문학연구』제15호, 2005.8.
　　김형규, 「귀국 운동과 '재일'의 현실」,『한중인문학연구』제15호, 2005.8.
　　윤의섭, 「재일동포 강순 시 연구」,『한중인문학연구』제15호, 2005.8.
　　김은영, 「김윤 시 연구」,『한중인문학연구』제15호, 2005.8.
　　백로라, 「김지석 희곡에 나타난 재일동포의 정체성」,『한중인문학연구』제15호, 2005.8.

나'로, 이른바 '재일 조선인의 상대화'가 진행"[15]된다. 게다가 최근 들어 일본에 장기거주하게 된 한국인, 즉 뉴커머(new comer) 한국인도 2003년 말 약 14만 명에 달하게 되었고, 현재 재일 한국·조선 국적자의 4분의 1이 뉴커머 한국인이라고 한다.[16] 이러한 사회적 변화와 함께 자연발생적으로 이루어진 세대교체로 인해 이제 일본에서 나고 자란 2세, 3세가 사회의 중견으로 자리 잡고 있으며, 나아가 4세로 세대의 중심이 넘어가고, 5세도 태어나고 있다.[17] 재일동포 1세들은 해방 직후 한반도의 정세를 지켜보며 '당분간' 일본에 잔류하는 길을 택했다. 세월이 지남에 따라 "남북통일의 전망이 어두울 뿐만 아니라 조국을 모르는 일본 출생 세대의 비율이 높아감에 따라 일본 사회로의 정주화 경향이 점차 높아지"[18]고 있다. 또한 재일동포들의 국제결혼이 늘어가는 것도 '정주화 경향'의 또 다른 요인으로 작용하고 있다.

재일동포들의 정주화 경향은 재일동포 조직의 변화로 이어지면서, 재일동포 사회에서 구심점 역할을 했던 총련은 크게 흔들린다. "공산권이 붕괴한 이후인 1990년대에 들어 총련은 동시다발적으로 심각한 문제에 부딪치게 된다. 그것은 북한 추종 노선에 대한 반발, 산하 기업 및 신용 조합의 파산 그리고 조직 이탈이라는 현상으로 나타났다. 북한 경제의 침체와 일본 거품 경제 붕괴로 인해서 민단계 기업과 신용 조합은 물론 총련계 기업과 신용 조합은 더욱 큰 타격을 입게 되었다. 특히 총련의 기반이라고 할 수 있는 총련 조선학교가 현실을 외면한 채 북한 공민 교육을 계속 실시함으로써 취학생 숫자는 급격하게 줄어들게 되었

<hr>

15) 김태영, 강석진 역, 『저항과 극복의 갈림길에서』, 지식산업사, 2005, 17쪽.
16) 위의 책, 16쪽, 참조.
17) 강재언·김동훈, 하우봉·홍성덕 역, 『재일 한국·조선인―역사와 전망』, 소화, 1995, 151~152쪽에 재일동포 인구 구성의 연령별·성별 조사 결과의 도표 참조.
18) 위의 책, 152쪽.

다. 마침내 학부모들이 총련 조선학교가 북한식 교육을 탈피할 것을 촉구하기에 이르렀다."[19] 이처럼 총련 조직과 총련 활동으로부터 이탈하는 동포들이 늘어나는 반면, 민단은 한·일 협정 후 영주권 신청을 하기 위해 국적 변경을 원하는 동포들이 늘어남에 따라 세력이 확대되는 경향을 보인다.[20] 이러한 현실을 '총련의 약화와 민단의 성장'이라 이해할 수 있겠지만, 이는 '한국' 국적자=민단계, '조선' 국적자=총련계로 환원하여 해석한 결과로서, 사실상 재일동포 사회에서 총련이 차지하던 영향력과 결속력이 차츰 약화되어 가시적으로 드러나게 된 현상으로 이해하는 편이 보다 정확할 것이다. 왜냐하면 점차 재일동포 사회에서 민단과 총련 두 조직에 대한 동포들의 관심과 참여도가 전체적으로 낮아지고 있기 때문이다. 이는 조직이 조국의 '대리조직', '조국 직결형 활동',[21] '조직의 관료화', '조직의 부패' 등 여러 요인들로 인해 초래된 현상과 더불어 재일동포 사회의 총체적이고 점진적인 변화가 함께 작용하여 이루어진 결과라고 이해하는 것이 더욱 타당할 것이라고 생각한다.

90년대 들어 재일동포 한국어 문학 창작도 크게 위축되는 양상을 보인다. 강력한 동화정책을 구사하는 일본에서 한국어로 창작을 한다는 사실만으로도 그들의 창작 행위는 민족정체성을 확인하고 민족의식을 고취하고자 하는 실천이며 운동[22]으로서의 성격을 강하게 띤다고 할 수 있는데, 동화나 귀화에 대한 저항감이 줄어드는 방향으로 재일동포 정체성의 방향이 바뀌어 가고 있기 때문이다. 다시 말해 한국어 문학을 창작하거나 그것을 수용할 수 있는 언어 능력을 지닌 재일동포들이 점

---

19) 김태기, 앞의 글, 46쪽.
20) 이한창(1996), 앞의 글, 98쪽.
21) 위의 글, 98쪽.
22) 총련계 재일동포 문학인들은 그들의 문예활동을 '재일동포국문학운동'이라 명명한다: 손지원, 앞의 글, 참조.

점 줄어들고 있다는 것이다. 뿐만 아니라 94년 김일성 주석의 사망과 95년 한신고베 대지진 등과 같은 사건들도 창작활동의 위축을 초래하는 직·간접적 원인이 되었을 것으로 짐작된다.

90년대 들어 『문학예술』에 발표된 소설작품은 총 20편[23)에 불과하다.[24) 90년대 『문학예술』을 통해 소설 발표한 작가들 가운데 지속적으로 창작활동을 해온 작가는 김춘지, 박종상, 박관범 등뿐이고, 나머지 작가들은 모두 창작 역량이 축적되지 않은 신진작가들이다. 따라서 그들의 소설은 어느 정도 아마추어리즘을 벗어나지 못하고 있는 것도 사실이다. 또한 민족교육의 중요성, 조직적 연대의 필요성, 조국(북한)에 대한 예찬, 통일에 대한 열망 등과 같이 한정된 주제가 구현되어 있다는 점에서도 다른 시기, 다른 장르의 재일동포 한국어 문학과 크게 변별점이 드러나지도 않는다. 이것은 시대변화 내지는 세대변화를 신축적으로 받아들이지 못한 총련계 재일동포 정체성과 깊은 연관이 있는 것으로 이해된다.

3. 총련계 재일동포 소설과 민족 정체성

1) 민족적 정체성의 정치적 기원

재일동포 사회는 '정주'를 기정사실로 받아들이면서 다양한 '재일' 정체성을 모색하는 방향으로 나아가고 있다. 그것들은 크게 ①귀국지향, ②귀화지향, ③한국·조선국적인 채로 일본 정주 지향 등 세 가지로

---

23) 20편의 목록은 참고문헌 '기본자료'에 밝힌다.
24) 60년대에는 80여 편 정도, 70년대에는 70여 편, 80년대에는 40여 편이 발표된 것으로 조사되었는데, 점점 창작이 둔화되고 있는 경향을 나타낸다. 이것은 1세대 작가의 고령화와 밀접한 연관이 있을 것으로 짐작된다.

분류할 수 있다.25) 다양한 재일 정체성이 모색되기 시작했던 1970년대 상황에서 재일동포들이 선택할 수 있는 최상의 길은 '제3의 길'이라 일컬어지는 ③이었다. ①은 재일동포들에게 현실적으로 정서적으로 선택의 대상이 될 수 없었다. 조국이 분단되었다는 사실과 함께 그 당시의 북한도 박정희 정권도 재일동포에게는 불만의 대상이었기 때문이었다. ②는 동화와 연결되는 것이므로, 이에 대한 거부감은 재일동포들의 지배적인 감정이었다.

③은 조국과의 관계를 중시하는 방향과 '재일'의 주체성을 중시하고 '재일'의 존재를 조국과 일단 분리하는 방향으로 갈라진다.26) 다시 말해 "민족적으로 살아가려고 하는 기본자세에 있어서는 양자가 일치하면서도 조국을 전제로 한 '재일'의 삶의 방법을 모색하는" 전자와 "'재일'의 생활에 뿌리내린 새로운 삶의 방법을 추구하려고 하는"27) 후자로 커다란 차이를 보인다. 1998년 '김석범과 이회성'의 국적 논쟁28)은 바로 이러한 입장 차이가 극적으로 드러난 예라고 할 수 있을 것이다. 이 두 주장은 "민족적 자각의 회로를 조국에서 찾는가 혹은 '재일'에서 찾는가 하는 것에 차이는 있지만 일본사회 민족 차별 철폐(시민권 획득)와 '재일' 코리언의 민족의식 획득이라는 딜레마를 극복하려고 하는 점에서"29) 둘 다 '제3의 길'에 토대가 된다. 1980년대 후반부터 국적법 개

---

25) 박 일, 전성곤 역, 『재일한국인』, 범우, 2005, 참조. 이하의 논의는 이 책의 제7
   장 「귀속에 대한 저항」을 토대로 정리한 것이다.
26) 전자는 강재언이, 후자는 양태호가 주로 주장하였다.
27) 박 일, 앞의 책, 213쪽.
28) 이회성이 대한민국 국적을 취득한 것을 두고 "김석범이 '고난없는 안온한 길을
   택했다'며 강력히 비난했고, 이에 대해 이회성은 '소수로 전락한 무국적자는 교
   포사회에서 전위적 역할을 못하고 통일을 주도한다는 것도 환상에 불과하기 때
   문에 국적을 취득함으로써 자기존재를 분명히 하고 정치적 힘을 가질 필요가
   있다'고 반박하여 논쟁을 촉발"시켰다: 이재봉, 앞의 글, 364쪽.
29) 박 일, 앞의 책, 213쪽.

정(1985년)에 의해 출생과 동시에 일본국적을 부여받는 재일 세대가 증가하기 시작하였으며, 국제결혼 등으로 인해 일본국적은 원하든 원하지 않든 간에 이제 ②도 하나의 선택으로 고려하게 되었다. '제3의 길'로써 대응할 수 없는 현실에 봉착하게 된 것이다. 이제 재일동포 사회는 ①에서 ③으로, ③에서 ②로 열려가고 있으며, 그에 따라 다양하고 복잡한 정체성의 스펙트럼을 형성하고 있다.

하지만 총련계 재일동포 사회는 여전히 이러한 다양하고 복잡한 정체성을 인정하거나 포용하지 않는다. 1990년부터 1999년까지 『문학예술』을 통해 발표된 소설들을 검토해 보면 ②는 완강하게 부정되고 있으며, 거의 대부분의 작품이 1세대 정체성을 근간으로 하는 ①과 ③의 유형에 속한다. 1세대의 정체성은 애초에는 ①을 전제한 것이었다. 1세대에게 일본은 '임시 거주지'였다. 언젠가는 조국으로 돌아갈 것이라는 신념은 그들이 강한 민족성을 유지하는 원천이 되었다. 그러므로 그들은 '(일본에의) 동화/ 거부'라는 대립구도에서 자신의 정체성을 정립했고, "정체성의 위기를 느끼지 않았다."[30] 분단이 되고 조국으로 돌아가는 것이 점점 불투명해진 상황 속에서도 그들이 동포조직(총련)을 중심으로 일본의 민족적 차별에 맞서며, 민족교육을 통해 확고한 민족 정체성을 견지해 왔던 것은 그들의 심중에 ①이 확고히 자리 잡고 있었기 때문이었다. 그들의 소설에서 지속적으로 '조국 통일'이 탐구되고 있는 것도 이와 무관하지 않다고 본다.

1세대 정체성을 올바로 이해하기 위해서는 그것의 형성 기원을 성찰할 필요가 있다. 재일 1세대들은 일본의 식민지배의 직·간접적 압력으로 일본으로 건너와 정착하게 된다. 해방 후 그들은 강압적인 일본인화(동화) 압력을 받았으며, 이에 불응하여 수많은 차별적 대우를 받았다.

---

30) 이재봉, 앞의 글, 367쪽.

피억압자의 처지에 몰린 소수자로서 재일 1세들은 일본 사회의 지배문화로부터 부정적인 인상만을 부여받아, 자신들의 긍정적인 측면이나 고유성을 스스로 말하는 데 어려움을 겪게 된다. 1세대들은 민족적 자긍심과 민족적 연대를 통해 정치적 열등성과 소수성을 극복하려 했다. 민족적 자긍심은 내면적으로, 민족적 연대는 외면적으로 그들의 위축된 존재를 극복할 수 있는 길이 되었던 것이다. "식민주의적 폭력이 노골적인 형태로 존재하고, 또 그에 대한 과거의 반성이 이루어지지 않았을 때는 저항하는 측의 정체성 탐구는 현실적으로는 '민족' 및 '민족주의'에 수반되는 '민족적' 정체성이라는 형태로 표현되기 십상"[31]이다.

재일 1세대들은 다수자 일본에 의해 '조선인'이라는 사실만으로 차별당하고 탄압받을 때, 그들은 민족적 긍지를 갖고 동화와 억압에 저항해 나가야만 차별과 억압으로부터 해방될 수 있다고 생각했다. 바꿔 말해 그들에게 "'민족'은 억압에서의 해방과 자유의 상징이었다."[32] 그러므로 자신이 '조선인'이라는 민족을 밝히고, '조선인'으로서 살아가는 일은 생물학적 자연성을 뛰어넘어 정치적 의지의 실천이었던 것이다. 총련계 재일동포 정체성은 '민족 정체성'의 형태를 띠는 1세대의 정체성을 세대를 이어 지속적으로 견지하고자 한다. 이러한 정체성은 그들이 여전히 '일본'을 대립적 타자 내지는 적대적 타자로 인식하고 있다는 사실과 더불어 불안정하고 불합리한 조건 속에서 살아가고 있다는 사실을 말해 준다.

---

31) 이것은 새로운 권력관계, 사회관계의 창출을 꿈꾸며 자기해방을 의도하는 것인 동시에, 가능한 한 가해자적 입장에 있는 다수자와의 연대를 의도하는 것이기도 하다. 윤건차, 「민족, 민족주의 담론의 빛과 그림자」, 『황해문화』35집, 2002. 여름, 77쪽.
32) 김태영, 앞의 책, 137쪽.

1) 민족교육을 통한 민족적 자긍심의 형성

총련계 재일동포들은 그들이 지향하는 정체성이 후속 세대에서도 변질되지 않기 위해 학교와 조직을 통해 민족 정체성을 끊임없이 의식화하고 교양화하여 왔다. 총련계 재일동포들은 같은 민족이라는 존재 증명의 요소인 언어, 혈통, 국적 등을 매우 중요하게 생각하고, 그것의 순수성을 보존하기 위하여 많은 노력을 기울여 왔다. 특히 모국어를 잊지 않기 위한 그들의 지극한 노력은 그들의 민족교육의 역사와 그들의 문학를 통해 뚜렷하게 나타난다. 세대교체, 시대 변화 등에 따라 변질된 요소들을 개방적으로 받아들이는 태도를 취하고는 있으나 원칙적으로 존재 증명의 기본 요소의 변질을 '민족성'의 변질로 이해하는 그들의 불안의식이 총련계 재일동포 정체성의 저변에 깔려 있다. 그러므로 재일동포 한국어 소설에서 귀화지향은 매우 부정적으로 형상화된다.

김지성의 <봄>[33]은 '귀화 지향'의 정체성을 전면적으로 회의하는 전형적인 예에 해당하는 작품이다. 배우가 되겠다고 중학교를 졸업하고 무작정 도쿄에서 유학온 '나'(리설자)는 '유끼꼬'라는 일본이름을 살아온 귀화인이다. 학교를 졸업하고 어느 극단의 배우 선발 시험에서 리설자는 '조센진'이라는 사실이 알려져 뽑히지 않는다. "귀화인인 나를 보는 눈은 산골처녀인 나를 볼 때보다 더 쌀쌀하고 차"[34]겁다. 시골출신이란 천대와 멸시를 피하기 위해 이를 악물고 사투리도 고쳤었다. 그러나 사투리는 고칠 수 있지만, 존재의 근원인 피(혈통)는 속일 수 없었던 것이다.

> "자기 민족을 버린 사람을 우리가 믿을 수 있니?"
> 그들은 아마도 나보고 이런 말들을 했겠지…[35]

---

33) 김지성, <봄>, 『문학예술』97호, 1990.여름.
34) 위의 책, 65쪽.
35) 위의 책, 65쪽.

위의 인용은 그들의 싸늘한 눈초리를 느끼며 그들이 내뱉었을 법한 말을 '나'가 상상한 대목이지만, 사실상 타자화된 '나'의 말, '나'의 내면에 잠재해 있던 죄책감의 표현이라 할 것이다. 다시 말해 재일 조선인이 귀화인을 바라보는 관점, '민족을 버린 사람'으로 해석하는 관점이 드러난 표현이다.

'나'는 결국 '민족을 저버린 죄' 때문에 현실에서 절망하고, 귀향열차에 몸을 싣는다. 기차에서 '나'와 대화를 나누게 된 남학생은 자신이 '조선사람'임을 당당히 밝힐 뿐만 아니라, 조선사람은 개인의 이익과 행복을 위해서가 아니라 민족과 조직을 위해 살아야 한다고 당당히 자기 정체성을 밝힌다. 이 작품의 후반은 주로 그 남학생으로부터 '나'의 이야기를 듣게 되는 아이러니컬한 상황으로 이어지는데, 이야기하는 내내 그 남학생은 '나-리설자'에게 '리설자' 이야기를 함에도 불구하고 '나'가 리설자라는 사실을 알아채지 못한다. '나'는 "일본사람에게는 '조센진'으로 보이고 조선사람에게는 '일본사람'으로"36) 보이고자 하는 정체성을 택했기 때문이다.

'나'가 조선사람으로 살 수 없게 된 것은 일본학교에 갔기 때문으로 분석되고 있다. 일본에서 민족학교를 다니는 것은 조선인임을 숨기지 않고 드러내는 일이 된다. 하지만 민족교육은 이보다 더 중요한 역할을 수행해 왔다고 할 수 있는데, 그것은 '조선인이다'의 존재 고백을 넘어서 '조선인으로 길러진다', '조선인으로 만들어진다'라는 존재 형성의 장을 담당한다는 사실이다.

"재일 조선인의 교육은 민족의 언어와 역사 교육을 통해 '민족의 자각과 긍지'를 기르는 것, 그리하여 그 '긍지'를 갖고 일본 사회의 동화 압력에 대항해 나가는 것을 목표로 한다."37) 심정수의 <진달래>38)와

---

36) 위의 책, 70쪽.

류창하의 <숙제>[39]는 민족 정체성 형성과 민족교육의 연관성을 다룬 작품이다.

<진달래>에 등장하는 소년 민수는 일본학교에서 조선학교로 전학한다. 아버지의 강권으로 전학 오게 되었기 때문에 민수는 조선말과 글을 배우는 것이나, 조선학교에 흥미를 느끼지 못한다. 더구나 길에서 일본 아이들에게 '바보학교에 다니는 아이'라는 놀림을 받은 뒤 조선학교를 그만 둘 결심을 한다. 그랬던 민수가 민족교육을 통해 "특히 우리 말과 글, 우리 나라 지리와 력사를 누구보다도 열심히 배"우는 학습모범생으로, "배우면 배울수록 우리 민족과 우리 나라에 대한 자랑과 긍지감"[40]을 지닌 소년으로 자라게 된다.

<숙제>는 조선인이라는 민족적 자긍심이 역사의식, 역사인식으로 발전되는 긍정적인 모습을 보여주고 있는 작품이다. 평소 모범생인 수남이 한국 현대사를 도표화하는 숙제를 안 해온다. 주인공인 교사는 그 연유가 의아하다. 수남의 집에 가서 한일합방, 남북분단 등의 연대를 마구 지운 도표 여러 장을 휴지통에서 발견하게 된다. 그것은 수남이가 민족사의 비극을 고통스럽게 받아들인 흔적들이다. 수남이는 '민족적 감정'을 가지고 역사를 이해했던 것이다. 이런 후배 세대들이 있다는 사실에 주인공은 민족적 장래가 밝으리라는 가슴 벅찬 감동을 느낀다.

민족교육은 같은 근원(혈통, 조국, 역사)을 지닌 민족 집단에 소속되었다는 데서 존재의 근원을 환기하며, 그것의 긍정적 의미와 그것의 당위성을 지속적으로 소급하는 역할을 한다. 그렇게 함으로써 위축되지 않고 당당하게 '조선사람'임을 밝힐 수 있는 자긍심을 불어넣고 있다.

---

37) 김태영, 앞의 책, 137쪽.
38) 『문학예술』104호, 1992.겨울.
39) 『문학예술』99호, 1991.봄.
40) 『문학예술』104호, 1992.겨울, 124쪽.

2) 민족적 유대로서의 총련 조직

재일동포의 민족 정체성은 소수자의 민족주의,[41] 저항적 민족주의로 이해해야 한다. 정주국 일본 사회의 식민주의적 폭력이 여전히 존재하는 상황이므로, 이에 대항하기 위해서는 현실적으로 집단적·조직적 결속력이 요청된다. 재일동포 한국어 소설에서 '민족교육의 중요성'이란 주제는 필연적으로 '조직에의 헌신'과 '조직적 단결'이란 주제와 맞닿게 된다.

소수자가 다수자에 대항하여 존재론적 안정감을 확보하기 위해서는 '다수자와의 연대'[42]를 기획한다. 재일 조선인 정체성에서 '다수자와의 연대'는 민족, 국가, 조직 등 자신들이 속한 집단의 외연을 확대하는 방식으로 이루어진다. '어머니-조국', '어버이-수령' 등과 같은 은유는 존재의 외연을 확대하는 방식에서 이루어진 상상패턴의 전형적인 예이다. '연줄-조직' 역시 이와 동일한 방식으로 이루어진 은유라고 할 수 있다.

'연줄'을 표제로 삼고 있는 박순영의 작품[43]에서 일본인 점원에게 사기를 당해 재정적 어려움을 겪고 있는 인호는 돌아가신 아버지 친구의 도움을 받고서 '연줄'의 힘을 체험하게 된다. 이 작품에서 "일본인도 조선사람과 다 같다고 생각하고"[44] 일본인을 고용했다가 낭패를 보게 된다는 설정, 믿었던 일본사람에게는 배신을 당하고 전혀 예상치도 않았던 조직적 연고로 인해 위기를 극복하게 된다는 결말은 매우 의미심장하다. 아버지가 살아생전에 총련일을 보면서 도와주었던 사람이 은인의 아들을

---

41) 민족주의는 시대적 상황에 따라 그 성격이 두 가지로 나뉘는데, 하나는 식민 지배를 받는 약소 민족의 자위권을 강조하는 수동적 민족주의이며, 다른 하나는 그와 반대로 다른 민족을 통치 혹은 착취함으로써 자민족의 이해를 키우는 제국주의적 성향으로서의 적극적 민족주의이다: 김병익, 「민족, 분단 극복 그리고 세계 시민의 길」, 『황해문화』35집, 2002.여름, 21쪽.

42) 윤건차(2002), 앞의 글, 77쪽.

43) 박순영, <연줄>, 『문학예술』102호, 1992.3.

44) 위의 책, 105쪽.

찾아와 도움을 준다는 사실은 조직이란 존재론적 안전망이 재일 조선인들에게 세대와 혈연을 초월하여 작동한다는 것을 말하고 있기 때문이다.

조직에 대한 깊은 신뢰는 자연스럽게 조직에 헌신하고, 조직을 중심으로 단결해야 할 당위성을 부여한다. 이와 관련된 주제를 다루고 있는 작품으로는 강룡옥의 <아들>[45], 김지성의 <출발>[46], 김정지의 <붉은 계주봉>[47] 등이 있다.

<아들>은 총련 지부사업을 오랫동안 맡아온 가장(진석)의 이야기이다. 진석은 지부사업을 하게 되면서 '인생의 곧바른 로정'도 보게 되었고, 동포들과 생사고락을 나누며 보람된 삶을 살아왔다고 자부하고 있다. 대학진학을 앞둔 아들이 진학을 포기하겠다는 결정에 진석을 고민한다. 속 깊은 아들이 집안형편을 생각해서 내린 결정이라 생각하고 진석은 지부사업을 그만두고 좀더 많은 수입이 보장되는 일자리를 구할까 생각한다. 그런데 아들은 아버지가 "가정 때문에 이제까지 그처럼 헌신해 오신 지부일에서 떨어지는 것이 섭섭"[48]하다며, 또 자기가 아버지를 돕는 일은 "아버지의 애국사업(지부사업)을 성의껏 받들어주는거"라며, 대학을 진학하지 않고 조직의 일을 하겠다고 자기의 결정을 당당히 밝힌다. 진석은 그런 아들을 보면서 한 때 가정과 조직을 두고 갈등했던 일을 반성한다.

조직은 재일 조선인 정체성 내부에서 언제나 개인과 가족보다 우위에 놓인다. 재일동포 한국어 소설에서는 가족 집단에서 보편적으로 드러나는 원초적인 애착과 본원적인 유대들이 직접적으로 그려지는 경우가 극히 드물다. 언제나 조직활동과의 상호관계 속에서 그려진다. 이러한 특징은 조직을 가족과 같은 혈연집단으로 상상하는 데서 유래된 것이라고 본다.

---

45) 강룡옥, <아들>, 『문학예술』102호, 1992.3.
46) 김지성, <출발>, 『문학예술』105호, 1993.3.
47) 김정지, <붉은 계주봉>, 『문학예술』107호, 1994.봄.
48) 『문학예술』102호, 1992.3, 116쪽.

4. 재일동포 한국어 소설과 민족주의 담론

1) 민족주의 담론의 정치적 배타성

1990년대 재일동포 한국어 소설의 정체성 탐색은 공동체 집단성을 규정하는 민족주의라는 틀 안으로 수렴된다고 본다. 90년대 이후 활발한 논의를 거듭해 온 탈근대를 둘러싼 주장들의 초점은 민족주의의 비판이었다. 이를테면 민족주의 담론이 민족, 계급, 성, 세대, 종교 등 인간의 다양하고 복합적인 정체성을 어느 하나로 환원시키면 결과적으로 억압과 은폐의 기능을 발휘하게 되는 것이 아닌가[49] 하는 비판들이다.

한국의 민족주의는 역사적으로 건강한 역할을 수행해 왔다. 항일독립운동의 사상적 구심점이었으며, 민주화운동 전개과정에서 민중의 사회변혁운동을 지탱하는 원동력이 되기도 하엿다. 민족주의는 반외세, 반종속, 민족적 주체성 옹호의 사상적 핵을 이루었다. 그러나 민족주의가 자기에 대한 비판의식을 상실할 때 종종 자민족중심주의, 배타주의, 배외주의 등 나르시시즘에 빠지는 것은 분명하다.

민족주의가 국가주의 혹은 파시즘적 요소를 띠게 되면, 이분법적 배타적인 것으로 변질되어 그것의 변혁적 해방적인 힘을 상실하게 된다. 그 경우 민족주의는 상당히 부정적, 억압적 정치이데올로기로 전락하여, 같은 민족끼리도 정치적 입장이 동일하지 않을 경우에는 극심한 배타성을 표출하게 된다. 재일동포 한국어 소설에서 조국과 수령에 대한 절대적인 찬미와 충성에의 맹세를 발견하게 될 때마다 그러한 우려를 떨치기 어렵다. 김춘지의 <홍수>[50]를 통해 그러한 특징을 확인해 보기로 한다.

<홍수>는 재일동포 소설로는 드물게 남한을 배경으로 삼고 있는 작

---

49) 임지현, 『우리 안의 파시즘』, 삼인, 2005.
50) 『문학예술』105호, 1993.3.

품이다. 한강 하류 '빈민굴'로 불리우는 곳을 배경으로 삼고 있는 이 작품에서 서울은 "중심구는 그럴듯하게 꾸며놓아도 한발자국 뒤골목에 들어서면 그 판이한 현실에 아연실색할 지경"[51]인 곳으로 묘사되고 있다. 뿐만 아니라 "하수도공사를 안한채 집을 마구 세워" 오수가 흘러들고, 그 때문에 전염병이 창궐하고, 전염병으로 인해 주민들은 목숨을 잃기도 하는 생지옥으로 묘사되고 있다.

이 작품의 주인공 순임은 홍수로 인한 전염병 때문에 남편을 잃었다. 그녀는 포장마차 장사를 하여 근근히 생활을 이어가고, 어린 자식은 학비를 벌기 위해 아침, 저녁으로 신문배달을 한다. 이렇게 힘겹게 살아가는 순임의 가족에게 또다시 비극이 닥친다. 또 홍수로 큰 아들이 잃고, 순임은 이웃의 보살핌과 도움으로 간신히 목숨을 구한다. 이런 상황인데도 남한의 정부는 수재민의 고통에 관심이 없다. "남한의 고급 관료들은 수재민들을 걱정하기는커녕 그런 일이 어데 있었느냐 하듯이 놀음"[52]에 빠져 있는데, 이북에서는 이들을 위한 구호물자를 보내온다.

> "영철어머니, 그러나 나는 외롭지 않아. 김일성장군님께서 여기서 고생하는 우리를 한시도 잊지 않으시고 이렇게 원호물자까지 보내주셨는데 어이 외롭다고 하겠어."[53]

> "대통령을 한다는 전두환이란 놈은 수재민들을 구원하자는 생각은 털끝만큼도 안하고 일본 천황폐하에게 다시 머리를 숙이러 갔소. 천추에 용서못할 놈이요!
> 그런데 이북에 계시는 김일성장군님께선 누구하나 돌볼 사람없이 억울하게 살아온 우리들에게 구원의 손길을 뻗쳐주셨어."[54]

---

51) 위의 책, 98쪽.
52) 위의 책, 106쪽.
53) 의의 책, 110쪽.
54) 위의 책, 110쪽.

위의 인용을 통해 확인할 수 있듯이, 이 작품은 하층민의 참상, 남한 정치의 부패, 남한의 구조적 모순 등의 비판을 후경화하고, 북한정권의 우월성, 김일성 찬양을 전경화하고 있다. 재일동포 한국어 소설이 민족을 강조하면서도 남한을 배타적으로 그리고 있다는 사실은 그들의 민족주의 담론이 북한의 정치권력과 깊이 연관되어 있다는 사실을 말해 준다. 그러므로 배타적 정치권력인 남한을 그릴 때는 동질성보다는 이질성을 강조하며, 또한 남한의 부정적 모습을 극대화하고, 또 그런 소재만을 다루는 경향이 농후하다.

서정인의 <바람>55)은 통일의 중요성을 주제화하고 있는 작품이다. 하지만 남한에서 동경으로 유학 온 학생을 서술자로 설정하여 총련계 대학인 '조선대학교'와 '조총련'을 우수성을 느끼게 되는 과정의 서술이 주를 이루는데, 그것은 남한의 정치적 경제적 현실을 아주 부정적으로 서술하면서 그것의 우위를 말하는 방식을 택한다. 예컨대 운동권 학생을 죽음으로 몰아가는 정권의 야만성과 황금만능 풍조를 부각시키는 방식이 그것이다. 박순영의 <발단>56)은 남조선 소리꾼의 판소리 공연을 통해 남한의 현실은 "헐벗고 굶주리고 죽도록 일했는데/ 매맞고 억눌려도 잠들지도 못했는데"57)로 표현한다.

통일을 주제화하면서도 남한 사회의 부정적 측면만을 부각시켜, 그것을 총련 혹은 북한-조국과 비교하는 방식은 문제적이라 하겠는데, 이보다 더 심각한 것은 민단계 재일동포를 악의적으로 서술하는 방식이다. 박순영의 <전도>58)가 그 예이다. 영덕은 '민단집' 아들 자랑을 듣게 된다. 영덕은 축구선수가 된 자신의 아들이 부끄러운 것은 아니지만 민

---

55) 서정인, <바람>, 『문학예술』103호, 재일본조선문학예술가동맹, 1992.7.
56) 박순영, <발단>, 『문학예술』109호, 재일본조선문학예술가동맹, 1999.6.
57) 위의 책, 66쪽.
58) 박순영, <전도>, 『문학예술』105호, 재일본조선문학예술가동맹, 1993.봄.

단집 아들이 일본대학을 나와 대기업에 취직하였다는 이야기를 들으면서 약간의 부러움을 느낀다. 그런데 영덕의 아들은 조국의 대표선수가 되어 '남북통일축구경기'에 참여하기 위하는 등 승승장구하는 반면 민단집 아들은 서펑하고 돌아오는 길에 교통사고로 죽게 된다. 이런 대비적인 설정은 윤리적으로나 정치적으로도 매우 위험하다고 생각되는데, 적대적인 경쟁심리의 작동 결과이며, 남북 체제 경쟁논리의 반복이기 때문이다.

민족주의가 정치권력과의 동일화를 꾀할수록 파시즘적 요소를 띠게 되므로 이는 엄중히 경계해야 한다. 파시즘적 요소를 띠게 될 경우 민족주의는 정치권력의 측면에 한정되지 않고, 일반사람들의 일상의식 차원에서도 타자를 억압한다. 이 때 '우리' 안에서 '나'는 삼켜지고, '나'의 목소리는 사라지게 된다. 재일동포 한국어 소설의 양적 풍성함에 비해 주제적, 미학적 빈곤함은 바로 재일동포 한국어 소설의 민족주의 담론이 조직이나 민족이란 이름 안에 존재하는 소수자, 다양한 목소리를 지우고 있기 때문이다.

2) 민족문학으로서의 성과와 한계

민족문학으로서 재일동포 한국어 소설의 성과는 그 무엇보다도 통일지향 문학이란 점에서 찾아야 할 것이다. 지금 우리에게 가장 중대한 민족적 현실, 민족적 위기는 남북분단인데, 재일동포 한국어 소설은 이에 대해 남한에서 이루어지고 있는 문학적 노력을 능가한다고 말해도 과언이 아닐 것이다. 우리의 경우 통일문학은 노동문학과 함께 변혁담론의 양대 지주였으나, 90년대 들어서서 통일에 대한 관심과 열망을 표현할 수 있는 자유는 더욱더 확대되었음에도 통일문제는 햇볕정책, 북한관광, 남북경협 등의 정치·경제적 영역으로 이양된 듯하다.[59]

재일동포 한국어 문학에서 통일의 주제는 여전히 핵심적인 주제로서 자리잡고 있다. 서정인의 <바람>, 박순영의 <발단>은 직접적으로 통일 염원과 통일 지향이란 주제를 다루고 있으며, '통일'을 주제로 부각시키고 있지 않아도 총련계 재일동포 소설은 거의 모든 작품들이 통일 혹은 분단 문제를 서술하고 있다. 분단문제는 일제의 식민지배와 역사적으로 분리할 수 없을 뿐만 아니라, 재일동포 사회의 분열과 대립이라는 또 다른 민족분열을 초래했으므로, 통일은 그들이 당면한 온갖 모순들을 극복할 수 있으므로, 그들의 문학에서 최고의 이상으로 형상화되어 있다. 그런데 앞서 그들의 민족주의 담론을 분석했던 자리에서 확인했던 바와 같이 그들의 통일지상주의도 그들의 민족주의가 내포한 몇 가지 위험성을 내포하고 있다. 통일지상주의는 '단일민족국가'를 이상적 모델로 삼는 민족주의의 또 다른 이름이기 때문이다.

통일은 국토와 민족의 통합이란 구체적인 과제를 통해 달성된다. 이는 달리 말해 남북의 이질성, 정치적, 문화적 이질성을 줄여가는 일이며, 협력과 화해라는 연대적 실천이란 과정을 거친다. 이런 실천적인 노력이 없이는 통일에 대한 열망만을 되풀이해서 강변한다면 그것을 공허한 구호에 불과하다. 재일동포 한국어 소설이 진정한 통일문학—남과 북이 함께 공감하는 문학, 통일을 실현하는 문학이 되기 위해서는 분단의 문제를 계급모순 못지않게 민족모순으로 접근해야 한다.

그들의 문학에서 통일논의를 둘러싼 주된 테마는 분단이 미군 때문에 비롯됐다는 비판이다. 이 점은 한반도의 분단모순을 정확하게 꿰뚫고 있는 올바른 지적임에 틀림없다. 그러나 우리는 이 점에 대해 좀더 깊이 분석할 필요가 있다. 과연 미군이 남한에서 철수하고 군사적 대결이

---

59) 90년대 들어서 한국문단에서 통일문학이 차지하는 자리가 협소해진 것은 아니라고 본다. 통일문학은 오히려 질적으로 다른 차원으로 통일논의로 옮겨갔다고 이해된다.

해소된다고 통일이 이루어지는가? 그것은 분단을 원점을 되풀이 말함으로써 통일 논의와 통일 염원이란 민족적 과업을 미군에 대한 분노와 복수심으로 대체하려는 기획은 아닌가? 또한 반외세라는 민족주의의 얼굴 뒤에 남한을 괴뢰정권으로 해석하면서 남한 정권에 대한 원초적 멸시를 재생산하고 있지는 않는가? 이 물음에 만약 '그렇다'라는 대답을 할 수 있다면, 재일동포 한국어 소설은 통일을 지향하는 포즈를 취하고 있지만 분단을 고착, 분단을 심화하는 결과를 초래한다고 할 수 있을 것이다.

전태일 열사의 삶을 형상화한 박관범의 <불길>은 남한 사회의 모순을 계급모순의 틀로 재구성한 수작이다. 90년대 초반 재일동포 사회에서 70년대 남한의 심각한 계급모순을 그리는 작업이 역사적으로 어떤 의의를 지니는지 묻고 싶다. 재일동포 한국어 소설이 민족문학으로서 그 역할과 책임을 다하기 위해서는 통일문학으로서 거듭나기를 소망한다. 그러기 위해서는 남과 북을 동일하게 바라보는 시선의 균형감각을 회복해야 한다. 남한 정권과 남한 사회를 비판적으로 바라보는 시선을 북한과 총련계 재일동포들에게도 적용시켜야 한다.

재일동포 한국어 문학은 50년에 가까운 세월 동안 타국이라는 험난한 환경 속에서 모국어 창작을 포기하지 않았고, 누락된 민족의 역사를 써왔고, 민족적 자긍심과 민족의식을 고취하는 등 민족문학으로서 역할을 넘치도록 해 왔다. 이 사실만으로도 그것의 문학사적 가치는 충분히 인정받을 만하다. 그럼에도 불구하고 아직까지 그 문학성을 평가함에 있어 머뭇거리게 하는 요인은 바로 정치와 강한 유착관계에 놓여있다는 혐의를 벗기 어렵다는 것문이다. 재일동포 한국어 문학이 민족문학으로서 그 가치를 정당하게 확보하기 위해서 무엇보다도 편향된 정치성에서 해방되어 문학예술 독자의 길을 걷는 정치학을 택해야 할 것이다. 그래야만 문학예술 고유의 미학성과 역사성을 획득할 수 있을 것이기 때문이다.

5. 맺음말

이 연구는 1990년대 『문학예술』을 통해 발표된 소설을 연구대상으로 하여 총련계 재일동포들이 지향하는 민족 정체성의 특성과 그것의 구현 방식을 검토하였다. 1990년대는 이후 일본은 급속하게 '다민족 사회'로 나아가고 있다. 일본의 이러한 변화와 함께 재일동포 사회의 내부도 세대교체가 진행되어 일본에서 나고 자란 세대들이 재일동포의 주류를 형성한다. 이제 재일동포들에게 정주는 기정사실이 되어 가고 있다.

정주화 경향이 높아지면서 다양한 재일의 정체성이 다각적으로 모색되고 있는데, 1990년대 창작·발표된 재일동포 한국어 소설은 다양성 정체성을 포용하지 않고 있다. 주로 총련계 재일동포라 할 수 있는 작가들에 의해 쓰여지고 그들의 삶을 형상화하고 있는 재일동포 한국어 소설은 1990년대의 다각적인 변화를 담아내지 못하고 있다. 재일동포 1세대의 정체성을 변함없이 강조하며 교양화 하고자 하는 서사가 주를 이룬다.

존재의 근원으로서 '민족'과 집단적 공동체로서 '조직'의 중요성을 강조하는 재일동포 한국어 소설은 민족주의 담론의 범주에서 크게 벗어나지 않는다. 한국의 민족주의는 그 동안 역사적으로 건강한 역할을 해 온 것은 틀림없는 사실이지만 그럼에도 불구하고 우리는 민족주의가 정치적으로 강한 배타성을 띨 때 그 변혁적·해방적 힘을 상실한다는 것을 간과해서는 안 될 것이다. 이런 관점에서 1990년대 이루어진 재일동포 한국어 소설을 검토한 결과 상당한 문제점들을 발견할 수 있다. 특이하게도 재일동포 한국어 소설은 일본보다 남한에 대해 정치적 배타성을 강하게 드러내고 있었는데, 이는 민족모순을 지양하고자 하는 그들의 지향과도 크게 모순 된다.

재일동포 한국어 문학이 민족문학으로서 그 가치를 확보하기 위해서
모국어로 창작을 하고, 민족의 역사를 기록하고, 민족의식을 강조하는
등의 사명에 앞서 정치와의 유착관계에서 분리되어 문학예술 독자의 길
을 걷는 일이 선행되어야 한다. 그래야만 문학예술 고유의 미학성과 역
사성을 획득할 수 있을 것이다.

재일동포들은 그 유동적이고 복합적인 정체성으로 말미암아 통일과
동북아시대를 위한 네트워크를 형성하는 주역이 될 수 있을 것이다. 이
런 의미에서 다양한 정체성의 모색을 활성화하고 개방적으로 받아들여
야 할 시대적 요청에 재일동포 개인이나 조직, 나아가 한국, 북한, 일본
모두는 응답해야 할 것이다.

참고문헌

1. 기본자료

강룡옥, <아들>, 『문학예술』102호, 재일본조선문학예술가동맹, 1992.3.

김건삼, <철남이>, 『문학예술』97호, 재일본조선문학예술가동맹, 1990.여름.

김송이, <석양>, 『문학예술』97호, 재일본조선문학예술가동맹, 1990.여름.

김정지, <붉은 계주봉>, 『문학예술』107호, 재일본조선문학예술가동맹, 1994.봄.

김지성, <봄>, 『문학예술』97호, 재일본조선문학예술가동맹, 1990.여름.

김지성, <새출발>, 『문학예술』105호, 재일본조선문학예술가동맹, 1993.봄.

김춘지, <홍수>, 『문학예술』105호, 재일본조선문학예술가동맹, 1993.봄.

류창하, <숙제>, 『문학예술』99호, 재일본조선문학예술가동맹, 1991.봄.

리상민, <황금탑>, 『문학예술』96호, 재일본조선문학예술가동맹, 1990.봄.

박관범, <불길 1>, 『문학예술』100호, 재일본조선문학예술가동맹, 1991.여름.

박관범, <불길 2>, 『문학예술』101호, 재일본조선문학예술가동맹, 1991.겨울.

박관범, <불길 3>, 『문학예술』102호, 재일본조선문학예술가동맹, 1992.3.

박관범, <불길 4>, 『문학예술』103호, 재일본조선문학예술가동맹, 1992.7.

박관범, <불길 5>, 『문학예술』104호, 재일본조선문학예술가동맹, 1992.12.

박관범, <불길 6>, 『문학예술』105호, 재일본조선문학예술가동맹, 1993.봄.

박순애, <입술연지>, 『문학예술106호, 재일본조선문학예술가동맹, 1993.여름.

박순영, <연줄>, 『문학예술』102호, 재일본조선문학예술가동맹, 1992.3.

박순영, <전도>, 『문학예술』105호, 재일본조선문학예술가동맹, 1993.봄.

박순영, <발단>, 『문학예술』109호, 재일본조선문학예술가동맹, 1999.6.

박종상, <내 가슴에 안고사는 공화국기발>, 『문학예술』108호, 재일본조선문학예술
    가동맹, 1998.겨울.

서묵, <단란 1>, 『문학예술』97호, 재일본조선문학예술가동맹, 1990.여름.

서묵, <단란 2>, 『문학예술』98호, 재일본조선문학예술가동맹, 1990.가을.

서묵, <단란 3>, 『문학예술』101호, 재일본조선문학예술가동맹, 1991.겨울.

서정인, <바람>, 『문학예술』103호, 재일본조선문학예술가동맹, 1992.7.

심정수, <봄날>, 『문학예술』107호, 재일본조선문학예술가동맹, 1994.봄.

심정수, <진달래>, 『문학예술』104호, 재일본조선문학예술가동맹, 1992.12.

2. 논문

강태성, 「재일조선인 소설문학」, 『재일 조선인 조선어문학의 현황과 과제』, 와세다
    대학 조선문화연구회 발표문, 2004.12.11.

김병익, 「민족, 분단 극복 그리고 세계 시민의 길」, 『황해문화』35집, 2002.여름,
    16~28쪽.

김은영, 「김윤 시 연구」, 『한중인문학연구』제15호, 2005.8, 461~490쪽.

김응교, 「일본 속의 마이너리티, 재일조선 시」, 『시작』, 2004.겨울, 79~94쪽.

김태기, 「분단의 갈등을 넘어 통일의 민족 단체로」, 한일민족문제학회 편, 『재일조
    선인 그들은 누구인가』, 삼인, 2003, 38~49쪽.

김형규, 「조선 사람으로서의 자각과 '재일'의 극복」, 『한중인문학연구』제14호, 2005.4,
    389~414쪽.

김형규, 「귀국 운동과 '재일'의 현실」, 『한중인문학연구』제15호, 2005.8, 411~432쪽.

박노자, 「민족국가의 신성불가침에 대한 도전」, 『황해문화』35집, 2002.여름, 90~106쪽.

백로라, 「재일동포 한국어 극문학 연구」, 『한중인문학연구』제14호, 2005.4, 417~440쪽.

백로라, 「김지석 희곡에 나타난 재일동포의 정체성」, 『한중인문학연구』제15호, 2005.8,
    491~514쪽.

손지원, 「재일동포국문문학운동에 대하여」, 『재일 조선인 조선어문학의 현황과 과제』,
    와세다대학 조선문화연구회 발표문, 2004.12.11.

윤건차, 「민족, 민족주의 담론의 빛과 그림자」, 『황해문화』35집, 2002.여름, 62~89쪽.

윤건차, 「식민 지배와 남북 분단이 가져다준 분열의 노래」, 한일민족문제학회 편,
    『재일조선인 그들은 누구인가』, 삼인, 2003, 13~25쪽.

윤의섭, 「재일동포 강순 시 연구」, 『한중인문학연구』제15호, 2005.8, 433~460쪽.

이경수, 「재일동포 한국어 시문학의 전개과정」, 『한중인문학연구』제14호, 2005.4, 353~388
    쪽.

이재봉, 「재일 한인 문학의 존재방식」, 『한국문학논총』제32집, 2002.12, 361~391쪽.

이한창, 「재일 교포문학의 주제 연구」, 『일본학보』29집, 한국일본학회, 1992, 307~337

쪽.

이한창, 「재일 교포문학의 작품성향 연구」, 중앙대 일문과 박사학위논문, 1996.12.

이한창, 「민족문학으로서의 재일동포문학 연구」, 『일본어문학』3집, 한국일본어문학
회, 1997, 243~264쪽.

이한창, 「아쿠타가와 상을 통해 본 재일동포 문학」, 『일본학』19집, 동국대학교 일본
학연구소, 2000, 63~89쪽.

이한창, 「재일동포조직이 동포문학에 끼친 영향-좌익 동포조직과 동포작가와의 갈등
을 중심으로-」, 『일본어문학』8집, 한국일본어문학회, 2000, 101~125쪽.

이한창, 「재일동포 문인들과 일본문인들과의 연대적 문학활동-일본문단 진출과 문단
활동을 중심으로-」, 『일본어문학』24집, 한국일본어문학회, 2005, 281~307쪽.

이회성, 「새로운 세기를 향한 한국과 일본의 문학」, 『창작과 비평』, 1998.가을.

임헌영, 「재일동포문학에 나타난 한국여성의 초상」, 『한국문학연구』제19집, 동국대
학교 한국문학연구소, 1997.3, 235~254쪽.

조해옥, 「재일 한국인의 분단극복 의식」, 『한중인문학연구』제14호, 2005.4, 486~504
쪽.

한승옥, 「재일동포 한국어 문학연구 총론(1)」, 『한중인문학연구』제14호, 2005.4, 323~352
쪽.

한홍구, 「단일민족의 신화를 넘어서」, 『황해문화』35집, 2002.여름, 29~46쪽.

허명숙, 「재일동포 작가 량우직의 장편소설 연구」, 『한중인문학연구』제14호, 2005.4,
461~483쪽.

허명숙, 「재일 한국어 소설문학의 최근 동향」, 『한중인문학연구』제15호, 2005.8, 389~409
쪽.

홍윤기, 「이산과 집산의 민족 정체성」, 『황해문화』35집, 2002.여름, 47~61쪽.

3. 저서

김인덕, 『우리는 조센진이 아니다』, 서해문집, 2004. 4장.

박노자, 『당신들의 대한민국』, 한겨레신문사, 2001.

박 일, 전성곤 역, 『재일한국인』, 범우, 2005.

심원섭, 『세계 속의 한국문학』, 새미, 2002.

유숙자, 『재일 한국인 문학 연구』, 월인, 2002.

임지현, 『민족주의는 반역이다』, 소나무, 1999.

임지현, 『우리 안의 파시즘』, 삼인, 2005.

한일민족문제학회 편, 『재일조선인 그들은 누구인가』, 삼인, 2003.

홍기삼 외, 『재일한국인문학』, 솔, 2001.

김태영, 강석진 역, 『저항과 극복의 갈림길에서』, 지식산업사, 2005.

강상중, 임성모 역, 『내셔널리즘』, 이산, 2004.

강재언·김동훈, 하우봉·홍성덕 역, 『재일 한국·조선인—역사와 전망』, 소화, 1995,

박일, 전성곤 역, 『재일한국인』, 범우, 2005.

小森陽一 외, 이규수 역, 『내셔널 히스토리를 넘어서』, 삼인, 2005.

서경식, 김혜신 역, 『디아스포라 기행』, 돌베개, 2006. 23.

Anderson, Benedict, 윤형숙 역, 『상상의 공동체』, 나남, 2005.

재일동포 한국어 소설 연구
―민족 동일성 담론의 표출 양상을 중심으로―

이 정 희

―――――――――― 목　차 ――――――――――

1. 머리말

본고는 재일동포 한국어 소설 중 '재일본조선문학예술가동맹(문예동)' 소속 작가들의 1960~1980년대 소설들을 대상으로 민족 문학적 성격을 규명하는 데 목적이 있다. 이 시기는 재일동포 한국어 문학이 꽃피는 시기로서 재일동포 1세대 작가들이 집중적으로 활동했던 시기이다.[1] 이 시기 중 1980년대에는 재일동포 사회에 뚜렷한 변화가 일어나는데, 무엇보다 재일동포들 속에서 세대교체가 이루어져 일본에서 나서 자란 2세, 3세들이 압도적 비중을 차지하게 되고 그들이 재일동포 운동의 주역으로 등장하였다는 것이다. 그러므로 1990년대로 넘어가면 재일동포 한국어 소설이 이전 시기와는 달라질 것이라는 가정을 할 수 있다.[2] 이러한 가정 하에 본고에서는 1960~80년대 문예동 소속 작가들의 소설들을 대상으로 민족 문학적 성격을 고찰하고자 한다. 재일동포 문학은 크게 일본어로 창작된 것과 한국어로 창작된 것으로 나뉘는데, 문예동 소속 작가들의 작품이 한국어 창작물의 대부분을 이룬다. 문예동 소속 작가들에 의해 이루어지는 재일동포 한국어 작품들은 문예동과 조총련의 사상적 지침을 채택, 관철하는 양상으로 나타난다. 소재나 주제의 차원에서뿐만 아니라 순 한글 창작, 평범한 생활어의 구사, 역경을 극복하는 주인공의 영웅적 활약상 등을 그리고 있는 구성적 차원에서도 북한

---

1) 광복 이후 수편 이상 소설을 쓴 사람을 꼽아보면 김민, 리은직, 박원준, 박영일, 박종상, 소영호, 량우직, 박관범, 서상각, 김춘지, 김송이, 리량호, 남상혁, 박순영, 강태성, 김금녀, 리상민, 고을룡 등 스물 남짓한 사람밖에 안된다. 그 중 1세대 작가는 김민, 류벽, 윤광영, 리은직, 박원준, 박영일, 박종상, 소영호, 량우직, 박관범, 서상각, 리량호 등 절반을 차지하고 나머지 2세대, 3세대들은 모두 조선대, 조선고급학교에서 배운 사람들이다. 1세대들 중에도 박종상과 같이 어릴 때 일본에 들어와서 광복 후 조선학교에서 배워 국문소설을 쓰게 된 사람도 있다.
재일동포 한국어 소설의 개화는 1955년 5월 '재일조선인총연합회(총련)'의 결성과 뒤이어 1959년 6월 총련의 산하 기관으로 결성된 '재일본조선문학예술가동맹(문예동)의 활약에 크게 힘입고 있다. 문예동 결성 이후 1960년대에는 재일동포 한국어 문학운동이 활기를 띠게 되었고 1970년대에는 그 활동이 한 단계 심화되었으며 1980년대에는 창작활동의 앙양기가 도래한다.
와세다대학 조선문화연구회 외, 『재일 조선인 조선어문학의 현황과 과제』, 2004.12.11 참조.
2) 허명숙은 1990년대 접어들어 재일동포 한국어 문학에 나타나는 눈에 띄는 경향으로 소설의 장편화와 신인작가의 발굴을 들었다. 또한 2000년대 신인작가의 작품에는 '민족' 혹은 '이념'이라는 준거틀로부터 자유를 확보할 때 이루어질 수 있는 '修身을 지향하는 자기반성적 서사'와 남한에 대한 '차별적 담론의 지양 가능성'이 나타난다고 했다. 허명숙, 「재일동포 한국어 소설문학의 최근 동향」, 한중인문학회 편, 『한중인문학연구』제15호, 2005.8, 389~410쪽 참조.

의 문예정책이 추구하는 명제들을 충실하게 따르고 있다.[3]

따라서 김달수 같은 이는 재일동포문학을 '일본에서 일본어로 하는 문학활동 또는 그 내용'으로 한정시킴으로써 문예동 문학을 '국내(북한) 문학'으로 기정사실화하기도 했다. 반면 일본 학계에서는 이들을 통틀어 '재일 한국인문학'으로 지칭하면서 자신들의 문학과 어느 정도 거리를 두려고 하였다.[4] 이렇듯 재일동포 한국어 문학은 일본과 조선의 양쪽에 항상 주박(呪縛)된 존재[5]로서, 자기분열적이고 모순적인 정체성의 물음 속에 놓여있다. 민족 정체성의 확립이 이들에게 무엇보다 주요한 현안일 수밖에 없는 이유가 여기에 있다. 따라서 이들의 소설에서 나타나는

---

3) 재일동포 한국어 소설에 대한 기존의 연구 성과를 정리하면 다음과 같다.
　　먼저, 허명숙은 「재일 한국어 소설문학의 최근 동향」, 『한중인문학연구』제15호, 2005.8, 389~410쪽에서 재일동포의 민족 정체성 지향은 저항적 민족주의의 성격을 띠며 정체성 갈등은 토론(타인과의 대화를 통해 재일조선인으로서의 정체성을 재발견)과 견학(타인의 모범적인 삶을 경험)을 통해 해소된다고 했다. 또한 「재일동포 작가 량우직의 장편소설 연구」, 『한중인문학연구』제14호, 2005.4, 461~484쪽에서 량우직은 민족 정체성에 대한 강한 지향성, 생활, 교육을 중심으로 한 민중운동 기반 구축, 사랑과 믿음에 기초한 인간관계 등을 형상화함으로써 총련계 재일동포에 대한 그릇된 이해를 바로잡는 데 기여했다고 평가했다.
　　다음으로 김형규는 「귀국 운동과 '재일(在日)'의 현실」, 『한중인문학연구』제15집, 2005.8, 411~432쪽에서 북한으로의 귀국운동을 형상화한 작품을 대상으로 귀국운동은 조국의 중요성을 북한에 대한 지향으로 곧바로 연결시키면서 '재일'의 현실을 의식적·관념적 형태로 극복하게 한다고 비판적으로 평가했다. 또한 「조선 사람으로서의 자각과 '재일(在日)'의 극복」, 『한중인문학연구』제14집, 2005.4, 389~416쪽에서 문예동의 1960·70년대 소설들을 검토하면서 재일조선인들이 처한 '정주'와 '지향'이라는 존재의 이중성과 괴리가 강한 조국 지향을 통해 극복되고 있다고 진단했다.
　　마지막으로 이정석은 「재일동포가 창작한 한국어 소설문학 담론의 존재양상」, 『한중인문학연구』제16호, 2005.12, 263~286쪽에서 재일동포 한국어 소설문학의 특징으로 ①긍정적 전형의 강조와 민족 정체성을 추구하는 서사의 도정, ②증여공동체에 대한 예찬과 사회주의적 공동체에 대한 적극적 긍정이 나타나는 상승적 결말, ③교환체계의 사회에 대한 고발과 개연성의 약화가 가져오는 결말부의 형식적 파탄, ④전지적 서술자에 의한 이데올로기의 창출과 주제 명료화의 서술 전략을 들었다.
4) 한승옥, 「재일 동포 한국어 문학 연구 총론」(Ⅰ), 『한중인문학연구』제14집, 2004, 325쪽.
5) 윤건차, 「'재일 조선인'의 아이덴티티」, 『한일 근대사상의 교착』, 문화과학사, 2003, 328쪽.

민족 정체성의 면모를 살피는 일은 민족 문학적 성격을 가늠하기 위해 일차적으로 필요한 작업이다.

이들에게 민족이란 일차적으로 일본제국주의의 영향력 아래에서 자신을 방어하고 저항하기 위한 수단이며 근거이다. 민족 정체성의 확립은 흔히 적대적인 타자와의 관계 설정을 통한 민족 동일성 담론의 양상으로 나타난다. '공화국의 해외공민'이라는 인식이 보여주듯, 이들은 조선 혹은 북한으로의 지향성과 동질감 확인을 통해 자신의 민족적 정체성을 구축하고자 한다. 탈민족주의를 향한 다양한 모색과 실험이 이루어지고 있는 작금의 상황에서, 민족 동일성 담론을 논하는 것은 시대착오적일 수 있으나, 재일동포의 실존적 특수성을 고려해 볼 때 민족 동일성 담론이란 단순히 폐쇄적 성격이 아닌 강렬한 저항성을 바탕으로 한다. 재일동포의 존재론적 모순과 분열성에도 불구하고 조국으로의 지향성과 일체화를 통해 민족 공동체를 결집시키고자 하는 모습들은 분명 민족 문학적 성격을 규명하는 데 있어서 간과해서는 안 될 부분이다. 이 글은 민족 동일성 담론의 추구 양상을 가족주의, 민족 교육 등을 통한 내적 지향과 타자와의 관계성을 통한 외적 지향으로 살펴보고, 그것의 민족문학적 성격을 고찰하고자 한다.

2. 재일동포 한국어 소설의 민족 동일성 담론의 표출 양상

1) 가족 이데올로기와 민족 문제, 결핍과 환치의 서사

재일동포 한국어 소설에서 '가족'의 모습을 살펴보는 작업은 민족이나 조국의 의미를 탐색하기 위한 첫 단계이다. 가족은 혈연을 매개로 이루어진 내밀한 사적(私的) 집합체이자 민족이나 국가라는 거대 단위를 구성하는 하위 단위이다. 그러나 재일동포 한국어 소설에서 가족의 모습은 개별적이고 사적인 성격이 거의 거세된 채 민족, 조국으로 수렴되는 종속화된 양태로서 존립한다. 가족이란 재일동포 사회의 작은 '조직'으로서, 총련 혹은 조국의 목적의식적이며 계몽적인 역할을 충실히 반영하고 이행하는 또 다른 공적 기관이다. 그러므로 민족 동일성 담론이 '가족' 단위를 통해 구축되는 과정을, 가족 형상화의 특징과 민족·조국과의 관계성을 통해 살펴보기로 한다.

허명숙 역시 「재일 한국어 소설문학의 최근 동향」[6]에서 재일동포 소설문학은 가족 구성원 간의 갈등과 불화를 서사의 출발점으로 삼아 갈등 해소와 화해를 모색해 가는 가족 이야기가 주류를 이룬다고 분석했다. 허명숙은 박순희의 <아버지와 아들>(2000), 김금녀의 <추억>(2000)에서 조부모 혹은 부모들의 삶이 아래 세대들의 심리적 갈등을 어느 순간 무화하는 신비한 치유의 힘을 지닌 것처럼 묘사된다고 하면서 세대 간의 지속성 확인은 재일동포 소설문학의 주요한 경향 중 하나라고 했다.

이처럼 허명숙이 포착한 재일동포 한국어 소설 속의 가족 이야기는 세대 간의 갈등과 화해라는 형식을 띠고 있다. 가족과 민족을 위해 묵묵히 희생하고 견디어 온 '병상에 누워 있는 아버지와, 아들과의 극적인 화해'라는 테마, '억세고, 부지런하고, 용감했던 아버지'에 대한 추억과 그것을 통해 아들이 갖게 되는 도전정신 등은 부모 세대가 자식 세대에게 공경과 귀감의 대상이 되고 그것을 통해 세대 간의 동질성이 회복된다는 것을 보여주고 있다.

그러나 본고에서는 공경과 귀감의 대상으로서의 아버지보다는 부재하거나 무능력한 모습으로 그려지는 아버지에 주목했다. 김민의 <포옹>은 아버지 부재로 인한 결핍된 가정의 모습과 그것이 상쇄되어가는 과

---

6) 『한중인문학연구』제15집, 2005.8, 398~401쪽 참조.

정을 교육 현장을 무대로 보여주고 있다.[7] 총련계 야간학교 교사인 리영숙은 어려운 여건 속에서도 집체극 '새벽에 만난 사람들'을 준비 중이다. 그녀에게 한 가지 고민은 학교에 나오지 않고 겉도는 학생 옥자를 학교에 되돌아오게 하는 문제이다. 옥자의 아버지는 사기 혐의로 감옥에 가 있고 옥자의 행방은 묘연하다. 옥자의 행방을 찾아다니는 리영숙은 옥자의 어려움을 감싸주면서 서서히 옥자가 학교로 돌아올 수 있도록 이끈다.

이 소설에서는 세 명의 아버지/남편의 부재가 나타난다. 리영숙의 아버지는 징용에 끌려가서 죽음을 당하고 리영숙의 모친은 홀로 힘들게 딸을 교육시킨다. 또 리영숙의 남편은 사업에 실패하면서 병석에 눕게 되고 결국 눈을 감는다. 리영숙의 교화대상인 옥자는 감옥에 가 있는 아버지를 기다리지만 실제적인 아버지를 갖지 못하는 상태이다. 여기서 아버지의 부재란 가부장을 중심으로 하는 가족 이데올로기의 불완전성을 의미하는 동시에, 인물들에게 있어 대타자의 상실을 의미한다. 소설은 가족의 결핍을 조국 혹은 민족이란 범주로 상쇄함으로써 새로운 대타자를 가정의 균형점으로 제시한다. 영숙의 모친은 결국 조국으로의 귀국을 택하고, 영숙은 남편에게 의지하지 않고 교원으로서의 삶을 살기로 하는 것이다. 즉, 아버지 부재의 상황이 불러일으킨 가정의 '결핍'은 '조국'이나 '민족 교육'으로의 투신으로 충족되면서 안정을 되찾게 된다. 영숙 모친과 영숙의 상황이 기억을 통해 간접적으로 제시된다면,

---

7) 김형규는 「조선 사람으로서의 자각과 '재일'의 극복」, 『한중인문학』제14호, 2005.4, 397쪽에서 "소극적이거나 무관심한 인물들이 재일조선인으로서의 자각을 통해 총련의 교육활동에 적극적으로 참여하게 되는 이야기가 많다보니 총련 조직의 지도적 위치에 있는 인물들은 아니지만 그에 준하는 학교 교원의 헌신적인 노력이 자각의 모티프가 되는 경우가 많다."고 하면서 김민의 <포옹>은 그 대표적인 경우라고 했다. 김형규는 조선 사람으로서의 자각에 학교 교원이 미치는 영향에 초점을 맞춰 <포옹>의 내용을 한 단락 정도의 길이로 소개하고 있어 작품을 개괄하는 수준에 머물러 있다.

옥자의 상황은 아버지 부재와 그것의 소설적 의미를 명확히 보여준다.

> 옥자는 벽에 붙은 그림들을 눈을 크게 뜨고 살피였다. 그러다가 옥
> 자는 가느다란 손금으로 한 장의 그림을 짚었다. 『이건 아버지?』그
> 것은 어버이수령님께서 글쓰는 어린아이들을 자애로운 눈빛으로 바라
> 보시는 사진이였다. 『이분이 김일성 원수님이시다.』 영숙은 드리운 옥
> 자의 머리채를 훑어올리면서 말을 이었다. 『이분이 우리들의 아버지
> 김일성 원수님이시다.』[8]

학교에 되돌아 온 옥자가 한 사진을 보고 우연히 "이건 아버지?"라며 혈연적 아버지에 대한 그리움을 표현하자, 뒤이어 영숙은 "우리들의 아버지 김일성 원수님"이라며 새로운 아버지의 등장을 환기시킨다. 사적 영역에서의 아버지 부재가 '김일성 수령'의 등장으로 환치되는 것이다. 결핍된 가정이 수령중심의 이상적 가족으로 새롭게 완성되면서, 가족 이데올로기는 당이 중심이 된 민족 담론으로 대체, 확장된다. 이렇듯 아버지의 부재는 일차적으로 전쟁이나 징용 등에 동원되어 목숨을 잃은 당대 사회의 반영이지만, 작품 내적으로 볼 때 가족의 결핍을 상쇄할 존재로서의 민족이나 조국을 부각시키기 위한 구성적 모티프이기도 하다.

박종상의 <장씨의 소원>은 아버지/남편의 죽음 이후의 유산 상속 문제를 통해 진정한 '계승'의 문제에 초점을 맞추었다. 성공한 상공인이었던 남편('령감')이 죽자 장씨의 자식들은 서로 재산을 더 받아내려고 다툰다. 평소 애국적 상공인이자 총련 조직의 열성적 일꾼이었던 남편을 떠올리면서 장씨는 착잡해한다. 결국 장씨는 평소 남편의 뜻을 이어 유산을 조선 학교에 기부하고 손자 철이를 데리고 북조선으로 귀국하겠다는 의사를 밝힌다. 자식들은 이런 결정에 숙연해 하며 스스로를 반성한다.

---

8) 김　민, <포옹>, 『이른 새벽』, 문예출판사, 1986, 171쪽.

당신두 지각이 있으면 생각해보라고. 어느분 덕분에 모은 우리 집
자산인가. 김일성원수님께서 총련조직을 무어주시고 총련이 보호해준
덕분에 우리가 장사를 해서 모은 자산이 아닌가. 말하자면 우리 집
자산은 총련것이고 나라것이라고 할수 있다.[9]

재산의 상속과 분배를 둘러싼 자식들의 싸움은 재산의 사적 소유권을
통해 유지되는 전형적인 가족주의의 모습을 보여준다. 장씨와 장씨의
남편은 재산의 사적 소유권을 '총련 조직'과 '나라 것'으로 돌림으로써,
가족 이데올로기의 폐쇄성과 이기성에서 탈피해 재일동포들의 민족 공
동체적 운명을 환기하고 있다. 가족이란 재일동포들이 처해 있는 민족
적 고난을 헤쳐 나갈 수 있는 가장 기본적 단위이자, 총련·수령·민
족 등의 공적 영역으로 등가적으로 환원되는 유사 조직이다. 동시에, 민
족은 가족과 같은 단위로 취급됨으로써 친밀하고 일상적인 사적 영역
속으로 편입된다. 결국, 가족은 민족적 사명을 띤 조직이 되고 민족은
일종의 유사가족이 되는 상호 수렴 속에서 보다 효율적인 민족 동일성
담론의 구축이 가능해진다.[10]

사적 영역이 공적 영역으로 수렴되는 모습은 비단 가족 형상화가 아
닌 다른 측면에서도 살펴볼 수 있다. 특히 인간의 가장 내밀한 사적 영
역이라 할 수 있는, 결혼과 연애를 다룬 소설들에서 그 전형적 패턴을
확인할 수 있다. 박종상의 <원앙유정>과 <결혼 문제>는 '결혼'을 중
심으로 인물들의 심리적 갈등과 변화를 섬세하게 묘사하고 있다. 먼저
<원앙유정>은 고향에 아내를 두고 일본에 와서 독신으로 살던 정택호

---

9) 박종상, <장씨의 소원>, 『원앙유정』, 문예출판사, 1989, 239쪽.
10) 허명숙도 량우직의 장편소설 『비바람 속에서』(1991), 『서곡』(1995), 『봄잔디』(1999)
에서 사적 영역-가족이 공적 영역으로 확대 상상됨으로써 생물학적 가족을 초월
한 정치학적 조직-가족이 구성되고 있다고 지적한 바 있다. 재일동포 한국어 소
설에 나타난 가족의 이러한 특징은 재일동포 한국어 소설의 전형적인 특징으로
서 재일동포 한국어 소설을 여타의 소설과 구분 짓는 주요한 특징이 되고 있다.

가 다시 아내와 재회하게 되는 이야기이다. 조선 신문 지국장인 정택호는 아내와 헤어진 후 37년간을 홀로 살아가나, 총련 지부에서 이를 안타깝게 여겨 해연을 소개해 준다. 해연에게는 세 명의 자식이 딸려 있는데, 그 중 숙자는 불량한 아이들과 어울려 다니는 말썽꾸러기다. 해연의 어렵고 딱한 처지에서 택호는 '재일동포들의 운명'을 보는 듯하여 진심으로 도와주고자 한다. 그런데 뜻밖에 오무라 수용소에서 아내가 편지를 보내온다. 남편을 보기 위해 밀선을 탔다가 일본 경찰에 붙잡혀 강제송환을 앞두고 있다는 내용이었다.

> 그는 그제야 나라와 민족의 분렬이 안해의 모습에 새겨놓은 참혹한 흠집에 몸서리쳤다. 민족의 운명에 잇닿은 자기 부부의 운명을 뼈에 사무치도록 자각하였다.(중략)그는 자기 내심의 동요가 안해에 대한 배반일 뿐 아니라 원쑤들의 분렬책동에 대한 파렴치한 굴복과 통하는 것이라고 생각하였다.(중략)분렬된 나라와 분렬된 민족-분렬의 비운에 몸부림치는 나라와 민족을 두고 진정한 가정의 단란이 있겠는가! 있다면 그것은 가식일 것이다.[11]

"37년간의 공백"을 거쳐 다시 아내를 만났지만 택호는 예전과 같은 애틋한 감정은커녕, "서먹서먹하고 마치 남이기나 하듯이 정이 통하지 않는 기막힌 현실"에 부딪힌다. 부부 사이의 '애정'이라는 사적 감정이 제거된 자리에는 "나라와 민족의 분렬"을 일으킨 "원쑤들의 분렬책동"에 대한 분노가 차지한다. 애정이 아닌 역사적 비판과 저항 의지의 고양을 통해 택호는 "불현듯 안해에 대한 사랑"을 다시금 확인하게 된다. 즉, 개인의 내밀한 영역은 민족 감정, 민족 의식의 차원으로 통합되거나 환치 혹은 재정의 되는 것이다. "나라"와 "민족"을 "가정"과 등치시키

---

11) 박종상, <원앙유정>, 위의 책, 28~29쪽.

는 반복적 구성 원리는 재일동포 한국어 문학에서 사적 영역과 공적 영역이 더 이상 분리되거나 구분될 수 없는 성질의 것임을 확인케 한다.

<결혼 문제>는 결혼을 앞둔 여성이 겪는 '결혼'과 '일' 사이의 갈등을 통해 유사한 결론에 도달하고 있다. 조선 학교 담임인 명희는 자기 반 아이 정애가 갑자기 쓰러졌다는 이야기를 듣고 병원에 입원시킨다. 거기서 정애의 외삼촌인 정규를 만나게 되고 결혼을 전제로 사귀게 된다. 그러나 정규의 아버지가 쓰러지면서 둘 사이에 위기가 찾아온다. 정규네 집에서 정애가 학교 일을 그만두고 식당일을 대신 돕기를 바라는 것이다. 고민을 거듭한 명희는 결혼보다 일을 택하겠다고 단호히 말하고, 정규는 자신의 잘못을 깨닫고 함께 극복 의지를 다진다.

> ㈎ 결혼을 통하여 남자나 여자나 다같이 사회발전에 적극 이바지할 때 진정한 행복이 있다고 말입니다.[12]
> ㈏ 동무에 대한 저의 마음은 추호도 변함이 없어요…그러나 결혼과 사업과 둘중 꼭 어느 하나를 택하라고 기어이 말씀하신다면 사업을 택할 수밖에 없어요. 여자라고 교육자된 사회적 책임이 남성들보다 가벼울수는 절대로 없다고 생각해요…녀자들은 혁명의 한쪽 수레바퀴를 맡고 있어요.[13]

명희와 정규에게 결혼이란 개인들의 애틋한 로맨스의 결과물이지만 동시에 "사회 발전"에 이바지함으로써 의미를 갖는다. 낭만적 로맨스와 사회적 책무는 그들의 결혼에서 서로 섞이며 구분될 수 없는 형태로 드러난다. 그러나 결혼과 일 중 양자택일을 강요받는 상황에 이르러 명희가 '일'을 우선시 하면서, 사회적 책임이 로맨스를 대신한다. 이것은 '여성의 권리'에 대한 강조라기보다는, '혁명'으로 대표되는 민족적 임무

12) 박종상, <결혼문제>, 위의 책, 208쪽.
13) 위의 책, 227쪽.

로의 동참을 호소하기 위한 것이다. 이 외에 김민의 <혼기>는 젊은 세대의 연애 문제를 모국어의 강조로, 리은직의 <고마운 하루를>은 과부의 재혼 문제를 총련 사업의 중요성으로 연결짓고 있다.

　연애와 결혼 문제에서 개인, 감정 등의 사적 영역이 소거되고 공적 의미로서 환치되는 구성은 지극히 목적의식적이라 비판될 우려가 있다. 하지만 재일동포들에게 개인의 운명은 민족의 운명과 궤를 같이 한다는 냉엄한 역사적 현실을 미루어볼 때, 위태로운 민족적 상황을 개선하기 위한 계몽적 전략의 일환이라 생각할 수 있다. 이렇듯 가족의 결핍과 그것의 민족의식으로의 환치, 사적 영역의 공적 영역으로의 수렴 등은 민족 동일성 담론을 구성하는 내적 서사원칙들이다.

2) 민족 교육을 통한 기억의 전수와 계승

　민족 동일성 담론의 또 다른 내적 구성원칙 중 하나는 민족 교육의 강조이다. 민족 동질성과 정체성을 회복하고 민족통합의 밑거름이 된다는 점에서, 민족 교육이야말로 해방 이후 재일동포들이 가장 중요하게 여겼던 민족 사업 중 하나였다.[14] 재일동포 한국어 문학의 다수 소설들은 '조선학교'를 배경으로 '민족 교육'의 중요성을 역설하는 주제를 담고 있다. 이에 따라 등장인물의 직업도 주로 '선생'이나 신문사 '기자' 등으로 설정되어 있다. 민족 교육은 일차적으로 귀국 준비의 일환으로 모국어 습득을 목적으로 하나, 작품 내적으로는 "부모들이 겪은 망국노

---

14) 초기의 민족학교는 귀국 준비를 위한 강습소의 성격을 띠고 있었다. 민족 학교에서는 귀국을 준비하는 동포들에게 한글을 깨우쳐 주어야 한다는 생각에서, 처음에는 일반 성인을 대상으로 한글보급운동을 했고, 아동들에게 한글 기초교육을 실시했다. 1946년부터 정규 초등교육 기관으로 발전하게 되고, 1948년에는 학교가 600백여 개, 학생은 5만 8천여 명에 이르렀다. 그 즈음 조련의 좌익화에 반발해 민단이 설립되어 있었으나, 대부분의 학교는 조련에 의해 만들어졌다. (김인덕, 『우리는 조센진이 아니다』, 서해문집, 123~124쪽.)

의 과거사를 알려준다는 것"15)의 지향을 자주 표출한다. 과거 일제 식민치하의 피억압적 체험과 일본으로의 이주 경험 등 재일동포들의 특수한 역사적 상황은 '교육'을 통해 집단적 '기억'의 형태로 전수·계승된다.

김민의 <이른 새벽>은 청년 근호가 조선대학교에 입학하면서 변모하는 과정을 어머니의 시선을 통해 보여준다. 일본 고등학교를 나온 근호는 수줍음을 타고 게으른 생활습관을 가지고 있었으나, 조선대학교에서 입학하면서 적극적인 일꾼으로 거듭난다. 양돈업을 하는 부모의 어려움을 이해하게 되고 다른 학생의 모국어 습득을 도와주는 모범분조운동을 전개하는 등 의젓하고 모범적인 학생이 된 것이다. 근호의 학교를 방문한 어머니는 근호의 변화된 모습에 감격을 맛본다.

근호의 변모 과정은 조선대학교에 입학해 "우리 부모"로 대표되는 재일동포들의 특수성을 학습하면서 이루어진다. 일본 학교와 조선 학교는 많은 소설들에서 자주 비교된다. 일본 학교가 재일동포의 민족성과 역사적 기억을 지움으로써 일본인으로 동화시킨다면, 조선 학교는 '재일'의 특수성을 모국어와 역사 교육 등을 통해 각인시키며 민족 의식을 '보존'시켜 나간다. 그러므로 민족의 동질성을 확보함과 동시에 일제와의 차이를 부각시켜 나가기 위한 가장 핵심적인 방법이 교육을 통한 기억의 전수·계승임을 알 수 있다. 근호는 "일본제국주의자들에게 강제로 끌리여" 온 공동체의 기억을 자신들 세대의 기억 속에 고스란히 계승함으로써 부모를 이해하고 투쟁 의지를 다진다.

재일동포 한국어 소설에서 기억이란 항상 민족의 집단적·공동체의 기억이며, 여기서 기인한 강렬한 민족의식에서 재일동포의 아이덴티티가 형성된다. 윤건차에 의하면 '민족=국민'과 같은 공동태로 동화될 수 없

---

15) 소영호, <지꾸호아리랑고개>, 『고향 손님』, 문예출판사, 1985, 154쪽.

는 재일동포들이 '자기' 내면을 확립하는 방법은 기억 및 확인으로서의
역사의식, 민족의식을 보유해 나아가는 것이다.16) 특히 일본에서 태어난
재일 2세대에게 기억은 '상상의 조국'을 가능케 함으로써 희박해져 가
는 민족적 동질감과 민족의식을 유지시키는 역할을 한다. 재일동포 한
국어 소설에서 세대론적 외피가 자주 등장하는 이유는 바로 기억의 전
승이 세대간의 동질적 인식을 통해 이루어지기 때문이다.

김민의 <어머니의 력사>는 기억의 중요성을 세대론적 차원에서 보
다 구체적으로 보여준다. 도꾜의 중고급학교 문학 교원인 박재하는 2개
월간의 총련 중앙학원 학습을 마치고 오사까 지방으로 실습을 온다. 거
기서 총련의 열성 일꾼 강아주머니를 만난다. 그들은 조선으로의 귀국
을 막는 일본 정부에 대항해 궐기대회를 준비 중이다. 그녀의 파란만장
한 삶의 내력을 밤을 새서 듣게 된 박재하는 깊은 감화를 받고 더욱
귀국 운동에 매진할 것을 다짐한다.

> 우리들은 지나간 일들을 깜빡깜빡 잊어버리기가 쉽습니다. 그러나
> 내가 오늘날까지 지탱해 나온 것은 지난 일들을 잊어버리지 말려고
> 앙심을 먹었기 때문인가봅니다. (중략) 자기 나라에서 못살아서 쫓겨
> 난 사람들이 타국에 가서 잘살수가 있겠습니까. 우리들이 일본에 와
> 서 허구한 날 갖은 고생을 다 겪은 것도 결국은 우리 나라가 일본놈
> 들한테 빼앗겼기때문이 아닙니까.17)

세대간의 관계는 주로 조선에서 일본으로 건너온 재일 1세대가 일본
에서 출생해서 살아온 재일 2세대를 교화·교육하는 방식으로 나타난
다. 민족 교육은 '학교'라는 제도적 공간에서 뿐만 아니라, 과거를 잊지
않고 기억하고 전해주려는 앞 세대의 노력에 의해서도 이루어진다. 위

16) 윤건차, 앞의 책, 345쪽.
17) 김민, <어머니의 력사>, 앞의 책, 62쪽, 72쪽.

의 강아주머니의 발언은 재일동포들의 현재적 존립이 과거를 잊지 않고 '기억'하는 행위에 의해 이루어져왔다는 것을 의미한다. "우리나라가 일본놈들한테 빼앗"긴 사건은 일회적 과거가 아닌 지속되는 현재이며, 이전 세대로부터 지금 세대로 대물림되어 온 실존적 조건이다. 세대간의 연속성, 과거와 현재의 연속성을 확인하는 기억의 작용은 내적으로는 조국으로의 지향성을, 외적으로는 일제에 대한 '차이'와 '저항'의 담론을 생성한다.[18]

조남두의 <비오는 날>은 세대론적 인식을 역사적 과정과 접목시킴으로써 보다 생생한 현실성을 획득하고 있다. 6.25전쟁 발발 12년 후의 비 오는 날, 민성은 비 때문에 '미제 규탄대회'가 제대로 열릴 수 있을지 걱정한다. 12년 전을 회상하던 민성은 아들 영일이가 크면 6.25를 어떻게 기억할지 염려한다. 대회는 많은 사람들의 참석으로 무리 없이 진행되고, 미국 공사관에 항의하러 간 조청 청년들이 늠름한 기백으로

---

18) 재일동포 한국어 소설에서 기억이 갖는 의미는 김형규와 이정석에 의해서도 지적된 바 있다.
김형규는 「조선 사람으로서의 자각과 '재일(在日)'의 극복」, 『한중인문학연구』제14집, 2005.4, 406~409쪽에서 강렬한 조국 지향이 민족의 집단적 기억을 연장시킨다고 하면서 민족적 기억의 연장은 거의 대부분의 작품에서 비참한 과거 기억의 삽입 구조를 통해 뒷받침된다고 했다. 그런데 역설적이게도 민족의 과거를 기억하는 일이 강렬한 조국 지향으로 나아가면서 재일 조선인이 처한 현실적 조건을 외면하는 결과를 낳았다는 것이 김형규의 논지이다. 그러나 본고에서는 '기억'의 전수가 주로 교육을 통해 이루어졌고 그것은 민족은 하나라는 의식을 강화하면서 고난의 현실을 이겨나갈 수 있는 힘이 되게 했다는 데 초점을 맞추었다. 그것이 김형규의 지적처럼 관념이 현실을 압도하는 것일 수도 있지만 재일동포가 처한 '재일'의 특수성 속에서 자기 정체성을 형성해 나가는 데는 중요한 역할을 한 것으로 판단되기 때문이다.
또한 이정석도 「재일동포가 창작한 한국어 소설문학 담론의 존재양상」, 『한중인문학연구』제16집, 2005.12, 282쪽에서 "회상은 과거의 고난과 복된 현재를 대비시킴으로써 사회주의적 사실주의의 낙관적 전망을 서사적으로 구축하는 데 유용하게 활용되기도 한다."고 평가했는데 구체적인 작품 분석은 결여되어 있다. 그러므로 본고에서 이루어지고 있는 구체적인 작품 분석은 재일동포 한국어 소설에서 기억이 갖는 의미를 명확하게 보여주는 데 기여할 것이라 생각된다.

돌아온 모습을 보고 민성은 감격해 한다. 민성은 청년들의 대열에서 예전에 가르쳤던 학생 김봉길의 모습을 발견한다. 봉길은 대학 진학을 포기하고 조직에 투신한 학생이었다. 민성은 봉길의 의젓한 모습을 보고서 다음 세대의 미래가 밝을 거라 확신을 한다.

> 『저 청년들은 12년 전에는 몇 살이였을가.』 민성은 아마 철모르는 소학생이 아니면 중학생이였으리라 생각되였다. 그런 청년들이 12년 후의 이 날에 미제를 규탄하는 마당에 앞장 서 일떠서고 있다. 민성은 그런 청년들의 모습 속에서 12년 전의 자기를 발견한 것만 같았다. 『내가 12년 전의 6월 25일을 기점으로 하여 모든 청춘을 불태웠다면 이 청년들은 바로 이 시기에 청춘을 불태우고 있는 것이 아닐가.』[19]

민성은 "우리가 겪은 고생은 이 애들에겐 두 번 다시 없도록" 해야 한다고 생각하면서도, 자신의 아들 세대가 6.25의 역사를 잊어버리지 않을까 걱정스러워한다. 역사적 경험의 차이가 세대간의 단절을 일으키지 않을까 우려한 민성의 생각은 '봉길'로 대표되는 총련 청년들의 활동상을 눈으로 확인하면서 새로운 전환을 맞이한다. 12년 전 자신이 6.25 전쟁의 현장에서 싸우고 있었다면, 지금의 청년들은 "미제를 규탄하는 마당"에서 투쟁하고 있다는 것, 즉 역사적 경험은 상이하다고 할지라도 계속해서 혁명의 역사를 계승하고 있다는 인식이 그것이다. 소설은 세대의 지속성을 민성의 아버지 세대로부터 자신과 봉길 세대를 거쳐 아들의 세대까지 확장하여 보여준다. 아버지 세대의 '관동 대지진', 자기 세대의 '조국해방전쟁', 김봉길 세대의 '미제 규탄대회'를 동일한 역사적 맥락 안에서 인식함으로써, 민성은 아들 세대의 "새로운 형의 인간"의 탄생을 낙관하고 있다. 세대의 연속성을 역사적 연속성과 겹쳐놓음으로써

---

19) 조남두, <비오는 날>, 『조국의 빛발 아래』, 조선문학예술총동맹 출판사, 1965, 225쪽.

소설은 보다 적극적인 화법으로 민족 정체성의 항구적 계승을 강조한다.

민족의 정체성을 확인하고 민족 동질성을 보존하려는 서사 전략은 이렇듯 '민족 교육', '기억의 전수와 계승', '세대론' 등의 논의를 통해 이루어진다. 이것이 내용적 측면의 특성이라면 소설의 형식적 측면에서 이러한 특성을 뒷받침하는 것은, 현재-과거를 교차하는 구성이다. 이민자의 애환과 피억압자의 고난을 부각시킴으로써 민족의 역사를 후세들에게 전달하고 계몽, 교화하거나, 혹은 인물의 변화과정을 통해 민족적 정체성이나 총련의 사상을 확립하는 모습 등이 현재-과거 교차 구성의 효과이다. 결국 과거-현재는 민족 동일성 담론을 추동시키고 완성시키기 위한 충실하고 분리불가능한 짝패라 볼 수 있다.

3) 타자와의 관계성과 민족 정체성의 변주

재일동포 한국어 소설에서 민족 동일성 담론은 조국으로의 강열한 지향성과 일체화를 통해 표출되어 왔다. 그것의 구체적 형상화는 앞서 살펴본 것처럼 가족, 연애, 결혼 등의 사적 영역을 민족의 차원에서 공론화하거나, 민족 교육을 통해 공동체의 기억을 전승하는 방식으로 진행되어 왔다. 그러나 세대교체가 진행되고 있는 현실에서 조국과의 일체화에 의한 정체성 구축만으로는 한계가 있다.[20] 민족 동일성 담론은 변화하는 정세와 타자와의 관계 속에서 새롭게 논의될 필요가 있다. 내적으로 조국과의 동질성을 지속적으로 추구한다면, 외적으로는 시대에 따라 달라지는 타자와의 관계성 속에서 민족 정체성을 구축해야 한다. 이러한 요구들은 고정되고 공고해 보이는 총련계 문학작품 속에서도 변화

---

20) 윤건차는 조국과의 일체화에 의한 정체성 구축은 허구에 가깝다고 말한다. 재외동포 가운데 유일하게 재일 조선인만이 대한민국이나 북조선의 국적을 유지하고 있다는 사실을 통해, 그는 재일 조선인이 '상상의 공동체'로서 '재일'에 귀속되어 있는 것이 아닐까 의문을 제기한다.(윤건차, 앞의 책, 342쪽)

와 다양성의 징후로서 일정 부분 잠재해 있는 듯하다. 특히 초기 재일동포 소설이 '일제'에 대한 강한 대타적 입장에서 출발했다면, 그 이후로 많은 소설들이 저항의 대상을 다양화하고 있다. 무릇 정체성이란 타자와의 관계를 통해 형성된다는 사실을 미루어 볼 때, 재일동포 소설 역시 변화하는 타자들과의 관계를 통해 그 정체성을 파악할 수 있을 것이다.

기본적으로 재일동포 한국어 소설에서 타자들은 대립적이며 적대적인 존재로 설정되며, 그러한 타자에 대한 배타적 인식에서 정체성의 확립이 이루어진다. 가장 빈번히 발견되는 대립 구도는 조선/일본, 총련/민단의 구도이지만, 창작 당시 남북의 정치적 상황이나 시대 정세에 따라 동일한 구도 안에서도 타자의 설정이 세분화·다양화된다. 일제와 남조선, 일본의 근대화, 미제국주의와 남한 정권, 자본주의의 물신화 경향 등에 대한 비판적 인식들이 대략 눈에 띄는 경향들이다.

먼저, 물질만능주의를 좇는 조선인 자본가가 등장하는 소설들은 일본의 근대화 과정 속에서 새롭게 인식된 타자의 모습을 담고 있다. 소영호 <가장 귀중한 것>은 조선인 사업가 조봉우와 총련 분회장 김창수의 대립 구도로 시작한다. 조봉우는 조선인이라는 신분을 숨기고 일본 건설회사에 하청을 하는 사업으로 성공한 인물이다. 봉우의 아버지는 일제 시대에 탄광에서 죽음을 당했는데, 이 때문에 민족적 양심을 버리고 더더욱 돈에 집착하게 되었다. 총련 분회장인 김창수는 봉우의 집안 내력을 알고 봉우를 다시 조선 사람으로 살게 하려고 노력하나 번번이 외면당한다. 그러던 어느 날 봉우가 조선인이라는 것이 일본 건설회사 사람에게 알려져 그의 사업 계약이 파기되는 위기에 놓인다. 창수는 이 사실을 알고 조선 상공회의 도움을 받아 적극적으로 해결에 나서고, 이를 계기로 봉우는 자신의 잘못을 뉘우치고 총련 분회에 참여하게 된다.

돈을 벌기 위해 억척같이 일하였다. 조선사람의 티를 안내기 위해
서 민족적량심마저 저버리였다. 왜놈감독에게 억울하게 맞아죽은 아
버지의 생각 때문에 때로은 량심에 가책되는 때도 있었다. 하지만 이
사회에서 살아가기 위해서는 돈이 있어야 했고 돈을 벌자면 민족적량
심을 저버려야만 하였다. (중략) 그것은 우리모두가 조선사람으로서
떳떳하게 살자는 겁니다. 봉우씨도 이 세상에 돈보다 더 귀중한 것이
있다는 것을 깨달아야 합니다. 그것은 조국입니다.[21]

'돈'으로 상징되는 자본 논리는 일제라는 가시적인 타자에 비해 훨씬
내밀한 형태로 인물을 지배한다. 조선인의 정체성을 숨기는 행위는 반
민족적 행위는 아니지만, 같은 민족임을 은폐함으로써 자본주의와 영합
하는 결과를 초래한다. 개인의 영리와 출세가 민족 전체의 지향과 어긋
난다는 점에서 자본주의는 "민족적 량심" 즉 민족정신이 극복해야 할
또 다른 타자이다. 즉, 재일동포는 일제를 겨냥한 반제국주의 외에 반자
본주의를 경유해 자신의 정체성을 새롭게 논해야 하는 것이다. "돈보다
더 귀중한 것"이 "조국"이라는 봉우의 각성 과정을 통해, 소설은 보다
다양하게 변주된 방식으로 민족 정체성을 환기시킨다. 이 외에, 박종상
의 <회한>에서도 물신주의의 전형적 인물 '봉도'의 성공과 몰락의 과
정을 통해 민족 문제를 제기하고 있으며, <하늬 바람>과 <결혼 문
제>에서는 단편적으로 일본 사회의 자본주의화를 비판하고 있다.

한편, 해방 후의 남한을 배경으로 하는 대다수의 소설들은 비판의 표
적을 리승만 혹은 박정희로 대표되는 남한 정권과 미제국주의에로 돌리
고 있다. 특히 미제가 일제를 대신하는 가장 강력한 적대적 타자로 설정
되고 있다. 리은직의 <신작로>는 남한의 농촌을 배경으로 한다. 철이
아버지는 누구보다 부지런히 일했지만 3년 거듭되는 흉년 때문에 빚이

---

21) 소영호, <가장 귀중한 것>, 앞의 책, 35쪽, 33쪽.

쌓인다. 빚을 갚을 수 없는 그는 목숨처럼 아끼던 세마지기 논을 기와집 주인 황가에게 넘기고 서울로 품팔이를 떠났다. 어머니는 황가네서 여전히 품팔이를 하지만 머슴으로 들어온 길씨에게 의식화된다. 길씨는 사람들을 의식화하기 위해 황가네 머슴으로 위장 전입한 인물이다. 철이도 그에게 감화되어 그의 일을 돕는다. 길씨는 황가의 횡포에 대항하기 위해 마을 사람들을 조직화한다. 철이 아버지의 시신이 발견된 일을 계기로 길씨는 철이를 비롯한 마을 사람들을 동원해 황가에 대항한다.

> 물론 비단 우리 원쑤는 황가만이 아닙니다. 그뒤에는 황가와 결탁한 권력기관이 있고 그우에는 정권을 틀어쥔 패들이 있고 또 그 우에는 이 땅을 삼키러 와서 주인행세를 하고 있는 미국놈들이 있습니다. 그러니 황가 한놈을 때려쳤다고 해서 문제는 해결되지 않습니다.[22]

황가는 일제시대로부터 미군정, 이승만 정권을 거쳐 박정희 정권에 이르기까지 당대의 권력에 영합해 사리사욕을 채워 온 시대추수적 인물이다. 철이나 마을 사람들에게 황가는 억압적인 수탈자로서 직접적인 투쟁의 대상이지만, 길씨의 의식화 교육을 통해 황가의 배후에 있는 진정한 투쟁 대상이 밝혀진다. "권력 기관"과 남조선 "정권", 그리고 가장 최종적으로 "미국"으로 호명되어지는 적대적 타자들을 통해, 역사를 바라보는 비판적 인식의 확장과 변주를 엿볼 수 있다. 특히 가장 본질적인 적을 남한 내부가 아닌 미국이라는 외세에서 찾는 시각은 남한을 배경으로 한 대부분의 소설에서 반복적으로 등장한다. 이것은 남한을 구원하고 교화해야 할 내부의 적으로 보는 반면, 미국은 처벌하고 제거해야 할 배타적 존재로 보기 때문이다.

<신작로> 외에, 미국에 대한 강한 비판적 시각을 보여주는 작품으

---

22) 리은직, <신작로>, 『임무』, 문예출판사, 1984, 206쪽.

로는 박원준의 <이남의 거리>가 있다. 소설은 서울의 한 여고를 배경
으로 두 소녀의 자살 사건의 원인을 추적하면서 전개된다. 미군정에 영
합하는 소녀의 부모들, 부패한 학교 등 비판의 대상을 다각적으로 다루
면서도 "조선 인민의 불행은 미제의 강점에 그 근원"23)이 있다는 결론
에 다다른다. 특히 북한의 대남 방송을 청취하는 선생을 통해 볼 수 있
듯, 북한에의 강한 사상적 동질감을 통해 외세의 착취와 억압에 저항하
려는 지향성을 표출한다. 이 밖에, 리량호의 <첫걸음>, 박관범의 <한
권의 수첩>, 김달수의 <밤에 온 사나이>, 박영일의 <전기>, 리수웅의
<아버지와 아들>, 리필국의 <삐라>, 리은직의 <찾는 마음>, <마지막
총부리는> 등이 미국을 궁극적으로 비판해야 할 타자로 설정하고 있다.

리은직의 <노도의 거리>는 남한에서 민족해방을 꿈꾸는 청년들의
이야기를 다룬다는 점에서 북한으로의 지향성을 가장 강하게 표출하는
소설이다. 잡지사 기자인 철수는 어머니의 전화를 받고서 여순 사건 이
후로 잠적해 버린 이모를 찾으러 간다. 강원도 두메 산골에 살고 있는
이모는 아들 하나를 두고 있는데, 둘 다 남한의 민족 해방을 위해 싸우
고 있다. 이모 아들인 상태는 노동 운동가인데 철수도 그에게 교화되어
노동운동을 도우며 이북과 같은 세상을 만들기 위해 노력한다. 이 소설
의 특이점은 비판의 대상으로 "미제국주의침략자", "일본군국주의침략
자", "민족반역적인 괴뢰도당", "매판자본가들" 등의 다수 존재가 함께
제시되고 있다는 점이다.24) 이것은 박정희 정권 당대의 남한이 여러 적
대세력들이 중층적으로 얽혀 있는 복합적인 장이라는 인식을 반영한다.
국내 세력과 외세, 외세와 외세가 서로 결탁하고 공모하는 남한 사회의
묘사는 재일동포의 민족 정체성이 무수한 타자들과의 관계를 인식하는

---

23) 림경상 외, 『조국의 빛발 아래』, 조선문학예술총동맹출판사, 1965, 140쪽.
24) 리은직, 『임무』, 250~251쪽.

데서 작동하는 것임을 보여준다.

결국 재일동포 한국어 소설에서 민족적 정체성은 다양한 타자들과의 관계를 통해 변주와 확장을 거듭해 왔다고 할 수 있다. 일제, 미제, 자본주의, 근대화 등으로 나타나는 타자들에 대한 배타적 인식은 반제국주의, 반자본주의, 반근대 등을 재일동포의 또 다른 정체성으로 융화한다. 남한의 정세나 국제적 질서의 변화 등에 민감하게 반응하는 소설들은 이승만이나 박정희에 대한 강한 비판과 더불어 4.19나 김지하, 김대중 등에 대한 동질감을 표명하기도 한다. 이렇듯 재일동포 문학에서 민족 동일성의 담론은 과거나 기억에 의해서 뿐 아니라, 변화하는 현재의 지평에서 부단히 재구성되고 있다.

3. 맺음말

재일동포 한국어 소설에서 민족 문학의 성격은 일차적으로 민족 동일성 담론의 형성에 놓여 있다. 일제 식민지 시대라는 억압과 주권 유린의 상황, 해방 정국의 사회적 혼란과 분열, 분단의 고착화와 민단/조총련으로의 교포사회 양분, 그리고 극심한 민족적 차별 등, 격동하는 사회적 혼란과 변화 속에서 자신의 정체성을 정립하는 작업은 재일동포들에게 있어 가장 중요한 선결과제였다. 이러한 상황에서 '민족'을 매개로 한 민족 동일성 담론의 추구는 그들에겐 필요불가결한 선택이자 생존 전략이었다. 안으로는 조국으로의 강열한 지향성과 일체감을 형성하고, 밖으로는 타자와의 배타적 관계를 통해 차별과 억압에 저항하고자 한 재일동포 한국어 소설은 몇 가지 전형적인 방식을 통해 자신들의 계몽적 의지를 표출하였다.

가족 형상화에서 재일동포 소설은 아버지의 부재를 통해 결핍된 가족을 보여주었다. 그러나 그 결핍이 수령 중심의 이상적 가족으로 환치되면서 가족 이데올로기는 당이 중심이 된 민족 담론으로 대체, 확장된다. 가족은 민족적 사명을 띤 조직이 되고 민족은 일종의 유사가족이 되는 상호 수렴 속에서 보다 효율적인 민족 동일성 담론의 구축이 이루어지는 것이다. 이것은 연애와, 결혼 같은 내밀한 사적 영역이 민족, 조국과 같은 거시적인 공적 영역으로 통합되는 모습에서도 드러난다.

가족 이데올로기와 사적 영역을 경유해 효율적으로 민족 동일성 담론이 구축되었다면, 민족 교육의 강조를 통해서도 동일한 지향성이 드러난다. 민족 교육이란 재일동포들이 겪은 특수한 역사적 상황을 집단적 기억의 형태로 전수·계승하는 데 목적이 있다. 재일동포들에게 기억이란 민족적 아이덴티티를 형성하는 근간으로서, 세대간의 연속성, 과거-현재의 연속성을 통해 민족 정체성의 항구적 계승을 가능케 한다. 특히 재일 2세대들에게 기억은 '상상의 조국'을 통해 동질적 민족의식을 보존할 수 있는 매개가 된다.

그러나 세대교체가 진행되고 있는 현실에서 조국과의 일체화에 의한 정체성 구축만으로는 한계가 있다. 재일동포 한국어 소설은 타자와의 관계성 속에서 새롭게 민족 정체성을 구축하고자 한다. 자본주의의 물신화 경향, 미제국주의와 남한 정권 등 다양한 타자와의 배타적 인식을 통해 반자본주의, 반제국주의, 반근대 등을 재일동포 문학의 또 다른 민족 담론으로 융화한다. 결국 재일동포 문학에서 민족 동일성 담론은 과거나 기억에 의해서 뿐 아니라 변화하는 당대의 지평에서 부단히 변주, 재구성되고 있다.

위에서 살펴본, 재일동포 한국어 소설에 나타난 세 가지 특징적 양상은 '재일'의 특수성을 극명하게 보여주는 것으로 사료된다. 재일동포들은 일본이라는 이국땅에서 조국을 그리워하며 한국인(조선인)으로서 살아가고 있는데, 이처럼 일본인도 한국인(조선인)도 되지 못한 그들의 존재론적 특수성은 경계에 선 정체성이라는 말로 대변될 수 있다. 어디에도 속하지 못한, 경계에 선 존재로서 그들이 갖는 특수성은 가족 형상화에서는 공적 영역과 사적 영역이 통합되는 모습으로 나타나고, 교육을 통한 집단적 기억의 전수에서는 과거를 현재에 통합함으로써 경험하지 못한 '상상의 조국'을 통해 민족의식을 보존하는 것으로 나타나며, 타자와의 관계를 통한 정체성의 형성에서는 '나'의 정체성 형성에 일본, 미국, 남한 정권 등의 타자가 직간접적으로 매개되는 것으로 나타나고 있다.

경계에 서서 양쪽을 넘나드는 재일동포들의 존재론적 특수성은 민족이 매개될 때 필연적으로 민족 동일성 담론의 추구로 나아간다. 민족은 하나라는 담론은 경계에 선 그들의 불안정한 정체성을 하나로 통합하는 역할을 하며 그것을 바탕으로 그들은 모순에 둘러싸인 '재일'의 현실을 극복하게 된다. 이는 재일동포들에게 안정적인 정체성을 부여하고 궁극적으로는 민족 통합의 길을 열어준다는 점에서 의의가 있다. 물론 이때의 민족 통합은 남한정권의 적대적인 위정자를 제외한 민족 통합이라는 점에서 선택적인 민족 통합이기는 하다. 그러나 재일동포와 남북한 국민이 하나가 되어야 한다는 당위를 재확인함으로써 민족 통합의 기초를 다지고 있다는 점은 그 의의로서 인정되어야 할 것이다.

참고문헌

1. 작품집

김　민, 『이른 새벽』, 문예출판사, 1986, 179쪽.

리은직, 『임무』, 문예출판사, 1984, 254쪽.

박종상, 『원앙유정』, 문예출판사, 1989, 303쪽.

소영호, 『고향손님』, 문예출판사, 1985, 184쪽.

림경상 외, 『조국의 빛발아래』, 조선문학예술총동맹출판사, 1965, 364쪽.

재일본조선문학예술가동맹, 『재일조선인단편소설집』, 조선청년사, 1975, 219쪽.

2. 단행본

강덕상 · 정진성 외, 『근 · 현대 한일관계와 재일동포』, 서울대출판부, 1999, 523쪽.

공봉식 · 이영동, 『재일동포』, 문학관, 1997, 541쪽.

김상현, 『재일한국인-재일동포 100년사』, 한민족, 1988, 634쪽.

김인덕, 『우리는 조센진이 아니다』, 서해문집, 2004, 159쪽.

김태영, 『저항과 극복의 갈림길에서』, 지식산업사, 2005, 283쪽.

윤건차, 『한일 근대사상의 교착』, 문화과학사, 2003, 382쪽.

정인섭, 『재일교포의 법적지위』, 서울대출판부, 1996, 525쪽.

한일민족문제학회 엮음, 『재일조선인 그들은 누구인가』, 삼인, 2003, 226쪽.

크리스 하먼, 배일룡 옮김, 『민족문제의 재등장』, 책갈피, 2001, 175쪽.

3. 논문

강태성, 「재일 조선인 조선어 소설문학」, 『재일 조선인 조선어문학의 현황과 과제』, 와세다대학 조선문화연구회 · 해외동포문학편찬사업 추진위원회 · 재일본조선문학예술가동맹 공동심포지엄 자료집, 2004.12.11.

김인덕, 「일본지역 민족운동에 대한 역사적 평가」, 『한국민족운동의 역사와 미래』, 국학자료원, 2000, 343~370쪽.

김형규, 「조선 사람으로서의 자각과 '재일(在日)'의 극복」, 한중인문학회 편, 『한중
　　인문학연구』제14호, 2005.4, 389~416쪽.

＿＿＿, 「귀국 운동과 '재일(在日)'의 현실」, 한중인문학회 편, 『한중인문학연구』제
　　15호, 2005.8, 411~432쪽.

손지원, 「재일동포 국문 문학운동에 대하여」, 『재일 조선인 조선어문학의 현황과 과
　　제』, 와세다대학 조선문화연구회·해외동포문학편찬사업 추진위원회·재일본
　　조선문학예술가동맹 공동심포지엄 자료집, 2004.12.11.

송혜원, 「재일 조선인 문학의 조선어로의 창작 활동의 변천(1945~1970)」, 『재일 조
　　선인 조선어문학의 현황과 과제』, 와세다대학 조선문화연구회·해외동포문학편
　　찬사업추진위원회·재일본조선문학예술가동맹 공동심포지엄 자료집, 2004.12.11.

이정석, 「재일동포가 창작한 한국어 소설문학 담론의 존재양상」, 한중인문학회 편,
　　『한중인문학연구』제16집, 2005.12, 263~286쪽.

한승옥, 「재일동포 한국어 문학연구 총론(1)」, 한중인문학회 편, 『한중인문학연구』제
　　14호, 2005.4, 323~352쪽.

허명숙, 「재일동포 작가 량우직의 장편소설 연구」, 한중인문학회 편, 『한중인문학연
　　구』제14호, 2005.4, 461~484쪽.

＿＿＿, 「재일동포 한국어 소설문학의 최근 동향」, 한중인문학회 편, 『한중인문학연
　　구』제15호, 2005.8, 389~410쪽.

홍승직·한배호, 「재일동포의 실태조사」, 고려대 아세아문제연구소 편, 『아세아연구』
　　제57호, 1977, 1~52쪽.

제4장
재일동포 한국어 문학의 내적 논리와 민족문학적 성격

재일동포 한국어 시문학의 내적 논리와
민족 문학적 성격

최 종 환

목 차

---

1. 문제 제기

본 논문은 '재일동포 한국어 시문학'의 내적 논리와 민족 문학적 성
격을 검토하는 데 그 목적을 두고 있다. 일본에서 한국어 시 작품은 민
단보다 총련 소속 시인들에 의해 주로 창작되어 왔다. 본고가 '민족주

의'적 관점과 관련하여 중점적으로 다루고자 하는 대상은 재일동포 시인들 중 총련계에 소속된 시인들의 작품이다. 대체적으로 일본어로 쓰인 민단계의 작품에 비해 총련계의 그것은 대부분 한민족(韓民族) 언어권의 환경에서 창작이 시도되었기 때문에 한민족 문학의 반경에 들어올 수 있다. 그렇게 창작된 한국어 시문학은, 많은 부분 사회주의 이념을 내포한 30년대 카프의 계급문학이나 북한의 주체 문학론과의 강한 인접성을 보여주고 있다. 그러면서도 북한문학의 내면성과 그대로 부합하지 않는 측면이 존재하며 그 심층적 측면엔 근원적인 '한민족의 의식과 정서'를 내장하고 있다는 점이 특징적이다. 심층적인 측면이란 이데올로기의 직접성으로부터 어느 정도 자유로운 영역이면서 남북한과 조총련, 민단 나아가서 해외 교포들에게까지 감정 교류가 가능한 영역을 의미한다. 본고가 특별히 주목해 본 부분은 후자적 측면이다.

우선 한국어로 시를 쓰는 재일동포들이 이해하는 민족문학은 남한 측이 생각하는 그것과는 거리가 있다. 그것은 계급적 의미가 부여된 정치 공동체의 성격을 띠는 것으로 사실상 북측에서 제시하는 민족문학의 개념과 유사성을 띤다. 대다수 총련계 재일동포들이 생각하는 민족문학론 또한 북측의 민족문학론의 반열에 놓여 있다고 보아야 한다. 이에 비해 남측은 60년대 이전까지 김동리나 이형기 등에 의해 문학의 순수성을 강조하는 순수문학 계열을 민족문학으로 내세우는 추세가 주류였기 때문에 - 북한 문학의 내면성을 받아들인 - 재일동포 문학과 어느 정도 상치되는 면도 없지 않다.

통일문학사의 전제 하에 근본적으로 양립하기 어려운 두 이데올로기를 동시에 지양해 내려면 체제 간의 이념 차이를 '사실'로 인정한 후 각 한인(韓人) 주체들 사이에 교감이 가능한 '민족'의 개념을 모색하는 일부터 시작되지 않으면 안 된다. 그것은 오랜 세월 서로에게 타자였던

각 주체가 견지해 온 대립의 논리를 넘어서서 남측과 재일동포 간의 의식적, 정서적 공유 지점을 모색하는 일이다. 남과 북 재일동포 해외교포들 모두의 내면을 지양시킬 수 있는 합(合)의 지점을 찾아야만 분열된 민족 주체들을 아우를 수 있는 민족문학의 개념이 설득력을 띨 수 있다는 의미이다. 아울러 그것은 민족 분단이 초래한 우리 민족의 비극적 상황을 이전과는 달리 유연하게 이해하는 힘을 확보하는 일이기도 하다[1]

재일동포 한국어 시문학에 대한 통시적이며 실증주의적인 개괄은 선행 연구자들[2]에 의해 이루어졌으므로, 본고는 그 시각에 힘입어 재일동포의 한국어 시문학(이하: 재일동포 시)을 견인하는 내적 논리를 간략히 점검해 보고자 한다. 이후 그들의 시가 보여주는 민족문학적 특질이 통일 시대의 문학사를 준비하는 지금의 시점에서 어떠한 시금석의 역할을 할 수 있는지에 대해 논해 보려 한다.

2. 재일동포 한국어 시문학의 내적 논리

1) 정체성의 탐색과 이념적 민족의 추구

재일동포들은 해방과 한국 전쟁 이후 연합국과 일본 남한 정부에 의해 방치된 존재였다. 주체가 타자를 통해 스스로를 정립시킨다고 할 때 그들은 해방 후 자신들의 지위를 분명하게 세워 줄 타자가 없었다. 역설적으로 말하면 그들이 일본에, 남한에, 북한에도 동시에 소속된 존재

---

1) 황패강, 「분단시대의 문학사 서술」, 『북한의 국어국문학연구』, 지식산업사, 1990, 122~130쪽 참조.
2) 이경수, 「재일동포 한국어 시문학의 전개 과정」, 『한중인문학연구』14집, 한중인문학회, 2004, 353~388쪽.
   윤의섭, 「재일동포 강순시 연구」, 『한중인문학연구』15집, 2004, 433~460쪽.
   김은영, 「김윤 시 연구」, 『한중인문학연구』15집, 2004, 461~490쪽.

였음을 의미한다.3) 그들은, 한국 전쟁 이후 북측이 원조의 손길을 내밀
어주기 직전까지는 제대로 된 법적 대우조차 받지 못했다. 재일동포들
은 일본의 패전 후에도 해방 이전에 당했던 것과 같은 차별을 겪으며,
끊임없이 '나는 누구인가'의 질문과 스스로 마주해야 했다. 그것은, 재
일동포 이회성의 소설 <半쪽발이>이란 제목이 암시하듯 자기 분열의
체험에 다름 아니다. 재일(在日)의 상황에서 겪는 심각한 정체성의 혼란
은 심지어 동시(童詩)의 모습으로까지 나타나고 있다.

> 그런데 세상 사람 우리 보고
> 어떻게 부르니
> 어떤 사람 ≪조선≫이라 하는데
> 또 어떤 사람 ≪한국≫이라 하지
>
> 우리는 하나인데
> 어째서 이름은 두개냐
> 그건 나쁜놈 탓이야
>
> 예로부터 우리는
> 하나인데 나쁜놈이 갈라서
> 두개되었지
>
> — 최영진, <우리 이름>, 『예!』, 문예동효고지부문
> 학부, 1984, 66쪽 부분 —

위 시의 화자는 민족 분단이 초래한 상황 속에서 자신이 "조선인"인
지 "한국인"인지 "고려인"인지 그렇다고 "외국인"인지조차 알 길 없는
상태에 놓이게 됐다고 말하고 있다. 제국주의의 개입과 그로 인한 민족
모순이 준 정체성의 혼란이 재일동포의 의식을 뿌리부터 잠식하고 있었

---

3) 강덕강, 정진성 외, 『근·현대 한일관계와 재일동포』, 서울대출판부, 1999, 287~295
쪽 참조.

음을 의미하는 것이다. 소속이 불분명한 주체는 이역 땅에서 모진 차별과 불이익을 당할 수밖에 없다. 시인 김 윤은 당시 그들의 처지를 "헌신짝"같은 존재라고 술회하고 있다. 이방에서 유기(遺棄)된 자는 자체 실존이 분산된 디아스포라(diaspora)적 주체일 수밖에 없다. 재일동포들의 그 같은 자아상은 아래 시에서 온몸이 갈기갈기 찢긴 "바랑"으로까지 언급되고 있다.

> 쉴새없이
> 걸어온 길
>
> 찢어져 낡은 바랑에는
> 버릴 수 없는 풍습과 역사를 꾸겨넣고
> 돌아보며
> 돌아보며
> 내일만 믿고 걸어온 길
> 산과 들
> 바다와 강물이
> 앞을 가로막는
> 그런 수도 있었고
>
> 낮도깨비를 만나 몸부림치고
> 승냥이를 만나 먹혔을 뻔도 했던
> 그런 路程
>
> 이 길은 갈수록
> 갈수록
> 끝없는 길
>
> 火賊들이 덤비는
> 고갯길을 넘을라치면

火賊들의 졸개들이
바랑을 노리고
몇 번이나 주저앉았을 뻔도 했던
내일에로의 이 길은
한없이 멀고

— 김 윤, 〈길〉, 『멍든 季節』, 현대문학사, 1968,
64~65쪽 부분 —

인용 시에는 질고의 세월을 버틸 수밖에 없었던 재일동포들의 고단한 삶이 그대로 드러나 있다. 그들의 내면이 찢겨야 하는 이유는 "낮도깨비"와 "승냥이" 같은 제국주의자들이 "산"과 "들"과 "바다"와 "강물"이 되어 앞길을 막고 있기 때문이다. 그럼에도 그들은 찢긴 몸에 "버릴 수 없는 조선의 풍습과 역사를 꾸겨넣고" "쉴새없이 걸"어가지 않으면 안 되었던 사람들이었다. 그들의 그러한 내면은 "존재의 불안과 고독감"[4]으로 가득 차 있다. 그 같은 고통의 인식은 일본에서 피해자와 가해자가 뒤바뀌어 버린 상황을 떠올리게 하며, "대답을 주시라 / 8월이시여 / 우리가 왜 손님이란 말입니까 / 손님이 주인되고 / 주인이 손님이 되려고 / 우리가 그토록 눈물을 흘렸단 말입니까"[5]라는 절규로 확대된다. 재일(在日) 상황 속에서 초래된 내면의 분열은 '노예', '갱도', '오랏줄', '비수', '쇠사슬', '총탄' 등의 이미지를 통해 수인의식(囚人意識)으로 발현되기도 하고 '겨울', '추위', '서리', '광풍' 등의 근육 감각적 이미지를 통해 구체화되기도 한다. 그것은 20년대 재일시인 이상화의 <빼앗긴 들에도 봄은 오는가>에 나타난 정신적 불균형의 재현이라고도 볼 수 있다.

고통 받던 재일동포들의 내면은 제국주의자들에 대한 증오로 이어지는

---

4) 김은영, 앞의 논문, 470~475쪽.
5) 정화흠, <누구를 위한 눈물이었습니까>, 『념원』, 재일본조선문학예술가동맹, 1985, 18쪽.

과정에서 부지불식간에 '사회주의 이데올로기' 쪽으로 경사되는 길로 나아가게 된다. 남한 정부로부터 방치된 재일동포들에게 사회주의 이데올로기는 민족주의 이데올로기와 효과적으로 오버랩 작동이 될 수 있었다.

북측은 전쟁 이후에 그들에게 민족학교를 지어주고 재외공민으로서의 자격을 주거나 북송을 시켜주는 등의 세심한 배려를 해 주고 있었다. 더구나 일본과 연합군이 그들 2세의 민족 교육을 방해하기 위한 공작을 전개했을 때 재일동포들의 교육투쟁을 지원해 주기도 하였다. 이 같은 사실은 재일동포들이 스스로의 정체성을 탐색하는 과정에 북측에 전폭적으로 의존했음을 의미하는 것이기도 하다. 남측의 이승만 정권을 인계한 박정희, 전두환 정권이 냉전 논리를 연장시키고 재일동포들을 백안시했던 것만큼 그들의 남한에 대한 불신은 커질 수밖에 없었고, 결국 붙들게 된 것이 사회주의 주체의 조국이었다. 그 때문에 재일동포들은 북측 이데올로기의 진위를 성찰하는 일보다는 많은 부분 그것을 옹호하고 거기에 스스로를 고무시키는 모습을 보여주었다. '사회주의 이데올로기에의 봉사'가 '민족 찾기'로 동일시된 것이 80년대 말까지의 재일문학의 현실이었다고 보아도 과언은 아니다.[6]

상황이 어려워질 때마다 북측이 그들에게 내민 것은 '민족'의 카드였다.[7] 한 민족이라는 이유 하에 북측이 보여준 전폭적인 관심은 재일동포들로 하여금 아래와 같은 진술까지 낳게 하였다.

---

6) 카지무라 히데키, 김인덕 옮김,『재일조선인운동』, 현음사, 1994, 45~59쪽 참조.
7) 해방 직후부터 1960년대 초반까지 북한의 문학은 사회주의 건설에 문학이 적극 참여하도록 유도하는 사회주의 리얼리즘을 독려하다가, 60년대 중반 이후부터 주체 사상에 근거한 혁명적 민족 이데올로기를 더욱 강조하는 경향을 보여준다.(권영민,『한국현대문학사』, 민음사, 1993, 355~356쪽 참조.) 한국어로 시를 쓰던 총련계 재일동포 시인들에게도 그 지침은 예외가 될 수 없었으며 총련측은 '문예동'을 중심으로 하여 주체 문예이론을 적극 수용하게 된다.

일본에서 조선 민주주의 인민 공화국에로의 길이
이제 열린다
- 허남기, 〈길〉, 『어머니 조국』, 조선작가동맹
출판사, 1960, 32쪽 부분 -

재일동포들이 사회주의적 민족 이데올로기에 맹목을 보였던 이유는
북측이 그들을 공화국의 시민이 되게 해 주었다는 사실 이외에도, 북측
에 의존할 때 재일(在日) 상황에서 겪는 정체성의 고통이 끝날 것이라
는 소박한 믿음이 있었기 때문이다. 재일동포들의 시에 김일성과 그의
혁명 가계를 찬양하는 작품들이 상당 부분을 차지했던 것도 그들 자신
북한의 '우리식 사회주의'를 '우리 민족의 사회주의'로 이해했고 그 체
제를 강화하는 길만이 상실한 고국을 되찾는 길이라 믿었기 때문이다.
재일동포들에게 북측이 제시한 담론은, 그것이 가까운 장래에 제국주의
를 붕괴시키고 민족 통일을 이룰 수 있다는 힘이 되어줄 것이라는 신념
으로 연결되었던 것이다.

> 한걸음 한걸음
> 조국을 잃은 류랑민의 발자취를
> 마음속에 쓰리게 새기며 찾아온
> 머나먼 한끝 분회장네 집
>
> 근근히 번 돈으로
> 겨우겨우 세웠다는 새집 문패엔
> 아, 분회장의 이름은 없고
> 지붕아래 큼직이 나붙었구나
> -재일본조선인총련합회 나가싸끼현 나가사끼지부 교또분회
> 다시 찾은 조국이 이렇게도 귀중해
> 그 어디에 살아도

조국을 빛내이자는 마음이 어렸는가
분회장집 문패

아, 일본땅 한끝에서
조국의 한끝을 보는구나
– 김정수 〈일본땅 한끝에서〉, 『꿈같은 소원』,
문학예술종합출판사, 1993, 99쪽 부분 –

재일동포들이 했던 투쟁의 정점엔 '총련'이 자리하고 있었으며, 총련은 그들에게 민족의 이데올로기를 반영하는 거울이나 마찬가지였다. 그 때문에 총련은 조국과 동일시되었으며, 총련의 지침은 실상 민족의 지침이 되었다. 인용 시에서 총련 "부회장"의 "문패"를 보는 것이 "조국의 한끝"을 보는 것으로 연결되는 논리가 그것이다. 그들의 작품 중에는 상당 부분 총련에 소속되었다는 자긍심, 민족 교육을 주도하거나 받는 과정의 포부 등이 나와 있는데 그 점도 상기의 문맥과 관련이 있다고 보아야 한다. 재일동포 시인들의 민족의식은 그들의 정체성을 흔들어 놓은 제국주의자들에 대한 대타 의식 속에서 형성된 것이라 보아도 과언이 아니기 때문에 그들의 작품엔 미군과 남한의 군사 정권에 대한 저항 의식이 들어있다.

재일동포 시인들이 제국주의에 대해 보이는 태도는 이미지나 작시법에서도 나타나고 있다. 일례로 일반 교포 문학이 보여주는 '바닷물'이나 '파도' 등의 정체성의 고통을 보여주는 이미지는 재일동포 시문학에서 제국주의자들에게 저항하는 '성난 파도'의 이미지로 변주되어 나타난다. 그 전투적 이미저리는 제국주의자들에 대한 대결 의지로 발현되기도 한다. 민족을 압제하는 힘을 일거에 덮어버리는 '파도'는 '칼'과 '총'의 이미저리로 확장되어 텍스트에 이데올로기적 민족 담론을 구성해 낸다.

재일동포 한국어 시문학의 내적 논리와 민족 문학적 성격　273

2) 또 하나의 시선: 혈연-문화 공동체로서의 민족

재일조선인들이 반제 투쟁을 통해 모색했던 것이 '이념의 민족'이었다면 그들 작품의 저층엔 '핏줄의 민족'도 자리하고 있었다. 그 점은 이데올로기의 영향으로부터 비교적 자유로웠던 김리박이나 김윤 같은 시인들의 작품에서 주로 나타나는 경향이지만, 때론 총련의 이념을 맹렬히 추종하는 시인들의 경우에도 발견되고 있다. 이 후자적 민족 개념에서 우리는 북한 문학과는 변별되는 재일동포 시인들의 독특한 내면 표정 하나를 발견한다. 그 표정 속에선 경계인으로서 재일동포들만이 보여줄 수 있는 '이데올로기의 완충 지대'가 자리하고 있다.

> 한 몸뚱아리로 살아왔더라
> 폭풍이 앞을 가로막아도
> 온몸으로 헤치며
> 짓밟히고 찢기워도
> 하나의 힘으로 꿋꿋이 이겨나온 조선
>
> 하나로만 신경이
> 두동강이로 끊긴 세기의 아픔,
> 흘러간 16년간의 나날을
> 어찌 다 말하랴
> ⋯⋯(중략)⋯⋯
> 오, 우리 불같이 념원이 이어지는가
> 북과 남의 직통전화선
> 전주우에서 굳게 손을 잡으며 최상의 웃음을 터뜨리는구나
> 세상사람들이여, 이 력사적인 순간을 보는가 조선은 하나의 신경으로 이어졌다
>   ─ 오상홍, 〈조선은 하나의 신경으로 이어졌다〉,
>   『산이여 한나여』, 문예동도꾜지부, 1987. 114 ～ 115쪽 부분 ─

인용 시에선 "하나"라는 용어가 반복적으로 사용되고 있다. 하나가 되기 위해선 남과 북이 함께 손을 잡는 것이 질곡의 세월을 살아온 민족이 구원받을 수 있는 길임을 강조하고 있는 것이다. 인용 시는, 시인의 내면이 남과 북의 이데올로기보다 먼저 핏줄 의식에 깊이 닿아 있다는 점에서 특징적이다. 부르와 프로를 철저히 이분화 시키는 북측 문학과는 달리 재일동포 한국어 시문학이 그 이전에 "한 몸뚱이로 살아온" "하나의 신경"으로서의 민족을 응시하고 있는 것이다. 그 같은 내면성은 끊어진 민족의 신경을 핏줄의 유대를 통해 복원해 낼 수 있다는 자신감으로 확대되기도 한다. 아래 시는 그 같은 민족의식을 암시해 주는 예라 하겠다.

> 꽃이 오래 핀다하여 무궁화라 하였나
> 여름부터 가을까지 매일 지고 또 피며
> <u>조선은 그 어디를 가나</u>
> <u>집집마다 무궁화나무</u>
>
>   – 류인성, 〈무궁화나무〉, 『고향』,
>   재일본조선문학예술가동맹, 1983, 107쪽 부분
>   (이하 밑줄: 인용자)

인용시의 화자가 한민족의 꽃 무궁화를 통해 보여주고자 하는 것은 "무궁"한 우리 민족의 역사와 남측 북측 "집집마다" 일어나는 핏줄의 동질성이다. 수없이 쓰러졌다 일어나야만 했던 한민족의 질고의 세월이 "여름부터 가을까지 매일 지고 또 피"는 무궁화의 속성을 통해 구체화되고 있는 것이다.

민족정신에 대한 이 같은 인식은 재일동포 시가 북측 문예 이론을 추수한다 하더라도 그들 실존을 규정했던 특수한 '재일'(在日)의 상황이 북측의 목소리와 다른 발성을 내게 했기 때문에 가능했던 것으로 보인다.[8] '재일'이라는 제3의 상황 속에서 주체사상의 텍스트는 북측 시인

의 그것처럼 그대로 작동하지 않는 경우도 있기 때문이다. 이데올로기에 선행하는 핏줄의 민족을 응시하는 순간이 그 경우라 할 수 있겠는데 그 과정에선 북측과 남측의 각 구성원을 민족의 근원적 대지 속으로 불러들이는 모성적 상상력이 나타나기도 한다. 박산운의 시에서 "고향을 부르면 / 어머니가 대답한다 / 어머니를 찾으면 / 남녘고향이 나타난다 // 이땅 아들들의 고향이 있는 / 이 나라는 정다운 어머니나라 / 둘이 될 수 없는 어머니인 나라"(1980년 作)[9]라는 고백은 그것을 보여주는 예라 하겠다. 그 고백 속엔 분단된 상황에 대한 인식 내지 민족 화합에의 욕망이 온축되어 있다고도 볼 수 있다. 다시 말해 전략적인 입장에서 남한을 포용하는 포즈를 취하는 북측 문학과 달리 재일동포 시는 남과 북의 경계(境界)에 위치했기 때문에 그와 같은 내면의 표출이 때때로 가능할 수 있었던 것이라 판단된다. 이는 재일동포 시에 -북측 문학과 달리- 이데올로기적 긴장이 한층 느슨해진 영역이 존재한다는 점을 말해준다. 그것은 북측의 프로적 이데올로기나 남측의 부르적 이데올로기가 크게 상충을 일으키지 않는 영역이라 볼 수 있다. 남측 문학이 재일동포 문학과 손을 잡고 통일 시대의 문학사를 준비해 나가려 한다면 이 부분이 일궈내는 하나의 가능성을 주시할 필요가 있다. 재일동포 시를 읽어 보면 남측 시와 정서적 '동질성'[10]을 느끼게 해주는 경우들이 발

8) 유숙자, 『재일한국인문학연구』, 월인, 2002, 13쪽 참조.
9) 박산운, <어머니나라>, 『내가 사는 나라』, 문학예술종합출판사, 1992, 103쪽.
10) 남북 문학 간의 동질성은 분단 문학사의 극복을 논하는 논자들이 가장 관심있게 살펴보는 항목이다. 실상 그 동질적인 지점이 분명히 떠오르기 시작하는 시기는 북한의 문학이든 재일동포들의 문학이든 탈이념의 시대가 열리기 시작하던 90년대 전후부터로 보아야 한다. 최동호도 90년대를 전후로 한 북한 문학을 이야기하면서 북한 문학에 생활 정서에 기반을 둔 완성도 있는 작품들이 꾸준히 창작되고 있는 점을 꼽았으며 그것이 남북 문학사의 이질적인 부분을 뛰어넘을 수 있는 부분이라고 본 바 있다. (최동호, 『한국 현대시사의 감각』, 고려대 출판부, 2004, 288~315쪽.) 정신사적 차원에서 80년대까지의 재일동포 한국어 시학을 북한 문학의 범주에 포함시킬 수 있다는 가정은 유효하다면 재일동포 한국어

견되는데 그 대표적인 것의 하나는 위에서 언급한 '꽃'의 서정이다. 이 부분을 좀더 자세히 살펴보자.

                    - 한명석, 〈진달래 한그루〉, 『나그네의 한생』,
                      동북공업주식회사, 2002, 12쪽 전문 -

인용시 <진달래 한그루>(1972년作)는 북한 문학적 속성을 띠는 재일동포 시문학의 서정이 남측 문학과 연결될 수 있는 '매듭새'를 미약하나마 보여주는 작품이다. 주지하다시피 진달래의 서정은 해방 이전

시문학의 90년대 전후의 행보도 최동호의 지적에 닿아 있는 부분이 없지 않다. 이 문제와 관련하여 90년대 이전의 상황까지 생각해 본다면, 한국 전쟁 이후부터 생산된 재일동포 시 작품들의 내면성 중 북측 이데올로기와 남측 이데올로기 간의 동질성을 타진케 해주는 부분은 일차적으로 핏줄 의식과 관련된 정서와 한 민족의 문화적 표상이라고 판단된다.

우리 문학이 간직하고 있었던 한과 눈물의 서정, 이별과 만남의 변증법과 관련하여 언급되어 온 것이다. 그러나 재일동포 한국어 시에 나타난 진달래는 정한이나 눈물 등으로 나타나는 소극적 정서보다 '붉음'의 내면성을 통해 화자의 욕망을 드러내는 소재로서 기능하고 있는 측면이 더 강하다. 재일동포 시에서 '진달래'의 붉음은, '불'의 상상력과 결합하여 혁명의 승리를 구가하는 대표 상징의 하나지만 인용한 <진달래 한 그루>란 시에선 핏줄의 뜨거움 쪽으로 의미가 전이되고 있다.11) 이는 재일동포가 추구하는 시적 메타포가 반드시 주체사상의 방향으로만 기울고 있는 것은 아님을 증명해 주는 것이다. 진달래꽃 한 송이를 보면서 화자의 몸이 뜨거워지는 것은, 핏줄이 뜨거워지는 것이며, 그 자신이 진달래가 되어 남측의 고향으로 내려가고 싶은 욕망이라고도 할 수 있다. 사실 재일동포 시에선 식물 상징이나 전원 상징 등도 사회주의 이데올로기의 미화에 동원되는 경우가 허다. 그럼에도 불구하고 인용 시에서 주목할 만한 부분은 시 속에 이데올로기가 중화된 지점이 형성되고 있다는 점이다. 인용 시엔 북한의 당파적 이데올로기가 거의 가시화되지 않고 있으며, 그에게 뼈와 살을 주었던 민족의 대지로 귀환하고 싶은 화자의 욕망이 주를 이루고 있기 때문이다. 그 욕망은 분단되기 이전의 민족을 응시하는 시선을 통해 나타난다. 남측에 고향을 두고 온 시인은 봄의 "진달래"를 보며, 그 진달래가 무성했던 고향 산천을 떠올린다.12) 그 고향은 '해방'시켜야 할 고향이 아니라 돌아가 '안기고 싶

11) 진달래는 재일동포 시에서 매우 많이 활용되는 소재이다. 그것이 한민족이 공유할 수 있는 전통적 표상이란 점은 부인할 수 없지만, 재일동포 시 텍스트를 조사해 보면 사회주의적 내면성과도 오버랩 되는 양가적 속성이 존재한다. 그 때문에 진달래를 남북 이데올로기 대립을 극복할 수 있는 전통적 소재로 단순 대입하여 남북 문학사의 연속성을 추구하는 논거로 내세우는 과정에선 신중이 기해져야 한다. 본고에선 진달래가 보여주는 '붉음'/'뜨거움'이 핏줄에 대한 무의식과 직결된다는 점을 주목해 보았고 그 점에서 그 부분이 한민족 문학의 동질성을 추구할 수 있는 한 항목이 될 수 있다고 보았다.

은' 고향이다. 분단된 민족 상황을 무엇보다 핏줄의 온기로 극복하고자
하는 '통합적 상상력'은 남측 시인의 시에서도 발견할 수 있는 성질의
것이다.

봄입니다 만물이 자유자재합니다
꽃소식이
세상의 가난을 달랩내디
누구는 불쌍하다고
누구는 불쌍하지 않다고 말하는
미완성의 나라 온통
봄입니다
이 나라 남쪽
제주도에 피는 진달래
며칠 뒤에는
바다 건너
전라남도
경상남도에 피어납니다
며칠 뒤에는
중부 한강 기슭
춘천 소양강 기슭에 피어납니다
한달쯤 지나
북한 압록강 상류
혜산 일대에 피어납니다
5월 하순
표고 2천7백 미터쯤에
수목한계선 밑 추운 봄에
진달래는 울긋불긋 피어납니다

---

12) 재일동포 시에서 민족적 기억을 드러내는 이미저리는 "된장국, 기러기, 씨름, 흙,
보름달, 상여, 봉화, 봉숭아꽃물, 색동옷, 저고리, 백년가약, 무명치마, 김치, 삼수
갑산, 가락지, 홍길동, 저고리, 선녀, 고려청자, 풋고추, 쌍가락지, 아리랑, 청자그
릇" 등이 있다.

- 고은, 〈꽃소식〉, 『남과 북』,
창작과 비평사, 2000, 82~83쪽 전문 -

고은의 <꽃소식>에선 한명석의 <진달래 한그루>처럼 이데올로기를 가시화하지 않으면서도 자연스레 남과 북의 합일을 욕망하는 화자의 언술이 노출되어 있다. 두 작품에 나타난 다사로운 봄의 화기(火氣)는 그 통합에의 욕망을 더욱 북돋워 주고 있다. <진달래 한그루>에서 화자가 진달래꽃을 통해 그리운 남측으로 귀향하길 원하는 것처럼 <꽃소식>에선 봄을 몰고 오는 진달래가 남측의 제주에서 북측의 압록강 상류에까지 덮이기를 바라는 화자의 바람을 보여주고 있는 것이다. 다시 말해 서로 남과 북으로 거슬러 올라가고자 하는 붉은 진달래의 모습은 민족 화합을 추구하는 각 민족 주체들의 열망에 다름 아니다. 위 두 시에 나타난 내면은 꽃의 서정을 통해 해방기 민족 주체들 간의 조화로운 통합을 간절히 염원했던 신석정의 <꽃덤불>의 내면과도 닿아있는 것으로 보인다.

3. 재일동포 한국어 시문학의 민족 문학적 특질

1) 민족으로 들어가기: 기억의 현상학

우리는 위에서 재일동포 시인들의 민족의식에서 이데올로기의 풍화를 크게 받지 않는 심층적인 자리가 존재한다는 것을 언급하였다. 여기서는 그 지점이 '어떠한 경로'를 통해 나타나는가를 살펴봄으로 상기의 논의를 좀더 심화해 보고자 한다. 한다. 앞에서도 말했지만 재일동포 시 문학에서 우리가 발견해야 하는 것은 통일문학사를 준비해 가는 이 시점에서 필요한 민족 문학적 속성들이다. 그러나 이 부근에서 '민족'이란 단어에 대해 다시 생각해 볼 필요성이 있다. 북측에서는 민족문학을 유물사관에 근거해 이해하고 있으며 재일동포 시인들의 상당수도 그 연장선상에서 민족문학을 파악한다. '문예동'에서 비중 있는 시인인 김학렬만 해도 민족문학을 "조국통일에 이바지하는가, 방해하는가"의 기준에 따라 가름될 수 있다고 보고 있다.13) 물론 이는 북측의 사회주의를 중심으로 남측의 이데올로기를 흡수하는 것을 의미한다. 이에 비해 남측에선 민족문학에 사회주의적 당파성이 작용해서는 안 된다고 보는 입장이 주류를 이루어왔다. 이렇게 볼 경우 민족문학의 정체성이－더욱이 그것이 통일 문학의 시대를 살아가야 할 할 민족 다주체들 간의 합의를 끌어내야만 하는 것이라면－민족이라는 단어보다 오히려 그것을 걸머메는 '부가적인 항'이 실제 효력을 발휘하는 것임을 알게 된다. 그 항은 통일이 되어도 남북, 조총련, 민단, 해외교포들을 아우르는 한민족 다주체간에 일단의 합의가 이루어질 수 있는 교감의 좌표 위에서 나올 수 있다고 본다. 본고는 그 좌표 위에 '혈연'이나 '언어' 등의 재래적 민족문학론이 규정해 온 항들이 마땅히 놓여야 한다고 생각한다. 그보다 더 일차적인 것은 그러한 항들을 근원에서 작동시키는 '동질적 문화 체험의 기억'이라 보고 있다.14)

---

13) 김학렬, 「우리문학의 과제」, 『문학예술』98호, 1990, 겨울, 6쪽.
14) 본고는 민족문학 담론을 형성시키는 근본 인자로서 '문화적 민족주의'나 '혈연적 민족주의'적 속성을 부각시키는 관점에 동의하고 있다. 그러나 무엇보다도 남측과 북측 그리고 재일동포가 공유할 수 있는 민족 개념이 '동질적 문화 체험의 기억'이며 그것을 작동시키는 것이 '기억의 현상학'이라 보고 있다. 기억 속에 현상되는 문화적 표상이나 관련 정서는 신세대인 재일동포 3,4세대들에게까지

함께 공유한 정서나 문화의 표상에 각인된 기억은 민족의 과거 한민족이 함께 했던 체험의 공유 지점 속에서 구현된다. 본고는 무엇보다 체험의 동일성이 작용하는 시간 위에서 민족문학의 정체성이 세워져야 한다고 보는 입장에 있다. 남북이나 민단, 여타 교포문학의 경우까지 모두에게 교감이 가능한 영역은 흘러간 전통과 문화를 의식으로 재구성시켜 주는 기억의 동질성이기 때문이다. 그 속에서 그들이 함께 공유했던 고통과 행복은 내면의 조화로운 '풍경'으로 구성된다.[15] 그 풍경은 재일동포 시문학에 때때로 사회주의 이데올로기를 탈주하는 또 하나의 시선의 방향을 내놓는다.

  올여름도 피었을가
  노란 달맞이꽃
  소꿉시절 그 강언덕에 피던
  달맞이꽃 달맞이꽃

  네살아래 녀동생 손을 이끌고
  성인학교선생님 우리 어머니
  공부마치고 돌아오시기를
  마중가던 그 길에
  살랑 사알랑
  언제나 반겨주던 달맞이꽃

  달빛에 안겨서
  금빛 뿌리는 꽃속에 묻히여

환기되고 재생산되어 민족통합의 논리로 집적되기까지는 다소 한계가 있을 수는 있다. 그러나 재일동포 신세대 문학에서도 이후 지속 가능한 민족 문학적 토대를 논할 때 유효하게 작용할 수 있는 틀임엔 분명해 보인다.
15) 정과리, 「민족시 다시 읽기-민족을 발견하던 때의 고은」, 『한국문학의 국제화를 위한 제언, 국제한국문학/문화학회 창립 학술대회 심포지엄논문집』, 2005.12. 46~48쪽 참조.

어린 나도 동생도
노랗게 물들었어라
땅거미진 강언덕
어머니 돌아오시는 길 비치는 등불이 되고저

올여름도 피였을가
노란 달맞이꽃
소꿉시절 그 강언덕에 피던
노란 달맞이꽃
어머니 못다 걸으신 길
이어서 걸어온 나도 동생도
그날 그때를 더듬어보며
달맞이꽃 피는 그 강언덕에
무척이나 서보고싶어서

노란 꽃들속에 묻히여
살랑 사알랑 설레면
어머니가 돌아오실 것 같아서
그날처럼 웃으면서
걸어오실 것 같아서

— 강명숙, 〈달맞이꽃 설레면〉, 『봄향기』,
문학예술종합출판사, 1998, 207～208쪽. 전문 —

대체적으로 80년대까지 재일동포 시작품에 나타난 화자의 언술은 회고조가 많은 부분을 차지한다. 그것은 인용 시에도 볼 수 있듯 '전통의식'이나 '민족 표상'을 탐색하는 과정에서 두드러지고 있다. 재일동포 시인 중에서 그 같은 성향을 가장 정면적으로 보여준 시인으로는 류인성과 세련된 감수성으로 고향의 정서를 형상화한 여성 시인들을 꼽을 수 있다. 그들이 보여주는 것은 무엇보다 유년 시절 고국에서 체험했던 기억이다. 그것은 과거 고향의 둑길이나 흙 내지 구체적 지명 등과 결

재일동포 한국어 시문학의 내적 논리와 민족 문학적 성격　283

부되면서 모성적 이미저리의 형태로 텍스트화된다. 그들이 기억 속에서 찾는 것은 어머니의 젖가슴을 닮은 근원적인 '민족의 몸'이다.

> 다듬이
> 돌다듬이
> 차돌다듬이
> 추야장 치는 다듬이소리
> 할머니가 치고
> 어머니가 치고
> 다 큰 우리 누나
> 다듬이 치네
> ……(중략)……
> 오직 한가지만을 념원하여
> 아름다워야 할 고향이여
> 그것만으로 내 입술은 말라들고 있었다.
> — 박산운 〈귀향〉, 『내 고향을 가다』,
> 평양출판사, 1990, 7~15쪽 부분 —

민족과 관련된 기억은 한때 그들의 몸에 각인됐던 고향의 사물과 민속에 대한 그리움을 증폭시킨다. 인용 시에서 기억 속의 "다듬이 소리" 옆에는 "어머니"와 "누이"가 있으며 그 공간 속에서 그들은 더 이상 이데올로기적 표상으로 현현되지 않는다. 정체성의 분열에 시달리는 재일 주체들의 기억에 민속적 표상으로 떠오르는 가족은 핏줄의 뜨거움을 지닌 인간형으로 나타나고 있다. 화자는 시 속의 인물들을 이데올로기적 구성원으로 이해하기 이전에 한 민족의 일원으로 보고 있다. 위 시가 보여주는 있는 과거의 인간들은 브르와 프로가 분리되기 이전, 형제의 몸을 구성하는 한민족(韓民族) 전체의 민중 개념으로 이해되어야 한다. 재일동포 한국어 시작품이 전반적으로 사회주의 이념을 강하게 드리우고 있다 하더라도, 때때로 그 작품들 중에는 칼과 총을 거부하고 형제의 유대를 추구함을 통해 분단을 극복하고자 하는 의지가 녹아 있는 것들도 분명히 존재하고 있다.

2) 민족 유대 또는 통합에의 의지

우리는 위에서 민족 정체성을 모색할 때 재일동포 시가 보여주는 것의 하나가 '체험과 기억의 동질성'임을 살펴보았다. 대체적으로 그들의 의식에 이데올로기성이 강화될 때 남한은 '해방시켜야 할 공간'으로 나타나지만, 체험이 공유된 추억의 시간이 떠오를 땐 '피를 나눈 형제들이 있는 공간'으로 나타나는 면모를 보여준다. 후자의 경우는 한민족의 체험의 공유지대를 욕망하려는 의지와 결합된 것으로 "어머니 / 전 얼른 가고파요 / 어머니가 노상 말씀이시던 / 그 람빛 하늘이 있다는 / 어머니가 나신 그 고향"16)에 나타난 것과 같이 이데올로기가 극단화되지 않은 언어를 동반하며 나타나는 경향을 보여준다. 그 언어는 재일동포 시인들에게 '이념의 공간'이 아닌 '몸의 공간'을 직시시킨다. 그 지점엔 남과 북으로 갈리기 전의 '민족의 육체'가 움직이고 있다는 점이 특징적이다. 민족에 대한 지향은 기억으로 현상될 때 이데올로기의 자장에 쉽게 끌려가지 않는 '민족 정체성'의 구성으로, 그 관련 의지 속에서 작동될 때 '집단 유대감'을 증폭시킨다. 그 유대감이 의지형 서술어와 결합할 경우 텍스트엔 막힌 남측과 북측을 횡단하는 '길'의 상상력17)이 작동된다.

---

16) 강 순, <귀국선>, 『강순시집』, 강순시집발간회, 1964, 117쪽.
17) 재일동포 한국어 시가 보여주는 상상력의 구조는 대체적으로 재래적 상상력을 보여주고 있다. 겨울, 추위, 밤으로 시작되는 고통의 인식이 봄과 빛, 새벽의 상상력으로 나아가는 것이 그것이다. 재일동포 시엔 고통을 의미하는 추위, 오랏줄, 겨울, 쇠사슬, 노예의 이미지로부터 시발하여 진달래, 아침, 한길, 내일, 앞길, 꽃씨 등으로 연속되는 일종의 상승형 상상 체계를 지니고 있음을 알게 된다. 부정적 상상 체계에서 향일적(向日的)상상 체계로 움직이는 근원엔 '핏줄'이

東海道를 내려
九州란 섬에만
너이 발 길이
닿는게 아니다.

다만 산을 넘고
다만 강을 건너
이 일본땅에만
있는게 아니라, 땅 밑을
뚫고 간다. 우리 가슴이 포근한
광장-그 네거리에 간다.

그러기에 노래가
바로 너의 힘이요
춤이 바로 너의 아담한 지향이요.
또, 그러기에 이 길이 바로
너의 알뜰한 희망이 아닌가.

노래하는 총각아
춤이 흥겨운 처녀야,
사랑하는 나의 친구들아.
조국에 닿은 그 길에
너이는 있다.

너이는 간다.

         — 남시우 〈길〉, 『조국에 드리는 노래』,

재일본조선문학회, 1956, 130 ~ 131쪽 전문 —

자리하고 있고 핏줄에서 근원한 이미지로 욕설, 불, 성난 파도, 진달래, 용광로 등의 분노와 저항의 이미지가 움직이고 있다. 재일동포 시인들의 시에서 부정적 이미지들에서 긍정적 이미지들로 변환하는 과정은 주로 '길'의 상상력을 통해 제시된다. 그것은 일제 강점기 김소월이 보여주었던 '고통의 길'<길>의 모티프 와도 유사해 보인다.

남시우는 '문예동' 소속 시인 중에서 이념적 성향이 강한 시를 써 온 1세대 시인 중의 하나로 알려져 있다. 그러나 인용 시에 부각돼 있는 것은 남측을 배제하는 이데올로기보다는 핏줄의 장소를 갈망하는 근원적 그리움의 시선이다. 화자는 "너이"(너희: 필자)와 함께 갈 길을 모색한다. 그 길이 사회주의의 길이라 하더라도 그 위에는 "흥겨운" 어깨춤이 있으며 함께 걸어가는 "사랑하는 친구들"이 존재하고 있음을 말하고 있다. 즉, 조국에 닿는 길이 반드시 수령과 총련의 힘을 통해서만 되는 것이 아님을 보여주고 있는 것이다.

재일동포 시에선 민족 통합으로 나아가는 '길'은 '물길', '차길', '기찻길' 등의 상징체계를 동반하며 나타난다. 그중 높은 빈도로 발견되는 것은 '물길'이다.

> 내 고향 남해바다 그 언제나 잊으랴
> 꿈결에도 달려가는 뒹굴면서 논 바다
> 내다보면 안겨오고 부르며는 대답하네
> 어린시절 동무들이 처절썩 안겨오네
>
> 잊지 못할 내 고향 기어이 찾으리
> 낮과 밤을 지새우며 걸어온 길 얼마냐
> 조국통일 이룩하여 찾아가는 그날에는
> 남쪽바다 푸른 물결 반가이 안아주리
>   − 홍순련 〈내 고향 남해바다〉, 『비단주머니통장』,
>   재일본조선문학예술가동맹, 1992, 131~132쪽. 전문 −

인용 시에는 화자가 어린 시절에 체험했던 고국에서의 생활상이 나타나 있다. 물길의 표상체로서의 "바다"는 민족의 상징 공간이다. 그 상징은 앞서 살펴본 바 조선을 "하나의 신경으로 이어진" 것으로 본 오상홍의 그것과 유사하다. 화자가 그리운 남측에 가고 말겠다는 의지를 보이는 것은 기억 속에서 피를 함께 나눴던 동무들이 가슴에 하나씩 안겨오기 때문이다. 그들과 함께 달려가며 뒹구는 모습은 남과 북이 분열되기 이전에 체험했던 그리움 가득한 신명의 풍광이다. 그 풍광은 어린 시절 동무들과 함께 보았던 고향의 푸른 바다의 색깔로 현현된다. 그 색깔은 통일될 날 다시 회복하게 될 바다의 색깔과 등가화되며 나타난다. 화자는 추억어린 고향의 표상들을 떠올리면서 그 공간 속에 존재하는 형제들을 현실로 호출해 내고 있는 것이다. 화자가 욕망하는 민족은 핏줄의 신경으로 이어져 조화로운 지체를 구성하는 '민족의 몸'이 된다. 그 같은 인식은 홍순련의 시에 "세월의 기억을 다잡아 둘이 서로 잡는다 / 손을 잡는다 / 오는 정 가는 정 / 이웃사촌의 따스한 / 고장사람들의 품앗이 그리운 그 손을 / 미주 잡는다"(<손을 잡는다>)[18]라는 인식으로 나타나기도 한다. 그 사랑의 뜨거움은 '불'의 상상력을 통해 일어나기도 한다.

> 평양에서 왔다는 평양소주
> 서울에서 왔다는 진로소주
> 어쩌면 그렇게도 닮았는가 그 모양
>
> 남쪽소주 북쪽소주 나란히 엎혀 놓고
> 어느 모수부터 마셔볼가 고개를 갸욱
> 평양에서 온 북쪽소주 한잔 들고
> 서울에서 온 남쪽소주 한잔 드니
> 모양도 닮앗지만 맛까지 비슷비슷
> 피는 물보다 진하다고
> 만든 사람 피가 같겠지
>
> 에이… 이왕이면 하나로 섞어서 통일주로 마셔보자

---

18) 홍순련, 『비단주머니통장』, 재일본조선문학예술가동맹, 1992, 179~180쪽.

비로소 자리를 같이 한 남북소주
마시고마셔 보니 천하의 꿀맛이라
배속에서 서로 만난 남북소주
얼싸안고 감돌며 춤추며 신세타령

≪이렇게 서로 만나니 꿈 같구나≫
≪그래, 형제야 평양살림살이 어떠냐?≫
≪허리띠 졸라매고 살고 잇단다.
　네가 사는 서울 형편 어떠냐?≫
≪나라의 살림살이 망했다고 야단이란다≫

소문은 들었지만
남이나 북이나 서로 곤난하기 짝이 없구나
이게 모두 분단이 짖어낸 민족의 비극
이제야 남북의 대립은 어지간히 하고
민족의 대사를 치루어야 하잖겠나요
　　　　　　　　　　－ 한명석, 〈통일소주〉, 『나그네의 한생』,
　　　　　　　　　　　동북공업주식회사, 2002, 106～107쪽 전문 －

　통상 재일동포의 시에선 혁명의 승리를 구가하는 진달래나 용광로, 용접불 등으로 나타나는 사회주의적 모티프가 핵심 소인으로 기능해 왔던 것이 사실이다. 그러나 인용 시(1998년 作)엔 상기의 소재가 품은 '붉음'/'뜨거움의 모티프가 술의 화기(火氣)로 승화되어 민족 주체들을 함께 달구는 포용의 에네르기로 작용하고 있다. 두 소주의 닮음은 핏줄의 동질성을 의미한다. 술의 취기는 남과 북, 그리고 재일동포들을 함께 "얼싸안고 감돌며 춤추며 신세타령"을 늘어놓게 한다. 그것은 남과 북의 "곤란한" 처지를 서로가 어루만지는 연민의 행위에 다름 아니다. 그 화해의 감정은 "빚어낸 민족의 비극 이제야 남북의 대립은 어지간히 하고 민족의 대사를 치루어야 하잖겠나요"와 같은 '분단 극복'의 발화를 터져 나오게 한다. 소주에서 일어나는 '불'이 그동안 대립했던 증오의 감정들을 사르면서 민족 통합의 가능성을 열어 주고 있는 것이다. 위 작품은 재일동포 시가 90년대 말로 접어들면서 내적 변화를 모색하고 있음을 보여주는 한 표지가 되는 것이지만, 앞에서도 지적했듯 재일동 포 한국어 시문학은 초창기부터 북한의 사회주의 주체사상에 그대로 견인되지만은 않는 상기의 에네르기를 품고 있었다는 점이 지적되어야 한다. 이는, 그들이 보여주는 '불', '붉음' 등의 상상력이 북한 문학의 강고한 이데올로기에 갇힌 것만이 아니라, 근원적 모성으로 존재하는 민족의 몸으로 회귀하고 싶은 욕망 속에서 움직이는 것임을 말해주는 것이다. 그것은 이데올로기의 변경에 존재하는 자들만이 낼 수 있는 목소리임에 분명하다.

4. 결론

본 논문은 민족문학론의 시각에서 '재일동포 한국어 시문학'의 내적 논리를 천착하고 그와 관련된 통일 문학사의 가능성에 대하여 타진해 보았다.

우리가 재일동포 시문학을 통하여 통일 문학사의 단서를 발견하고자 하는 이유는 그들이 보여주는 이념적 포에지의 '저층'에 민족에 대한 그리움이나 고국 귀환 욕망 등이 강하게 도사리고 있기 때문이다. 양적으로 볼 때 미미한 편이기는 하나 사회주의 주체의 조국을 칭송하는 시에서조차 재일동포 시인들은 민족과 관련된 기억을 공유하고, 그 표상들을 텍스트의 저층에 작동시키고 있다는 점에서 그들의 문학은 분명히 한민족문화권의 문학으로 포섭되어야 한다고 판단된다. 재일동포 시인들이 작품에 드러낸 민족적 표상이나 그에 관련된 이미지들은, 상실된 조국을 기억의 풍경으로 복원해 내려는 의지와 결합하고 있다는 점에서 통일 문학사를 준비해 가는 현금의 시점에서 간과될 수 없는 부분이라 생각된다. 무엇보다 그것은 고국에 대한 기억을 축으로 하여 그 정서나 표상을 스스로에게 주입함으로써 그들 자신 한민족임을 확인하려는 욕망에서 촉발되고 있기 때문이다. 이상의 사항을 고려해 보면 재일동포 한국어 시가 보여주는 민족정신이나 정서는 남측에서 민족 정서를 추구하는 작품들과 어느 정도 의식의 공유 지점을 모색하고 있음을 알게 된다.

본 논문은 재일동포 시들 중 한국어로 쓰인 작품들만을 검토 대상으로 삼은 관계로 시폭 면에서 한계를 지니고 있다. 재일동포 한국어 시 중에는 총련계에 속하지 않는 시인들의 작품들도 있으며 민단계의 그것까지 포함하면 근원적 민족 정서를 보여주는 작품들이 적지 않을 것이라 생각한다. 그 중에선 북측 문학과는 달리 상당한 미학적 발성을 내는 시인들의 경우도 있을 것이다. 그 같은 측면에 대한 탐색은 이 주제로 진행하는 2차적 작업에서 시도해 볼 예정이다. 재일동포 시문학의 민족 문학적 특성을 천착하는 작업은 21세기 세계화 시대의 민족문학을 논하는 데 있어서 하나의 시금석을 놓는 일이 될 수도 있다고 믿는다. 이 주제와 관련된 이후의 탐색의 과정에서 민단계 민족문학의 새로운 특징까지 발견함으로 말미암아 보다 포괄적인 민족문학사의 지형도를 제시할 수 있는 이후의 시각이 요청된다.

참고문헌

1. 작품집

강　순,『강순시집』, 강순시집발간회, 1964. 117쪽.

고　은,『남과 북』, 창작과비평사, 2000, 82~83쪽.

김　윤,『바람과 구름과 太陽』, 현대문학사, 1971, 64~65쪽.

김정수,『꿈같은 소원』, 문학예술종합출판사, 1993, 99쪽.

박산운,『내 고향을 가다』, 평양출판사, 1990, 7~15쪽.

＿＿＿＿,『내가 사는 나라』, 문학예술종합출판사, 1992, 103쪽.

오상홍,『산이여 한나여』, 문예동도꾜지부, 1987, 114~115쪽.

재일여류 3인시집,『봄향기』, 문학예술종합출판사, 1998, 207~208쪽.

정화흠,『념원』, 재일본소선문학예술가동맹, 1985, 18쪽.

최영진,『예!』, 재일본소선문학예술가동맹, 1984, 66쪽.

한명석,『나그네의 한생』, 동북공업주식회사, 2002, 12, 106~107쪽.

허남기外,『조국에 드리는 노래』, 재일본조선문학회, 1956, 130~131쪽.

허남기,『조국의 하늘 우러러』, 문예출판사, 1980, 106~110쪽.

＿＿＿＿,『어머니 조국』, 조선작가동맹출판사, 1960, 32쪽.

홍순련,『비단주머니통장』, 재일본조선문학예술가동맹, 1992. 131~180쪽. passim.

2. 논문

김은영,「김윤 시 연구」,『한중인문학연구』15집, 2004, 461~490쪽.

김학렬,「우리문학의 과제」,『문학예술』98호, 1990, 6쪽.

＿＿＿＿,「재일 조선인 조선어 시문학 개요」,『재일조선인 조선어문학의 현황과 과제』, 와세다대학 조선문화연구회 外, 2004, 1~11쪽.

이경수,「재일동포 한국어 시문학의 전개 과정」,『한중인문학연구』14집. 한중인문학회, 2004, 353~388쪽.

조해옥,「재일한국인의 분단극복의식」,『한중인문학연구』14집. 한중인문학회, 2004,

485~503쪽.

윤의섭, 「재일동포 강순 시 연구」, 『한중인문학연구』15집, 2004, 433~460쪽.

정과리, 「민족시 다시 읽기-민족을 발견하던 때의 고은」, 『한국문학의 국제화를 위한 제언, 국제한국문학/문화학회 창립 학술대회 심포지엄논문집』, 2005.12, 46~48쪽 참조.

3. 단행본

강덕상, 정신성 외 공저, 『근·현대 한일관계와 재일동포』, 서울대출판부, 1999.

권영민, 『한국현대문학사』, 민음사, 1993.

국어국문학회, 『북한의 국어국문학연구』, 지식산업사, 1990.

김인덕, 『식민지시대 재일조선인 운동 연구』, 국학자료원, 1996.

오자와 유사쿠, 이충호 옮김, 『재일조선인 교육의 역사』, 혜안, 1999.

유숙자, 『재일한국인 문학연구』, 월인, 2000.

최동호, 『한국 현대시사의 감각』, 고려대 출판부, 2004.

카지무라히데키, 김인덕 옮김, 『재일조선인운동』, 현음사, 1994.

S.프로이드, 박영신 옮김, 『집단심리학』, 학문과사상사, 1987.

민족정서의 지속과 변이 양상

— '진달래꽃' 소재 재일동포 한국어 시를 중심으로 —

강 명 혜

목　차

1. **머리말**

　필자는 「표류하는 이방인과 귀향의식」을 통해서, '재일' 의식이 재일
동포 시문학 텍스트 속에서 어떻게 형상화되고 있는지, 또한 재일동포

시문학의 내용적 특징은 무엇인지를 규명한 바가 있다. 이 논문의 목적은 다른 이념적·문화적 환경에서 배태되었지만, 민족의 수난과 분단이라는 가장 기본적인 역사적 체험을 공유한 이들의 문학작품을 같은 지평에서 논의해서, 재일동포 한국어 문학을 "한국문학사에 편입시켜 한국문학사의 외연과 지평을 넓히고, 남북 국민과 총련, 민단계가 모두 수용, 공감할 수 있는 동질감을 찾아서 통일 한국문학의 거멀못 역할을 할 수 있는 기초를 마련하고자"하는 것이었다.

이를 위해서는 '남북한과 재일동포를 하나로 아우를 수 있는 공분모적 특성'을 찾았는데, 이 특성을 필자는 민족정신과 민족적 동질성(아이덴티티)을 반향하는 '민족문학적 성격'으로 보았다. '민족문학'의 정의는 재일동포 문학을 우리 문학사에 수렴하려는 의도가 강하므로, 가장 기본적이고 포괄적 의미의 민족문학, 즉 "한국 민족의 문화, 역사, 얼(정신), 감정 등이 용해된 우리의 옛 정서, 가치관, 전통, 언어 등"으로 규정했다. 이런 의미의 민족문학은 우리 민족이면 누구나 공감할 수 있을 것이기에 우리 민족의 응집력에 기여하는 동인의 기능을 할 것이라고 기대했기 때문이다.

그 결과, 제일의식은 텍스트 내에서, ①이방의식, ②불공평·차별·핍박에 대한 불만 및 고발, ③자아의 상실 및 위축, ④아이덴티티의 회복 및 원조에 대한 고마움, ⑤전통문화·고향 정서에 대한 향수, ⑥우리 말·우리 글·후진 양성에 대한 애정, ⑦조국 통일 지향 등으로 형상화되고 있었다.[1]

최근 '민족문학'에 대한 학계의 정의는, 상당히 포괄적으로 수렴되고 있는 실정이다. 백낙청은 '민족문학과 세계문학'이라는 제목으로 4권의

---

[1] 강명혜, 「표류하는 이방인과 귀향의식-재일동포 한국어 시를 중심으로」, 『한국문학이론과 비평』31집(한국문학이론과 비평학회, 2006)

책을 집필했는데, 4번째 권(2006년)에서 현재는 통일시대라고 주장하면서 민족문학에 대한 정의를, "궁극적으로 민족이 주체가 되고, 민족의 생존과 발전을 목표로 하는 것이며, 그 시대의 위기의식에서 나오며, 따라서 시대가 변하면 덩달아 변할 수 있다"는 것이라고 하면서, "통일시대 한국문학은 문학 작품의 참된 의미가 그 소재나 저자 개인의 이념적 주장에 의해 결정될 수 없음은 어느 경우든 마찬가지지만 '분단체제 극복 과정'의 문학으로 우리 시대의 한국문학을 이해할 때 그 점은 더욱 중요하다"[2]고 하고 있다. 또한 조정래도 민족문학에 대한 정의를 상당히 포괄적으로 내리면서, "통일문학사를 고려하기 위해서는 전 세계에 퍼져 있는 1000만이 넘는 유, 이민자의 삶도 포용해야한다"고[3] 주장하는데, 이들 견해는 필자와 동일한 맥락을 보이는 것으로, 공통된 지반을 형성한다.

본고에서는 앞서 발표한 필자의 논문 목적을 그대로 이어서 재일동포 한국어 시 텍스트에 등장하고 있는 '진달래꽃'을 중심으로 해서 우리 민족의 정서가 어떻게 지속, 변이되고 있는지를 상세히 살피고자 한다. 즉, 우리 고래의 시가에 등장하고 있는 '진달래꽃'의 의미를 규명한 후, 그 전통이 어떻게 이어져서 재일동포 한국어 시문학 텍스트에서 지속, 변용되고 있는지를 규명하고자 하는 것이다. 따라서 이 논문의 의의는, 작품

---

2) 백낙청, 『통일시대 한국문학의 보람-민족문학과 세계문학 Ⅳ』, 창작과 비평사, 2006. 141~142쪽.
3) 조정래는 세계화시대를 맞이하기 위하여 구체적으로 민족문학이 해야 할 일을, ①통일을 준비해야 하는 과제를 우선적으로 해야 한다. ②중심과 주변의 과제를 우선적으로 수행해야 한다. ③정보산업시대에 대응하기 위하여 매체의 다양성을 받아들여야 한다. ④장르의 경계지우기에 인색하지 않아야 한다. ⑤민족문학의 외연을 넓히기 위하여 해외에 나가있는 동포들의 문학에 관심을 기울여야 한다. ⑥세계문학과 우리 문학의 만남을 더 확장시켜야 한다. ⑦우리 문학이 해외 전파에도 노력을 기울여야 한다. ⑧위의 작업들을 설계하고 조정하며 실천, 반성하는 일들을 위한 문화정책 수립이 필요하다. 등으로 들고 있다. 「세계화시대의 한국문학」, 『세계속의 한국인, 한국문학, 한국문학연구』, 한국문학연구학회, 국제학술대회발표요지, 2006.4.21~22. 23쪽.

에 용해되어 있는 우리 민족 정서의 특징을 보다 투명이 하고 일목요연하게 제시해서, 우리 민족 정서가 어떻게 재일동포 한국어 시에 나타나고 있는지를 밝히는 것에 있다. 다시 말하면 제일동포 한국어 시가 우리 시의 전통을 이어가고 있다는 실례를 통해서 제일동포 한국어 시가 우리 문학사에 자연스럽게 함유될 수 있도록 하는 작업의 일환인 것이다. 이러한 노력은 민족의 응집력에 기여하는 동인의 기능을 할 것이라고 기대한다.

여러 소재소 중 '진달래'를 선택한 이유는, '진달래'는 우리 고전시가에서 제일 먼저 등장하는 '꽃'이며 그 후 지속적으로 등장하고 있고, 무엇보다도 재일동포 한국어 시에 상당량 등장하고 있기 때문이다. 시집 제목이 『산진달래』(허옥녀)인 경우 외에, 시 제목이 '진달래'인 경우는 대략 20여편 정도이며[4], 시 텍스트에 '진달래'가 등장하는 경우는 59편 (1950~2004년)으로, 상당히 방대한 양이다. 이렇듯이 우리 민족의 원형소인 진달래를 재일동포 한국어 시에서 많이 다룬다는 것은 결국 재일동포 한국어 시의 원동력은 한국인의 그것과 같은 뿌리임을 반증하는 일례일 것이라고 상정할 수 있다. 물론 북한이 현재 國花를 '진달래'로 삼고 있는 것과 깊은 관계를 맺고 있다고도 볼 수 있지만, 북한의 '진달래'도 결국은 우리 선조의 원형적 심상을 이어받은 것이기에 북한과 진달래를 직접 연계시키기 보다는 우리 고대 시가의 의미와 연계해서 지속과 변이 양상을 규명하고자 한다. 물론 북한 주체사상의 영향에서 비롯된 '진달래'의 의미도 간과하지 않고 함께 고려할 예정이다.

---

4) 김학렬,-「진달래 붉게 핀 이곳」1971, 「진달래」, 1992, 「이른봄 진달래」, 1983, 「진달래」, 2004. ; 한명석-「진달래 한그루」, 1972. ; 최영진-「진달래」, 1974. ; 김득자-「무등산의 진달래」, ; 정화흠-「내고향 진달래야」, 1980. ; 류인성-「진달래처녀」, 1981. ; 김윤호-「그날의 진달래」, 1985, 「진달래」, 1981. ; 허옥녀-]산진달래], 「산진달래」, 1987, 「진달래야」 1977 ; 김아필-「진달래」, 1991. ; 강명숙-「겨울진달래」, 1991, 「진달래는 피여났습니다」, 1992. 한룡무-「진달래꽃이 피고요」, 1991. 리찬영-「진달래꽃밭에서」, 1993. 김리박-「진달래」, 2001. ; 김두권-「진달래」, 2004.

2. 민족 정서의 지속과 변이

1) 원형 상징으로서의 진달래-「헌화가」, 「동동」

우리 고대시가에서 처음으로 등장하는 꽃은 '躑躅花', 즉 '진달래'이
다. 향가인 「獻花歌」 텍스트와 부대설화에 진달래가 등장하는 것이다.
「헌화가」 시 텍스트 내용은 다음과 같다.

> 딛배 바회 ᄀ히
> 자ᄇ은손 암쇼 노히시고
> 나흘 안디 붓ᄒ리샤ᄃᆫ
> 곶흘 것가 받ᄌᄇ리이다
>   - 「獻花歌」 -

「헌화가」는 다음과 같은 부대설화를 동반한다.

> 聖德王(702~737)때에 純貞公이 江陵(지금의 溟州)太守로 부임해 가
> 는 도중이었다. 가다가 어느 바닷가에서 점심을 먹고 있었다. 그 옆에
> 병풍처럼 펼쳐진 바위 절벽이 바다에 맞닿았는데 높이가 천길이나 되
> 었으며, 그 위에는 철쭉꽃(=진달래)이 만발해 있었다. 순정공의 부인
> 水路는 그 꽃을 보고 옆 사람들에게 "저 꽃을 꺾어다 줄 사람 누구입
> 니까?"하니 모시는 사람들이 모두 "사람이 발붙일 곳이 못 됩니다."
> 하고 난색을 표하며 나서는 사람이 없었다. 그 때 마침 한 老人이 암
> 소를 끌고 지나다가 부인의 말을 듣고 철쭉꽃을 꺾어 가지고 와서 노
> 래를 지어 부르면서 바쳤으나 그가 어떤 사람인지는 알 수 없었다.
>   (『三國遺事』, 卷第二, 紀異, 水路夫人)

사건의 발단은 어느 바닷가에서이다. 강릉 태수로 부임해 가던 순정
공의 부인인 '水路'가 이 텍스트의 주인공이다. 점심을 먹기 위해 우연
히 멈춘 곳에서 야기된 상황이기에, 이 사건에 어떤 의도성은 개입되어

있지 않다. 사건의 전말은 이러하다. 점심을 먹다가 수로부인은 천길 낭떠러지에 피어있는 철쭉(진달래)을 보게 되고, 그것을 갖고 싶어 한다. 수로부인은 시종들을 향해 '누가 꽃을 꺾어다 줄 수 있냐'고 자신의 뜻을 전하지만, 그러나 너무 위험한 장소라 시종 중에서는 아무도 선뜻 나서는 사람이 없다. 바로 그때, 한 손에 소를 끌고 가던 한 노인이 자신이 꽃을 꺾어다 주면 안 되겠냐며, 진달래꽃을 꺾어다 바치면서 「헌화가」를 불렀다는 것이다.

시 텍스트의 배경설화는 많은 의문을 야기한다. 즉, 왜 순정공의 부인은 그토록 '진달래꽃'을 갖고 싶어 했을까?, 물론 이른 봄에 환하게 불타듯 피어있는 진달래꽃이 상당히 매혹적이었을 것이고, 이를 따서 가까이에서 관상하고 싶은 열망을 느낄 수 있을 것이라는 것까지는 이해가 간다. 하지만 단지 그런 이유로 위험을 무릅쓰고까지 그 꽃을 따오길 바랐다는 것은 상식적인 수준에서 이해가 되질 않는다. 결혼한 부인이, 그것도 남편의 부임지를 향해 가던 중에… 사실 수로부인은 어린애도 아니고, 무분별한 아낙네도 아니다. 그녀는 미모와 지성을 겸비한 당대의 상층의 부녀자였다. 그녀는 어째서 이렇듯이 무모한 命을 내린 것일까? 남편인 순정공의 태도도 의아하기는 마찬가지다. 어째서 아내의 이 무모한 請에 대해 묵묵히 관망만 했었을까?

그 외에도 많은 의문점이 산재한다. 그 노인의 정체는? 젊은 시종들도 선뜻 나서지 못하는 낭떠러지를 어떻게 올라가서 꺾었을까? 사실 시종들은 웬만했으면 상사의 아름다운 부인의 청을 들어주고 싶었으리라. 또 노인의 손에는 왜 소를 끌고 있었을까?, 왜 노래를 부르며 바쳤을까? 등등. 물론 노옹의 정체를 그 동네의 농부로 볼 수도 있을 것이다. 그러나 농부로 본다 해도 의문은 여전하다. 동네 지리에 밝고, 또 일하러 가는 농부라 소를 끌고 있다손 치더라도, 한낱 농부의 신분으로서 시종들을 헤치고 태수의 부인한테 말을 걸고 또 노래까지 지어 바친다는 것이 의아하기만 하기 때문이다. 이런 모든 점에서 볼 때, 이 텍스트는 단순한 표면적 그 이상의 의미를 함축하고 있다고 보아야 할 것이다. 즉 모든 내용을 상징적 의미로 환원시킴이 마땅하다.

이 때, 가장 중요한 기능을 하는 것은 아무래도 '꽃'이 아닐까? 많은 연구자들도 「헌화가」의 꽃을 단순한 '꽃'으로는 보지 않는다. 대부분 '꽃'을 供物로서 '생생력'과 관련된 것으로 본다. 사실 '꽃'은 신에게 바치는 供物이고 인간과 신, 즉 地上的인 것과 天上的인 것을 이어주는 다리 역할을 한다. 만약 꽃이 생생력을 상징한다면 여자(수로부인)가 원하는 '꽃'은 남근의 상징도 되지 않을까? 사실 '꽃'의 古語는 '곳', 또는 '고지'로서 성행위나 성기의 의미도 있다고 한다.5) 또한 '진달래'는 바위틈에 주로 핀다. '바위'의 이미지도 아니무스적이며, 설화 속에서 바위는 또한 생생력과 밀접히 관련된다.

이런 모든 점에서 볼 때, "「獻花歌」는 수로부인의 아름다운 자태에 매혹된 老翁(神)의 사랑과, 이에 따른 생생력을 표상한 노래다. 따라서 「헌화가」 작자로 알려진 노옹이란 출산과 관련 있는 신화적인 존재로서 상대 모계사회의 유습에 따라 이루된 것이다"는 견해6)는 설득력이 있다. 또한 水路라는 이름도 물과 생생력과 연관된다고 할 수 있다. 수로의 정체를 巫로 보는 견해는 보편적이다.

따라서 「헌화가」의 진달래는 우리 민족의 원형상징으로 '생생력을 상징하는 꽃'으로 환원시킬 수 있다. 사실 진달래는 우리나라 어느 산천에서나 첫 봄에 가장 먼저 흔하게 볼 수 있는 꽃이다. '봄'을 알리고 '봄'을 상징하는 꽃인 것이다. 봄은 주지하다시피 원형상징으로 '생명탄

---

5) 강명혜, 「강원도 민속신앙의 특성과 기원 및 문학작품과의 관련성」, 『강원문화연구』19집(강원대학교 강원문화연구소, 2000), 105쪽.
6). 최철, 『향가의 문학적 연구』(새문사, 1983), 185쪽.

생'을 의미한다. 따라서 진달래는 원형상징으로 '생명의 탄생을 상징하는 봄의 전령'이라는 의미로 치환된다. 게다가 붉은 색(자주빛)도, '생명 탄생의 색(구지가, 박혁거세설화)'이며, '신령스러운 빛깔'을 의미한다.[7] 한편으로는 꽃이 '집단적으로 핀다'는 것은, 또한 '풍요의 의미'도 함축한다. 이렇듯이 생명탄생을 의미하는 '봄'에, 그것도 처음으로 '집단적'으로 온 산하에 '붉게'피는 '진달래'는, 고래로부터 우리 민족이 좋아했었을 가능성은 필요충분 조건에 부합된다.

'진달래'는 고려속요인 「동동」에도 등장한다.

"德으란 곰비예 받줍고 福으란 림비예 받줍고 德이여 福이라 호늘 나ᅀᆞ라 오소이다 아으 動動다리"로 시작되는 「동동」에서 3월聯에 보면, "三月나며 開혼 아으 滿春 들욋고지여 ᄂᆞ미 브롤 즈슬 디녀나샷다 아으 動動다리"라고 '님의 모습'이 '진달래'에 비유되고 있다.

즉, 이 때의 진달래는 그 '환한 속성'으로 해서 '님의 훤출하고도 환한' 모습을 반향한다. 그 환한 모습 때문에 '남이 부러워한다'는 것이다. 3연의 '진달래'는 2월의 '등불'과 등가관계에 있다. 사실, '등불'이 '어둠'을 물리치고 세상을 '밝히듯이', 진달래는 '겨울'을 물리치고 '봄의 도래'를 알리는 기능을 하는 것이다.

이렇듯이 고대 우리 민족 집단무의식 속의 진달래는, 1) '생명의 탄생을 상징하는 봄의 전령'이며, 2) 진달래의 붉은 색(자주 빛)은 '생명탄생의 색'이고, '신령스러운 빛깔'을 의미하며. 3) '풍요의 의미' 및 4) '겨울'을 물리치고 '봄의 도래'를 알리는 기능을 하고 있다. 즉 진달래는 상서로운 이미지로서 긍정적인 이미지로 환원된다는 특징을 보인다.

---

7) 필자는 「구지가」에서의 '자주빛'이 태아의 탯줄을 의미한다고 밝힌 바가 있다. (강명혜, "한국시가의 변이 양상 및 의의" 『고려속요·사설시조의 새로운 이해』 (북스힐, 2002), 16~18쪽. passim.

2) 진달래 의미의 지속 및 변용 - 「근대시조」

특이하게도 '진달래'는 '고시조'에는 거의 등장하지 않는다. 대신 '이화'가 그 자리를 차지하게 된다. 그 이유는 '우아'함과 '담백'함을 사랑하는 조선조 사대부들의 心想과, '화려'하게 봄을 알리는 '진달래'의 보편적이고도 서민적인 이미지가 부합되지 않아서일 것이라고 추정할 수있을 뿐이다. 또한 청자(화려, 복잡, 이중성 지향-고려)와 백자(담백. 단순성 지향-조선)의 차이에서 오는 시각 때문일 것이라고도 사료된다. 사실 "사대부들의 사적인 취향이란 성리학적 사고와 유교정신에서 비롯된것으로, 이에 부합해서 또한 시의 성격도 天機는 배척당하고 희노애락을 조절하여 中庸의 道에 이르고자 하여 敦本尙實해진다. 사정이 이러하다 보니 솔직한 감정 표현과 이중적인 의미의 채색, 상징성 부여, 문장 수식 등은 모두 侈言과 逸詞, 迭蕩하다고 배척당하게 되어[8], 자연無色, 無臭, 無味한 글을 지향하게 된다."[9]와 같이 시조는 무색, 무취, 무미한 글을 지향했기에 화려한 '진달래'는 소재로 채택되지 않았을 가능성이 농후하다.

이렇듯이 고시조에 보이지 않던 '진달래'는 근대(1920년 이후)에 이르면 근대시조에서 다시 보이기 시작하는데, 이 때 등장하는 '진달래'는 고대의 의미와 상당히 변별되는, 즉 변용된 의미를 반영하기도 하며, 한편으로는 고대의 '진달래' 의미가 그대로 지속되기도 한다.

1) 우선, 근대의 진달래(1900~1945)는 중국의 비극적인 전설의 새인 '자규'와 '한짝'을 이루면서 '비극적 양상을 함유하는 꽃'으로 변모한다.

---

8) "於是文學散亂 遊學之徒 迭蕩泛濫於侈言逸詞 其能者莫不偓齪驕溢 自謂得聖人之精微 而求其心則未也", 許穆, 「答朴德一論文學事書」, 「韓國古典批評論資料集」2권(계명문화사, 1983), 59쪽.

9) 강명혜, 「시조교육의 현황과 학습자 활동 중심의 교수・학습모형」, 『시조학논총』 20집(한국시조학회, 2004), 152쪽.

즉, '피'의 이미지와 '진달래'가 부합되는 순간인 것이다.[10] 1926년 「靑
年」지에 처음으로 영산홍(=진달래)이 등장한다.

> 봄동산에 두견새가 새벽하늘 이슬맞고
> 애처러히 피를배타 피여내니 영산홍
> 그리든 내눈물도 영산홍의 피일거다
> ―「시조 3장」(이자순) ―

 시 텍스트에서 진달래는 두견새와 인과관계로 연결되어 피와 연맥되
고 있고, 자연히 비극적 특질을 함유한 꽃으로 새로이 탄생되고 있다.
이는 우리 민족이 처한 암울한 시대적 배경에서 비롯된 결과라고 할 수
있다. 이런 점에서 진달래는 조국을 빼앗긴 민족의 감정이 이입된 '비극
을 상징하는 꽃'으로 변용되고 있다. 시적 화자는 시 텍스트에서 '내 눈
물도 영산홍의 피'라고 토로한다. 즉 자규의 피→영산홍, 영산홍의 피
→시적 화자의 눈물이라는 등식으로 진행되는 것이다. 따라서 자규와
영산홍과 시적 화자의 눈물은 모두 한 곳으로 귀결된다. 피를 토하는
듯한 슬픔의 결정체라는 지점으로.
 이 외에 진달래꽃을 슬픔을 형상화로 보고 있는 경우에는, 「금매화」
(춘원, 『문예공론』2호, 1929), 「聖浦哀詞」(『문예공론』2호, 1929, 『高敞』
7호, 1931) 등이 있고, 그 외에도 낙화암 궁녀의 한(낙화암 진달내는 궁
녀의 여한이 맺어거니)과 진달래, 그리고 나라 잃은 시적 화자의 슬픔을
진달래와 동일시("홍망이 유수하니 만월대도 춘초로다/ 선생의시를 읊는

---

10) 촉나라 왕이 '자규'로 환생하여 밤마다 '피'를 토하며 우는데, 이 피가 떨어져서
　　생겨난 꽃이 진달래라는 전설. 그 외에도 우리나라의 아홉오라비 전설도 있음.
　　새엄마의 구박에 '아홉 동생'을 두고 죽은 누나가 '새'가 되어 밤마다 동생들 걱
　　정에 '피'를 토하며 우는데, 그 피가 떨어진 곳에서 진달래가 핀다는 전설이 그
　　것임. 1911년 「侍天敎月報」의 시작으로 '두견새'가 등장한다-원혼, 비극, 슬픔의
　　형상화로서의 새-.

제자의 마음이야 어떠하오리”)하고 있는, 「時調三章」(『일월시보』, 1호, 1935년 2) 등이 있다. 모두가 고대의 의미에서 변용된 경우이다.

2) 다른 한편, 진달래는 긍정적인 이미지를 반향하기도 한다. 이러한 긍정적인 이미지는 고대 진달래의 이미지와 연계된다. 즉 진달래를 봄의 전령으로서, 봄 상징으로 수용한다는 점에서 그러하다. 고대의 의미가 지속, 수용되고 있는 경우인 것이다.

> 진달네 빨간빛이 실버들 파란빛이
> 아즈랑이 뽀얀속에 숨겻다 드러낫다
> 새봄에 윤나는빛이 첫웃음을 치더라
> — 四時情景, 「新春」(『신흥조선』 2호 1933. 11) —

진달래는 ‘새 봄’에 ‘첫 웃음을 치고’ 있다. 진달래는 첫 봄에 우선적으로 피는 꽃이다. 그것도 어느 지역에 특정적으로 피는 것이 아니라 우리나라 모든 산하에 골고루 피기 때문에 특권층의 전유물이 아니다. 누구나 목도할 수 있고 관상할 수 있는 첫 봄을 알리는 꽃이다. 봄을 알리는 전령의 꽃인 셈이다. 또한 한 송이씩 피는 것이 아니라 수십 송이 혹은 수백 송이가 집단적으로 자생하기에 칙칙한 겨울 풍경에 길들여졌던 사람들 눈에 환한 모습으로 다가와 기쁨으로 수용된다는 특징을 보유하기도 한다. 앞에서 밝혔듯이 이러한 모습의 진달래는 생명의 탄생을 알리는 봄의 전령이라는 점과 풍요의 의미를 원형으로 하고 있기에 우리 민족에게 특히 기쁨을 준다.

3) 이런 점에서 진달래는 즐거움과 기쁨의 결정체로 수렴된다. 따라서 ‘웃는 듯 피어있는 진달래’라고 표현되기도 한다.

> 솔 속에 붉은꽃은 웃는듯 피여있고

봉오리 담은꽃은 우슴을 참는듯이
시선이 가고아니와 자로자로 뵈여라
　　　　　－「진달래」(장정심,『佛敎』 소화 1935. 4월 12) －

　'웃는 듯이' 다정하게 피어있고, 봉오리는 '웃음'을 참는 듯해서 자주
눈길이 간다는 시적 화자의 토로를 통해 슬픔의 형상화가 아닌 기쁨의
결정체로서의 진달래 이미지가 추출된다.

　여기에는 생명탄생의 계절인 봄을 알린다는 기쁨과, 생명탄생과 관련
있는 색깔의 진달래가 함유한 상서로운 이미지가 모두 아키타입으로 작용
하고 있다. 이 역시 고대의 이미지나 의미가 지속, 투영된 모습인 것이다.

　4) 그런가 하면 진달래의 속성이 순박하고 순수하고 부끄러움이 많은
처녀의 이미지로 표상되기도 한다.

　　　수집어 수집어서 다못타는 연분홍이

　　　부끄러 부끄러서 바위틈에 숨어피다

　　　그나마 남이볼세라 고대지고 말더라
　　　　　－「봄날의 네 처녀」, 피는 꽃 앞에서
　　　　　(이은상,『신동아』6호 1932년 4) －

　시적 화자는 진달래의 속성을 부끄러움으로 파악하고 있다. 진달래가
바위틈에서 주로 자라는 형태를 바위에 숨어있다고 보고 있는 것이다.
마지막 종장의 "그나마 남이볼세라 고대지고"만다는 표현에서는 진달래
가 한편으로는 일시적이며, 허무한 대상이라는 속성까지 제시되고 있다.
진달래가 연약하고도 일시적이라는 의미로 표상되고 있는 것이다.

　이렇듯이 근대에 이르면 진달래 의미는 고대의 의미가 지속(①봄의 전
령, ②기쁨과 즐거움 등 상서로운 이미지)되거나, 변용(③비극적 이미지,

④순수하고 연약한 이미지)되는 특징을 보인다. 즉, 고대 진달래의 의미나 이미지가 긍정적인 성향만을 보였다면, 근대에 이르러서는 긍정정인 이미지 외에도 부정적인 이미지를 반추한다는 특징을 보이는 것이다.

3) 진달래 의미의 확장 및 굴절-「재일동포 한국어 시」

재일동포 한국어시 텍스트에는 '진달래'꽃이 많이 등장한다. 따라서 '진달래'는 1950년대 강순의 작품에서부터 등장해서 2000년대까지 끊임없이 등장하는 소재소이다. 시 제목이 '진달래'인 경우도 많지만, 시 텍스트 내에 주요 소재로 등장하는 경우가 상당하다. 대략 59편 정도의 많은 양이다 보니 자연히 '진달래' 의미는 고대나 근대의 경우보다 확장될 수밖에 없다. 그 외에도 재일동포 한국어 문학 특성상 굴절된 이미지를 반영한다는 특징을 보이기도 한다. '굴절'에는 사실 부정적 의미가 내재한다. 고대의 의미가 왜곡되어서 사용되고 있기 때문이다. 다음 항에서 상세히 다룰 것이다.

재일동포 한국어 시에서의 진달래는 대략, 1) 민족 및 조국 상징, 2) 봄의 전령으로서의 꽃, 3) 고향 및 서민 상징, 4) 순수이미지 상징, 5) 고발 및 통일(정치적 이미지) 등으로 형상화되거나 상징화되고 있다.

(1) 민족 및 조국(고향) 상징

재일동포 한국어 시 텍스트에서 진달래의 의미는 민족 및 조국의 상징하는 경우가 가장 주류를 이루고 있다.[11] 우선, 초기 작가인 강순은 조국

---

11) 민족과 조국 상징
「다시 한 번 그 날이」(강순, 1957), 「백두산」(박산운, 1958), 「보람차구나! 오늘은」(김태경, 1963), 「여보이소 내 손자놈이」(김학렬, 1968), 「우리의 꽃」(고봉전, 1970), 「우리 민족 꽃」(한덕수, 1970), 「수령께 드리는 노래」(황진성), 「진달래 붉게 핀 이곳」(황진성), 「영광의 한길우에서」(질체작, 1972), 「3월에 부치여(서화호,

통일을 노래하면서 통일의 그날을 시적 화자의 진술을 통해, "온 산에 진
달래가 활짝 덮여져야 할 일"「다시 한 번 그 날이」(1957)이라고 표현하
고 있다. '진달래'를 우리 민족 및 정신으로 파악하고 있는 것이다.

> 안아보아도 또 안아보고싶은
> 조국의 진달래를 그리며
> 이역에서 불어보는 젓대
>
> …
>
> 젓대를 손에 들고
> 가야금을 안는 우리앞에는
> 금시 조국의 드넓은 하늘이 펼쳐지고
> 진달래 붉은 꽃송이들 웃음 짓누나
>   - 「사랑의 젓대와 가야금」(한룡무, 1982) -

위 시 텍스트의 '진달래 역시 우리 민족이나 민족정신' 등을 상징하고
있다. 조국에 있는 진달래는 우리 민족을 지칭하고 있는 것이다. 시적
화자는 '진달래'를 '안아보아도 또 안아 보고 싶은 대상'으로 파악하고
있다. 시적 화자는 현재 '진달래'와 함께 하고 있지 못하다. 이역만리 떨
어져서 '조국을 생각하며 우리의 전통 악기인 젓대나 가야금을 보듬고'
있는 것이다. 이렇듯이 조국을 그리는 시적 화자의 눈앞에는 조국의 하
늘과 더불어 '진달래 붉은 꽃송이'가 웃음 짓고 있다. 따라서 이때의 진
달래는 긍정적이고 상서로운 의미 및 이미지를 함유하며, '우리 민족'으

1973), 「진달래」(최영진, 1974), 「진달래야」(허옥녀, 1977), 「꽃선풍 일구는 우리
꽃송이들」(김학렬, 1978), 「뜨락의 꽃밭」(김두권, 1978), 「우리 겨레 꽃이로세」(김
두권, 1980), 「사랑의 젓대와 가야금」(한룡무, 1982), 「이른봄 진달래」(김학렬,
1983), 「저고리선물」(박호열, 1984), 「꿈많은 무용실」(오홍심, 1987), 「어머님께」(김
성철, 1992), 「진달래꽃밭에서」(리찬영, 1993), 「진달래」(김학렬, 2004).

로 환원된다. 진달래는 민족이나 조국의 대유물로서 확대되는 것이다.

> 진달래꽃송이
> 볼에 비비고
> 조국땅 그리는 항일의 녀전사
> 무용에 담아서
> 나풀나풀 춤추니
> 내 마음도 어느새
> 곤장덕에 오르죠
> — 「꿈많은 무용실」(오홍심, 1987) —

위의 작품 텍스트에서도 진달래는 우리 민족을 대변하는 대유물로 인식되고 있다. 따라서 진달래=민족의 등식으로 환치된다. 이런 점에서 시적 화자가 '진달래를 볼에 비비는 행위'는 곧 조국과 민족에 대한 애정을 표출하는 셈이다. 진달래는 곧, 조국이나 민족을 상징하기에 시적 화자는 다른 어떤 것이 아닌 진달래를 볼에 비비면서 조국을 상기하고 조국을 그리워하고 있다. 이렇듯이 진달래가 조국이나 민족을 상징하는 의미로 사용되는 것에는 고대로부터의 원형적 심상이 내재하기 때문이라고 볼 수 있다. 진달래가 원형적으로 지니고 있는 '상서로운 이미지'가 조국이나 민족에 투영되고 있기 때문이다. 비록 잠재의식에서라고 할지라도 우리의 집단무의식이 면면히 이어지고 있는 경우이며, 의미가 확대되고 있는 경우이다.

그러나 이렇듯이 진달래가 조국과 민족을 상징하는 보조관념으로 주로 많이 사용되고는 있지만, 한편으로는 또 다른 면모를 반추하기도 한다. 이는 진달래가 수령을 형상화하거나 수령을 상기하거나, 수령에 대한 찬사의 대상물로 치환되는 것을 지칭한다. '주체사상'이 날줄, 씨줄처럼 얽히면서 '진달래'의 의미가 굴절되기 시작하는 것이다. '굴절'이라고 지칭하는 것은 '진달래'가 '특정인에 대한 개인적인 찬양'의 비유물로 전용되고 있다는 점 때문이다. 물론 향가인 「동동」에서 '진달래'는 이미, '님의 훤출하고도 환한 모습을 반향하는 비유물로 차용'되고 있기는 하지만, 이는 진달래의 환하고도 긍정적인 이미지에 대한 일반적인 비유이지(남이 부러워할 모습), 어느 특정인 개인의 전용적인 전유물로 사용되고 있지는 않다. 이런 점에서 고대의 의미가 굴절되고 있다고 보는 것이다.

<blockquote>

반들반들 아름다운 나의 저고리
행복속에 꽃무늬를 안아 보았죠
원수님이 계시는 우리 조국의
진달래꽃 향기 그윽 풍겨왔지요
　　　　－「저고리선물」(박호열, 1984) －

</blockquote>

<blockquote>

작년에 허 선생이 만드신
조선 지도 꽃밭을
피여 날 진달래도 알뜰히 손보아
원수님 쉰 돐맞이 명절날에는
만발토록 울긋불긋 꽃송이가 피여 나리라 보람차구나!
　　　　－「오늘은」(김태경, 1963) －

</blockquote>

'조국=진달래=원수님 계신 곳'의 등식이 성립되고 있다. '원수님이 계신 조국'의 '진달래'는 급기야는 '원수님 생일날 피여 나는 진달래'로까지 전용되고 있는 것이다. 이는 '진달래'가 북한의 주체사상과 연맥되면서 새롭게 생성된 이미지이다.

재일동포에게 있어서, 북한의 경제적 원조와 북한에서의 재일동포에 대한 대우, 즉 같은 동포며 한 나라(공민)라는 대우 등의 고마움에 보답하는 일은, 북한을 조국으로 삼고 북한의 이념과 정신, 그리고 북한의 강령을 실천하는 일이다. 광복 후 1945년 9월에 「재일조선인련맹」(약칭 조련)이 결성되면서 복잡하고 어려운 정세 속에서 재일동포들의 생활안정과 교육, 계몽사업에 힘을 기울이는데, 이들에 의해 1948년 1월 「재일조선문학회」가 결성된다. 「재일조선문학회」는 초기에는 일본제국주의에서 벗어난 기쁨과 동포들의 생활을 작품에 담게 되지만, 1948년 9월 조선민주주의 인민공화국(이하 북한)이 창건되고, 물질적, 정신적 원조 등을 전폭적으로 받으면서부터 점차 작품 경향이나 관심은 북한으로 응집되며, 자연히 '주체사상'에 경도된 작품이 창작된다.

특히 1959년에는 재일본 조선인 「문학예술가동맹」(문예동)이 결성되면서 '북한의 강령이 문화방침'으로서 강조되는데, 이로 인해 북한의 주체사상과 부합되는 측면, 즉 '조국의 공민이 된 영예와 긍지', '민족교육문제', '미제와 한국 정부 규탄', '수령찬가' 등을 주제로 해서 창작된다.[12] 1959년에 결성된 「문학예술가동맹」의 강령은 다음과 같다.

> 1. 우리는 재일본 조선 문학예술인들을 조선민주주의인민공화국의 무리에 총집결시키며 조국남북반부 문학 예술인들과의 련계를 굳게하며 미제를 철거시키며 그 앞잡이 리승만 도당을 고립시켜 조국의 평화적 통일 독립을 달성하기 위해서 헌신한다.
> 2. 우리는 공화국의 문예 정책에 튼튼히 립각하여 민족 문화의 전통을 계승 발전시키며 선진 국가의 문화 성과를 섭취하여 민주 민족 문학 예술 창조 보급에 헌신한다.
> 3. 우리는 재일 동포들의 민주적 민족 권리를 옹호하며 일체의 반동 문화 조류를 반대하고 군중 문화 수준을 재고하며 재일 동포들을 애국주의 사상으로서 교양하기 위하여 헌신한다.
> 4. 우리는 조/일 량국간의 문화 교류 및 양국 인민간의 우호 친선을 도모하며 국교 정상화를 위하여 헌신한다.[13]

---

12) 카지무라 히데키, 김인덕역, 『재일조선인운동』(1945~1965), 현음사, 15~54쪽 참조.
13) 송혜원, 「재일 조선인 문학의 조선어로의 창작 활동의 변천」, 『재일 조선인 조선

'공화국의 문예정책에 입각한다'는 표현은 결국 북측의 주체사상을 전폭적으로 수용한다는 의미이다. 주지하다시피 북한의 '주체사상'의 핵심은, 모든 것은 '수령'을 중심으로 해서 움직이며, 모든 것의 본질과 핵심에는 '수령'이 자리 잡고 있다는 점이다. 이들에게 '수령=원수'는 지상에서 거의 하나밖에 없을 신앙적 대상으로서─적어도 표면적으로 볼 때는─숭앙된다. 이러한 이념에서는 조국의 진달래는 '원수님이 계시는 조국'이 될 수밖에 없다. 나아가서 '진달래는 원수님 생일에 맞추어서 피게'된다는 전무후무한 '찬가'가 산출되는 배경이 마련된다.

> 이른 봄
> 이국의 가로수들
> 앙상하게 뼈만 드러내고
> 아직은 뭇 꽃들도
> 깊은 잠에서 깨여나지 않았건만
>
> 우리 회관 앞마당에
> 소담하게 피여난
> 너, 조국의 진달래!
> …
> 진달래야
> 네 모습 하도 아름다워
> 잠시 떠날줄 모르노라
>
> 우리 인민의
> 소박하고도 깨끗한 마음인양
> 수수하고 그지없이 맑은 연분홍빛
> 넓으나넓은 어머니품인양
> 포근하고 자애에 넘친 네 모습

어문학의 현황과 과제』, 2004년 12월 11일 (토) 早稻大學校(와세다대학 조선문화연구회), 해외동포문학편찬상업 추진위원회, 재일본조선문학예술가 동맹 주최, 8쪽.

진달래야
너는 어이하여
이렇게 일찌이 피여났느냐

어이하여
이역의 칼바람속에서도
령롱한 빛 누리에 뿌리며
우리 가슴 자꾸만 후덥게 하느냐

아, 진달래야
너는 진정
우리 꿈결에도 사무치게 그려온
조국의 넋이여라
어버이수령님의 한량없는 사랑이여라
　　　　－「진달래야」(허옥녀, 1977) －

위 시에서 시적 화자는 진달래를, ①어떤 꽃보다도 봄을 먼저 알리는 꽃, ②소박하고도 깨끗한 인민의 마음, ③어머니 품처럼 포근하고 자애에 넘치는 모습, ④이역의 칼바람 속에서 우리의 가슴을 후덥게 하는 꽃, ⑤우리가 꿈결에서도 사무치게 그려 온 조국의 넋, ⑥어버이 수령님의 한량없는 사랑을 나타내는 꽃으로 보고 있다.

시 텍스트에서 '진달래'는 여섯 가지 의미로 환원된다. 이 중 ①, ③은 고대 의미의 지속이며, ②, ④, ⑤, ⑥은 근대 이후에 생성된 의미이다. 특히 ④, ⑤, ⑥은 재일동포 한국어 시에서 볼 수 있는 특징 중 하나이다. ③의 경우, 진달래가 '자애로운 어머니'로 비유되는 것은 생소한 듯하지만, 천착해보면 고대의 특징인 '풍요의 원리'와 연맥되므로 고대로부터의 지속된 이미지에 해당된다. 생산의 주체인 어머니는 곡식을 배출하는 대지로 치환되어, 원시신앙에서는 풍요의 주체인 지모신(사직신)으로 형상화되기 때문이다.[14] 진달래는 앞에서 살펴보았듯이 우리 민족 원형상 풍요의 의미를 내재하기에, 여인, 어머니의 속성을 함유한다. 어머니의 속성은 "아, 산진달래/ 너를 안고 나는 살리/ 어머니마냥 살뜰한 꽃이여/ 티없이 맑은 마음의 거울이여 「산진달래」(허옥녀, 1987)" 등에서도 잘 드러나고 있다.

따라서 「진달래야」에서 시적 화자가 진달래에다 비유한 의미(어떤 꽃보다도 봄을 먼저 알리는 꽃, 소박하고도 깨끗한 마음, 어머니 품처럼 포근하고 자애에 넘치는 모습, 우리의 가슴을 후덥게 하는 꽃, 그래서 조국을 상징하는 것 등)는 모두 우리 민족의 집단무의식 속 진달래가 지니는 이미지가 지속된 경우에 해당되며, 이역의 칼바람이라는 공간적 배경, 그래서 꿈결에서도 그리워하는 것(조국의 꽃이기에), 수령에 대한 한량없는 사랑 등은 근대 이후, 그것도 재일동포의 의식에서 배태된 진달래의 의미인 것이다.

(2) 봄의 전령으로서의 꽃

진달래가 '봄의 전령', '봄 상징', '봄의 도래를 알리는 꽃'으로 상징되는 것은 이미 고대로부터 지속되고 있는 속성 중 하나이다.

사실, 진달래보다 먼저 피는 꽃으로는 '매화'나 '동백' 등이 있지만 이들은 지역적으로 한정되어 있어서, 누구나 쉽게 볼 수 있는 꽃은 아니다. 또 진달래와 함께 피는 '개나리'가 있지만 우리 민족은 개나리가 아닌 진달래를 선호했다. 개나리는 산천에 자생하기 보다는 인가가 있는 마을에 주로 피고 있는데, 고대 시가에서 개나리에 대한 언급을 찾을 수 없는 것을 보면 진달래보다 후대에 우리나라에 이입된 꽃이거나, 진달래와 같은 우리 민족의 집단 무의식을 함축하지 않아서 일 것으로 추정할 수 있다. 아무튼 진달래는 우리 민족한테는 봄을 제일 먼저 알리는 화사하고

---

14) 강명혜, 『고려속요·사설시조의 새로운 이해』, 앞의 책, 64~83쪽 참조.

상서로운 꽃이라는 정보를 지닌다. 재일동포 한국어 시 텍스트에 나타나고 있는 진달래도 봄을 알리는 전령으로서 나타나는 경우가 많다.[15]

　　봄을 알리자!
　　몸부림치고 피였더니
　　어느새 불러진 이름
　　아름다운 진달래
　　　　　　　　－「꽃송이」(리방세, 1983) －

　‘봄의 전령으로서의 진달래’ 면모가 잘 드러나고 있다. 진달래를 의인화하는 표현방식을 택해서 진달래의 입장에서 진술하고 있다는 점이 특이하다. ‘봄을 알리자’며 자신의 직분이나 기능을 토로하고 있는 진달래에게서는 봄의 도래를 알리고자 ‘노력’하는 모습이 강조된다. 이러한 노력 결과, ‘아름다운 진달래’로 이름 불리게 되었다는 것이다. 시적 화자의 진술 속에는 진달래의 기능과 직분이 잘 표현되고 있다.

　　이 세상에 많고많은 꽃들중에서
　　제일제일 고운 꽃이 무언지 아니

　　그건 그건 이른 봄에 남 먼저 피여
　　봄소식 알려 주는 진달래이지
　　　　　　　　－「제일 고운 꽃」(고봉전, 1997) －

　진달래는 모든 꽃 중에서 최고로 고운 꽃인데, 그 이유는 다른 데 있는 것이 아니라 ‘이른 봄에 남보다 먼저 피어서 봄소식을 알려’주기 때문이라는 것이다. 역시 진달래의 속성을 ‘봄소식을 처음으로 알리는 전

---

15) 「봄의 노래」(허남기, 1971), 「수령님의 만년장수 축원합니다」(김두권, 1975), 「고향의 봄」(류인성, 1987), 「진달래」(김윤호, 1981), 「림수경, 너의 손은」(강명숙, 1989), 「락화암」(허남기, 1992), 「새봄」(서정인, 1993), 「제일 고운 꽃」(고봉전, 1997), 「꽃송이」(리방세, 1983), 「기다리는 마음」(박호열, 1986), 「진달래」(김아필, 1991)

령'으로서 파악하고 있다. 이는 고대의 의미가 지속되고 있는 경우이다.

나아가서 진달래는 희망이나, 청춘을 상징하기도 하는데16), 이는 봄이 지니는 상징성의 투영이기에 역시 하나로 수렴되는 의미이다. "활짝 타오른 붉은 진달래는/ 이글거리는 우리의 심장/ 젊은이들의 불덩이된 가슴가슴"(「진달래 붉게 핀 이곳」, 김학렬)과 같이, 이른 봄, 붉은 빛으로 집단적으로 피는 진달래의 모습을 '활활 타오른'이라고 표현하며, 그 속성을 젊은이들의 '불덩이 같은 가슴'으로 파악하고 있다. 즉 진달래를 '청춘의 꽃'으로 보고 있는 것이다. 젊은이들의 속성을 '정열과 패기, 희망찬 미래의 주역으로 파악'할 때, 이른 봄 집단적으로 불타듯이 피는 진달래는 '청춘의 꽃'으로 대입 가능하다. '진달래＝청춘, 젊은이 상징'은 봄이 지니는 상징적 속성으로 인해 고대의 의미가 지속, 확장되는 경우에 해당된다고 할 수 있지만, 문제는 '젊은 청춘'이 전투적인 측면을 보유하고 있다는 점이다.

소리없이
그러나 힘있게
봄 꽃날을 부르며 피는
진달래
진달래

…

이른봄 진달래 오는 봄을 고하며
참된 꽃날을 먼저 알리며
그리도 어엿이 된 그대는
항일렬사들의 그날의 뜨거운 심장

16) 청춘상징-「대학시초」(김학렬, 1973), 「청춘의 노래」(김학렬, 1987), 「나의 일기장」(김아필, 1991), 「진달래」(김학렬, 1992), 희망상징-「대학은 꽃밭이려나」(1985), 「진달래꽃이 피고요」(한룡무, 1987)

우리에게 속속들이 전하려
이역의 끄느름한 눈하늘을
그리도 의젓하게 태우고 태우느냐

…

빈말과 거짓과 배신과
타협과 아첨과 교만과 온갖 추잡한 가짜배기에 등을 진
푸른 하늘같이 깨끗하고도 크고
한송이 붉은 꽃같이
뜨거운 열정, 청년의 기백으로
가식의 계절을 짓뭉개라
　　　　　　　　　－「이른봄 진달래」(김학렬) －

　진달래를 '젊은 청춘과 보편적인 젊은이들의 패기'와 동일시하고 있지만, "그대는 항일렬사들의 그날의 뜨거운 심장"에 오면 '진달래'의 의미는 지속되어 오던 이미지와는 다르게 굴절되고 있음을 알 수 있다. 이는 진달래가 호전적인 측면을 보유하게 된다는 점 때문인데, 고대로부터 '진달래'가 호전적인 의미를 지닌 경우가 없다는 점에서, 이러한 측면은 '재일동포 한국어 시 텍스트'만이 보유하는 특성이라고 할 수 있다.

우리 조선의 젊은이도
저 산 진달래꽃송이처럼
붉게붉게 타리라

슬픔도 어려움도
찬바람도 이겨가는 억센 어깨
그것이 청춘, 그것이 우리 패기

해와 별 우러러 솟아오르는 충성의 길
내딛지 못한 새길을 찾는 뜨거운 심장

그것이 우리의 지향, 우리의 뜻

사대와 허무가 판을 쳐도
남의 품에 드놀지 않는 주체의 신념
그것이 우리의 마음, 우리의 이름

사랑하는 내 나라
하나의 파아란 하늘을 가슴에 그리고
래일에로 치닫는 우리의 뜨거운 의지

순이야 어서 오르자꾸나
철수야 아직 봉우리는 안보이느냐
파아란 희망 안고 우리는 항상 앞으로!
- 「청춘의 노래」(김학렬, 1987) -

'조선의 젊은이'와 '진달래 꽃송이'가 동일시되고 있다. 직유법을 사용하고 있어서 원관념과 보조관념이 모두 제시된다는 점에서 정보는 충분하다. 문제는 '붉게붉게 타리라'에 있다. 이는 의미가 확장되고 있기 때문이며, 여러 가지 정보를 함축하고 있기 때문이다. 조선의 젊은이의 어떤 속성이나 특성의 비유인지 정보상의 장애가 발생하고 있는 것이다. 물론 청춘을 불사르라는 의미이지만, 청춘을 불사르는 것도 컨텍스트에 따라서 여러 가지 의미로 환원될 수 있기에 오독의 여지는 여전히 내재한다. 즉, 다음 연에서 보이는 모든 측면이 순수한 청춘의 특징을 노래한 것이라고 해도, 역시 '충성'이라는 시어를 간과할 수 없기 때문이다. 순수한 젊은이의 속성과, '충성'이라는 단어는 부합되지 않고 있기에, 이 역시 주체사상적 측면을 배경으로 하고 있는 경우이며, 진달래의 속성이 굴절되고 있는 경우인 것이다.

이렇듯이 재일동포 한국어 시 특징은 봄을 알리는 진달래의 속성이 지속되기도 하며, 젊은 청춘이나 희망 등으로 확장되기도 하며, 주체사상적 측면과 교합되면서 굴절되기도 한다.

(3) 고향 상징 및 순수 이미지

　재일동포 한국어 시 텍스트에서 '진달래가 고향을 상징하고 있는 것'은 사실상 포괄적으로 보았을 때, 1)의 조국이나 민족을 상징하는 범주에 함유될 수 있다. 그러나 1)의 경우와는 조금 다른 측면을 보유한다는 점에서 변별된다. 즉, 조국이나 민족을 상징하는 경우에는 주로 긍정적이고 상서로운 의미 및 이미지를 함유하며 객관적이고 담담한 목소리로 조국과 민족에 대한 그리움이나 애정을 표출하고 있다면, 진달래가 '고향'을 지칭하거나 비유되거나 상징되고 있을 경우에는 상당히 애상적이고 보다 간절한 목소리와 애조를 띤 어조가 사용된다는 점에서 그러하다. 고향상징에는 그런 면에서 상당히 순수한 이미지가 투영된다.[17]

> 바닥에 비기는 우리 집 앞마당에
> 언제인가 심어 놓은 한그루의 진달래
>
> 아침해살에 빨갛게 피여 난 그 한송이
> 어찌하여 그렇게도 아름다운지
>
> 쳐다보고 쳐다보니 푸른 하늘 저멀리
> 꿈속에서 그려 보던 고향산천 떠오른다
> 진달래꽃 만발한 뒤동산에서
> 뛰여 놀던 어깨동무 나의 정든 고향산

---

17) 고향상징: 「진달래 한그루」(한명석, 1972), 「내 고향 진달래야」(정화흠, 1979), 「안 고싶은 내고향」(오상홍, 1985), 「정말정말 그리워요」(김아필-1991), 「내가내가 나비라면」(최영진, 1992), 「가고파라」(오홍삼, 1999), 「진달래꽃」(김두권, 2004), 순수 이미지: 「옥중에 계시는 님에게」(김학렬, 1976), 「진달래처녀」(류인성, 1981), 「산 진달래」(강명숙, 1987)

아득한 옛추억 주마등처럼
내 가슴 쓰리게 스쳐만 간다

타향살이 수십년에 진달래꽃 한송이가
잃었던 내 고향을 뜨겁게 찾아 준다
　　　　　－「진달래 한그루」(한명석, 1972) －

　시적 화자는 마당에 핀 진달래 한 송이를 보면서 진달래의 아름다움을 만끽하고 있고, 나아가서는 자신의 감정과 생각을 확산시키고 있다. 진달래를 매체로 해서 고향을 그리워하고 있는 것이다. 시적 화자의 고향은 진달래꽃이 만발한 뒷동산과, 함께 뛰어놀던 동무들이 있던 그런 곳이기 때문이다. 진달래가 만발한 뒷동산에서 친한 동무들과 뛰어놀았으니 의당 기쁨을 표명해야 하건만, 시적 화자는 고향을 생각하니, '내 가슴 쓰리'다고 비극적 정조를 哀調로서 표출한다. 왜냐하면 현재 시적 화자는 고향을 떠나서, 즉 離鄕을 해서 타향(재일)에 거주하고 있기 때문이다. 더욱이 歸鄕도 수월하지 않은 처지이기에 옛 추억을 생각하면 가슴이 아플 뿐이다.

　이렇듯이 직접적인 시적 화자의 서사적 언술방식에 의해 진술되고 있기에 주제가 은성화된다거나 비유로 간접화되지 않고 있다. 당연히 엿듣기에 의해 진행되는 서정적 자아도 부재한다. 따라서 이때의 시적 화자는 작가와 동일시된다. 시적 화자＝작가는 자신을 수십 년간 타향살이(재일)하는 외로운 존재로 파악하고 있다. '꿈 속'에서나 겨우 고향을 가보는 처지에 놓여 있는 것이다. 이러한 시적 화자를 잠시나마 고향으로 달려가게 하는 객관적 상관물은 바로 '진달래'이다. 그러므로 진달래는 고향을 생각하게 하고 너와 너를 묶어주는 존재로서 재일동포에게는 '고향' 그 자체의 상징물인 것이다.

진달래 진달래 피였네
연분홍 진달래꽃
이 봄도 잊지 않고 피였네

찬서리 이겨내고 피였네
내고향 불러주는 진달래
이역의 하늘아래 곱게도 피였네

실바람 한가득 품었는가
나의 꿈도 어렸는가
산들산들 손 저으며 춤을 추네

고향마을 앞산을 붉게 물들이던 꽃
너와 함께 찾아가리
너와 나의 고향을
- 「진달래꽃」(김두권, 2004) -

　‘너와 함께’ 진달래가 붉게 피어있는 ‘너와 나의 고향’을 ‘함께 찾고
자’ 한다. 이렇듯이 진달래는 너와 나를 하나로 묶는 공유된 추억인 것
이다. 조국과 달리 고향을 생각할 때는 언제나 애련한 어조로 향수에
젖는 것은 고향을 상징할 때의 진달래에는 직접적인 어린 시절의 경험
이나 구체적인 대상들과 진달래가 일치해서 오버랩 되기 때문이다. 따
라서 동일하게 투영되는 ‘진달래’라고 해도 조국을 상징할 때와 고향을
상징할 때는 표현방식과 어조가 달라질 수밖에 없다.

진달래야 진달래야
내 고향 진달래야
이 산 저 산 꽃망울이
멍그는 소리

민족정서의 지속과 변이 양상　321

그 소리에 잠을 깨고
말을 익히던
그것이 몸에 배여 고향입니다
　　　　　－「내 고향 진달래야」(정화흠, 1979) －

　진달래를 의인화시켜 불러보는 시적 화자의 경험 속 진달래는, 자신이 직접 체험한 산물의 일환이다. '꽃망울이 멍그는 소리, 그 소리에 잠을 깨어 말을 익히던'은 모두 시적 화자가 직접 체득한 구체적인 사건이나 경험을 의미하는 것이다. 따라서 고향의 모든 체험은 진달래와 공유된다. 이런 점에서 진달래를 생각할 때의 감정은 애상적이고 애절할 수밖에 없다. 피상적이지 않고 구체적이고 생생하다.

가고파라 가고파라
진달래꽃 피는 언덕
그 옛날 보짐 메고 눈물 흘리며
아가씨 머리에 꽃비녀 꽂아
다시들 만나자고 헤여지던곳
아버지 고향에…

아－아
가고픈 이내 마음
아－어쩌나
　　　　　－「가고파라」(오홍삼, 1999) －

　시적 화자의 어조는 애닯고도 간절하다. '가고파라'라는 시어가 되풀이되고 또 되풀이되고 있는 것에서 고향을 그리는 시적 화자의 심정을 읽을 수 있다. 간절한 마음은 '어쩌나'로 표현되고 있는 것이다. 안타까움이 배어나온다. 비록 아버지의 고향이기는 해도. 안타까움으로 다가오는 것은 매 일반인 것이다. 이렇듯이 진달래가 고향을 상징할 때는 아련하고도 애잔한 객관적 상관물로 기능한다는 것을 알 수 있다.

진달래가 고향을 상징하거나 순수 이미지로 대입되는 것은 고대의 확장된 의미의 지속이며, 근대부터 생성된 진달래의 속성 중 하나이다.

(4) 민초, 저항, 통일 상징

고래로부터 형성된 진달래 의미에서 상당히 이탈해서 새롭게 형성된 재일동포 한국어 시 텍스트에 나타난 진달래의 의미는 바로, 진달래가 항쟁이나 전투적, 또는 호전적인 이미지로 형상화된다는 점이다. 항쟁, 전투, 호전의 결과는 '통일'로 귀결되기도 한다. 따라서 진달래는 통일의 꽃으로도 형상화된다.[18]

우선 진달래는 民草, 즉 비리와 불의에 항거하거나 대항하는 민중의 힘의 집약체로 상징되고 있는데, 진달래의 이러한 이미지는 근대이후에 형성된, 즉 두견새와 짝이 되어 피를 토하는 슬픔의 형상화인 진달래의 이미지와 상통하는 측면이 강하다. 변별되는 점은 슬픔이나 한에만 한정되는 것이 아니라 꿋꿋하게 버티거나 항쟁의 이미지까지 수반하고 있다는 점이다.

문제는 이들의 시각이나 이념이 북측의 주체사상 랜즈로만 조망되었기에 비판이나 비난 대상이 남한 측에만 한정된다는 점이다. 이들에게 북한 정부는 오직 찬양 대상일 뿐이며, 남한 정부는 비판이나 비난의 대상일 뿐으로 불균형이 극대화되고 있다. 그러나 사실, 이들의 판별력

---

18) 민중의 항쟁, 고발, 통일 등 상징
「아, 한강」(김학렬, 1970), 「우리 선생님」(황진성, 1970), 「진달래는 피여났습니다」(강명숙, 1979)), 「분신」(김학렬, 1986), 「광주의 어머니에게」-강명숙, 1990), 「겨울 진달래」(강명숙, 1979), 「그날의 진달래」(김윤호, 1985), 「통일의 꽃」(김두권. 1989), 「그날의 따사로움 못잊습니다」(류계선, 1987), 「이땅에 새아침이 오기 전에는」(김두권, 1976)

에만 문제가 있는 것은 아니다. 이렇듯이 오류를 범하게 된 가장 큰 이유는 한 쪽(북한)은 극단적인 장점만, 다른 한 쪽(남쪽)은 극단적인 단점만의 정보가 이들에게 주어졌기 때문이다. 따라서 그간 다양하고도 많은 정보를 주지 못한 남한 측에도 많은 책임이 있다고 할 수 있다.

> 5월의 따사로운 봄날
> 무등산 기슭에
> 곱게곱게 피여났던
> 나는 그날의 진달래입니다
>
> 모진 비바람을 이겨내면서도
> 해마다 이른봄이 다가오면
> 잎이 돋고 봉오리가 부풀어
>
> 5월이면 청춘을 자랑하듯
> 붉게 피여난
> 나는 그날의 진달래입니다
>
> …
> 팔다리를 찢기우고
> 온몸이 찢어져
> 눈물조차 흘리지 못한채
> 억울하게 원귀가 되여버린
> 나는 광주땅 그날의 진달래입니다
>
> 내 나라의 진달래는
> 류달리 곱다고들 하건만
> 나라의 진정한 봄을 찾지 못해
> 애타게 세월만 보내던
> 기나긴 5월의 그날이였습니다

다시 필래야 필수 없는
아까운 청춘을 빼앗긴
나는 원한의 넋이 된 진달래

해마다 봄은 오가고
꽃바람 산야에 불건만
내 다시 필수 없고
기다리던 새봄은 오지 않아
밤이면 접동새만이
슬피 웁니다

내 비록 피묻어 꺾이워
원통한 넋이 되었을지라도
내 뿌리에서 새로 돋아날
그날은 반드시 오리라 믿습니다

흐르는 세월따라
하나로 이어질 봄은 가까워오리니
멀지 않은 5월의 그날엔
향기그윽한 꽃
온 강산을 뒤덮고
오래오래 아름다움을 겨루면서
그지없는 행복을 누려갈것이리

진정한 봄을 맞아
넋이 된 나의 죽음도
오래오래 누리에 빛날 봄
그 봄을 믿어마지 않는

나는 5월의 광주땅
그날의 진달래입니다
— 「그날의 진달래」(김윤호, 1985) —

진달래를 의인화해서 진달래 입장에서, 사건을 진술하는 방식으로 이루어지고 있다. 시적 화자인 진달래는 공간적 배경으로 '광주 무등산'을, 시간적 배경으로는 '5월'을 들고 있다. 5월 광주에서 무슨 일이 있었는지, 한국인이면 누구나 알고 있다. 이것은 남한 측의 엄청난 실책이며, 두고두고 부끄러워해야할 역사적 사건임에는 틀림이 없다. 시적 화자인 진달래는 그 엄청난 사건의 광경에 대해 구체적으로 신랄하게 제시하고 있고, 그 한과 통렬함을 노래하고 있으며, 앞으로 오게 될 희망에 대해서도 언급을 하고 있다. 일본 강점 후, 시 텍스트에 나타났던 두견새 설화와 연맥 되어 원혼의 꽃으로 화한 '진달래'의 이미지가 다시 재현되고 있는 것이다. 단지 원한의 대상이 교체되었을 뿐, 원통한 넋, 원귀, 비애스러움의 상징은 그대로 지속되고 있는 형국이다.

5월에 발생한 광주 항쟁에 대한 내용은 위의 시에서 알 수 있듯이 상당히 구체적이고 생생하고 사실적으로 제시된다는 특징을 보유한다. 그리고 이들 사건에는 '진달래'가 등장한다. 한편으로는 비록 원통한 넋이 되었지만 뿌리에서 새로 돋아날 날을 확신하는 진달래에는 '민중의 꽃', '항쟁의 꽃' 이미지가 부여되고 있다.

> 복된 앞날을 바라보는
> 불타는 내 가슴마냥
> 붉게붉게 피여난 진달래
>
> 5월 따사로운 봄날을
> 마음껏 노래부르려느냐
> 진달래야
>
> 올해도 5월 그 봄날이 다가와
> 너희들은 시절을 잊지 않고

피여났구나

…

이역땅 이 마당에서
조국의 은혜로운 해발 안고 피여난
너희들과 같이
올해에도 광주, 항쟁의 땅에
진달래는 피였으리

봄을 먼저 알리는것이
봄을 자랑하는 꽃이 진달래이거니
지난해에도 올해와 같이
무등산 기슭에
금남로의 그 길가에
진달래는 봄을 불러 피였건만
봄을 가로막으려는 무리들의
모진 광풍으로
무참히 꺾이였던 그날…

…

진달래는 맵짠 바람 기승 부리는
겨울을 겪었건만
이른봄부터 푸른 잎 더욱 푸르러
화창한 새봄을 맞아
아름답게 아름답게 피여났어라.
- 「진달래」(김윤호, 1981) -

해마다 오월의 그날이 다가오면
어머니의 하얀 치맛자락
의례껏 여기에 나붓깁니다
곱게 피여 맞아주는 진달래꽃속에
그날의 아들 모습 찾아보시려는듯
- 「광주의 어머니에게」(강명숙, 1990) -

동일한 주제를 공유하고 있다. '광주'에서의 '사건'을 진달래와 연결해서 노래하고 있는 것이다. 봄에 먼저 펴서 '봄을 알리는 꽃' 진달래가 아키타입으로서의 '봄' 상징으로 확대되면서, 청춘 그리고 희망을 알리는 메신저의 역할을 하고 있다. 봄을 상징하느니 만큼 광풍으로 꺾이고 매찬 겨울을 겪었지만 기어코, "화창한 새 봄을 맞아 아름답게 피여났어라"라는 언급은, 결국은 정의가 승리할 것이라는 정보를 수반한다. 따라서 재일동포 한국어 시 텍스트에서의 '무등산 진달래'는 특별한 의미를 지니고 있음이 감지된다. 이들에게 있어서 '무등산 진달래'는 남한 정부에 대한 극렬한 비난의 시각과 더불어, 원통한 한을 극복하고 불의에 항거하면서 언젠가는 '통일'의 주역이 될 민중들의 승리를 상징하게 된다.

따라서 "이 땅에 봄바람이 불기 전에는/ 꽃도 피지 말어라/ 잎도 트지 말어라/ 북악의 눈보라를 가슴에 안고/ 진달래의 봄노래를 높이 부르리"「이땅에 새아침이 오기 전에는」(김두권, 1976) 라고까지 노래 부른다. 나아가서는 적극적으로 통일을 앞당기는 대상으로 '임수경'(사건)을 들기도 한다.

> 너의 손은
> 민주의 봄을 불러 피고지는
> 무등산의 진달래를 가꾸는 손
> 최루탄에 눈을 상한
> 어린 재봉공의 눈물을 씻어준 손
> …
> 얼어붙은 강산에 새봄을 불러
> 청춘을 바쳐 다우치는가
> 아 통일의 꽃이여
> — 「림수경, 너의 손은」(강명숙, 1989) —

임수경이를 진달래에다 대입시켜서 어떤 역경이라도 다 물리치고 봄에 화사하게 피듯이 언젠가는 통일을 시킬 것이라고 기대하고 있다. 진달래=임수경, 새 봄=통일의 등식을 보이고 있다. 따라서 임수경이를 '통일의 꽃'이라고 호칭하고 있다. 한편, 통일의 꽃은 '진달래'이기도 하기에, 진달래는 통일을 갈구하는 우리 민족의 '통일 상징 꽃'의 이미지를 함축한다.

현재 한민족에게 통일이란 이슈는 남북한, 조총련계, 민단계를 모두 아우르는 공통된 원망과 소망의 기의며 기표이다. 그러나 과정과 원인, 결과에 대한 접근 방식과 이해도는 동상이몽이라는 것에 문제가 있다. 그리고 통일문제에 대한 현실은 주체적 시각으로 이해하기에는 복잡한 양상으로 되어있다. 단성적이질 않은 것이다.[19] 추상적인 열망만으로는 통일을 앞당기는 견인점 역할을 할 수는 없다.

> 내가내가 나비라면
> 무슨 꽃에 앉을가
> 봄날에 먼저 피는
> 진달래에 앉을래
> 내 조국의 산과 들을
> 붉게붉게 물들이는
> 진달래 진달래에
> 찾아가 앉을래
> 내가 내가 나비라면
> 무슨 나비 될거나
> 겨울에도 나풀나풀
> 꽃나비가 될테야

---

19) 강명혜, 「표류하는 이방 의식과 귀향 아이덴티티-재일동포 한국어 시를 중심으로-」, 앞의 책.

눈보라를 이겨내고
백두산에 피는 꽃
만병초 만병초에
찾아가 앉을래
내가내가 나비라면
어떤 나비 될거나
언제나 춤을 추는
꽃나비가 될테야
우리모두 가꾸는
희망의 꽃
통일의 꽃, 통일의 꽃
찾아서 날아갈래

　　　　　　－「내가내가 나비라면」(최영진, 1992) －

역시 진달래를 '통일의 꽃'이라고 호칭하고 있다. 시적 화자는 '나비'라는 객관적 상관물에 자신을 대입시켜서 통일의 꽃을 찾아서 날아가겠노라고 노래하고 있다. 통일을 염원하는 마음을 주제로 하고 있는 것이다. 그러나 시 장르가 동요라는 것에서 기인하기도 하겠지만, 통일을 노래하는 시적 화자의 어조와 목소리는 가볍고 추상적이며 단순하기만 하다. 물론 통일에 대한 열망만은 간절하고도 간절하게 표현되고 있지만, 한민족 통일에 수반되는 제반 사항에 대한 숙고나 문제점, 고민 등을 감지되지 않고 있다.

사실, 재일동포들이 통일에 기여하기 위해서는 장미 빛으로 채색되지 않은 남북의 현실을 똑바로 직시해야 하며, 두렵고 인정하기 힘들더라도 남북의 상황을 균형감각을 갖고 논리적으로 이해해야만 한다. 그런 노력이 수반될 때 비로소 참다운 통일문제에 개입할 수 있을 것이다. 나아가서는 양쪽으로 분리된 조국의 화해의 접점을 모색해서 '구호'가 아닌 실천적인 입장을 견지하면서 통일의 견인점 역할을 할 수도 있을 것이다.

이를 위해서는 남한 측의 전폭적인 이해와 원조, 지지가 필수적이며, 의무요, 통일을 위한 초석을 놓는 일이 될 것이다.[20)

이렇듯이 민중이나 저항, 통일을 상징하는 진달래는 근대의 이미지가 지속되면서 다른 한편으로는 주체사상에 의해 굴절된 경우를 보이고 있다.

3. 맺음말

본고에서는 재일동포 한국어 시 텍스트에 등장하고 있는 '진달래꽃'을 중심으로 해서 우리 민족의 정서가 어떻게 지속, 변이되고 있는지를 상세히 살피고자 했다. 즉 우리 시가에 최초로 등장하고 있는 '진달래꽃'의 의미를 규명한 후, 그 전통이 어떻게 이어져서 재일동포시문학 텍스트에서 지속, 변용되고 있는지를 규명하고자 했다.

고대 우리 민족 집단무의식 속의 진달래는, 1)'생명의 탄생을 상징하는 봄의 전령'이며, 2)진달래의 붉은 색(자주빛)은 '생명탄생의 색'이고, '신령스러운 빛깔'을 의미하며. 3)'풍요의 의미' 및 4)'겨울'을 물리치고 '봄의 도래'를 알리는 기능을 하고 있었다. 즉, 모두가 긍정적이고 상서로운 이미지만 함유하고 있었다.

고시조에서는 보이지 않던 '진달래'는 근대(1920년 이후)에 이르면 근대시조에서 다시 보이기 시작하는데, 이때 등장하는 '진달래'는 고대의 의미와 상당히 변별되는, 즉 변용된 의미를 반영하기도 하며, 한편으로는 고대의 '진달래' 의미가 그대로 지속되기도 한다. 근대에 이르면 진달래 의미는 고대의 의미가 지속 1)봄의 전령, 2)기쁨과 즐거움 등 상서

---

20) 강명혜, 위의 책.

로운 이미지화 되거나, 변용(3)비극적 이미지, 4)순수하고 연약한 이미지)되는 특징을 보이고 있었다. 고대 진달래의 의미나 이미지가 긍정적인 성향만을 보였다면, 근대에 이르러서는 긍정정인 이미지 외에도 부정적인 이미지를 반추한다는 특징을 보이는 것이다.

재일동포 한국어 시 텍스트의 진달래 의미는, 1)민족 및 조국 상징, 2)봄의 전령으로서의 꽃, 3)고향 상징 및 순수 이미지, 4)민중, 저항, 통일 상징으로 형상화되고 있었다.

이 중, 1)이나 2), 3)의 경우로 사용되는 것에는 고대로부터의 원형적 심상이 내재하기 때문이라고 보았다. 진달래가 원형적으로 지니고 있는 '봄의 전령으로서의 꽃'이라든가, '상서로운 이미지'가 '조국이나 민족, 고향'에 투영되고 있는 것이다. 비록 잠재의식에서라고 할지라도 우리의 집단무의식이 면면히 이어지고 있는 경우이며, 의미가 확대되고 있는 경우이다.

1)의 경우가 주로 긍정적이고 상서로운 의미 및 이미지를 함유하며 객관적이고 담담한 목소리로 조국과 민족에 대한 그리움이나 애정을 표출하고 있다면, 진달래가 '고향'을 지칭하거나 비유되거나 상징되고 있는 3)의 경우에는 상당히 애상적이고 보다 간절한 목소리와 애조를 띤 어조가 사용된다는 점에서 변별되고 있었다. 고향상징에는 그런 면에서 상당히 순수한 이미지가 투영된다.

그러나 진달래는 다른 한편으로는 또 다른 면모를 반추하기도 한다. 4)의 경우에는 이는 진달래가 수령을 형상화하거나 수령을 상기하거나, 수령에 대한 찬사의 대상물로 치환되는 것을 지칭한다. '주체사상'이 날줄, 씨줄처럼 얽히면서 '진달래'의 의미가 굴절되기 시작하는 것이다. '굴절'이라고 지칭하는 것은 '진달래'가 '특정인에 대한 개인적인 찬양'의 비유물로 전용되고 있다는 점 때문이다. 고래로부터 형성된 진달래

의미에서 상당히 이탈해서 새롭게 형성된 재일동포 한국어 시 텍스트에 나타난 진달래의 의미는 바로, 진달래가 항쟁이나 전투적, 또는 호전적인 이미지로 형상화된다는 점이다. 항쟁, 전투, 호전의 결과는 '통일'로 귀결되기도 한다. 따라서 진달래는 통일의 꽃으로도 형상화되기도 한다. 즉, 진달래는 民草, 즉 비리와 불의에 항거하거나 대항하는 민중의 힘의 집약체로 상징되고 있는데, 진달래의 이러한 이미지는 근대이후에 형성된, 즉 두견새와 짝이 되어 피를 토하는 슬픔의 형상화인 진달래의 이미지와 상통하는 측면이 강하다. 변별되는 점은 슬픔이나 한에만 한정되는 것이 아니라 꿋꿋하게 버티거나 항쟁의 이미지까지 수반하고 있다는 점이다.

문제는 이들의 시각이나 이념이 북측의 주체사상 랜즈로만 조망되었기에 비판이나 비난 대상이 남한 측에만 한정된다는 점이다. 이들에게 북한 정부는 오직 찬양 대상일 뿐이며, 남한 정부는 비판이나 비난의 대상일 뿐으로 불균형이 극대화되고 있다. 따라서 재일동포들이 통일에 진정으로 기여하기 위해서는 장미 빛으로 채색되지 않은 남북의 현실을 똑바로 직시해야 하며, 두렵고 인정하기 힘들더라도 남북의 상황을 균형감각을 갖고 논리적으로 이해해야만 한다. 그런 노력이 수반될 때 비로소 참다운 통일문제에 개입할 수 있을 것이다. 이렇듯이 민중이나 저항, 통일을 상징하는 진달래는 근대의 이미지가 지속되면서 다른 한편으로는 주체사상에 의해 굴절된 경우를 보이고 있다.

참고 문헌

강순, 허남기, 남시우, 김두권, 김윤호, 김학렬, 리금옥, 오상홍, 정화수, 정화흠, 한덕수, 김리박, 로진용, 류인성, 박호렬, 허옥녀, 최용진, 강명숙, 오순희, 오향숙, 김태경, 박산운, 고봉전, 김아필, 박호렬, 손지원, 김병두, 김정수, 한명석, 김윤, 오홍삼, 오홍심, 최영진, 홍순련, 이승순, 서정인,『문예동』,『종소리』시집 외.

강명혜,「강원도 민속신앙의 특성과 기원 및 문학작품과의 관련성」,『강원문화연구』 19집, 강원대학교 강원문화연구소, 2000, 105쪽.

강명혜,『고려속요・사설시조의 새로운 이해』, 북스힐, 2003. 64~79쪽 참조.

강명혜,「표류하는 이방인과 귀향의식-재일동포 한국어 시를 중심으로-」,『한국문학이론과 비평』31집, 한국문학이론과 비평학회, 2006.

김응교,「일본속의 마이너리티, 재인조선 시」,『시작』, 2004. 겨울호.

김학렬,「재일 조선인 조선어 시문학 개요」,『21세기 동북아 한국어문학연구의 현황과 전망』, 민족문학사연구소 엮음, 창작과비평사, 1995, 1~45쪽 참조.

백낙청,「민족문학과 세계문학 Ⅱ」,『민족문학사 강좌』, 창작과 비평사, 1985. 11~105쪽 참조.

백낙청,『통일시대 한국문학의 보람-민족문학과 세계문학 Ⅳ』, 창작과 비평사, 2006. 141-142쪽,

설성경 외,『세계 속의 한국문학』, 새미, 2002.

손지원,「조국을 노래한 재일조선시문학 연구(1)」,『겨레문학』, 재일본조선문학예술가동맹 문학부, 2000.5.25. 13~14쪽.

송혜원,「재일 조선인 조선어문학의 현황과 과제」, 와세다대학 조선문화연구회, 해외동포문학편찬사업 추진회, 재일본조선문학예술가동맹, 2004.12.11. 2쪽.

조규익,「재미한인 이민문학에 반영된 自我의 두 모습 : 영문소설 몇 작품을 중심으로」,『숭실논문집』29, 崇實大學校人文科學硏究所, 1999.12.

최철,『향가의 문학적 연구』, 새문사, 1983, 185쪽.

카지무라 히데키, 김인덕역,『재일조선인운동』(1945-1965), 현음사, 15~54쪽 참조.

홍기삼,『재일 한국인 문학』, 솔, 2001.12.

재일동포 민족주의의 특성과 한국어 수필의 민족문학적 성격

박 현 선

---------------------------------- 목　차 ----------------------------------

---

1. 머리말

현재까지 많은 재외동포들이 조국의 언어와 전통을 고수하는 데 적지 않은 노력을 기울이고 있다. 특히 일본, 중국, 러시아 등에 거주하고 있는 동포들과 같이 일제 강점기의 역사적 상황 속에서 형성된 재외동포들의 조국과 민족에 대한 지향의지는 대단히 강하다. 그런데 일본, 중국, 러시아 동포들의 민족주의적 의식은 각기 다른 특성을 지닌다. 민족주의적 의식은 그것이 생성된 '역사적 배경'과 그것을 추구하는 주체의 '현실적 기반'에 따라 다른 함의를 지니기 때문이다. 즉 표면적으로는 많은 유사성을 지니면서도 대부분이 일제의 강압에 밀려 이주하게 된 재일동포의 경우와 대부분이 민족해방에 대한 강한 의지를 지니고 '상대적인 의미에서' 자발적으로 이주한 재중동포들의 경우에, 민족주의적 의식의 함의는 미묘한 차이를 지닌다. 따라서 재외동포의 민족주의적 의식 역시 그들이 민족주의를 추구하게 된 역사적 과정 및 현실적 특수성과의 관련 속에서 고찰되어야 하며, 이에 따라 각 재외동포들이 지닌 민족주의적 의식의 차이가 면밀하게 규명되어야 한다. 이 논문에서는 재일동포를 연구대상으로 한정한다.

재일동포들은 이민 3·4세가 활동하고 있는 현재까지도 한국어와 한국 이름을 고수하기 위해 의식적인 노력을 하고 있으며, 한국어 문학을 창작하고 한국어 문예잡지를 발간하는 등 눈에 띄는 민족주의적 활동을 하고 있다. 또한 현실적인 불이익을 감수하면서까지 일본으로의 귀화를 거부한 채 생활하고 있는 동포의 수가 적지 않다. 어떤 재외동포들보다도 강하게 민족주의적 삶을 지향하고 있는 것이다. 하지만 이러한 재일동포들의 노력은 그들만의 고군분투였던 것이 사실이다. 따라서 이들의 민족주의적 의식에 대한 객관적 이해가 요망된다. 그것은 민족적 화합의 장을 열어가는 시발점으로서 재일동포의 역사적 상흔을 치유할 수 있는 방법이기 때문이다. 그러므로 이 논문은 재일동포만의 특수한 역사적·정치적·사회적 상황과 이에 따라 형성된 민족주의적 의식의 특징 및 이들의 한국어 수필에 드러난 민족 문학적 성격을 밝힘으로써 재일동포에 대한 객관적 이해를 도모하는 데 목적을 둔다.

2. 재일동포 민족주의의 특성과 내적 논리

1) 재일동포의 민족의식 생성배경

재일동포의 역사는 한일합방 이후 일제의 필요에 따라 도일한 조선인들로부터 시작됐다고 할 수 있다. 개화기 이후 도일 유학생들이 있었지만, 이들은 그 숫자나 도일 목적, 혹은 계층적 특성에 있어서 일제 강점기에 도일한 사람들과는 구분된다. 즉 개화기 일본 유학생들은 학업을 목적으로 한 소수의 상류계층 인물들로 구성되었으며, 이들의 도일이나 귀국은 자유의지에 따라 결정되었다. 하지만 한일합방 이후 도일한 조선인은 주로 하층민들로서 생계유지를 목적으로 하는 경우가 대부분이었다. 이들은 돈을 벌어 귀국할 예정으로 도일했지만, 그러한 의지는 경제적·사회적·정치적 제약 때문에 용이하게 실현되지 않았다. 현실적으로 이들의 귀국은 자유롭지 못했다. 이러한 상황 속에서 도일 조선인의 숫자는 지속적으로 증가했고, 이에 따라 1920년대에는 일본에 조선인 마을이 조성되었다. 그리고 1930년대 이후 강제징용이 본격화됨에 따라 재일동포의 수는 급격히 증가했는데, 이들이 재일동포 역사의 장을 연 사람들이다. 따라서 재일동포의 민족주의적 의식은 그 형성 과정의 강제성과 이에 따른 상흔에서 비롯된다고 할 수 있다.

일제강점기 재일동포들의 민족주의적 의식은 두 가지 요인에 의해 고취된다. 근본적인 요인은 일본제국주의에 대항하여 독립을 쟁취해야 한다는 시대적 당위의식이다. 자유의지로 도일을 했든, 강제로 끌려왔든 이들이 고국을 버리고 떠돌게 된 근본적인 이유가 일본의 제국주의적 탄압에 있기 때문에 재일동포의 반일감정은 조국 동포들 이상으로 고조되었다. 한편 직접적인 요인은 이들이 주로 직공과 광부, 토건인부 등 일본 내 최하위 노동자로 살았으며, 경기변동이 있을 때마다 가장 먼저 희생 대상[1]이 되었다는 데 있다. 즉 재일동포는 노동착취의 대상으로서, 또는 일본 내의 정치·경제적 위기 극복을 위한 희생양으로서 이용당했는데, 이러한 상황은 재일동포들이 민족적으로 단합하는 데 직접적인 영향을 미쳤다. 이민족의 차별과 억압에 대항하기 위해서, 그리고 생존권을 지키기 위해서 재일동포의 민족적 단결은 불가피했던 것이다. 그러므로 해방 전까지 재일동포의 민족의식은 반일감정과 약소민족의 자위(自衛)의식을 바탕으로 한 반제국주의적 성격을 띠며, 그런 점에서 이 시기 재일동포의 민족주의적 의식은 조국 내의 동포들과 거의 유사했다고 할 수 있다.

그러나 해방 직후 재일동포는 조국의 동포들과는 다른 상황에 놓이게 되면서 독자적인 성격의 민족주의적 성향을 지니게 된다. 즉 한국에 거주하고 있던 동포들과 달리 재일동포는 해방 후에도 해방 민족으로서의 지위와 권리를 회복하지 못한 채 살아가야 했다. 즉 이들은 일본과 미국의 제국주의적 정책 및 조국의 무관심으로 인해 자유롭게 귀국할 수 없었고[2], 이에 따라 해방 전과 다를 바 없는 억압 속에서 존재 기반을 확보하기 위한 생존투쟁을 지속해야 했다. 따라서 재일동포는 일본 내 소수민족으로서 스스로의 권리와 자유를 지켜나가기 위해 결집했는데, 이것이 이들의 민족주의적 집단의식의 핵심이다. 즉 해방 직후 재일동

---

1) 특히 1922년 7월 니가다현(新潟縣) 수력발전소 건설현장에서 일하던 조선인 노동자 100여 명이 학살된 사건과 1923년 관동대지진 때 조선인이 대량 학살된 사건은 재일동포들의 삶이 제국주의적 착취와 민족적 차별이라는 이중적 고통 속에서 점철되었다는 것을 상징적으로 보여준다.

2) 일제 강점기 기간 동안 일본에 거주하고 있던 한국인의 수는 200~240만 명이었다. 해방 후 이들의 귀환이 시작되었으나, 이들은 한국에서 일본인을 싣고 온 배로 귀환을 해야 하는 제한적 상황에 있었고, 귀환을 담당했던 연합군은 귀국하는 한인들에게 고국에 가져갈 수 있는 돈을 1천 엔으로 제한했다. 그 결과 1946년 12월 귀환수송이 끝났을 때, 고국으로 돌아가지 못한 한인은 60만 명이나 되었다. 이것은 우리 동포의 '재일'이 자발적 의지에 의한 것이 아니라 식민지적 피억압 상태에서 빚어진 결과라는 것을 의미한다.

포의 민족주의는 생존을 위한 집단적 대응의 필요성에 의해 고취된 것
이라고 할 수 있다.

조국의 분단과 전쟁 상황은 재일동포의 민족주의적 의식을 강화하는
또 하나의 요인이다. 그것은 조국의 동포들에게처럼 생존을 직접적으로
위협하는 사건은 아니었지만, 일본의 민족적 멸시와 차별을 가중시키는
요인이 됨으로써 재일동포의 현실적 고통을 심화시켰을 뿐만 아니라 국
가 정체성의 혼란을 가중시켰다. 조국의 분단과 전쟁은 재일동포의 현
실적 삶뿐만 아니라 그들의 정신적 근거 및 존재론적 안정감을 위태롭
게 하는 사건이었던 것이다. 이러한 억압적 상황을 극복하기 위해 재일
동포는 민족적 결집을 더욱 강화하는 가운데 반제국주의적 의식을 더욱
고취하게 된다. 조국의 분단과 전쟁 상황은 제국주의적 이권 다툼으로
인해 발생된 것이기 때문이다. 그리고 그것은 재일동포가 겪고 있는 현
실적 고통의 근본원인이기 때문이다. 즉 조국의 분단과 전쟁을 지켜보
면서 재일동포들은 반제국주의적 의식을 바탕으로 민족주의적 의식을
강화해 나갔다.

따라서 재일동포가 지닌 민족주의적 특성은 그것이 일제강점기의 민
족적 상흔에서 비롯된 반제국주의적 의식의 연장선상에 있으며, 생존을
위한 단결, 정신적 근거 및 존재론적 안정감을 회복하기 위한 집단화
과정 속에서 강화되었다는 데 있다. 이것은 재일동포의 민족주의적 의
식이 팽창주의적 논리를 기반으로 한 것이 아니라 약소민족으로서의 생
존권 확보를 위한 자구(自求)의 논리를 바탕으로 한 것임을 의미한다.
즉 재일동포의 민족주의적 의식은 남북한과 일본의 역사적·사회적 상
황에 긴밀하게 연관되면서 형성된 소수민족의 반제국주의적 의식이라
할 수 있다.

2) 재일동포 '민족주의'의 성격

재일동포의 민족주의적 의식이 형성된 과정은 이들의 민족주의적 의식에 대한 포괄적 이해를 가능하게 한다. 즉 이러한 검토는 재일동포의 민족주의적 의식이 일제 식민지 경험에서 비롯된 반제국주의적 의식과 민족차별에 대한 극복의지를 근간으로 형성되었으며, 따라서 이들의 민족주의적 의식 속에 피식민의 역사적 상황을 극복하고 민족의 자주성을 실현하고자 하는 공적 위상과 민족차별의 현실에 저항하고 개인의 자주성을 실현하고자 하는 사적 위상이 공존하고 있다는 것을 이해할 수 있게 한다. 그러나 이러한 분석과 이해가 완전한 것이 되기 위해서는 여기에 실증적 검토와 심층적 의미 파악이 부가되어야 한다. 그렇지 않으면 재일동포의 민족주의적 의식에 대한 이해는 피상적 이해로 머물 수밖에 없을 것이기 때문이다. 따라서 본 장에서는 재일동포가 발표한 글들을 토대로 재일동포의 민족주의적 의식을 검토해보고자 한다.

> "말이자 곧 민족이라고 한다. 민족의 징표에서 중요한 것이 핏줄과 말이라고 하는데 아무리 핏줄이 같아도 말이 통하지 않으면 같은 민족이라 하기 어렵다는 것이다."[3]

> "사실 피는 민족을 이루는 필수적 요인이다. 그러나 조선말도 모르고 조선 노래를 비롯한 조선 문화도 모르고서야 육체적으로는 어떻든 정신적으로는 진짜 조선 사람이라고 말할 수 없을 것이다."[4]

> "현시점에서 재일동포가 문제로 삼는 '민족'이나 '민족의식'은 종래의 국적 및 혈통과 연관되면서도 실질적으로는 일본의 조선 식민지배

---

3) 「주장: 창작에서 주체를 세우고 생활을 진지하게 그리자」, 『문학예술』84호, 1986.7, 5쪽.
4) 김학렬, 「우리말과 민족문화를 지키는 것은 곧 민족을 지키는 것」(담화실), 『문학예술』87호, 1987.여름, 19쪽.

에서 비롯된 '출신', '내력'이라는 역사의식 혹은 역사인식과 크게 중
첩된다."5)(방점은 필자)

이상의 글에서 알 수 있는 것은 재일동포가 '혈연'과 '언어', '문화'
및 '역사의식' 등을 '민족'의 중요한 요건으로 생각한다는 점이다. 이것
은 재일동포의 민족주의적 의식이 집단의 고유한 이름, 공통의 조상에
관한 신화, 역사적 기억의 공유, 집단의 공통문화, '고국(모국)'과의 심리
적 결합, 집단 구성원의 연대감 등을 중시하는 에스닉(ethnic)한 차원의
것6)임을 의미한다.

이러한 민족의식은 재일동포가 경험한 민족차별과 연관관계를 지닌
다. 경제적·정치적 차원에서의 민족차별과 이로 인한 불이익을 극복하
기 위해 결집을 도모하는 과정에서 재일동포의 민족의식은 강화되었기
때문이다. 그러나 재일동포의 현실은 그들의 힘만으로 해결할 수 있는
것이 아니었다. 재일동포의 현실은 남북한 및 일본의 정치적 역학관계
에 견인되어 있기 때문이다. 더구나 일본은 재일동포에 대한 차별정책
을 실행했고, 이에 맞서서 재일동포들은 일본으로의 동화를 거부한 채
외국인으로서의 삶을 선택했는데, 이것은 재일동포가 일본 내에서 경제
적·정치적 힘을 행사하기 힘들다는 것을 의미한다. 따라서 재일동포가
민족적 결집을 통해 얻을 수 있는 것은 아주 지엽적인 현실문제일 뿐이

---

5) 윤건차, 「민족·민족주의 담론의 빛과 그림자」, 『황해문화』35, 2002.여름, 78쪽.
6) "에스닉(ethnic)한 요소라 함은, 집단에 고유한 이름, 공통의 조상에 관한 신화, 역
   사적 기억의 공유, 집단 독자의 공통문화, 특정의 '고국(모국)'과의 심리적 결합,
   집단을 구성하는 인구의 주된 부분에 있어서의 연대감의 존재 등이다. 요컨대 에
   스닉의 핵은 다양한 습관과 공통의 출신을 가진 하나의 공동체에 속한다는 자각
   이고, 또한 주관적인 의미에서 통일된 문화적 공동체라는 것이며, 역사적으로는
   이 핵으로부터 네이션이 형성되어 갔다."(윤건차, 「21세기를 향한 '재일'의 아이덴
   티티」, 강덕상·정진성 외 공저, 『근현대 한일관계와 재일동포』, 서울대출판부,
   1999, 293~294쪽.)

며, 그 효과도 미미했다. 즉 일본의 재일동포에 대한 차별정책과 재일동포의 일본 민족에 대한 역배제의 상호작용은 재일동포의 경제적·정치적 역량의 제한에 강한 영향을 미친 것이다.

경제적·정치적 차원에서 힘을 행사할 수 없기 때문에 재일동포는 관념적 차원에서의 극복을 추구한다. 즉 재일동포가 현실적 불이익을 감수하면서까지 한국어와 한국 이름을 사용하고 민족교육을 고수함으로써 일본 민족이나 일본 문화에 동화되기를 거부한 것은 일종의 역배제인데, 이러한 역배제는 정신적 혹은 정서적 극복의지를 보여주는 것이다. 따라서 재일동포의 민족주의적 의식은 경제적·정치적 상황과 긴밀한 관련 속에서 형성된 것이지만, 결과적으로는 자본주의나 사회주의 등 정치적·경제적 이념과는 거리를 지닌 원초적 집단의식으로 결정화되었다고 할 수 있다. 즉 재일동포에게 가장 중요한 것은 민족적·국가적 정체성의 회복과 이에 따른 생활의 안정이며, 따라서 이들에게 문제되는 것은 이념이나 국가 체제가 아니라 민족의 자주통일과 주체성 회복을 저해하는 제국주의적 헤게모니일 뿐이다. 재일동포가 반제국주의적 성향을 지니는 것도 제국주의가 에스닉한 공동체 의식 및 정체성의 분열을 초래하는 원인이기 때문이다.

> 시비를 가릴 것이 아니라 서로 만나서 흉금을 털어 담화하고 교류하는 데 그 해결의 실머리는 있을 것이 아닌가![7]

> <코리아> 유일팀 성원들의 마음에는 분계선이 없음을 확인해주는 눈물이기도 했다.
> 조그만한 탁구알이 우리겨레들에게 크나큰 감격을 가져다주었다. 그리하여 우리 겨레들의 가슴에 조국통일의 의지를 굳게 심어주고 민

---

7) 안우식, 「밀항 여덟 동포의 죽음을 듣고」(수필), 『문학예술』3호, 1961.5.

족 단합과 통일기운을 한층 높였음을 나는 가슴 흐뭇이 생각했다.[8]

따라서 재일동포들이 드러내는 남한에 대한 비판적 인식과 북한에 대한 찬양적 태도는 면밀하게 재검토되어야 한다. 우선 재일동포의 남한에 대한 부정과 불신의 태도가 남한 동포를 향한 것이 아니라 남한 정부를 향한 것이라는 점에 주목할 필요가 있다. 재일동포의 비판 대상은 남한의 군사독재정권일 뿐이며, 남한 동포들이 아니다. 재일동포에게 남한 동포들은 오히려 연민과 동정의 대상이며, 궁극적 화합의 대상이다.

> 그후에도 나는 여러 마당에서 S(남한 동포-필자)를 만났다. 그와의 첫상봉이후 나는 여러 친구들과 함께 단체소속을 불문하고 민족자주, 조국통일의 기치를 인정하는 재일동포들을 폭넓게 망라하여 공동의 무대를 창조하는 사업을 기획하고 추진하였었다. 그 자리에 S는 혼자 오기도 하고 류학생친구와 함께 참가하기도 하였었다.
> 그러는 사이에 우리는 만나면 허물없이 손을 잡았고 먼 발치에서는 서로 손을 흔들며 눈인사를 보내게까지 되었다.[9]

> 오늘도 남반부에서는 날마다 인간마다 수없이 많은 우리겨레들이 미제와 그 주구들에 짓밟히우며 신음하고 있다. -중략- 나는 그날(자주통일과 민족해방-필자)을 위하여, 그리고 할아버지의 뜻을 다 못 이루고 자기의 그 많던 희망과 꿈을 꺾은, 원쑤들을 지하에서라도 증오하고 있을 그의 뜻을 살려 가슴 속에 복수의 칼날을 갈고 또 갈아놓을 것이다.[10]

또한 재일동포의 북한에 대한 찬양과 동조가 맹목적인 추종이 아니라

---

8) 정구일, 「자그만 탁구알이 가져다준 크나큰 감격」(수기), 『문학예술』 호, 1991 여름(198)
9) 남상혁,「액땜」, 『문학예술』100호, 1991.여름, 102쪽.
10) 박송,「마음의 칼날을 갈아」, 『문학예술』22호, 1967.8.

재일동포 나름의 주체적 삶을 구축하고자 하는 방법이라는 점도 간과해서는 안 된다. 우선, 해방 직후 재일동포 대부분의 국적이 '조선'이었다는 점을 객관적으로 이해해야 한다. 즉 1947년 일본이 외국인 등록을 실행할 당시 외국인 등록서류의 국적란에는 '대한민국' 또는 '한국'이라는 국적이 없었으며, 따라서 선택지는 '조선' 뿐이었다. 재일동포에게 '조선'은 "국적이 아니라 민족적 귀속을 나타내는 기호"11)였던 것이다. 그러므로 재일동포가 지닌 '조선'적(籍)을 북한 국적으로 이해해서는 안 된다.

재일동포 사회의 실질적 대표 단체라 할 수 있는 재일본조선인총연합(총련)이 '조선민주주의인민공화국을 지지하고 공화국 정부의 지도사상인 주체사상을 지도리념으로 하는 공화국의 해외공민단체'임을 표방하고 있으며, 재일동포의 한국어 문학이 북한의 사회주의 및 주체사상을 노골적으로 찬양하고 있는 것은 사실이지만, 이것이 남한의 재일동포에 대한 무관심과 북한의 적극적인 표용정책의 결과라는 점을 주지해야 한다. 즉 재일동포의 친북성향의 근본적 원인은 이들이 일본과 미국의 제국주의적 착취에 시달리는 과정에서 반제국주의적 의식을 형성했기 때문에 친미성향의 남한정부를 부정적으로, 민족자주를 표방하며 반미정책을 실행한 북한을 긍정적으로 인식한 데 있다. 그러나 직접적인 원인은 재일동포에 대한 북한의 적극적인 포용정책에 있다. 전쟁 직후 (1954. 8) 북한의 남일 외상은 평양방송을 통해 일본 정부가 재일동포를 '공화국 공민(公民)'으로 인정하여 그들에게 자유와 권리를 인정할 것을 주장하였고, 같은 해 10월에는 남북평화통일을 위해 남북의 각 정당 및 각 계각층의 인사가 모여 대책을 협상하자는 '남일어필(남일성명)'을 남한 및 재일동포 인사들에게 보낸 바 있다. 그리고 여기에 호응하여 재일동포는 1955년 5월에 '재일본조선인총련합회(총련)'을 결성하고, '북한의

11) 서경식·김혜신 역, 『디아스포라 기행』, 돌베개, 2006. 21쪽.

공민으로서 일본에서 운동을 전개해나가겠다'는 의지를 밝혔으며,12) 지속되는 김일성의 교시 아래 민족교육 및 문화운동을 전개해 나갔다. 반면에 남한은 재일동포를 백안시할 뿐만 아니라 1965년 한일회담을 개최하여 조약을 체결함13)으로써 재일동포 사회의 남한 정부에 대한 반감을 자극했다. 더욱이 남한 정부는 재일동포와 북한을 동질적 집단으로 규정하고 배척함으로써 재일동포와의 단절을 심화시켰다. 그 결과 재일동포는 남한 정부를 미국이나 일본과의 역사적 부채관계를 청산하지 못한 채 조국의 동포들을 착취하고 재일동포의 역사적 상흔을 자극하는 반민족적 단체로 규정하게 된 것이다.

그러므로 재일동포의 친북성향은 그들의 현실적 요구에 따른 선택의 결과이며, 국가적 정체성의 확립을 통해 정신적 안정감을 확보하고 주체적 삶을 구축하기 위한 의식적 노력의 결과라고 할 수 있다. 따라서 재일동포는 북한의 문예이론 등을 준거로 삼으면서도 그대로 모방하거나 답습하기보다는 재일동포 나름의 구체적 삶을 반영한 문화를 창조하고자 노력한다.

> …더구나 변화된 새 환경, 새 생활은 그에 맞는 새 노래, 동포들의 정서 교양과 민족자주의식을 가지게 하는 데 큰 도움을 주는 노래를 요구하고 있다. 이 요구에 비추어 볼 때 재일동포들이 즐겨 부르는 우리의 노래가 결정적으로 부족하다. … 물론 동포들 속에서 위대한 수령님과 친애하는

---

12) 한일민족문제학회 엮음, 『재일조선인 그들은 누구인가』, 삼인, 2003, 41~42쪽.
13) 한일회담 조약 제3조는 "대한민국 정부가 -중략- 한반도에 있어서의 유일한 합법정부임"을 명시함으로써 북한을 한일관계에서 배제시켰을 뿐 아니라 제5조의 "양국의 무역, 해운 및 기타 동상상의 관계를 안정되고 우호적인 기초 위에 두기 위하여 조약 또는 협정을 체결하기 위한 교섭을 실행 가능한 한 조속히 시작"할 것을 제시하면서 어업권과 청구권에 지나친 양보를 하고 있는 것으로 평가된다.
(http://news.hankooki.com/1page/politics/200501/h2005011810264121000.htm 참조)

지도자 동지를 칭송하는 노래, 조국을 무한히 찬양하는 조국의 노래는 계
속 많이 불리워야 한다. 그러면서도 우리 동포들의 생활을 직접 반영한 노
래들도 더 있어야 할 것이다.[14]

또 하나 보탤것은 이 노래들의 질이 지난 시기에 비하여 아주 높
아졌다는 것이다. 그저 조국(북한-인용자)의 가요를 본딴 것이 아니라
사회주의적인 내용과 민족적인 형식을 지키면서 재일동포들이 쉽게
받아들일 수 있는 형식과 양상을 추구한 노래들이 많이 반영되여있다
는 것이다.[15]

재일동포는 '그저 조국(북한-인용자)의 가요를 본딴 것이 아니라' '우
리 동포들의 삶을 직접 반영한 노래'를 창작하기 위해 노력했다. 이것은
재일동포에게 북한의 주체사상이나 사회주의 의식이 절대적 추종의 대
상이 아니라 재일동포의 독자적이고 주체적인 삶을 위한 정신적 준거로
서 의미를 지닌다는 것을 드러낸다. 그러므로 재일동포의 민족주의적
의식을 북한의 주체사상과 동일한 것으로 판단하는 기존의 인식은 지양
되어야 한다. 이러한 인식은 재일동포의 의식적 저변을 숙고하지 않아
서 생긴 오해이며, 레드 콤플렉스의 작용으로부터 자유롭지 못해서 생
긴 편견이기 때문이다. 따라서 총련과 그 산하단체가 드러내는 친북성
향 자체에 주목하기보다는 이들이 북한의 해외공민단체임을 표방할 수
밖에 없었던 역사적 과정을 이해하고 나아가 이들이 지향하는 통일방안
및 민족주의적 성향이 지닌 북한과의 차이를 인식해야 한다. 그랬을 때
재일동포의 민족주의적 의식이 국가 체제나 이념을 초월한 에스닉한 것
임을 통찰할 수 있다.

이러한 인식은 1990년대 이후 급변하는 재일동포의 민족주의적 의식
및 삶을 이해하는 데 밑거름이 된다. 즉 1990년대 이후 재일동포 사회

---

14) 리갑준, 「우리 노래 창작을 더 왕성히」, 『문학예술』87호, 1987.여름, 5쪽.
15) 김학권, 「'대중가요 300곡집'을 보고서」, 『문학예술』, 1989.가을.

의 친북성향 및 남한에 대한 반감은 급격히 약화되고 있는데, 이것은
재일동포의 민족주의적 의식이 국가 체제나 이념에 강박되어 있는 것이
아니라 남북한 및 일본의 경제적·정치적 상황에 직접적인 영향을 받
고 있다는 것을 증명한다. 북한의 국가적 위상의 실추와 재일동포에 대
한 경제적 지원의 중단, 그리고 재일동포 사회의 대북원조에 대한 재일
동포 내부의 회의(懷疑) 등은 재일동포 사회의 북한에 대한 지향의식을
감소시켰으며, 남한의 국가적 위상의 상승과 재일동포에 대한 경제적
지원 및 의식적 개방화 노력 등은 재일동포의 남한에 대한 반감을 희석
시키는 데 결정적인 역할을 한 것이다. 그러므로 재일동포의 민족주의
적 의식은 북한을 향해 고착된 폐쇄적 의식이 아니라 그들의 현실 상황
과 실제적으로 연관된 의식이다.

21세기에 들어서도 여전히 재일동포가 에스닉한 의식을 지니고 있는
것도 이와 연관된다.

즉 재일동포의 대남·대북 의식의 변화와는 달리 에스닉한 민족의식
에 변함이 없는 것은 남북한 및 일본의 경제적·정치적 상황이라는 표
면적 상황은 변했지만, 분단의 해소와 이를 토대로 한 국가적 정체성의
회복이라는 근본적 상황은 변화하지 않았으며, 따라서 재일동포들이 그
들만의 주체적 의식과 노력만으로는 현실적 문제를 해결할 수 없는 한
계는 여전히 극복되지 못했기 때문이다. 그리고 개방화된 세계 속에서
민족적·국가적 정체성의 혼란이 가중되기 때문이다. 현실적으로 해결
할 수 없는 문제들을 재일동포들은 관념적으로 극복하고자 노력하고 있
으며, 이로 인해 재일동포들은 에스닉을 그들의 민족주의적 의식의 핵
으로 삼고 있는 것이다.

3. 재일동포 한국어 수필의 민족문학적 성격

　재일동포 한국어 수필(이하 '재일동포 수필'이라 명명함)은 대부분 『문학예술』이나 『조선신보』 등에 실려 있다. 단행본으로 발행된 작품들도 이들 잡지에 발표된 것들을 묶는 경우가 많다. 시, 소설, 희곡, 수필은 물론이요 콩트나 만담, 전통문화 소개 등 다양한 글들을 게재하고 있는 이 잡지들에서 수필이 차지하는 비중은 각 권당 10-20% 가량 된다. 재일동포 한국어 문학에서 수필은 상당히 높은 비중을 차지하고 있는 것이다. 하지만 재일동포 중에 전문적인 수필 작가는 존재하지 않는다. 두 편 이상을 발표한 필자도 드물다. 수필의 편수와 거의 유사한 수의 필자가 존재한다. 그리고 대부분의 저자들은 일반 독자라 해도 무리가 없을 만큼 문예 창작에 조예가 깊지 않은 사람들이다. 이렇듯 재일동포 수필이 비전문적인 다수의 필자들에 의해 발표되고 있지만, 수필에 상당량의 발표지면이 할애되고 있는 것은 재일동포 한국어 문학에서 수필 장르 자체가 차지하는 위상을 가늠하게 한다. 즉 재일동포 사회에서 수필은 민족 구성원 간 의사소통의 수단이며, 민족의식을 대중화하는 통로로서 의의를 지닌다. 따라서 본 장에서는 재일동포 수필이 재일동포의 꾸밈없는 생활과 감정 및 의식을 고찰하는 데 유용한 자료라는 전제 아래 수필의 내용을 검토·분석함으로써, 그것이 지닌 민족 문학적 성격과 통일문학에 기여할 수 있는 가능성을 가늠해보고자 한다.

1) 내용과 형식의 일반적 특징

　수필은 "쓰는 사람을 가장 솔직히 나타내는 문학형식"(피천득)이다. 수필은 저자의 경험과 사고를 꾸밈없이 드러내는 문학인 것이다. 그리고 수필에는 작가 특유의 예술적 안목과 철학적 사유가 결부되어 있다.

수필에 내장된 작가 고유의 안목과 사유는 서술 대상에 대한 색다른 해석을 제시하는 의견표시로서의 기능을 파생시킬 뿐 아니라 결과적으로 대화적·교훈적 특질을 발휘하게 된다. 그래서 수필은 개성의 문학이 되고, "대화적인 독백의 문학(a conversational monologue in writing)"16)이 된다.

재일동포 수필은 재일동포의 삶과 사고의 단면을 꾸밈없이 담아내고 있다는 점에서 수필의 본질적 특성에 대체로 부합된다. 그러나 재일동포 수필은 그들의 역사적·사회적 삶과 그에 대한 단상을 '솔직히' 드러낼 뿐만 아니라 '직접적'으로 드러낸다. 그리고 작가 특유의 예술적 안목과 철학적 사유보다 객관적 현실과 집단적 목적의식을 강하게 부각시킨다. 따라서 심미성은 중시되지 않는다.17)

심미성의 약화는 재일동포 수필에서 일반화되어 있는 형식적 특징인 예화식 수법18)과 관계된다. 즉 재일동포 수필은 주로 경험을 제시한 후, 그 경험을 토대로 교훈을 도출해 내는 방법으로 서술된다. 이러한 서술 방식이 보편화된 직접적인 이유는, 이것이 초보 작가들에게 가장 용이한 서술방법이기 때문이며, 교훈적 메시지를 전달하는 데 유용하기 때문이다. 즉 경험의 기록은 반성과 각성을 촉구하는 데 기여한다. 그리고 이러한 반성적 사유와 각성은 민족공동체의 결집을 유도하는 데 유용하다.

---

16) 백철, 「수필의 본질」, 『문학개론』(정주환, 『쉽게 쓴 수필 창작론』, 푸른사상, 2005, 90쪽)

17) 그러나 이것이 재일동포 수필의 가치를 평가하는 잣대가 되어서는 안 된다. 재일동포에게 모국어는 '민족의 기억'(레오 바이스게버, 허발 옮김, 『모국어와 정신 형성』, 문예출판사, 1993, 134쪽)으로서 의의를 지니기 때문이다. 즉 이들에게 중요한 것은 모국어로 창작한다는 사실 자체이며, 따라서 언어적 예술성의 획득은 부차적인 것이다.

18) 이것은 수필의 서술방법 중 하나인 예화식 수법과 유사하다. 즉 예화식 수법이란 하나의 예화를 들고 그 예화에 맞는 이야기를 전개해 가는 방법이다.(정주환, 『쉽게 쓴 수필 창작론』, 푸른사상, 2005, 453쪽)

재일동포 수필의 이러한 특성은 재일동포의 문학적 위상-사회주의 리얼리즘-과도 관계된다. 즉 재일동포들은 현실생활의 진실한 반영을 통해 전망을 제시하고자 노력한다. 따라서 생활어를 구사하고 실제 경험을 제시하는 데 치중한다. 그리고 재일동포 전반의 전형이 될 수 있는 개인적 경험이 선택되며, 이것은 재일동포 수필의 제재 및 주제가 공적 담론을 중심으로 선정되는 데 영향을 미친다. 재일동포는 주로 한글의식과 민족교육의 필요성을 강조하고, 조국의 통일과 민주화의 실현에 대한 열망과 의지를 고취하며, 재일동포의 국가 및 민족 정체성을 회복할 수 있는 경험적 사실을 수필의 주제로 선택[19]하는 것이다. 그러므로 재일동포 수필은 개인적 경험과 인생에 대한 성찰을 '표현'하는 문예물이기에 앞서 현실적 모순을 '인식'하고 '개선'하기 위한 선전물이며, 민족의식을 각성하기 위한 통로로서 의의를 지닌다고 할 수 있다.

재일동포 수필이 인생에 대한 통찰과 깊이 있는 사색을 방해하고, 공적 담론에 침윤된 주관을 과잉 분출하는 것은 분명한 문학적 한계로 지적될 수 있다. 하지만 이러한 한계는 재일동포 사회가 안고 있는 민족적 현실[20]에서 비롯된 것이다. 따라서 재일동포 수필에서 중시되어야 할 것은 문학적 성과보다 그것이 지닌 기능적 측면-집단의식을 통한 심정적 안정감 획득-이다. 그리고 1990년대 이후 이러한 성향이 극복되고 있다는 점에 주목할 필요가 있다. 1990년대 이후의 수필에서도 예화식 방법은 그대로 고수되고 있지만, 전체 수필의 50% 이상이 일본에서의 성공기, 남한 친구와의 우정, 김치나 고추의 우수성, 자기생활태도 반성

---

19) 졸고,「재일동포의 국가 및 민족 정체성과 현실인식」, 『한중인문학연구』제17집, 2006.4. 245~264쪽 참조.
20) 재일동포 1·2세들은 한국어 사용에 비교적 어려움을 겪지 않지만, 재일동포 3·4세들에게 모국어는 사실상 외국어나 다름없다. 따라서 이들이 한국어 능력에는 한계가 있을 수밖에 없다.

및 인생회고 등을 제재로 취함으로써 획일성을 극복해가고 있으며, 이에 따라 거대담론에의 강박으로부터 벗어나는 양상을 뚜렷이 드러낸다. 이러한 변화는 재일동포 수필의 문학적 발전 가능성을 드러낸다는 점에서, 또한 민족화합의 전제인 객관적 현실인식과 열린 사고의 획득이라는 점에서 가치 있는 변화로 지적될 수 있다.

2) 대표적 주제 의식

(1) 민족교육과 한글 의식

해방 전후에 재일동포의 민족교육은 귀국에 대한 대비로서 강조되었다. 그러나 해방 후에도 재일동포의 귀국은 순조롭게 이루어지지 않았고, 이에 따라 일본에 남을 수밖에 없게 된 재일동포들은 일본의 민족차별 정책 속에서 조국의 분단 상황을 지켜봐야만 했다. 그리고 이러한 상황은 재일동포들의 민족정체성에 대한 혼란을 가중시키는 요인이 되었다. 따라서 해방 후 재일동포의 민족교육은 민족정체성 확립을 통한 심리적 균형감을 모색하는 방책으로 변화하게 되었다.[21] 즉 민족교육을 통해서 재일동포는 민족의식을 확인·고취함으로써 재일동포의 위상을 높이고, 나아가 한민족(韓民族)의 일원으로서의 인격적 정체성을 확인했던 것이다. 그리고 이것은 한글의식으로 초점화 된다. 한글이 재일동포 수필의 가장 기본적인 형식 요건인 이유가 여기에 있다. 재일동포에게 있어서 한글은 그들이 집단적 민족의식을 공유하면서 국외자의 소외와 불안을 해소하는 탈출통로로서 의의를 지닐 뿐 아니라 민족의식의 핵심적 화두이기 때문이다. 이것은 재일동포가 한글문학을 "민족적 자주성을 지키기 위한 교포들의 모습을 형상화함으로써 그들이 조선민족의 한 성

---

21) 심원섭, 「재일동포의 모국어 문학예술의 현황과 창작방향」, 『세계 속의 한국 문학』, 새미, 2002, 492~493쪽 참조.

원된 자각을 가지고 자주적이고 창조적인 생활을 누리도록 하는 데 복무하고저 하는 문학"[22]으로 규정하는 것과 밀접한 상관관계를 지닌다.

민족교육과 한글의식이라는 주제는 역시 대체로 경험 고백적 내용을 성격을 띤다. 한미비의 「오솔길의 봄」(『문학예술』20호, 1966. 7)은 일본학교에 다니다가 조선인 학교로 전학을 온 후배 '동선이'에 대한 작가의 소감을 적은 글이다. 작가는 동선이가 일본학교에 다녔던 것을 부끄럽게 여기며 우리말을 배우고 싶어 하는 모습을 보고 감동한다. 그리고 서일순의 「새 달력」(『문학예술』80호, 1985. 3)과 박영시의 「그들과 함께 고향으로 가는 날」(『문학예술』81호, 1985. 7)은 국어 선생으로서의 경험을 서술함으로써 조국통일을 염원하는 민족교육의 현장을 구체적으로 보여준다. 그런가 하면 강상근의 「나의 연극체험」(『문학예술』101호, 1991 겨울)은 필자의 15년 연극생활을 뒤돌아보면서 앞으로 연극계가 풀어야 할 과제가 "우리말에 대한 집착, 우리의 무대를 만들어 보이자는 의욕, 그리하여 우리의 무대를 보아줄 동포들과의 감동적인 만남에 대한 기대"이며, 나아가 "동포들의 민족의식 발현에 적극 이바지"하는 것임을 역설한다. 김정임의 「'3명의 어머니' 그 후」(『문학예술』1989 겨울)는 아이를 조선학교에 보내기 위하여 두 명의 이모와 부모의 노력에 대한 감동을 적은 글이다.

이상에서 알 수 있는 바와 같이 재일동포 수필에서 민족교육과 한글의식은 재일동포의 민족적 정체성을 고취하기 위한 핵심적 과제로 인식된다. 특히 한글은 남북한의 국가체제 및 이념을 초월하여 민족적 동질성을 확인할 수 있는 상징기제로서 의의를 지닌다. 한글은 재일동포 사

---

22) 손지원 「재일동포 국문문학운동에 대하여」, 『재일 조선인 조선어 문학의 현황과 과제』, 와세다대학 조선문화연구회·해외동포문학편찬사업추진회·재일본조선문학예술가동맹 공동심포지엄 자료집, 2004.12.11, 1쪽.

회의 내부적 집단의식을 고취하는 상징 기제일 뿐만 아니라 재일동포 수필이 진정한 민족문학으로서 자리매김할 수 있는 가능성을 담지하고 있는 것이다.

(2) 통일에 대한 염원

재일동포들은 해방이 된 후에도 해방 민족으로서의 자유와 권리를 보장받지 못했다. 일본에 진입한 미군이 또 하나의 제국주의적 탄압세력으로서 재일동포의 삶을 구속했기 때문이며, 일본 민족의 재일동포들에 대한 민족 차별은 해방 전과 다를 것이 없었기 때문이다. 그러므로 재일동포에게 있어서 해방은 제국주의적 탄압과 민족적 차별의 고통을 해소하는 사건이 되지 못했으며, 오히려 반미의식 및 반제국주의 의식을 강화하는 계기가 되었다. 즉 해방은 역설적이게도 재일동포들로 하여금 민족 정체성 수호를 위한 노력에 박차를 가하도록 한 것이다.

한편 조국의 분단은 재일동포의 삶과 의식을 더욱 복잡하게 만들었다. 분단은 일본 민족의 재일동포에 대한 무시와 차별을 가중시키는 요인으로 작용했을 뿐만 아니라 이들의 국가 정체성에 혼란을 초래했기 때문이다. 우선 문제되는 것은 재일동포의 국가 정체성이 일제 강점기 이전의 조국인 '조선'에 근거[23]하고 있다는 점이다. 즉 재일동포에게 '해방'의 의미는 일제 강점기 이전으로의 회귀이며, 그들에게 조국은 남한도 북한도 아닌 '조선'이다. 그런데 분단은 재일동포의 조국 '조선'의 부재를 확인시킴으로써 이들의 국가 정체성을 혼란하게 한다. 또 하나의 문제점은 민족 정체성 수호와는 달리 국가 정체성 회복은 내부적 단결만으로 해결될 수 없다는 데 있다. 그것은 통일이 되지 않고서는 해

---

23) 그런 의미에서 "'조선'은 국제적으로 무국적을 의미하는 '기호'에 불과하다."(한일민족문제학회, 『재일조선인 그들은 누구인가』, 삼인, 2003, 21쪽)

결될 수 없는 문제인데, 통일은 국제적 역학관계 속에서 결정되는 문제이기 때문이다.

재일동포가 추구하는 '조선'은 실체 없는 조국이기 이전에 민족화합의 실현을 상징한다. 따라서 '조선'이라는 상징의 현실적 함의는 '통일 조국'이 된다. 그리고 통일 조국은 재일동포의 국가 정체성 회복을 위한 필요조건이 된다. 재일동포 수필에서 통일에 대한 열망은 지속적으로 표현되는 이유가 여기에 있다. 고철의 「조국통일에로 달리는 마음」(『문학예술』1975. 12)은 북한 편향적 태도를 드러내고는 있으나 "남북 겨레들이 얼싸안고 감격에 목이 메여 흐느낄 통일의 그날"에 대한 열망을 드러냄으로써 재일동포의 북한 편향적 태도가 남한 동포에 대한 적대감을 의미하지 않는다는 것을 확인하게 한다. 그리고 정구일의 「자그마한 탁구알이 가져다준 크나큰 감격」(『문학예술』1991 여름)은 세계 탁구선수 대회 코리아 여자팀 결승전에서 중국을 이긴 감격을 적은 글인데, "<코리아> 유일팀 성원들의 마음에는 분계선이 없음을 확인"한 기쁨과 "우리 겨레들의 가슴에 조국 통일의 의지를 굳게 심어주고 민족 단합과 통일의 기운을 한층 높였음을 나는 가슴 흐뭇이 생각했다"고 서술한다. 또한 정남준의 「'93 코리아통일미술전에 대한 작은 보고서」(『문학예술』1994, 봄)는 1993년 10월 12일에서 23일까지 열린 통일 미술대전에서 남과 북, 재일동포의 화합을 기록한 글로서 남한에 대한 적대적 감정표현이 전혀 없을 뿐만 아니라 이데올로기적 언급도 나타내지 않는다. 다만 통일을 향한 소망만이 드러나 있을 뿐이다.

재일동포에게 있어서 통일은 민족화합을 기반으로 한 국가 정체성의 확립을 의미한다. 특히 1990년대 이후 재일동포 수필은 북한편향성을 탈피함으로써 이들의 통일의지가 이데올로기에 견인된 것이 아님을 드러낸다는 점에서 의의를 지닌다.

4. 재일동포의 민족의식과 수필의 민족문학적 의의

재일동포의 민족주의적 의식은 해방 전과 해방 후로 나누어 설명할 수 있다. 해방 전 재일동포의 민족주의적 의식은 조국 동포들의 그것과 거의 유사했다. 재일동포의 현실과 조국 동포들의 현실이 크게 다르지 않았기 때문이다. 그러나 해방 후 재일동포는 조국의 동포들과는 다른 상황에 놓이게 되었고, 이에 따라 독자적인 성향을 띠게 되었다. 재일동포는 일본 내 소수민족으로서 스스로의 권리와 자유를 지켜나가기 위해서, 그리고 조국의 분단과 전쟁 상황으로 심화된 민족 정체성 혼란을 극복하기 위해서 민족적 결집을 강화해 나갔다.

재일동포의 민족주의적 의식은 집단의 고유한 이름, 공통의 조상에 관한 신화, 역사적 기억의 공유, 집단의 공통문화, 고국(모국)과의 심리적 결합, 집단 구성원의 연대감 등을 중시하는 에스닉(ethnic)한 차원의 것이다. 따라서 재일동포의 민족주의적 의식을 북한의 주체사상과 동일한 것으로 판단하는 인식은 지양되어야 한다. 그보다는 재일동포가 친북성향을 지니게 된 역사적 과정을 인식하고, 이를 바탕으로 이들의 민족주의적 의식을 객관적으로 이해해야 한다. 즉 재일동포에게 현실적으로 가장 중요한 문제는 일본에 거주하는 소수민족으로서 민족적 차별을 극복하고 정치적·경제적·심리적 안정을 획득하는 일이다. 그리고 이러한 재일동포의 현실과 의식은 그들의 한국어 수필을 통해서 확인해 볼 수 있다.

재일동포 수필은 대체로 비전문적인 작가들에 의해 창작되며, 거의 대부분이 민족교육과 한글의식, 통일에 대한 염원과 국가 정체성 회복 의지 등을 주제로 삼고 있다. 따라서 재일동포 한국어 수필은 대체로 경험을 제시한 후, 그 경험을 토대로 교훈을 도출해내는 예화식 수법으로 서술된다. 이것이 용이한 서술방법일 뿐만 아니라 교훈적 메시지를 전달하는 데 유용하기 때문이다. 이러한 특성은 심미성의 부족이라는 한계와 관계된다. 그러나 한국어 능력에 한계를 지닌 재일동포에게 중요한 것은 언어적 형상미가 아니라 모국어로 수필을 창작한다는 사실 자체이며, 그를 통해 민족의식을 고취하고 민족적 집단의식의 강화하는 것이다.

그러므로 재일동포 수필이 지닌 의의는 존재 자체와 기능적 측면에서 평가되어야 한다. 즉 재일동포 한국어 수필은 첫째, 재일동포의 세태와 풍속을 사실적으로 반영함으로써 민족의식을 고취시키는 한편 반성적 개선의 통로를 마련한다는 데 의의를 지닌다. 둘째, 재일동포 수필은 이들의 에스닉을 직접적으로 드러내는 장르라는 점에서 의의를 지닌다. 재일동포 수필의 여과되지 않은 표현들은 체제나 이념을 초월한, 순수하고 단순한 민족공동체 의식을 드러내는 데 기여하고 있다. 셋째, 1990년대 이후 재일동포 수필은 친북성향을 탈피하고 개인의 실존적 삶에 대한 관심을 드러내고 있는데, 이것은 분단을 극복하고 민족 동질성을 회복하는 데 기여할 수 있는 가능성을 지닌다는 점에서, 재일동포 수필의 문학성을 심화시키는 데 기여하고 있다는 점에서 의의를 지닌다.

참고문헌

1. 기초자료

재일본조선문학예술가동맹 중앙위원회 기관지, 『문학예술』, 1961.5~1999.6.
박재로(朴在魯), 『통일의 새 아침은 온다』, 조선신보사, 2002.2.
이화자(李花子), 기사키 가즈(紀先 和) 번역, 『내 청춘에 후회는 없다』, 새미, 2002.5.
박재수, 『고행 찾아 반세기』, 2003.8.
김창현, 『애국에 바친 자욱을 더듬어』, 학우서방, 2002.4.

2. 논저 및 기타 자료

강덕상·정진성 외 공저, 『근현대 한일관계와 재일동포』, 서울대출판부, 1999.
김인덕, 『우리는 조센진이 아니다』, 서해문집, 2004.
박 일 지음, 전성곤 옮김, 『재일 한국인』, 도서출판 범우, 2005.
박현선, 「재일동포의 국가 및 민족 정체성과 현실인식」, 『한중인문학연구』제17집,
    한중인문학회, 2006.4.
서경식·김신혜 역, 『디아스포라 기행』, 돌베개, 2006.
손지원, 「재일동포 국문문학운동에 대하여」, 『재일 조선인 조선어 문학의 현황과 과
    제』, 와세다대학 조선문화연구회·해외동포문학편찬사업추진회·재일본조선문
    학예술가동맹 공동심포지엄 자료집, 2004.12.11.
심원섭, 『세계 속의 한국문학』, 새미, 2002.
정주환, 『쉽게 쓴 수필 창작론』, 푸른사상, 2005.
한일민족문제학회 엮음, 『재일조선인 그들은 누구인가』, 삼인, 2003.
레오 바이스게버, 허발 옮김, 『모국어와 정신 형성』, 문예출판사, 1993.

http://news.hankooki.com/1page/politics/200501/h2005011810264121000.htm

재일동포 한국어 희곡에 나타난 주체문예이론의 수용양상과 '민족' 이데올로기

─서상각 희곡을 중심으로─

백 로 라

목 차

1. 머리말

재일동포 한국어 문학은 식민지 경험, 분단, 정치적 이데올로기의 대립이라는 외적인 조건과 피식민지 민족 출신이라는 내적 조건을 바탕으로 생산된 결과물[1]이라는 점에서 국가, 민족, 이데올로기의 문제를 외면한 채 순수한 문학 내적인 원리만을 탐구할 수 없는 특징을 지닌다.

---

1) 윤건차, 「재일동포의 민족체험과 민족주의」, 『시민과 세계』제5호, 2004. 67~69쪽 참조.

재일동포 일본어 문학과 달리, 한국어 문학은 그것이 조총련계 작가에 의해 창작[2]되었기 때문에, 복잡한 '재일' 현실[3]의 문제뿐 아니라 특수한 정치이데올로기의 문제까지 거느리게 된다. 이것은 재일동포 한국어 문학이 과거 식민지 문학이나 현재의 북한문학과 표면적으로 뚜렷하게 변별되지 않는다는 점과 무관하지 않다. 정치적·사회적으로 소외되고 배제된, 민족적 타자[4]로서의 동포 작가 일반의 현실 의식과, '주체의 문예사상과 이론에 입각하여, 내용과 형식의 주체성 및 민족성을 구현하고 발전시키는'[5] 역할을 담당해야 한다는 조총련 작가로서의 당위론적 의식이 동시에 반영되어 있기 때문에, 이들의 문학은 식민지 문학이나 북한 문학과 어느 정도 유사한 특징을 공유하게 되는 것이다.

그러나 재일동포 한국어 문학으로부터 식민지 문학이나 북한 문학과의 유사성을 찾아내려고 하는 것은 배타적인 민족주의 담론이나 경직된 이데올로기 논쟁을 재생산하는 결과를 초래할 수 있다.[6] 또한 남한 문

---

2) 재일동포 한국어 문학의 창작 주체는 주로 조총련계 작가들인데, 이들은 북한과 긴밀하게 관계된 집단에 소속되어 있기 때문에 일본사회에서 적대시 되어 왔다. 재일동포의 정체성에 대한 구체적인 논의는 다음의 논문을 참조할 것. 백로라, 김지석 희곡에 나타난 재일동포의 정체성」, 『한중인문학연구』제15집, 이회문화사, 2005. 493쪽 참조.

3) 재일동포들은 조국의 분단으로 인해 한국과 조선 중 어느 한쪽을 모국으로 선택해야 하며, 과거 식민지 지배 국가였던 일본에서 거주하기 때문에 일상 속에서 적지 않은 민족적 차별을 경험하게 된다. 백로라, 「재일동포 한국어 극문학 연구」, 『한중인문학연구』제14집, 이회문화사, 2005. 428~429쪽 참조.

4) 재일동포들이 참정권을 행사할 수 없다는 사실은 그들이 일본 사회에서 현실적으로 경험하는 민족적 차별의 대표적인 예가 될 것이다. 일본의 단일민족국가 사상은 일본인의 정신구조에 뿌리박힌 민족차별의식과 긴밀하게 관련되어 있다. 현재 일본으로 귀화하지 않은 재일동포의 경우, 정주외국인 영주권자로서 납세의 의무를 다하고 일본 헌법을 준수해야 하지만, 시민권자가 아니기 때문에 공무원이 되거나 선거권을 가질 수 없다. 류상희, 「재일 한국인 사회의 과제」, 『세계 속의 한민족』, 한국정신문화연구원, 1993. 588~589쪽 참조.

5) 「문예동이 걸어온 자랑찬 40년-문예동 결성 40돐에 즈음하여」, 『문학예술』제109호, 1999.6. 22쪽.

6) "국가주의나 폐쇄적인 민족주의를 넘어설 가능성"을 찾기 위해서, "재일조선인문

예이론의 비평적 기준으로 이들의 문학을 분석하거나 평가할 경우, 주제의 계몽성이나 표현의 선동성과 관련하여 이들의 문학이 기대에 미치지 못하는 예술적 성취를 보여준다고 단정 짓게 될 가능성이 크다. 이는 그동안 우리가 북한의 문학을 '타자의 문학'으로 규정하고, 그것을 한국문학사 서술에서 배제시켜 왔던 경우7)와 유사하게 비생산적인 논의가 될 수 있다는 점에서 한계를 가진다. 재일동포 한국어 문학 연구에서 기본적으로 염두에 두어야 할 사실은 각각의 문학 텍스트가 북한이나 남한이 아닌 재일 사회의 현실 속에서, 모국어와 민족에 대한 각별한 의식을 바탕으로 창작되고 수용되어 왔다는 점이다. 이는 기존의 연구8)가 특정한 장르나 개별 작가의 작품에 나타난 주제의식에 대해 다루면서도 '재일', '모국어', '민족'이라는 세 개의 주제적 범주로부터 벗

학은 북한문학의 범주 안에서 북한문학과의 동질성을 확인하는 차원이 아니라, 차별성을 규명함으로써 재일동포의 삶과 지향을 파악하고, 그 특수성을 한국문학의 범주 안에 객관적으로 자리매김하는 방향으로 나아갈 필요가 있다." 김형규, 「조선 사람으로서의 자각과 '재일(在日)'의 극복」, 『한중인문학연구』제14집, 한중인문학회편, 2005.4. 391쪽.

7) 이상우, 「극양식을 중심으로 본 북한 희곡의 양상」, 『한국극예술연구』제11집, 월인, 2000. 380쪽 참조. 이 논문에서 이상우는 "이제는 우리 문학 안에 뿌리박힌 반국(半國)적 사고에서 탈피할 때가 되었다"라고 하면서, "분단극복의 관점에서 우리 문학을 바라보기 위해서는 이제껏 타자의 문학으로만 여겨왔던 북한 문학에 대한 올바른 이해가 필요하다"라고 밝히고 있다.

8) 한승옥, 「재일동포 한국어 문학연구 총론 I」, 『한중인문학연구』제14집, 2005.4.
   이경수, 「재일동포 한국어 시문학의 전개과정」, 『한중인문학연구』제14집, 2005.4.
   김형규, 「조선 사람으로서의 자각과 재일의 극복」, 『한중인문학연구』제14집, 2005.4.
   ______, 「귀국 운동과 '재일'의 현실」, 『한중인문학연구』제15집, 2005.8.
   백로라, 「재일동포 한국어 극문학 연구」, 『한중인문학연구』제14집, 2005.4.
   ______, 「김지석 희곡에 나타난 재일동포의 정체성」, 『한중인문학연구』제14집, 2005.4.
   이정석, 「재일동포가 창작한 한국어 산문문학의 존재양상」, 『한중인문학연구』제14집, 2005.4.
   허명숙, 「재일동포 작가 량우직의 장편소설 연구」, 『한중인문학연구』제14집, 2005.4.
   ______, 「재일 한국어 소설문학의 최근 동향」, 『한중인문학연구』제15집, 2005.8.
   조해옥, 「재일 한국인의 분단극복 의식」, 『한중인문학연구』제14집, 2005.4.
   윤의섭, 「재일동포 강순 시 연구」, 『한중인문학연구』제15집, 2005.8.
   김은영, 「김윤 시 연구」, 『한중인문학연구』제15집, 2005.8.

어나지 않았던 이유를 짐작하게 한다.

특히 상연과 연계되는 희곡 문학은 그것의 최종적인 텍스트가 직접적, 즉각적, 집단적으로 수용되기 때문에, '언어'나 '민족'이 중요한 의미를 지니게 된다. 희곡에서는 인물의 대사에 의해 극적 서사가 전개되기 때문에, 창작주체가 능숙하게 한국어를 다룰 수 있어야 하며, 그것의 상연과정에서 배우와 관객이 원활하게 소통하기 위해서는 반드시 양측 모두 한국어 구어를 정확하게 표현하고 이해할 수 있어야 한다. 이러한 요건이 특별한 의미를 지니는 것은 일본이라는 공간 혹은 재일이라는 상황에 내재된 특수성 때문일 것이다. 민족 차별이 지속되고 있는 재일 사회에서 강한 신념과 의식을 가지고 체계적인 한국어 교육을 받지 않는 한, 연극 상연이나 관극이 불가능하며, 결과적으로 희곡이라는 장르 자체의 존속도 어려워질 수밖에 없다. 사실 조국의 언어에 대한 동포들의 의식은 일본 민족에 동화되지 않고, 고유한 민족적 정체성을 유지하고자 하는 의지와 다르지 않다. 일반적으로 '동일한 공동체에의 귀속, 역사적 공통 경험, 인종적·언어 문화적 동질성이 '민족'의 최소 구성단위'[9]라 할 때, 재일동포들이 '민족'이라는 추상적 개념을 가장 현실적으로 경험할 수 있는 방법은 '민족 언어 사용'이 될 수 있기 때문이다. 더구나 하나의 텍스트가 무대 위에 상연될 때, 그러한 의식은 다수의 동포 관객에게 집단적으로 환기되기 때문에 강한 실천적 의미를 띠게 된다. 요컨대 희곡 장르 자체에 이미 모국어를 실천적으로 사용하고, 민족에 관한 의식을 대중적으로 확산시킬 수 있는 힘이 내재되어 있다는

---

9) 김명인, 「민족문학과 민족문학사 인식의 전환을 위하여」, 『민족문학사연구』제19호, 민족문학사학회 편, 2001. 20쪽. 이 논문에서 김명인은 추상적이고도 전체적인 의미를 띠고 있는 '민족' 개념이 개인의 정체성에 선행될 수 없음을 지적하고, 구성원들의 다양한 삶의 활동들을 함유하는 '민족단위'라는 새로운 개념을 통해 현대 사회의 복잡한 문제를 해결할 수 있다고 한다.

것이다.

그러나 이러한 사실에도 불구하고, 극작가들이 모국어 교육과 민족의식의 관계10)를 인물의 대사를 통해 반복적으로 강조하는 경우가 많기 때문에 희곡의 연극성이 약화되고, 주제의 계몽성, 교훈성, 선동성이 전경화 되는 경우가 많다. 이것은 무엇보다도 재일동포 한국어 희곡이 북한의 문예이론을 주요한 창작방법론으로 수용11)하는 과정에서 작가 개인이 주제와 형식을 자유롭게 선택하지 않고, 이미 주어진 주제적·형식적의 범주에 따라 작품을 창작하는 것과 관계된다. 이 때문에 이들의 희곡은 대체로 극작가 고유의 미학적 특성을 드러내지 않을 뿐 아니라, 동일한 작가의 작품들 사이에서도 뚜렷한 변별점을 찾아내기 어려운 것이다. 재일동포 한국어 희곡의 한계로 여겨질 수도 있는 이러한 특징은 역설적이지만 그들 희곡이 지닌 보편적인 성격이기도 하다. 따라서 재일동포 희곡에 대한 올바른 지형도를 그려내기 위해서는 그것이 북한의 문예이론을 수용했다거나 계몽적이고도 교훈적인 성격을 노출하고 있다는 사실 자체보다는 북한의 문예이론 중에서, 비록 제한된 범주 안에서 선택한 것이라 할지라도, 구체적으로 어떠한 창작 방법을 텍스트에 선택적으로 수용하고 있는가 하는 점을 살펴볼 필요가 있다. 비록 전형적인 형식과 주제를 선택하고 있다고 하더라도, 그것이 일본의 동포 극작가들에 의해 창작되었기 때문에 북한이 지향하는 이데올로기적 지향성과 다른 지점을 드러낼 것이기 때문이다.

이러한 점을 고려하여, 본 연구는 재일동포 한국어 희곡 중에서도 가

---

10) 재일동포 한국어 희곡은 귀국, 고향방문, 국적, 조선학교 탄압, 모국어 교육, 총련의 애국사업에 대해 다룬 작품이 대부분이다. (백로라, 「재일동포 한국어 극문학 연구」, 앞의 논문집, 431쪽 참조.) 이 중에서 특히 모국어 교육에 대한 문제는 거의 모든 작품에 나타나고 있으며, 그것은 민족동화거부와 민족의식의 고취와 관계되는 경우가 많다.
11) 북한의 문예이론 수용에 대한 논의는 위의 논문, 421~424쪽을 참조할 것.

장 전형적인 극형식과 주제를 보여주고 있다고 판단되는 서상각의 희곡
을 연구 대상으로 삼아, 북한의 문예이론이 텍스트에 어떠한 방식으로
수용되고 있는지 살펴보고, 그 구체적인 수용과정에서 발견되는 이데올
로기와 지향성을 탐구하고자 한다. 재일동포 극작가들은 대략 1980년대
까지 왕성한 활동을 벌여왔는데,[12] 이 중에서 서상각은 발표한 작품 수
가 상대적으로 많을 뿐 아니라, 재일동포 연극계에서 비중 있는 역할을
담당해 왔다는 점에서 주목되는 극작가라 할 만하다.[13] 그는 1980년대
까지 소설, 수필, 희곡(설화극, 재담, 촌극 포함), 무용극, 영화문학 등
다양한 장르의 작품을 다수 창작하여 대략 15편 이상의 희곡 작품[14]을

---

12) 1980년대까지 재일동포 극작가들은 대부분 북한의 문예이론을 작품에 수용하였
   고, 1990년대에는 서상각이 일련의 민화극과 <재생> 한 편을 발표하였을 뿐 다
   른 극작가들은 뚜렷한 활동을 하지 않았던 것으로 보인다. 80년대 후반에 등장
   하여 현재까지 왕성한 활동을 전개하고 있는 김지석의 경우, 재일동포 극작가
   중에서 예외적이라 할 만한데, 북한의 문예이론을 전적으로 수용하지 않았다는
   점, 지면 발표를 거치지 않고 공연 활동을 하였다는 점에서 그러하다. 2000년에
   들어서면 기존의 작품과 달리 정치적 사상이나 집단적 이데올로기가 눈에 띠게
   약화된 작품들이 나타나게 된다. 박성덕의 <하늘과 바람과 별과 시>(2000),
   <사랑편지>(2001), <나의 그림>(2001)과 허영란의 <과거에서 온 편지>(2001,
   2002) 등이 그것이다.
13) 한국어 희곡 창작과 한국어 연극 상연은 조총련계 극작가와 연출가에 의해서만
   이루어져 왔다고 한다. 따라서 용어 '재일동포 연극계'는 조총련계 연극계를 의
   미한다. 1980년대까지 왕성한 작품 활동을 하면서 조총련계 문단에서 커다란 영
   향력을 발휘하였던 대표적인 극작가로는 허남기와 서상각이 있으며, 현재 재일
   동포 연극계에서 가장 활발한 활동을 전개하고 있는 극작가 겸 연출가는 김지
   석이라고 할 수 있다. 「김정호와의 인터뷰」, 동경, 조선대, 2005.1.21. 「김지석과
   의 인터뷰」, 서울, 2005.10.14.
14) 서상각이 발표한 작품 중에서 필자가 입수하여 확인한 자료는 다음과 같다.
   <일꾼들>, 『문학예술』제10집, 1964.9.20.
   <새출발>, 『조선청년』, 1965.5.22.
   <새옷>, 『군중문예』, 1966.1.
   <장한 사람들>, 『조선신보』, 1966.5.16.
   <재생>, 『문학예술』, 1990.겨울호.
   <어린 혁명가>, 『학생연극대본집』, 1964.9.
   <편지>, 『동트는 거리』, 1974.2.
   <응징>, _____, 1983.6.

발표하였는데, 이러한 작품들은 집체작과는 달리 북한의 정치적 이데올로기를 노골적으로 표면화 하지 않으며, 더 나아가 각각의 작품이 어느 정도의 극적 완성도를 갖추고 있다. 이러한 작품에서 발견되는 주제와 형식의 전형성은 그가 다른 작가와 마찬가지로 주체문예의 사회주의적 사실주의 창작방법론을 수용한 데서 연유하는 듯하다. 따라서 본 연구는 대표적인 재일동포 극작가, 서상각의 희곡을 대상으로 북한 문예이론의 구체적인 수용 양상을 살펴보고, 이를 통해 작가를 포함한 재일동포들이 집단적으로 공유하고 있는 민족과 조국이라는 개념 속에 어떠한 이데올로기적 의미와 현실적 의미가 침투되어 있는지 밝혀보고자 한다.

2. 주체문예의 사회주의적 사실주의 창작 방법론

북한의 문예이론은 각각 천리마 시대(1961~1966)와 주체의 시대(1967~현재)에 따라 다소 다른 창작 방향을 제시하는데, 북한 희곡의 극양식에 관해 논의한 이상우는 그것을 각각 '사회주의적 사실주의에 기초한 정극의 시대'와 '유일사상 체계와 혁명적 극양식 확립의 시기'로 설명하고 있다.[15] 재일동포 한국어 희곡의 경우, 극작가의 활동이 1960년대에 본격적으로 시작되었다는 점에서 주체시대의 문예이론과 긴밀한

<헛꿈>, ______ , 1966.2.
<아버지>,『문학예술』제13호, 1965.5.
<새봄>,『문학예술』제25호, 1968.
<원보>,『학생연극대본집』, 1964.9.
<뜨거운 심정>(서묵·서상각),『문학예술』제69호. 1977.2. (1969년<재일조선연극단> 상연)
<벙어리가 노래하는 세상>(재담),『조선신보』, 1963.5.
<계속 전진 계속 혁신>,『조선청년』1965.12.4.
15) 이상우, 앞의 논문, 382~420쪽 참조.

상관관계를 맺게 된다. 이상우에 따르면, 북한은 유일사상 체계를 확립하고 그것을 당의 유일한 지도 이념으로 결정한 1967년부터 주체의 시대로 접어들게 되는데, 이로 인해 문예부분에서 '주체문예의 시대'가 열리게 된다고 지적한다. 이때 주체문예는 '주체사상에 기초한 문학예술을 지칭'하는 것인데, 이러한 주체문예에서의 사회주의적 사실주의는 '민족적 형식'에 '사회주의적 내용'을 담은 것으로 요약될 수 있다. 기존의 "당성, 계급성, 인민성의 원칙들을 고수하면서도 민족적 형식과 종자론, 속도전 이론, 통속예술론 등 주체사상에 근거한 문예 원칙들을 보완"한 새로운 사회주의적 사실주의가 또 하나의 창작방법으로서 제시되었던 것이다.[16)

이러한 주체문예이론은 1960년대로부터 현재에 이르기까지 재일동포 한국어 문학에서 가장 기본적인 창작 방법론으로 자리 잡아 왔다. 조총련 집단과 북한이 맺어왔던 관계를 고려하면, 사실상 동포 극작가들에게 북한 문예이론의 수용은 자유로운 '선택'의 문제가 아닌 일종의 '당위'의 문제로 인식되었을 가능성이 크다. 이것은 조총련 기관지에 "민족적 형식에 애국애족의 내용을 담아야 한다"[17)라는 주장이 반복적으로 제시되고 있는 것으로 미루어 짐작할 수 있다. 여기서 '민족적 형식'은 민족의 고유한 심리, 정서, 관습, 취미 등과 같은 민족적 특성에 부합하면서도 대중들에게 강한 미학적·정서적 영향을 발휘할 수 있는 형식과 표현수단을 의미하며,[18) '사회적 내용'은 계급의식과 혁명정신을 고취시키는 주제와 사상을 의미하게 된다. 김일성을 찬양하거나 혁명의식을 구호처럼 표현하고 있는 혁명가극, 시극, 음악무용 서사시 및 음악무

---

16) 이상우 위의 논문, 399쪽.
17) 「창작에서 주체를 세우고 생활을 진실하게 그리자」, 『문학예술』제84호, 1986.7. 3쪽.
18) 서연호·이강렬, 『북한의 공연예술 Ⅰ』, 고려원, 1989. 270~277쪽 참조.

용서사시극, 집체극, 촌극 및 재담 등은 북한의 문예이론을 충실하게 수용하고 실천한 결과물이라 할 수 있다.

남한(한국)의 희곡과 비교해 볼 때, 재일동포 한국어 희곡의 극형식과 주제가 상대적으로 단조로워 보이는 것도 이들의 희곡이 외부 세계로부터 새로운 극양식을 수용하거나 독자적인 주제를 탐구하는 대신, 긴 세월 동안 '민족적 형식'과 '사회주의적 내용'이라는 동일한 창작의 틀을 견지해 왔기 때문일 것이다. 그러나 남한의 비평적 잣대로 평가하는 것을 잠시 보류한다면, 재일동포 희곡이 남한 희곡뿐 아니라 표면적으로 유사한 특징을 드러내는 북한 희곡과도 구별되는, 그들 나름의 극형식과 주제를 확립시켜 왔다고 추정할 수 있다. 재일 사회에서 동포 극작가들에게 북한의 '민족적 형식'과 '사회주의적 내용'이 다르게 이해되었을 가능성이 크기 때문이다. 즉 북한의 정치 집단과 피식민지 경험을 하고 있는 동포 극작가들이 이해하는 '민족'이 다를 수밖에 없으며, 북한의 정치적 이데올로기라고 할 수 있는 '사회주의'가 재일 사회에서 이데올로기로서의 힘을 발휘하기 어려웠을 것이라는 점을 환기할 필요가 있다.

3. '민족적 형식'의 구현 양상

북한의 문예이론에서 요구하는 민족적 형식이란 결과적으로 민족적 특성과 대중성을 반영하는 형식과 표현을 의미하는데, 북한의 연극에서 이러한 창작 방법을 전형적으로 구현한 대표적인 작품이 바로 <성황당>19)이다. 그리고 이 연극에서 시도된, 다장면 구성 형식, 흐름식 입

---

19) <성황당>은 "1978년 국립연극단에 의해 공연된 혁명연극"으로서 현재까지도 북

체무대 미술, 보조형상 수단의 도입 (방창과 설화) 등은 성황당식 연극을 특징짓는 대표적인 표현 형식이 되고 있다.[20] 그것이 관객으로 하여금 쉽고도 재미있게 작품을 감상할 수 있도록 하는 형식적 장치라는 점에서, 북한에서 요구하는 '민족적 형식'이 대다수의 인민 대중들에게 정치적 이념과 사상을 효과적으로 전달하기 위해 고안된 극형식임을 알 수 있다. 민족 개념보다는 대중(인민) 개념이 강조된 경우라 할 만하다.

재일동포 희곡에서 일반적으로 발견되는 '민족적 형식'은 한국어의 사용과 대화극 형식이며, 특히 서상각의 경우는 두 가지 요소 외에도 설화극의 형식을 통해 민족적 형식을 구현하고자 한다. 여기서 주목해야 할 사실은 동포 극작가들이 북한에서 '민족적 형식'이라는 이론적 틀을 제시하기 전부터 한국어를 사용하고 대화극 형식을 선택했다는 사실이다. 그래서 두 요소를 민족적 형식과 무관한 것으로 여길 수도 있다. 그러나 북한의 경우와 달리 제한된 수용계층을 대상으로 작품을 창작해 온 재일동포 작가들은 무엇보다 '민족성'과 '대중성'에 대해 이전부터 심각하게 고민하여 왔을 가능성이 크기 때문에, 기존의 창작방법과 새로운 창작방법을 그들의 창작환경에 맞게 절충시켰을 것이라 짐작된다. 이것은 민족적 형식이 주요한 창작 원리로 대두된 이후, 창작방법론을 논하는 글에서 지속적으로 '언어'와 '민족'에 집착하는 태도를 보여주는 데에서도 알 수 있다.

언어는 민족을 특징짓는 공통성 가운데서 가장 중요한 징표의 하

한연극을 대표하고 있다. "이 작품의 상연을 계기로 김정일 주도의 북한 연극혁명이 이루어졌을 뿐 아니라, 이후 새롭게 창조되는 북한 연극은 모두 <성황당>의 성과를 이어받아 만들어지고 있기 때문이다."
박영정, 「북한연극의 공연방식과 미학」, 『한국극예술연구』제13집, 한국극예술학회 편, 2001.4, 224쪽.
20) 위의 논문, 216~224쪽 참조.

나입니다. 일본에 있는 동포들이 조선말을 모르면 조선 민족이라고
말하기 어려우며 일본 사람이 되여버릴 수 있습니다. 재일조선청년들
은 민족동화정책으로 일본에 있는 조선사람들을 하나하나 없애버리려
는 일본 반동들의 음흉한 책동에 빠져서는 절대로 안됩니다.[21]

언어에 내재된 민족성을 지적하는 김일성의 글을 인용하면서 재일동
포 박종상은 그것을 당대의 주체이론으로 발전시키는 모습을 보여준다.
그는 "환경의 변화와 세대교체가 문학창작 사업에 심각한 문제를 제기
한다"라고 지적하고, 그 해결 방안으로서 "우리의 현실이 엄혹할수록
주체를 더욱 튼튼히 세워야" 한다고 주장하고 있는 것이다. 북한의 문
예이론이 어떠한 방향으로 변화하고 발전하든 간에, 언어와 민족의 문
제는 재일동포 작가들에게 언제나 하나의 끈으로 연결된 것으로서, 동
포들의 '주체'를 확고하게 수립할 수 있는 뿌리로 인식되고 있음을 알
수 있다. 따라서 그들에게 한국어 창작은 다수의 동포들에게 민족의 정
신과 얼을 강하게 환기시키는 가장 적극적 행위인 동시에 그 자체로 민
족적 형식의 실천이 될 수 있는 것이다. 동포 극작가에게 민족적 형식
은 민족의 정서와 감정에 '부합'하는 표현 형식이라기보다는 민족적 정
서와 감정을 '환기'시키는 표현 수단이었던 것이다.
다음으로 희곡의 형식에 구현된 구체적인 민족적 형식은 무엇보다도
대화를 중심으로 전개되는 극형식에서 발견되는데, 이때의 민족적 형식
은 대중성과 긴밀하게 연계되어 있다.

말은 사상의 표현이며 수단이다. 그러니 구연부문예술은 말의 예술
이라고 할수 있을 것이다. 말을 통한 예술은 보다 직선적이며 보다

---

21) 『김일성저작집』29권, 495쪽. 박종상, 「일본에서의 조선문학에 대하여」, 『문학예술』
제90호, 1988.가을호, 30쪽 재인용.

구체적인 것이다. 다시 말하면 교양의 강·유력한 수단으로 될수 있
다는 것이다. (중략) 만담, 재담, 시랑송, 촌극, 대화극, 옛이야기 등등
많은 형식이 있다. 이 많은 형식의 어느 하나를 두고 보더라도 동포
들을 사회주의적애국주의사상으로 교양하는 수단으로서의 역할을 놀
지 않는것이 없다. (중략) 작가가 쓴 작품을 지면을 통해서가 아니라
무대에서 써클원들의 입을 통하여 대중에게 전달하는만큼 대중들의
소박한 반응을 직접 감촉할 수 있다. (하략)[22]

재담, 촌극, 대화극 창작을 장려하는 서상각의 글이다. 여기서 서상각
은 '말'이 직접적이고도 구체적으로 사상을 전달할 수 있다는 점에서
대중 교양의 효과적인 수단이 될 수 있으며, 특히 그것이 무대 위에서
대중과 직접 소통하는 '말'일 경우 더욱 강력한 대중흡인력을 발휘할
수 있다고 지적한다. 이 글에서 주목할 것은 재담과 촌극의 형식에 내
재되어 있는 계몽성과 대중성에 대한 인식이다. 이것은 왜 대부분의 작
품이 '집' 공간을 극적 공간으로 설정하여, 인물들의 대사 중심으로 극
을 전개[23]시키고 있는지에 대한 이유를 설명해 준다. 재일동포 희곡에
는 총련애국사업에 열성적인 인물과 개인적이고도 허무주의적 태도를
지닌 인물이 대립하고, 전자가 후자를 끊임없이 '설득'하여 결국 그를
감화시키는 극적 구조가 지배적이다. 이때 무엇보다 중요한 기능을 하
는 것은 극행동이 아니라 대사이며, 그것이 상호 소통적 '대화'의 성격
을 띠기보다는 한 인물이 다른 인물(혹은 관객)에게 특정한 메시지를 전
달하는 '설교'의 형식을 보여주게 된다. 서상각의 <일꾼들>은 이러한
특징을 극명하게 보여주는 예가 될 수 있다.

김정순 분회장 말이 옳습니다. 우리가 글을 배우는 것이 무슨 체면이

---

22) 서상각, 「재담, 촌극, 대화극들의 작품을 더많이 쓰자」, 『조선신보』, 1966.9.6.
23) 백로라, 「재일동포 한국어 극문학 연구」, 앞의 논문, 434~435쪽 참조.

나 차리고 멋을 부릴려고 그러는가요.
분회장 우리가 옛날에는 일제놈들에게 나라를 빼앗기고, 나서 자란
　　　　제나라 조상의 땅에서 살지 못하고 일본에 끌려와 천대와 멸
　　　　시 속에서 제 뜻대로 배우지도 못했지. 그러던 우리가 오늘은
　　　　일본에 있으면서도 천리마 조선, 전 세계 사람들이 부러워하
　　　　는 조선 민주주의 인민 공화국의 해외 공민으로서 떳떳하게
　　　　살게 되지 않았습니까. 그 옛날엔 센진(鮮人)하면서 멸시 받던
　　　　우리가 지금은 자이니찌 죠센 고민(재일 조선 공민)이라고 존
　　　　경을 받게 되였다는 것입니다. (하략)
권삼룡 내가 그 말입니다. 내가 저걸 공부시킨다고 얼마나 애를 썼는
　　　　지. 그게 모두 헛 고생이 됐습니다.
리동수 헛 고생은 뭐가 헛 고생이라구. 대학을 나왔으니 일본 회사에
　　　　도 취직되지 않았소.
권삼룡 일본 회사? 그만 두게, 남의 속두 모르고. 난 일본 회사 종노
　　　　룻을 시킬려구 학교에 보내진 않았네.
김정순 아버지 말이 옳다. 내사 아는 것이 뭣이 있겠니만 글을 배우
　　　　고 나니 세상 일에 조곰식 눈이 뜨이는 것같구나.
　　　　　　　　　　　　　　　　　　－ 서상각, 〈일꾼들〉[24] 중에서 －

　여기서 눈여겨보아야 할 부분은 대화가 진행되는 방식이다. 여기서
인물들의 대사는 일종의 '맞장구'의 형태를 띠면서 동일한 주제를 반복
적으로 제시하도록 배열되어 있다. 이 때문에 각 인물의 대사가 치열한
갈등을 유발하지 못하고, 결과적으로 극적 서사를 앞으로 진행시키는
대신 지체시키는 것이다. 갈등을 조성할 것으로 예상되는 부정적 인물
(리동수)의 대사마저도 또 다른 설득의 대사를 불러오는 데 머물고 있
다. 이처럼 뚜렷한 극행동 없이 전적으로 대사에 의존하여 극을 이끌어
가는 형식은 촌극이나 재담에서 자주 발견되는 대화의 형식이기도 하
다. 일반적으로 대사와 극행동을 통해 긴장과 갈등을 유발하는 것이 희

---

24) 서상각, <일꾼들>, 『문학예술』제10호, 1964.9.20. 59~60쪽.

곡의 본질적인 장르적 특성이라고 할 때, 재일동포 한국어 작품들은 희곡보다는 촌극이나 재담과 같은 대화극에 보다 근접해 있다고 할 수 있다. 이것은 관객의 정서적 '감동'보다는 실천적 '감화'에 창작의 주된 목적을 두고 있는 데서 연유한다. 요컨대 대화극적 형식이 비록 희곡의 미학적 특성을 경험시켜주지는 못한다고 하더라도, 쉽고 명료하게 주제를 전달하면서 대중들에게 공통의 지향점을 마련해준다는 점에서, 그것은 주체이론의 사회주의적 사실주의가 요구하는 '민족적 형식'에 부합하게 된다.

마지막으로 설화자가 등장하는 서상각의 <응징>은 북한이 요구하는 민족적 형식을 상당 부분 수용한 흔적이 보이는 작품이다. 부산 미문화원 방화사건을 다룬 이 작품의 형식적 측면을 살펴보면, 그것이 브레히트의 서사극과 표면적으로 유사한 특징을 드러내고 있음을 알 수 있다. 일반적으로 브레히트 희곡에 나타나는 서사적 기법은 설화자의 등장, 노래 삽입, 프롤로그와 에필로그 도입, 관객을 향한 대사, 극중의 극과 재판 장면, 장면 제목과 내용 설명 등으로 요약될 수 있는데,[25] 이 중에서 설화자 등장, 독립적인 장면 구성, 노래와 시의 삽입 이라는 대표적인 서사극적 형식이 <응징>에도 나타나고 있기 때문이다. 서사극에서 이러한 요소들은 연극의 허구성을 전경화 함으로써 관객들이 극적 세계에 정서적으로 동화되는 것을 방해하는 기능을 한다. 관객들이 극적 세계와 비판적 거리를 유지하여 궁극적으로는 현실개혁을 위한 실천적 행동을 모색하도록 하기 위함이다. 그러나 사회주의자인 브레히트가 다분히 계몽적이며 교육적인 의도에서 창조해낸 극형식이 서사극이라고 할 때, 그 표면적 형식과 목적의 유사성에도 불구하고, 서상각의 <응징>은 몇 가지 점에서 브레히트의 서사극과 변별된다.

---

25) 이원양, 『브레히트 연구』, 두레, 1984. 156~193쪽 참조.

설화 4 광주인민봉기는 남조선인민들의 투쟁에서 새로운 국면을 열어
　　　　놓았다. (중략) 이 나라의 절대다수 민중의 빈곤은 민중이 게
　　　　으르다던가 무능하기 때문이 아니라 파쑈독재자의 억압과 수
　　　　탈 때문이라는 것을 옳게 깨닫자는 것이다.(하략)
설화 8 지금까지 남녘땅은 세계에서 반미시위가 일어나지 않는 유일
　　　　한 지대라고 말해왔다. 그러나 이제는 다르다. 남조선인민들
　　　　의 투쟁은 계속 급속하게 확대되고 있다. (하략)
　　　　　　　　　　－ 서상각, 〈응징〉[26] 중에서 －

　위에 인용된 부분에서 확인되듯이, 이 작품은 첫째 설화자의 대사가
대화체가 아닌 서술체로 표현되어 있다. 둘째 설화자가 극적 상황을 객
관적으로 설명하는 것이 아니라, 장면과 장면 사이에 생략된 부분을 압
축적으로 설명하거나 주제를 직접 전달하는 중추적 역할을 담당한다.
셋째 극 속에 삽입된 <우리의 소원>, <그날이 오면>, <정의파>와
같은 노래 등은 그것이 시위 노래라는 점에서 연극의 허구성을 노출시
키기는커녕 생생하게 시위 현장을 연상시킨다. 또한 <내마음의 눈물>,
<사노라면>과 같은 노래는 비극적 정조를 고조시키면서 관객을 극적
상황에 동화시킨다. 넷째 극적 인물들이 하나의 시를 나누어 낭송함으
로써 관객의 감정을 고조시킨다.
　이것은 <응징>이 브레히트의 서사극과 결정적으로 구별되는 극형식
임을 드러내는 특징으로서 이 작품이 북한의 혁명가극, 시극, 음악무용
서사시극과 유사하게 성황당식 연극 형식을 수용하고 있음을 보여준다.
이러한 연극에서는 설화가 비약된 줄거리를 보완하는 기능을 하고, 시
낭송과 방창은 '강한 선동성과 호소성, 서정성이 결합된 시와 노래를 통
해 인물의 격동적인 사상과 감정을 직접적으로 표현'[27]해 주는 기능을

---

26) 서상각, <응징>, 『동트는 거리』, 문학예술종합출판사, 1994. 40쪽, 54쪽. 『문학예
　　술』제76호, 1983.6.

　재일동포 한국어 희곡에 나타난 주체문예이론의 수용양상과 '민족' 이데올로기　373

하기 때문이다. 이러한 극 형식은 대중적 정서에 부합하면서도 효과적으로 대중을 선동할 수 있다는 점에서, 북한연극에서 가장 장려되는 '민족적 형식'에 해당한다.

그러나 이러한 북한의 민족적 형식, 즉 성황당식 연극 형식은 재일동포 연극계 속에 수용되기 어려운 한계를 지닌다. 거대한 공연 규모와 다수의 배우를 요구하는 성황당식 연극은 일본이라는 열악한 공연환경 속에서 상연 자체가 현실적으로 불가능하기 때문이다.[28] 실제로 서상각의 <응징> 이후로 음악극이나 무용극이 아닌 순수 희곡에서 성황당식 연극 형식은 나타나지 않는다.

결과적으로 재일동포 한국어 희곡의 극형식은 북한의 주체이론에서 제시된 '민족적 형식'을 작가 나름으로 해석하고 그에 대한 구체적 방법을 모색한 결과물이라고 할 수 있다. 텍스트에 수용된 형식적 요소를 고려할 때, 북한의 작가들과 달리 동포 작가들은 창작방법으로서 요구된 '민족적 형식'에서 특히 '민족'이라는 개념과 '대중적 전달 방법'에 주목하고, 이를 재일 현실에서 절실하게 요구되는 방식으로 수용하였던 것으로 보인다. 북한 연극과 달리 한국어 공연 자체에 민족적인 의미를 부여한다거나, 혹은 북한의 민족적 형식을 적용한 성황당식 연극을 포기하고, 다소 낡은 형식으로 간주되는 기존의 대화극 중심의 사실주의 극형식을 고수하고 있는 것은 대표적인 예가 될 수 있다. 그 어떤 특별한 표현 형식을 시도한 텍스트가 아니라 하더라도 작가(배우)와 관객(독자)이 한국어로 소통할 수 있는 텍스트라면 동포들에게 민족의식을 경

---

27) 이상우, 앞의 논문, 412~416쪽 참조.
28) 김지석의 진술에 따르면, 조선대학 재학 시절에 항상 성황당식 희곡을 창작하도록 배웠지만, 그것을 무대에서 상연하는 것은 거의 불가능했다고 한다. 수많은 배우 캐스팅, 대극장 대관, 거대한 무대 제작 비용을 요구하는 성황당식 연극 제작은 북한에서는 가능했을지 모르지만 열악한 일본의 공연 환경에서는 실현 불가능한 것이었던 것이다. '김지석 인터뷰', 서울, 2005.10.14.

험시켜 줄 수 있기 때문이다. 이는 대화극 형식도 민족적 표현 형식이 될 수 있음을 의미한다. 대사를 중심으로 극이 진행되기 때문에 창작주체와 수용주체가 주로 언어를 매개로 소통하게 될 뿐 아니라, 거대한 제작비를 소모하지 않고도 동포들에게 요구되는 의식을 효과적으로 전달할 수 있다는 점에서 그러하다. 즉 대화극의 형식은 현실적으로 거의 공연되기 어려운 성황당식 연극보다 대중적이라는 점에서 민족적 형식에 가까운 것이 될 수 있다. 창작과 수용의 과정이 편리하고 쉬운 작품이 보다 큰 대중성을 확보할 수 있기 때문이다.

4. '사회주의적 내용'으로서의 교양개조와 혁명의식

주체이론의 사회주의적 사실주의 창작방법론에 따르면, 다음과 같은 주제를 작품 속에서 다룰 때, 동포들에게 조국통일의 위업을 달성하기 위한 주체사상을 내면화시킬 수 있다고 한다. 첫째 공화국의 참다운 해외 공민의 고상한 정신세계를 그릴 것, 둘째 혁명전통 주제의 작품을 창작할 것, 셋째 동포들에게 지난날의 쓰라린 과거를 환기시키고 사회주의 조국을 사랑하도록 교양하는 작품을 창작할 것, 넷째 사회주의 제도의 우월성을 담을 것,[29] 다섯째 남조선 인민들의 불굴의 투쟁을 형상화할 것[30] 등이 그것이다. 이것은 결국 '민족적 형식'을 통해 담아내고자 하는 '사회주의적 내용', 즉 동포 작가들이 집단적으로 추구해야 할 공통의 주제에 해당한다.

---

29) 진길언, 「총련을 주체사상으로 일색화하는데 적극 이바지하는 문예작품을 많이 창작하자」, 『문학예술』제55호, 1975.5.10. 83~84쪽.
30) 「문예동 제9차대회에서 한 중앙위원회 사업총화 보고」, 『문학예술』77호, 1983.7. 27쪽.

서상각 희곡에서 이러한 '사회주의적 내용'은 각각 ①총련애국사업을 통한 주체사상 심화(<일꾼들>, <아버지>, <새옷>, <새출발>, <장한 사람들>, <념원>, <헛꿈>), ②남한 혁명세력의 투쟁활동을 통한 혁명 의식 고취(<응징>, <뜨거운 심정>), ③동포들의 일상과 정체성의 문제(<재생>) 등으로 나타난다. 재일동포 극작가들의 희곡 작품이 유사한 주제를 담고 있는 것은 북한의 문예이론을 바탕으로 창작의 방향을 논의하고, 이를 통해 합의된 일련의 주제를 대부분의 작가들이 이의 없이 텍스트에 수용했기 때문이다. 그러나 하나의 문학 작품이 창작되는 과정에는 작가와 독자(관객)가 직면하는 현실적 문제라든가 작가 개인의 의식이 투영될 수밖에 없는데, 이것은 동포 희곡의 전형적인 특징을 드러내는 서상각의 희곡에서도 발견된다.

모국어를 바탕으로 한 민족교육 문제, 한일회담의 문제점 비판, 국적 문제가 주로 60~70년대 작품에 집중적으로 다루어진 반면, 1980년대에는 광주민중을 학살한 전두환 정권과 미국을 비판하거나 주한미국대사관 방화사건을 감행한 남한의 혁명세력이 관심의 대상이 된다. 1990년대에 이르면 북한의 정치적 이데올로기에 사상적으로 경도된 초기의 입장에서 벗어나, 동포들의 일상 속에서 흔하게 발견되는 문제들에 시선을 돌린다.[31] 이 시기에 발표된 <재생>(1990)에는 일본 회사에 취직하기 위해 민족교육을 외면했던 동포들이 조선인 배우자를 원하는 상황과, 자신의 민족적 정체성을 숨기고 살아가야 하는 동포들의 애환이 그려져 있다. 이러한 변화는 재일동포 사회의 변화와 관련하여 작가의 관심이 정치적 문제로부터 점차 현실적이고도 일상적인 문제로 옮겨졌던 것을 의미한다.

---

31) 1990년대에 서상각은 희곡으로 <재생>(1990) 한 편만을 발표하고, 이후로는 설화를 각색한 민화극을 다수 발표한다.

서상각 희곡에서 발견되는 또 하나의 특징은 다섯 가지로 범주화된 사회주의 내용을 텍스트에 적용할 때, 그 중에서 어느 하나의 주제를 작품 속에 구현하기보다는 여러 개의 주제를 주동인물의 대사를 통해 한꺼번에 제시하고 있다는 점이다.

> 권또암 남조선은 지금 공동성명을 지지한다고 도장을 찍어 놓고는 되돌아서서 <비상사태>, <비상계엄령>이요, 뭐 <10월 유신>이요, <군법회의>요 어마어마한 속에서 정당, 학교, 신문까지 모조리 폐쇄하고 걸핏하면 유언비어, 사회질서 위반이요, 무슨법 무슨법 위반요 하면서 하루밤에도 수천명을 잡아가지 않소 했지. (p.98)
> 권또암 (전략) 그래 내가 꿈이나 천당같은 세상이 아니라 공화국에서는 이미 벌써부터 이렇게 되어 왔는데, 이번에 헌법으로 고정해 놓은 것이고 앞으로 더욱 행복한 생활이 약속된 찬란한 나라라고 설명했지. (p.98.)
>
> (중략)
>
> 권또암 (전략) 조선사람이라면 무엇보다도 우선 우리말을 똑똑히 알아야지,(p.108.)
> 권또암 (전략) 우리 모두들 이렇게 민족적 대단합을 해서 한데 힘을 합치면 일본에서 살아가기도 힘이 나고, 조국통일에도 큰 힘이 될게 아니야. (p.110.)
>
> ― 서상각, 〈념원〉[32] 중에서 ―

이 작품은 조총련 분회위원 권또함이 상공인 박치도를 <한일협정반대> 궐기대회에 참여시키고 민족교육을 받도록 설득하는 내용을 통해, 조총련의 애국사업에 참여하여 민족적 자립과 자존을 수립해야 한다는 입장을 드러내고 있다. 그럼에도 불구하고 위에서 인용되었듯이, 남한과 북한의 정치 체제를 대조함으로써 김일성이 이끌어가는 사회주의의 체

---

32) 서상각, <념원>, 『문학예술』제46호, 1973.4.

제를 옹호하며, 우리말과 글을 통해 민족의 얼을 찾아야 한다고 주장하고, 민족적 대단합을 통해 통일의 위업을 달성해야 한다고 말하고 있다. 남북한의 정치체제와 관련된 정치적 담론과 모국어 교육과 민족정체성 확인과 관련된 민족담론이 뒤엉켜진 형국이 아닐 수 없다. 이외에도 그의 작품에서는 식민지 경험, 애국심, 민족동화문제 등과 같은 다양한 문제들이 하나의 주제를 향해 집약되지 않고, 인물의 대사를 통해 여기저기서 쏟아지고 있다.

이것은 극을 형상화하는 작가적 역량이 미숙하기 때문이라기보다는 동포 작가 집단이 마땅히 추구해야 할 창작의 방향과 재일 사회에서 그들이 절실하게 느끼고 있는 문제인식이 정확하게 합치되지 못한 데에서 비롯된 결과로 여겨진다. 북한의 문예이론에 따르면 주체의식과 혁명의식을 고취하는 내용을 다루어야 하는데, 재일동포 사회에서 가장 절실하게 느끼는 현실적 문제는 국적문제, 세금문제, 모국어 교육의 문제 등이 될 수 있기 때문이다. 서상각의 대부분의 희곡이 공산주의적 혁명의식을 다루고자 하면서도 민족교육과 민족정신과 같은 문제들을 결코 놓치지 않고 있는 것도 동포들에게 그것이 관념적인 정치 이데올로기보다 훨씬 더 절실하게 요구되는 현실적 문제로 인식되었기 때문일 것이다.

북한의 희곡(연극)이 60년대 후반까지 당성, 계급성, 인민성 확보의 원칙 아래 인민들을 공산주의적으로 개조시키는 문제와 관련된 주제를 다루고, 김일성 유일사상체제 확립 이후로 항일혁명전통의 문제를 주제로 다루었던 것[33]과는 달리, 재일동포 희곡(연극)은 60년대로부터 90년대 초까지 재일사회에서 직면하게 되는 국적문제, 민족차별, 민족정체성, 모국어 교육(총련애국사업), 남한의 체제 비판 등과 같은 주제를 다루고 있다. 북한과 재일동포 문단 및 연극계가 동일한 창작방법론을 공

---

33) 이상우, 앞의 논문, 421~422쪽 참조.

유하였다 하더라도, 극적 서사가 지향하는 주제의식까지 동일하지는 않
았던 것이다. 즉 동포 작가들은 북한이 요구하는 '사회주의적 내용'을
강하에 의식했음에도 불구하고, 북한의 경우처럼 '공산주의적 혁명의식'
을 고취시키는 데 궁극적인 목적을 두고 있지 않았다는 것이다.

5. 민족과 민족의식

"근대가 민족 및 민족국가의 탄생과 더불어 온전히 작동한다"라고 할
때, 식민지 경험 이후 남·북한이 각기 다른 국가를 수립한 우리의 경
우, 각각의 국민국가가 통일된 민족국가를 의미하지 않기 때문에, '국민
=민족'의 등식관계가 수립하지 않는다고 할 수 있다.[34] 그래서 정치적
이념과 무관하게 남·북한 모두에게 '민족' 개념은 필연적으로 분단극
복 혹은 통일의 문제와 연결되는 중요한 화두였다고 할 수 있다. 그러
나 90년대 이후로 기존의 민족담론과 다른 입장이 등장하기 시작하면
서, 이제 "민족은 더 이상 민족국가 형성의 이데올로기로 동원되는 단
일민족과 같은 신화적·초현실적 실체도 아니고, 반제국주의 투쟁과정
에서 대타적·반사적으로 형성되었던 상상의 투쟁주체도 아니다"[35]라
는 의견이 강한 설득력을 얻고 있는 실정이다.

그러나 재일동포 희곡문학과 관련하여 '민족'의 개념에 대해 접근할
때에는, 이러한 민족담론을 적용하기 어려운 문제들과 직면하게 된다.
이것은 ①과거의 식민국가에서 피식민 민족의 후예로서 살아가야 하는

---

34) 김명인, 앞의 글, 16쪽.
35) 김명인, 위의 글, 17쪽. 이 글에서 김명인은 "심리적 민족 인식이 낡았을 뿐 아
　　니라 건전한 세계 시민정신의 형성에 곧잘 장애가 되기 때문"에 기존의 민족
　　담론이 한계를 갖는다고 지적한다.

현실, ②비록 조총련계 작가들의 경우에 한정되는 것이지만, 무국적자
로서 일본에 거주해야 하는 상황36), ③세대교체로 인한 조국과 고향에
대한 동포들의 인식의 변화, ④북한과의 정치적 친연성 등과 같은 다양
한 사항과 관계된다. 이러한 요인 때문에 동포들의 희곡에서 '민족'은
일본 민족과 대응하기 위한 주체적·저항적·배타적 공동체(①, ②의
요인), 분화 혹은 분열된 동포집단을 하나로 결집시키는 정신적 구심점
(③), 통일국가 수립을 위해 혁명적 투쟁을 지속하는 북한의 해외공민
(④) 등으로 각각 다르게 의미화되면서 그것의 뚜렷한 실체를 파악하기
어렵게 만든다.

그러나 무엇보다 중요한 것은 재일동포 희곡문학에 '민족'에 대한 의
식이 지속적으로 투영되어 왔으며, 수용주체에게 그것이 여전히 유효한
의식이나 개념으로서 받아들여지고 있다는 점이다.

> 그동안 재일 한인 사회 내부에서는 일본에 영구 거주하는 것과 한
> 민족에 대한 충성은 서로 모순되는 것으로 간주되어 왔다. 즉 민족
> 아니면 일본 중 양자 택일을 하는 것이지 다른 선택은 가능하지 않았
> 던 것이다. (중략) 소수민족이 그 종족적 정체성을 간직한 채 일본 국
> 민으로 살아갈 자리를 허용하지 못하는 일본의 단일민족 이데올로기
> 가 큰 기여를 했다. 아울러 한반도의 민족분단과 정치적 억압이란 현
> 실이 일본에서 살아가는 재일한인들에게 민족과 조국을 더욱 절실한
> 문제로 여겨지게 만들기도 하였다.37)

---

36) 민단계 동포들이 대체로 '한국(남한)' 국적을 가지고 있는 반면, 조총련계 극작가
들은 대부분 식민지 이전의 국가인 '조선'의 국적을 유지하고 있다. 그러나 이것
이 일본에서 인정되지 않고 있기 때문에 그들은 결과적으로 '무국적자'로 살아
가고 있다.

37) 권숙인, 「월경(越境)하는 정체성: 재일 한인, 민족, 그리고 '우리'」, 『OK Times』
통권 제103호, 해외교포연구소, 2002.6. 22~23쪽.

이것은 재일사회에서 동포들이 민족감정과 민족의식을 가지지 않을 수 없는 현실적인 이유에 대해 설명해 주는 글이다. 일본으로 귀화하지 않는 한, 민족차별을 경험하면서 민족적 타자로서 살아갈 수밖에 없기 때문에, 작가와 독자(관객)를 포함한 동포집단 전체는 피억압의 경험이나 혹은 그에 대한 기억을 공유하게 된다. 그래서 사회주의적 이념과 사상이 표면화된 텍스트일지라도 그 텍스트의 행간과 틈새에 동포들이 공유하는 경험, 요구, 지향점 등이 반영되었을 것이라 생각된다. 독자(관객)의 입장에서 보면, 관념적이며 추상적인 정치적 이데올로기가 아닌 자신이 일상적 현실 속에서 경험하여 공감할 수 있는 부분만을 선택적으로 수용했을 가능성이 있다.

> 분회장 우선 우리 말과 글, 력사를 배워줍시다. 그래서 자기가 조선사
> 람이라는 걸 똑똑히 알게 합시다.
> 리룡삼 네? 말과 글을요?
> 분회장 (중략) 그 좋은 기술을 가지고 왜놈의 종노릇을 하느니보다 조
> 국에 가서 살리면 오죽 좋겠느냐고 말입니다. (p.109)
> (중략)
> 리룡삼 물이 오늘도 안나와? 참! 이래서야 사람이 견딜수가 있나. 밤
> 낮 무슨 수리요, 무슨 공사요 하면서 길바닥을 파헤치구…이
> 래 놓고도 세금이다, 수도료다, 뭐다 하는것은 곧잘 받아가
> 니… (중략)(p.110.)
> ― 서상각, 〈편지〉 중에서 ―
> 리기수 그래 맞았어! 업계에선 모두가 우리를 일본사람인줄로 알고
> 있는데 만일 조선사람이라는게 발로되면 장사도 망치고말거
> 야. (중략)(p.58)
> 박종태 일본사람행세를 하고 살면서 조선사람을 사위보겠다니 그래서
> 되겠나. 조선사람은 조선사람의 근본이 있어야 할게아닌가?
> 리기수 그렇기는 하지만 우리야 일본에서 살고있으니 여기 실정에 맞
> 게 살면 되지 않습니까.

박종태 무슨 소리를 하는가. 타국에서 살수록 자기 민족의 근본을 잃
　　　　으면 안되네.(p.63)
(중략)
김건일 조선사람노 모드노 넷꼬(본래의 뿌리), 곤뿐(근본) 또 조선사람
　　　　노 다마시이다요(얼이요).
리문자 소오, 조선사람노 조선사람노 다마시이가 나에게 이루까시라
　　　　(근본, 뿌리, 얼… 있을까요)
김건일 있고말고 문자씨는 멀쩡한 조선사람인데. (p.69)
- 서상각, 〈재생〉 중에서 -

위에 인용된 작품은 서상각이 각각 1974년과 1990년에 발표한 희곡
이다. <편지>가 모국어 교육을 통해 민족의식을 확인하고, 이를 통해
조국의 통일에 앞장서야 한다는 주제를 다루고 있다면, <재생>은 타국
에서 어떠한 어려움이 있더라도 조국과 민족을 잊어서는 안 된다는 주
제를 다룬다. 전자가 북한의 사상을 상당 부분 반영하고 있다면, 후자는
재일 사회의 일상 속에서 직면하게 되는 현실적 문제를 집중적으로 보
여준다. 주목해야 할 것은 다른 시기에 발표되어 서로 다른 주제를 다
루고 있음에도 불구하고, 동포들이 '조선 사람'이 되어야 하고, 스스로
조선 사람임을 깨달아야 한다는 사실을 동일하게 강조하고 있다는 점이
다. 이때 '조선 사람'은 '왜놈'에 종속되거나 '일본 사람'과 뒤섞이지 않
는 주체적이고도 자립적인 집단구성체로서 '한민족'을 의미한다. 또한
조선 사람은 조선 사람으로서의 근본, 뿌리, 얼을 타고난 자로서 말, 글,
역사를 배움으로써 그 정체성을 확인할 수 있게 된다. 서상각에게 민족
은 같은 핏줄로 이어지고, 동일한 언어를 사용하며, 동일한 역사와 문화
를 공유하는, 그래서 결코 타민족과 섞이거나 그것에 동화될 수 없는,
배타적 공동체로서 인식되는 듯하다.
　이와 같은 민족과 민족의식의 강조와 관련하여, "민족의식을 자각하

는 과정에서 대부분 자각의 주체를 대상화하여 서술하고" 있다는 점에서 그것이 "결국엔 북한 지향의 관념적인 성격"을 드러내는 것이라고 지적하는 의견도 있다.[38] 이러한 입장에서 보면, 북한체제를 찬양하고 북측과 유사한 목소리로 통일을 부르짖으면서 강한 정치적 색채를 드러내고 있는 <편지>의 경우, 반일감정을 자극하고 민족의식을 고취하여 특정한 정치적 이념을 독자(관객)에게 내면화시키려 한 작품으로 평가될 수 있다. 그러나 다른 한편으로, 비록 그것이 동포들의 현실과 무관한 북한의 정치적 이념을 재생산하는 것이라 할지라도, 창작주체와 수용집단이 서로 공유할 수 있는 지점을 함유하지 않는 한, 그 텍스트의 존립 자체가 불가능해진다는 사실을 고려할 필요가 있다. 이것은 상연 텍스트인 희곡의 경우에 더욱 자명해진다. 서상각의 <편지>에서 독자(관객)가 표면에 부각된 정치 이데올로기를 외면할 수 없는 것은 그것이 한편으로 '재일'의 고단한 삶'을 놓치지 않고 있기 때문이다. 즉 '왜놈의 종노릇'(<편지>)을 할 바에야 조국(북한)으로 가자는 대사에 독자(관객)가 반감을 갖지 않는 것은 "이래서야 사람이 견딜 수가 있나"라는 대사를 통해 생계를 유지하며 살아가기 힘든, 고달픈 현실에 대한 인식을 드러내기 때문이며, 온갖 '세금'을 착취당하면서도 시민으로서의 권리를 행사하지 못하는 사실을 환기시키기 때문이다. 이러한 70년대의 상황이 90년대에도 변하지 않았음은 "조선 사람이라는 게 발로되면 장사도 망치고 말거야"(<재생>)라는 대사에서 짐작할 수 있다.

그것이 정치적 이념을 초월하여 동포들의 의식 속에서 지속적으로 살아 움직이고 있다는 점에서, 더 나아가 그들의 정체성과 실존성을 단단하게 지지해주고 있다는 점에서 재일동포들에게 '민족'은 무엇보다 강력

---

38) 즉 민족의식의 자각이 주체적으로 이루어지지 않고, 총련 조직원이나 각성된 인물이라는 외부로부터 주어진다는 것이다. 김형규, 앞의 논문, 405쪽.

한 이데올로기로 작동하고 있는 것으로 보인다. 텍스트 속에서 이러한 민족 이데올로기가 북한의 문예이론과 정치적 이념에 강박되어 후경화 되기도 하지만, 그것이 사라지지 않고 현재까지도 지속적으로 요구되는 것은 그것을 통해서만 '민족동화'의 위기를 극복하고 주체로서의 권리를 회복할 수 있기 때문이다. 요컨대 다른 국가의 민족들에게는 '민족'이 국민국가 구성을 위해 요구되었던 추상적이고도 관념적인 상상적 공동체가 될지 모르지만, 조국이 분열된 상태에서 그것도 과거 식민지 지배 국가에서 살아가야 하는 재일동포들에게 '민족'은 현실적으로 혹은 당위적으로 요구되는, 생존과 자립을 위한 정신적 구심점이 될 수 있는 것이다.

6. 맺음말

재일동포 한국어 희곡은 대화 중심의 극형식을 선택하고, 이를 통해 북한의 정치적 이념과 재일현실의 문제를 동시에 다루고 있는 것이 특징적이다. 연극성이 결여된 단조로운 극형식 속에 유사한 주제를 반복적으로 다루고 있기 때문에, 독창적인 희곡세계를 보여주는 김지석의 작품을 제외하고는 대부분 유형적이고도 전형적인 특징을 드러내는 것이 사실이다. 이 때문에 재일동포 희곡의 경우, 개별적인 작가론이나 작품론을 통해 가치 있는 결과를 얻을 수 있다고 기대하기 어려운 것이다. 이와 관련하여 본격적인 논의를 전개하는 과정에서 서상각의 희곡을 분석 텍스트로 선택하였는데, 이는 서상각이 오랜 세월 동안 지속적으로 많은 작품을 창작해 왔을 뿐 아니라, 그의 작품이 재일동포 한국어 희곡의 전형적인 특징을 드러내면서도 상대적으로 작품의 완성도를 갖추고 있다고 판단되었기 때문이다.

본 연구는 기존의 논의를 바탕으로 재일동포 한국어 희곡이 북한의 문예이론을 수용하여 창작되었으며, 재일, 모국어, 민족 이라는 세 가지 요소가 이들의 작품에 공통적으로 관류하고 있다는 사실을 파악하고, 이를 보다 심화시키기 위해 두 가지 문제에 논의의 초점을 맞추고자 하였다. 첫째 북한의 문예이론 중에서 구체적으로 어떠한 이론을 창작방법론으로 수용하고, 그것이 텍스트에 어떠한 형식과 주제로 나타나고 있는가, 둘째 재일동포 희곡에서 극작가들은 왜 민족과 민족의식을 반복적으로 강조하며, 수용집단인 동포들에게 그것은 어떠한 의미를 지니고 있는가 등이 바로 그것이다. 이러한 문제를 풀어가는 과정은 결과적으로 재일동포 한국어 희곡의 극형식과 주제의 특징뿐 아니라, 일정한 방식으로 텍스트를 창작하도록 추동하는 작가와 관객의 이데올로기를 파악할 수 있다는 점에서 의미 있는 작업이 될 것이라 생각되었다.

재일동포 한국어 희곡은 북한의 문예이론 중에서 주체이론에 기초한 사회주의적 사실주의를 창작방법론으로 선택하고 있는데, 그것은 구체적으로 '민족적 형식'과 '사회주의적 내용'을 텍스트에 구현하는 것이라 할 수 있다. 북한의 희곡에서 그것이 성황당식 연극형식에 공산주의적 혁명의식을 다룬 것으로 나타났다면, 재일동포 희곡에서 그것은 한국어로 된 대화극 형식에 당위로서 주어진 주제와 현실로서 인식되는 주제를 동시에 다루는 것으로 나타났다. 극형식에서 한국어 표현을 통해 민족의식을 환기시키거나 고취시키고자 하였으며, 북한의 정치적 이념을 표면적으로 드러내면서도 동시에 민족과 민족의식에 대한 자각을 강조하였던 것이다. 이러한 점에서 재일동포 한국어 희곡이 정치 이데올로기에 함몰된 북한의 희곡과 결정적으로 변별되는 지점은 '민족'에 대한 그들 나름의 인식이라고 할 수 있다.

재일동포 한국어 희곡에서 발견되는 민족과 민족의식은 국민국가 수립을 위한 관념적 이데올로기의 실체가 아니라, 민족적 차별과 소외라든가 강요된 민족 동화의 상황 속에서 스스로의 정체성과 실존성을 보존하고자 하는 욕구의 소산물이다. 그것은 또한 조국의 분단과 일본의 단일민족 이데올로기의 틈바구니에서 경계인, 이방인, 유랑민으로서 살아온 동포들이 서로 단합하고 결속하기 위해 지속적으로 견지해 온 정신적 구심점이기도 하다. 혈연, 언어, 문화, 역사의 동질성을 바탕으로 구성된 재일동포들의 '민족' 개념과 '민족의식'은 오랜 세월 동안 견지되고 축적되어 개인의 의식 속에 내면화되면서 그들의 삶을 움직이는 정신적 뿌리로 작동하고 있다는 점에서 이데올로기적 성격을 강하게 띠고 있다. 외부자적 입장에서 그것이 비록 글로벌 시대에 걸맞지 않는 폐쇄적이고도 배타적인 이데올로기로 간주된다 할지라도, 재일의 현실 속에서 살아가는 동포들에게 '민족'은 쉽게 포기하거나 던져버릴 수 없는, 당위와 현실로서의 이데올로기가 될 것이다. 객관적 현실이 변화하지 않는 한, 그것은 동포들의 의식 속에서 언제나 해방, 보존, 저항, 결속의 기제로 작용하게 될 것이기 때문이다.

참고문헌

1. 기본자료

서상각, <벙어리가 노래하는 세상>(재담), 『조선신보』, 1963.5.

______, <일꾼들>, 『문학예술』제10호, 1964.9.20.

______, <어린 혁명가>, 『학생연극대본집』, 1964.9.

______, <원보>, 『학생연극대본집』, 1964.9.

서상각, <새출발>, 『조선청년』, 1965.5.22.

______, <아버지>, 『문학예술』제13호, 1965.5.

______, <계속 전진 계속 혁신>, 『조선청년』 1965.12.4.

______, <새옷>, 『군중문예』, 1966.1.

______, <장한 사람들>, 『조선신보』, 1966.5.16.

______, <새봄>, 『문학예술』제25호, 1968.

______, <념원>, 『문학예술』제46호, 1973.4.

______, <편지>, 『문학예술』제50호, 1974.2.

______, <뜨거운 심정>(서묵·서상각), 『문학예술』제69호, 1977.2.

______, <응징>, 『문학예술』제76호, 1983.6.

______, <헛꿈>(1966.2), 『동트는 거리』, 문학예술종합출판사, 1994.

______, <재생>, 『문학예술』겨울호, 1990.

2. 저서, 논문, 기타 자료

권숙인, 「월경(越境)하는 정체성: 재일 한인, 민족, 그리고 '우리'」, 『OK Times』통
권 제103호, 해외교포연구소, 2002.6, 22~23쪽.

김명인, 「민족문학과 민족문학사 인식의 전환을 위하여」, 『민족문학사연구』제19호,
민족문학사학회 편, 2001, 20쪽.

김형규, 「조선 사람으로서의 자각과 '재일(在日)'의 극복」, 『한중인문학연구』제14집,
한중인문학회편, 2005.4, 391쪽.

류상희, 「재일 한국인 사회의 과제」, 『세계 속의 한민족』, 한국정신문화연구원,

1993, 588~589쪽.

박영정, 「북한연극의 공연방식과 미학」, 『한국극예술연구』제13집, 한국극예술학회
　　　편, 2001.4, 224쪽.

박종상, 「일본에서의 조선문학에 대하여」, 『문학예술』제90호, 1988. 30쪽.

백로라, 「재일동포 한국어 극문학 연구」, 『한중인문학연구』제14집, 이회문화사,
　　　2005, 428~429쪽.

_____, 「김지석 희곡에 나타난 재일동포의 정체성」, 『한중인문학연구』제15집, 이회
　　　문화사, 2005, 493쪽.

서상각, 「재담, 촌극, 대화극들의 작품을 더많이 쓰자」, 『조선신보, 1966.9.6.

서연호·이강렬, 『북한의 공연예술』I, 고려원, 1989.

윤건차, 「재일동포의 민족체험과 민족주의」, 『시민과 세계』제5호, 2004, 67~69쪽.

이상우, 「극양식을 중심으로 본 북한 희곡의 양상」, 『한국극예술연구』제11집, 월인,
　　　2000, 380쪽.

이원양, 『브레히트 연구』, 두레, 1984.

진길언, 「총련을 주체사상으로 일색화하는데 적극 이바지하는 문예작품을 많이 창작
　　　하자」, 『문학예술』제55호, 1975.5.10, 83~84쪽.

「문예동 제9차대회에서 한 중앙위원회 사업총화 보고」, 『문학예술』77호, 1983.7, 27
　　　쪽.

「창작에서 주체를 세우고 생활을 진실하게 그리자」, 『문학예술』제84호, 1986.7, 3쪽.

「문예동이 걸어온 자랑찬 40년-문예동 결성 40돐에 즈음하여」, 『문학예술』제109호,
　　　1999.6, 22쪽.

'김정호 인터뷰', 동경, 조선대, 2005.1.21.

'김지석 인터뷰', 서울, 2005.10.14, 오사카, 2006.1.16~17.

재일동포 작가가 창작한 일인칭 시점의 소설 연구

이 정 석

―――――― 목　차 ――――――

1. 머리말
2. 반성적 서술자의 내부 지향적 서술과 민족 정체성
3. 경험적 서술자의 외부 지향적 서술과 민족 정체성
4. 일인칭 시점의 미학적 이데올로기적 효과
5. 맺음말

1. 머리말

오랫동안 한국 문학의 장에서 방치되어 온 재일동포 문학에 대한 연구가 드디어 본격적인 일보를 내딛기 시작했다.[1] 하지만 이제 겨우 재

---

[1] 그동안 재일동포가 일본어가 아닌 한국어로 창작한 문학에 대한 연구가 전혀 없었던 것은 아니지만(심원섭, 「재일 조선인 시문학에 나타난 자기 정체성의 제양상」, 한국문학회, 『한국문학논총』제31집, 2002.10: 김응교, 「일본 속의 마이너리티」, 『시작』, 2004.겨울), 자료 확보의 어려움으로 산발적인 연구에 그치고 말았다. 따라서 그에 대한 본격적인 연구는 해외동포문학편찬사업 추진위원회가 와세다대

일동포 한국어 문학 전체의 조망도를 그리기 시작한 연구상황을 감안한다면, 앞으로 보다 다양한 관점에서 깊이 있는 연구작업이 지속적으로 이루어져야 할 것이다. 이를 위해서는 우선 재일동포가 창작한 한국어 문학의 고유한 특성을 포착하는 작업이 튼실하게 밑받침되어야 한다.[2] 그러므로 여기서는 그 작업의 일환으로, 재일동포 작가가 창작한 한국어 소설문학 중에서도 일인칭 서술양식을 채택한 소설을 택해 그 존재양상을 집중적으로 고찰하고자 한다.[3]

학 조선문화연구회와 재일본조선문학예술가동맹과 '재일조선인 조선어문학의 현황과 과제'라는 주제로 학술대회를 개최하고, 한승옥 외 다수의 논자들이 '재일동포 한국어 문학'이라는 주제로 『한중인문학연구』(제14집, 2005.4)에 재일동포 문학의 전체적인 특성을 각 장르별로 개괄하는 특집 논문들을 게재함으로써 시작되었다고 할 수 있다.

2) 우선, 그 일환으로 재일동포 한국어 소설문학 전반의 형식적 특성과 이데올로기적 특질을 동시적으로 규명하는 논문을 제출한 바 있다.
이정석, 「재일동포가 창작한 한국어 소설문학 담론의 존재양상」, 『한중인문학연구』제16집, 2005.12.

3) 재일동포 작가의 대부분은 재일본조선인총연합회(이하 조총련)의 산하조직 재일본조선문학예술가동맹(이하 문예동) 소속이다. 그리고 그들은 거의 문예동의 기관지 『문학예술』을 통해 작품활동을 펼쳐 나갔다. 그러므로 본고에서는 『문학예술』에 실린 작품만을 연구의 대상으로 삼았다. 『문학예술』에 실린 일인칭 소설들을 열거하면 다음과 같다.(잡지에 정확한 발행날짜가 표기되어 있지 않은 경우에는 물음표를 했다.)
김석범, 「혼백」, 『문학예술』제4호, 1962.10.
김재남, 「남에서 온 사나이」, 『문학예술』제15호, 1965.9.
박관범, 「신혼려행」, 『문학예술』제20호, 1966.7.
김병두, 「모대기는 돌」, 『문학예술』제23호, 1967.12.
정화흠, 「편지」, 『문학예술』제43호, 1972. 12.
리인철, 「민수의 편지」, 『문학예술』제64호, 1977.5.
──, 「손풍금소리」, 『문학예술』 제65호, 1977.12.
정리신, 「현철이와 진옥이」, 『문학예술』 제54호, 1975,?.
박관범, 「한권의 수첩」, 『문학예술』제55호, 1975,?.
리인철, 「약속」, 『문학예술』제55호, 1975,?.
조혜선, 「자전거야 달려라」, 『문학예술』제56호,?.
리인철, 「민수의 편지」, 『문학예술』제64호, 1977.5.
──, 「손풍금소리」, 『문학예술』제65호, 1977.12.
박관범, 「돌아온 손자들」, 『문학예술』제68호, 1979.6.

　재일동포 한국어 소설문학, 즉 '재일조선인 한국어 소설문학'[4]의 대부분이 삼인칭 전지적 서술시점을 취하고 있어서, 일인칭 서술시점을 택하고 있는 작품의 수는 그리 많지 않다. 60년대 『문학예술』에 실린 일인칭 소설작품만 하더라도 총 4편에 불과하며 70년대 이후 그 수가 꾸준히 증가하지만, 삼인칭 전지적 시점을 취한 작품에 비추어 본다면 그 역시도 상대적으로 미비한 수량에 불과하다. 이는 재일조선인 문학이 교화와 선동이라는 현실적 목표를 달성하는 데 무게 중심을 두고 있기 때문에 벌어지는 현상으로 추정된다.[5] 다시 말해, 그것은 일인칭 시

　　리은직, 「한 분회위원의 수기」, 『문학예술』제70호, 1980년.봄호
　　김절이, 「십년의 세월」, 『문학예술』제72호, 1981.3.
　　리은직, 「끌려온 사람들」, 『문학예술』제75호,?.
　　―――, 「다시 만나지 못한 어머니」, 『문학예술』제79호,?.
　　김금녀, 「갈림길」, 『문학예술』제83호, 1986.3.
　　김지성, 「봄」, 『문학예술』제97호, 1990.여름.
　　―――, 「새 출발」, 『문학예술』, 1993.봄.

4) 이 글에서는 '재일동포 소설문학'이라는 명칭을 사용하되, 문맥에 따라 '재일조선인 소설문학'이라는 용어를 혼용할 것이다. '재일동포 한국어 문학'이란 일본에 거주하는 한민족이 쓴 한국어 문학 모두를 포괄하는 개념이라면, '재일조선인 한국어 문학'이란 재일동포 문학보다 다소 폭이 좁은 개념으로 문예동 소속 재일동포 작가의 문학을 총칭하는 개념이라 할 수 있다. 그러나 민단계열 작가의 작품이 그 존재조차 확인되지 않은 현재 시점에서는, 재일동포 한국어 문학이라 함은 거의 대부분 문예동 소속 작가의 작품, 즉 재일조선인 한국어 문학을 뜻한다는 현실적 이유로 두 용어를 함께 사용하고자 하는 것이다. 용어규정에 대한 좀 더 자세한 논의는 아래의 글을 참조할 것.
　　이정석, 「재일동포가 창작한 한국어 산문문학의 존재양상」, 한중인문학회, 『한중인문학연구』제14호, 2005.4.
5) "경애하는 수령 김일성원수님께서는 다음과 같이 교시하였다.
　　≪우리의 문학예술은 절대로 혁명의 리익과 당의 로선을 떠나서는 안되며 착취계급의 취미와 비위에 맞는 요소를 허용하여서도 안됩니다. 오직 당의 로선과 정책에 철저하게 의거한 혁명적문학예술만이 진정으로 인민대중의 사랑을 받을수 있으며 근로대중을 공산주의혁명정신으로 교양하는 당의 힘있는 무기로 될수 있습니다.≫
　　위대한 주체사상을 유일한 창작적지침으로 확고히 틀어쥐고 그것을 철저히 관철해나감으로써 재일조선인문학예술은 재일동포들의 사랑을 받고있으며 그들을 주체형의 해외공민으로 교양하는데 적극 이바지하고있다."
　　「강평: 위대한 주체의 해발따라 힘차게 전진하는 재일조선인 소설문학-≪재일조

점에 비해 전지적 서술자가 주도적으로 서술을 전개해 나가면서 서사 전체의 의미체계를 통일적으로 관장하는 삼인칭 시점이, 민족정체성을 고양하며 정치적 이념의 설파하는 데 상대적으로 유리하기 때문에 빚어지는 현상이라 할 수 있다.[6] 이런 상황을 염두에 두고 보면, 일인칭 시점을 채택한 재일조선인 한국어 소설문학의 존재는 더욱 관심의 대상으로 부각된다.

그러므로 본고에서는 먼저 재일조선인 작가가 한국어로 창작한 일인칭 시점 소설작품의 서사적 존재양상을 살펴 볼 것이다. 그와 더불어 일인칭 형식의 재일조선인 소설문학이 전지적 시점을 취한 소설작품과 어떤 변별적 특성을 지니고 있는지, 또 그것이 재일조선인 소설문학에 기여하는 바는 무엇인지를 짚어 보고자 한다.

2. 반성적 서술자의 내부 지향적 서술과 민족정체성

재일조선인 문학은 자율적이고 독립적인 존재로서의 개인을 인정하지 않는다. 거기서 한 개인은 단독적인 존재가 아니라 민족이라는 전체의 분신으로서만 존재한다. 반면에, 일인칭 서사는 단독적 개인의 실존적 내면의식을 토로하는 데 중점을 두는 서사형태다. 따라서 이 둘의 상충성을 감안하면서, 재일조선인 소설문학이 일인칭 시점을 채택해서 계몽과 교화의 목적을 실현해 나가는 서사과정에 주목해 볼 필요가 있다. 여기서는 먼저 일인칭 서술자 '나'의 자기 반성과 내적 변모를 부각시

선인단편소설집≫에 대하여」, 『문학예술』제65호, 1977.12, 47쪽.

6) 그런 측면에서, "허구적 서사체에서 시점은 동일한 이데올로기적 체계의 산물이며 하나의 사회행위로서의 소통을 지배하는 생산의 유형들이다."(Susan Snaider Lander, 김형민 옮김, 『시점의 시학』, 좋은날, 1998, 111쪽)

킴으로써 민족정체성을 확립해 나가려는 서사양식을 살펴보자.[7]

　재일조선인 일인칭 소설문학 중에는 통상의 일인칭 소설과 다른 면모를 보여주는 서사형태가 존재한다. '나'와 중개자적 인물, 그리고 중개자적 인물이 전달하는 이야기 속의 모범적 존재가 삼각의 구도를 형성하며 서사를 전개해 나가는 작품이 바로 그것이다. 이 서사유형에서는 '나'가 중개자적 인물이 전하는 이야기의 주변부에 위치한다. 그는 주변적 위치에 서서 중개자적 인물이 전달하는 이야기를 듣고 자신의 과거를 반추하며 자기 반성과 내적 변모를 이루게 된다. 이때, 중개자적 인물이 전달하는 서사적 주체의 자리에는 항상 타인의 모범이 되는 바람직한 인물이 오게 된다.

　「다시 만나지 못한 어머니」[8]는 그와 같은 서사의 전형적 패턴을 잘 보여 준다. 이 작품은 서술자 '나'에게 동향사람이 찾아 와서 어머니에 대한 이야기를 들려주는 형식을 취하고 있다.

　　　1) ≪그런데 나는 이번 우연히 최씨집에서 본 일문잡지에 실린 당신의 애국적신념이 넘쳐흐르는 론문을 읽고 견딜수 없게 된것입니다.
　　　나는 당신을 만나 당신 어머님 얘기를 꼭 전해야 하겠다는 의무감을 느꼈던것입니다.
　　　당신 립장에서 볼 때 어머님은 다시없는 애국적인 어머니가 아니겠습니까?
　　　나는 당신이 이 어머님의 훌륭했던 참된 모습과 그 고귀한 마지막

---

7) 모든 일인칭소설은 '나는 누구인가?'라는 질문과 관련을 맺고 있다. 거기에서는 한 인간이 자신을 이해하고자 하고, 정의하고자 하며, 주위세계로부터 자신을 구분 짓고자 한다(Franz K. S. Stanzel, 안삼환 역, 『소설형식의 기본유형』, 1982, 탐구당, 70쪽). 하지만 재일조선인 소설문학에서 일인칭 시점은 불가피하게 형식적 의미론적 변형을 거치게 된다. '나는 누구인가'라는 질문은 집단적 정체성과의 관계에서만 의미를 지니며, '나'의 서사적 여정도 집단으로의 귀속을 전제로 해서만 가치를 갖는다.

8) 리은직, 「다시 만나지 못한 어머니」, 『문학예술』제79호, ?.

순간의 애국적희생에 대하여 알아야 할것이란 생각이 들었던것입니다.≫ (…중략…)

2) 나는 그의 말을 듣고있으면서 그저 앉아 듣고만 있을수 없는 충격을 느끼고 있었다.

나의 어머니의 그 피어린 싸움이 계속되고있었을 때 나는 일본에서 대체 무엇을 하고있었만 말인가?

애국사업을 한다는 허울좋은 말공부는 입버릇처럼 하고있었지만 나는 아무런 위험도 없는 태평스런 환경속에서 그저 적당하게 안일한 나날을 보내고있지 않았던가?

그저 열성적으로 사업을 한다고는 했지만 그게 목숨을 바치고 싸운 남조선빨찌산들의 투쟁에 대비할 때 그 무엇이라고 변명할수 있단 말인가?[9]

이 작품에서 고향사람 강태석은 '나'에게 살아생전 어머니의 훌륭했던 행적을 소상하게 전해 준다는 점에서 중개자의 역할에 충실한 인물이라 할 수 있다. 이때, 눈길을 끄는 점은 1)의 인용문에서 알 수 있듯 중개자적 인물로부터 전해들은 이야기를 서술자 '나'가 서술하는 방식을 따르지 않고 처음부터 끝까지 중개자적 인물이 직접 자신의 목소리로 서사의 중심내용을 발신하고 있다는 것이다. 이렇게 되면 작품 전체의 서술을 '나'가 행하는 형태를 띠고 있음에도 불구하고, 실제로는 서술자 '나'의 역할이 수신자의 역할로 축소되고 대신 중개자가 서사의 중심내용을 대부분 전달하며 담화를 주도하는 형국이 되어 버린다. 물론 2)의 인용문에서 확인할 수 있듯이, 서술자 '나'는 어머니에 관한 일화를 다 듣고 난 후 반성적 서술자로서 자기 반성적 내면의식을 토로하며 서사를 마무리한다. 여기서, 유의한 점은 '나'의 자기반성에 사적인 자책의 심정 표출이 나타나기도 하지만, 그것이 결코 사적인 감정의 토로에 그

---

9) 위의 글, 58쪽.

치는 것이 아니라 공적 이데올로기의 영역으로 수렴되어 민족정체성의 재정립과 사회주의 정치 이념의 전파에 공헌하게 된다는 사실이다.

「봄」[10]은 제일조선인 소설문학이 자신이 표방하는 이데올로기적 목표의 달성을 위해 서사를 조직하는 방식을 더욱 명증하게 보여 준다. 이 작품의 일인칭 서술자 '나'는 실의에 빠져 있는 사회의 낙오자일 뿐만 아니라 조선인임을 부끄러워하는 부정적 인물이다. 재일조선인 소설문학이 남한사회나 미군의 부정적 모습을 조명할 때 외에는 좀처럼 부정적인 인물을 작품의 주인물로 내세우지 않는다는 점에 비추어보면, 이는 다소 의외의 현상일지도 모른다. 하지만 이것은 부정적 인물이 모범적 인물에 자극을 받아 긍정적 인물로 변모하는 양상을 부각시킴으로써 좀 더 극적으로 재일조선인 문학이 표방하는 이데올로기적 목표를 구현하려는 의도의 소산일 뿐이다.

> 1) 그러나 봄이라는 계절은 만사람에게 오지만 그렇다고 하여 이 기쁨과 즐거움이 평등하게 차례지는 것은 아니다. 바로 내가 오늘 사회의 락오자가 되어 그 한적한 산골의 고향으로 돌아가고있는 것이 아닌가.
> 렬차는 계속 들판을 가로질러 달린다.
> 차창밖에서는 버성긴 나무들이 얼른얼른 눈앞을 지나가며 저 멀리 련련히 뻗어간 산발들은 계속 나를 비웃는것만 같았다. (…중략…)
> 나는 뭔지 자기 자신이 가소롭기도 하고 저주롭기도 하였다.
> 입에서는 저도 모르게 속빈 탄식이 터져나왔고 얼굴에는 허구픈 웃음이 비꼈다.
> 도대체 이 7년간은 무엇이였던가…[11]

> 2) 이 청년은 내가 그 소녀라는 것을 아직 모르고있는 것 같다. 그

---

10) 김지성, 「봄」, 『문학예술』제97호, 1990.여름.
11) 위의 글, 63쪽.

리고 나의 가슴속에 솟아오른 결심에 대해서도…

　　그러나 나는 구태여 말하지 않겠다. 이제 그의 앞에 당당하게 자기
가 리설자라고 정체를 밝힐 날이 반드시 올 것이다.

　　≪빽—≫

　　렬차는 계속 저녁노을이 붉게 비낀 골짜기를 누비며 달린다.

　　나의 희망을 싣고…

　　봄, 새 출발의 봄!

　　드디어 나에게도 봄이 왔구나![12]

　1)의 인용문은 서술자 '나'가 배우로 성공하겠다는 청운의 꿈을 접고 귀향하는 작품의 서두 부분이다. 여기에는 인물의 절망과 낙담이 표나게 전경화되어 있다. 반면, 작품의 종결부인 2)의 인용문은 새로운 희망에 잔뜩 부풀어 있는 인물의 모습을 도드라지게 부각시키고 있다. 양자를 대비해 보면, 인물의 상태가 매우 급격하게 변모하고 있음을 알 수 있다. 이때, '나'의 획기적인 변모를 가능하게 하는 인물이 바로 초등학교 시절 자신을 가르쳤던 조선학교 여선생님이다. '나'는 열차 안에서 우연히 만난 조선청년을 통해 듣게 된 그 선생님의 훌륭한 행적에 감화를 받는다. 특히 그 선생님이 자신 때문에 평생 독신으로 살면서 교육사업에 헌신했다는 사실을 알게 된 '나'는, 민족성을 자각한 인물로 거듭나 인생의 새출발을 결심한다. 이처럼 선생과 제자의 관계 설정을 통해 인물이 교화되는 과정을 그리는 것은 재일조선인 문학에서 가장 흔하게 보이는 서사적 패턴이기도 하다.[13]

　결국, 서술자와 중개자와 모범적 인물이 삼각의 구도를 이루는 재일조선인 일인칭 서사양식은, 그것이 지향하는 이데올로기적 목표를 효과적으로 달성하기 위해 고안된 형식이다. 이를테면, 타인의 전범이 될만

---

12) 위의 글, 82쪽.

13) 이는 교육이 저항의 수단이 되었던 재일동포의 역사적 경험과 관련이 있다(김태영·강석진 옮김, 『저항과 극복이 갈림길에서』, 지식산업사, 2005, 19쪽).

한 모범적 인물의 존재는 서술자 '나'의 자기의식의 변모를 유발케 하는 효과적 촉매제가 된다. 아울러 서술자와 모범적 인물을 매개하는 중개자적 인물의 존재는 더 핍진성 있는 서사의 전개를 가능하게 한다. 「봄」의 결말이 보여주는 바처럼 다소 과장된 급격한 반전에도 불구하고, 일인칭 서술시점의 재일조선인 소설이 전지적 서술시점의 소설이 흔히 범하는 서사적 파탄 없이 비교적 자연스럽게 서사적 궤적을 그려 나갈 수 있는 것도 바로 그와 같은 완충장치의 역할에 힘입은 바가 크다.

그러나 일인칭 서술시점을 채택하고 있는 작품의 대부분은 중개자적 인물의 중재 없이 서사적 목표를 달성해 나간다. 「새 출발」14)이라는 작품을 통해 이자적 관계 안에서 민족사업에 헌신하는 모범적 인간형을 제시하는 서사방식에 대해 살펴보자. 대학 시절에는 친구들을 돕는 학급사업을 열심히 펼치고 졸업을 해서는 교사의 임무를 훌륭히 수행하고 있는 '나'. 「새 출발」은 그 '나'가 옛 친우들의 축복 속에서 결혼식을 올리는 순간의 설레임을 이야기하는 것으로 시작된다. 당연히 독자는 이 작품이 '나'의 인생의 새출발을 초점화하는 작품이라 여기기 쉽다. 그러나 정순희라는 친구가 결혼식에 참석하지 않은 것을 못내 아쉬워하는 심정의 토로와 함께 서사의 초점은 서서히 '나'의 이야기에서 친구 정순희의 이야기로 옮아가게 된다. 따라서 이 작품의 서술자는 자기 자신의 이야기를 하는 자인 동시에 남의 이야기를 전달하는 자이기도 하다. 특히 정순희의 편지글로 서사의 마무리를 장식함으로써, 「봄」은 '나'의 '새출발'에 대한 이야기이기도 하고 정순희의 '새출발'에 대한 이야기도 한 중층적 서사의 구도를 형성하게 된다.

　　3년이 지난 지금에야 나도 동무한테 조금 자랑의 내용을 담은 편

---

14) 김지성, 「새 출발」, 『문학예술』, 1993.봄.

지를 보낼수 있게 되었어요.

정말 고마워요.

명순이가 대학을 졸업할 때 나를 타일러주지 않았더라면 나는 결혼이나 해서 이런 보람찬 생활을 못했을거야.

또 내가 이 학교에 안왔으면 나도 ≪건전지≫로 그쳤을지도 몰라.

난 이 학교에 와서 드디어 인생의 ≪새 출발≫을 하게 되었어요.

명순아, 난 지금 교원사업을 무슨 의무가 아니라 자기자신의 요구로 하고 있어요.

오늘은 결혼의 축하인사와 함께 언제나 나를 이끌고 타일러준 명순이한테 감사의 인사를 드리고싶어서 이렇게 편지를 썼어요.[15]

「봄」의 복합적 서사구조는 재일조선인 소설문학의 단순성과 도식성을 일정 부분 극복케 한다는 점에서 눈길을 끈다. 더구나 이 작품은 서술자가 초점인물을 요약·설명하는 대신 편지글의 삽입을 통해 당사자의 육성으로 직접 자신의 이야기를 풀어놓을 수 있게 한다. 이는 스토리의 시간을 축약하고 대신 서술자가 과도하게 서사에 개입하여 초점인물의 행적을 요약하거나 편집자적 논평을 구사함으로써 생기는 약점을 보완하는 효과를 낳는다. 대부분의 재일조선인 소설문학, 특히 전지적 서술시점을 채택한 소설들에서 보이는 서술자의 지나친 개입은 계몽과 교화의 목적 달성에 유리한 국면을 조성하지만, 그로 인한 서사적 형상화의 미비와 전달의 일방성은 서사의 치명적 약점으로 작용한다. 자기고백적 성향이 강한 편지글의 도입은 개인의 내면심리와 주관적 감성을 드러내는 사적 목소리로 계몽적 목소리의 경직성을 풀어헤치면서, 재일조선인 소설문학이 지닌 그 같은 문제점을 다소나마 해결하게 된다. 그렇다면, 재일조선인 일인칭 소설이 편지글을 삽입하는 서사기법을 빈번하게 사용하는 것도 다 이유가 있는 셈이다.

---

15) 위의 글, 131쪽.

3. 경험적 서술자의 외부 지향적 서술과 민족정체성

재일동포 일인칭 소설 중에는 반성적 서술자의 내적 의식보다 경험적 서술자의 자전적 체험이 더 도드라져 있는 작품들이 있다. 물론 그 정도의 차이가 그다지 크지 않거니와, 양자가 공히 민족정체성의 고취라는 재일조선인 소설의 당위적 목표에 충실히 복무하고 있다는 점에서는 별반 다를 바가 없다. 다만, 경험적 서술자가 자기의 경험을 진술하는 데 치중하는 소설의 경우에는 자연스레 서술자의 내면의식보다 외적 현실세계가 좀 더 부각되게 마련인 것이다.[16] 그리고 이는 양자 사이에 무시 못할 차이를 불러오는 요인으로 작용한다. 즉, 외적 현실이 전경화되어 있는 소설은 모범적 인물상을 부각시키거나 그로부터 촉발된 인물의 교화에 더 초점을 맞추고 있는 소설이 가지지 못한 중요한 서사적 미덕 하나를 가지게 된다. 그것은 바로 당위적 이념의 규율에서 어느 정도 탈피해 보다 실제적 현실에 근접한 서사공간의 창출을 가능하게 한다는 점이다. 이를테면, 반성적 서술자의 변화를 촉발하는 모범적 인물은 현실적 존재라기보다 당위적 이념이 만들어 낸 이상적 인간에 더 가깝다. 그에 비한다면, 현실세계의 경험을 부각시키고 있는 소설은 좀 더 실제에 부합하는 인물과 세계의 모습을 담아내고 있는 것이다.

서술자 '나'가 과거의 징용체험을 회고하는 작품 「끌려온 사람들」[17]을 보자. 이 작품은 현재의 장면으로부터 시작해서 과거의 회상에 서사의 대부분을 할애하다가 다시 현재로 되돌아와 서사를 마무리한다. 이때, 회상의 서사는 일제의 야만적 폭력과 그로 인한 조선인 노동자의

---

16) "서사체의 방향을 내향적으로 취할 때, 작가는 무엇인가의 본보기가 되는 중심 인물을 거의 필연적으로 제시한다. 서사체의 방향을 외향적으로 취할 때, 작가는 사회 내부의 약점을 거의 필연적으로 노출한다."(Robert Scholes · Kellogg Robert, 임병권 옮김, 『서사의 본질』, 예림기획, 2001, 105쪽)

17) 리은직, 「끌려온 사람들」, 『문학예술』 제75호, ?.

수난과 저항을 집중적으로 다룬다. 결과적으로 그것은 나라 없는 시절
의 고난과 설움을 부각시킴으로써 현재와의 대비를 유도하게 된다. 이
처럼 고난으로 점철된 과거와 안정된 현재를 대비하는 방식은 조국(북
한)과 조총련에 대한 감사와 봉사의 염을 불러일으키기 위해 재일조선
인 소설문학이 즐겨 차용하는 관습적 서사기법이다.

> ≪우리 애국운동은 일본침략세력을 철저히 규탄하고 폭로하는데
> 그 근본이 있지 않습니까? 모르는 젊은 세대들에게 일제의 죄악을 상
> 세히 가르쳐주는게 근본사업의 하나지요…≫
> 나는 교육사업에서 이것을 철저히 관철하리라는것을 마음속으로
> 다지면서 차씨와 굳센 악수를 나누었다.[18]

　더욱이 「끌려온 사람들」은 여타의 작품과 마찬가지로 교육사업에 헌
신하겠다는 인물의 당위론적 다짐으로 서사를 마무리하고 있다. 그럼에
도 이 소설에서 가장 이목을 끄는 것은 일제시대의 징용체험에 대해 기
술한 부분이다. 체험적 서술자가 시간적 순서에 따라 징용을 당하게 된
경위부터 강제노동과 투쟁의 경로를 거쳐 일본에 정착하게 된 이유를
사실적으로 기술하고 있기 때문에, 여기에서는 별다른 이념적 과잉이
느껴지지 않는다. 오히려 옛 경험을 떠올리며 이를 연대기적으로 기술
하는 보고적 형식을 취하고 있기 때문에, 생생한 현장감이 살아 있다는
인상을 풍기기도 한다. 이는 북한과 조총련을 다룰 때, 그 실상을 지나
치게 긍정적으로 치장을 한다거나 미군과 남한의 현실을 다룰 때, 그것
을 지나치게 부정적으로 묘파하는 문제를 어느 정도 희석시킨다는 점에
서 의의가 있다.
　「한 분회위원의 수기」[19]도 재일조선인 소설문학을 지배하는 규제적

---

18) 위의 글, 89쪽.

이념에 충실하면서도 그에만 얽매이지 않고 재일동포의 비루한 삶은 물론 인간적 속악마저 솔직하게 드러내고 있어 눈길을 끈다. 대개 일인칭 서술은 서술자가 겪었던 경험을 회상을 통해 추체험적으로 진술하면서 자연스럽게 개인적 감정과 사고를 드러내게 마련이다. 하지만 이 작품은 내면의 감정이나 단상보다 일어난 사건에 대한 보고적 설명에 더 치중하는 '수기형식'[20]을 취하고 있기도 하다. 따라서 「한 분회위원의 수기」는 경험적 서술자 '나'가 자신의 지난 세월을 연대기적으로 기술하되, 그 위에 자신의 감정을 덧칠함으로써 사실성과 핍진성의 결합을 도모하게 된다.

> 전후의 통제경제가 해제되고 암시장이 없어지며 밀주단속이 격심해짐에 따라 동포들의 생활은 급격히 곤궁에 빠져가고 미제와 일본반동들의 동포들에 대한 무자비한 정치적탄압과 민족적차별로 말미암아 권력에 무조건 복종하는 습성을 가진 시골 일본농민들은 점차 동포들을 배척하기 시작했습니다.
> 나는 생활에 대한 공포감 때문에 일본사람들의 미움받을 일을 절대 안하려고 다짐했습니다. 특히 법에 위반한다는것에는 절대 손을 안대기로 결심했지요.[21]

> 나는 돈드는 일이라면 일체 외면하고 한푼의 돈도 절약하여 저금을 불리는데만 전신전력을 다했습니다.
> 그런 나였기 때문에 총련지부나 분회역원들이 찾아와도 차 한잔 대접 안하고 물론 회비 한푼 낼 생각도 없었습니다. 그저 아이들 다니는 초급학교의 정해진 최저의 학비를 부담했을뿐이지 동포들하고

---

19) 리은직, 「한 분회위원의 수기」, 『문학예술』제70호, 1980년.봄호.
20) 재일조선인 소설문학이 서간이나 수기 형식을 자주 애용하는데 비해 환상과 꿈을 철저히 배격하는 형식적 특성은, 사회적 현실과 미학적 형식 사이의 어떤 관련성을 드러낸다는 점에서 흥미롭다.
21) 위의 글, 33쪽.

「한 분회위원의 수기」에서 눈여겨보아야 할 것은 해방 후에도 미처
귀국을 하지 못하고 일본에 남아 생존을 도모할 수밖에 없었던 동포들
의 삶을 사실적으로 기술하는 부분이다. 위의 인용문에서도 알 수 있는
것처럼, 이 작품은 당시 재일동포를 둘러싼 정치·사회적 정황은 물론
그와 맞물려 변전하는 개인적 삶의 이력을 핍진하게 포착하고 있다. 특
히 그 와중에서 생존을 위해 고군분투하는 인물의 이기적인 행태를 숨
김없이 드러내고 있는 점이 인상적으로 다가온다. 「한 분회위원의 수기」
가 역사적 현실과 일상적 삶의 단면을 생생하게 재현할 수 있는 데에는
수기라는 글의 형식이 상당한 공헌을 한다. 다만, 순차적 에피소드의 나
열이 단순함과 지루함을 유발하지만 간간이 덧붙여지는 체험적 서술자
'나'의 내면 토로가 이와 같은 약점을 일정 부분 상쇄시키고 있다.

「한 분회위원의 수기」가 지난 시절 재일동포가 거쳐와야 했던 역경
의 세월을 전경화하고 있다면, 「갈림길」[23]은 재일동포가 처한 현재적
삶의 문제를 인상적으로 표출하고 있다. 특히 이 작품은 일본사회에서
성공하고자 하는 현실적 욕망과 재일동포로서의 정체성 유지라는 당위
사이에서 고민하는 한 작가의 삶을 다루는 가운데, 재일조선인 문학이
안고 있는 딜레마를 가시적으로 노출하고 있어 더욱 흥미를 자아낸다.

---

22) 위의 글, 37쪽.
23) 김금녀, 「갈림길」, 『문학예술』 제83호, 1986.3.

추악하게만 느껴지네. 난 너의 작품을 읽고 감동은커녕 울분을 금치
못했다. 네가, 네가 왜 그런걸…≫(…중략…)
　　어이가 없기도 하고 답답하기도 했다. 나는 고개를 가로 흔들며 말
하였다.
　　≪두식아, 넌 오해를 하고있어. 네가 말하는 그건 리상이야 리상! 리
상만 추구하다가 소설이 되겠니! 난 사실을 그리고있을뿐인데…≫[24]

　뛰어난 능력에도 불구하고 조선인이라는 이유로 변변한 직장 하나 구
하지 못한 '나'는 혹독한 작가수업 끝에 마침내 작가로서 힘찬 첫출발
을 내딛는다. 하지만 절친한 친구와 어머니는 그의 소설들이 재일동포
와 아버지의 삶을 비루하게 그린다고 혹독한 비난을 퍼붓는다. 결국,
'나'는 갈등과 번민 끝에 자신의 손으로 소설을 불태움으로써 개인적
욕망을 포기하고 민족공동체와의 화합을 모색한다. 이 간추린 서사내용
에서도 알 수 있듯, 「갈림길」은 여타의 재일조선인 소설과 마찬가지로
화해적 결말로 서사를 마무리한다.

　재일조선인 문학이 항상 화해적 결말, 혹은 상승적 결말로 서사를 종
결짓는 것은 그것이 지지하는 문학적 규범과 밀접한 관련이 있다. 재일
조선인 문학은 민족공동체 안에서만 각 개인이 의미 있는 삶을 살 수
있으므로, 민족공동체로부터 떨어져 나온 개인을 교화하는 데에 문학이
복무해야 한다는 원칙을 고수하고 있다. 그와 같은 원칙에 입각해서, 재
일조선인 문학은 언제나 서사의 전반부에 방황과 불화의 서사를 배치하
면, 말미에는 어김없이 민족성을 자각한 존재로 거듭난 인물이 민족공
동체에 편입하는 것으로 작품을 종결짓는다. 이와 더불어 재일조선인
문학은 현실을 진실하게 그려야 한다는 점을 유난히 강조한다. 이때 유
의할 점이 있는데, 재일조선인 문학이 말하는 진실성이란 현실을 있는

---

24) 위의 글, 89~90쪽.

그대로 재현하는 것이라기보다 있어야만 하는 당위적 현실을 그려야 한다는 개념에 더 가깝다는 것이다.[25] 그에 따르면, 재일동포의 삶을 부정적으로 묘사하는 것은 병적 자연주의에 불과하다.[26] 「갈림길」 역시도 재일조선인 문학을 규율하는 문학적 원칙에 벗어나지 않는 서사구조를 갖추고 있다. 그럼에도 정작 이 작품에서 눈에 띄는 것은 당위와 현실 사이에서 방황하는 한 인간의 고민과 재일조선인 문학을 규율하는 문학적 규범의 단순성과 비현실성이다.

4. 일인칭 시점의 미학적 이데올로기적 효과

경험적 서술자 주도의 재일조선인 일인칭 소설은 그것을 지배하는 서사적 강령에 입각해 서사를 전개해 나감에도 불구하고, 그러한 서사적

---

25) 재일조선인 문학비평은 문학이 현실을 소극적으로 반영하는 차원을 넘어 적극적으로 현실을 변혁하는 수단이 되어야 함을 쉼 없이 주장한다. "진정한 문학관-현실을 변혁하는 새로운 리알리즘 문학"(윤학준, 「저항문학의 사상적 특성과 앞으로의 과제-남조선의 문학 작품을 읽고(그의 三)」, 『문학예술』, 제11호, 1964.12, 67쪽)이라는 명제는 그 같은 주장을 압축적으로 나타내 보여 준다. 재일조선인 문학이 북한이나 조총련의 세계를 다룰 때면 언제나 바람직하고 긍정적인 모습으로만 형상화하는 이유도 그러한 맥락에서 이해되어야만 한다. '생활의 부차적이고 우연적인 측면을 다루는 문학은 병적 자연주의에 불과하다. 진정 사회주의적 사실주의 문학은 생활에 의의 있고 특정적인 것을 통하여 거시적인 사상으로 나아가야만 한다.'(장철, 「창작 사업의 보다 큰 발전을 위하여」, 『문학예술』 제8호, 1964.5, 10쪽) 그리고 보면, 재일조선인 소설문학은 개인의 서정과 낭만에의 몰입을 부르조아 미학의 병폐라 치부하며, 오직 당과 인민에 복무하는 무기로서의 문학만을 진정한 문학으로 간주하는 사회주의 진영의 문학관을 충실히 따르고 있는 셈이다.

26) "생활의 어느 단면을 있는그대로 복사적으로 그렸다하여 그것이 사실주의 작품으로 되겠는가, 역시 재일조선인운동의 본질을 틀어잡고 그에 토대하여 긍정과 부정을 가려낼줄 아는 눈을 가져야 한다고 생각합니다."(「청년작가 좌담회: 재일조선인 2세, 3세들의 생활을 다양하게 그려나가자」, 『문학예술』제64호, 1977.5, 148쪽)

강령을 뚫고 불거져 나오는 실제적 삶의 실상을 어쩌지 못한다. 이는 이데올로기 속에서 생성됨에도 불구하고 이데올로기를 초월하는 문학의 근원적 성격과 관련이 있다. 문학의 독특한 존재양태로 말미암아, 아무리 완벽한 이념체계라도 문학 내재적 논리에 입각한 형상화과정을 거치게 되면 자연스레 그 문학작품은 이념의 모순과 한계를 노출할 수밖에 없다.27) 특히 일인칭 소설은 전지적 서술자가 강력한 권한을 가지고 서사 전반을 통제하는 전지적 시점의 소설과 달리 작가의 이념적 통제가 느슨할 수밖에 없기에 그와 같은 효과가 발생할 소지가 더 크다. 그건 서술자의 자기 반성적 측면이 더 강조된 반성적 서술자형 일인칭 소설에서도 마찬가지로 관찰되는 사실이다.

　반성적 서술자형 일인칭 소설은 '나'가 초반에 나타나는 부정적 상태를 벗어나 민족정체성을 자각하고 새로운 결의를 다지는 후반부를 부각시키려는 목적 하에 전체 서사를 조직한다. 하지만 정작 이들 작품에서 눈길을 끄는 것은 그 같은 이념적 구도보다 외적 세계에 반응하는 인물의 주관적 내면세계다. 다시 말해, 반성적 서술자형 일인칭 소설은 공적 이데올로기를 약화시키며 개인적 욕망과 주관적 내면을 노출하게 되고, 이것이 자연스럽게 서사에서 집단적 주체의 이념으로 완전히 환원할 수 없는 존재의 개인성을 노출하는 결과를 낳는 것이다. 그러나 재일조선인 일인칭 소설작품의 경우 강력한 규범적 이념의 통제를 받고 있으므로, 개인적 감정에의 탐닉이나 내면세계로의 몰입이 서사에서 과도하게 분출되는 경우는 거의 없다.28)

---

27) 문학의 그와 같은 성격에 관한 논의는 아래의 글을 참조할 것.
　　Louis Althusser, 이진수 역, 「예술론- 앙드레 다스프르에 답함」, 『레닌과 철학』, 백의, 1991.
　　Pierre Macherey, 배영달 옮김, 『문학생산이론을 위하여』, 백의, 1994.
28) 그에 비추어 본다면, 김석범의 「혼백」(『문학예술』제4호, 1962.10)은 재일조선인 소설문학으로서는 매우 이례적인 작품이다. 재일조선인 문학에서도 흔해 빠진

　　한편 일인칭의 형식을 취한 재일조선인 소설은 서술자의 다변화를 통해 재일조선인 소설문학의 서사적 다양성 확보에 기여하기도 한다. 예를 들어, 어린 화자를 등장시키는 작품이 그렇다. 어린 화자는 정신적으로 미성숙한 존재이기에 믿을 수 없는 서술자일 수밖에 없고, 이는 정치적 이념의 명증한 표출을 어렵게 한다. 재일조선인 소설문학이 좀처럼 어린 서술자를 등장시키지 않는 이유가 바로 여기에 있다. 하지만 어린 화자의 등장은 단점 못지않은 장점을 지니고 있으니, 공적 목소리의 생경함을 완화하고 정감 있는 서사적 분위기를 형성할 수 있게 한다는 점이 바로 그것이다. 재일조선인 소설문학으로서는 보기 드물게 어린 화자를 내세우고 있는 「현철이와 진옥이」[29]라는 작품이 이를 구체적으로 보여 준다.

> 　　렬차는 어머니가 조국으로 떠나시는 니이가다를 향하여 쏜살같이 내달렸습니다.(…중략…)
> 　　《앗! 오빠, 백두산!》
> 　　진옥이가 갑자기 큰 소리를 내면서 차창밖을 가리켰습니다.
> 　　나는 깜짝 놀래여 진옥이가 가리키는 쪽을 봤습니다.
> 　　멀리에 그림에서 본일이 있는 백두산과 좀 닮은 낮은 산이 보였습니다.
> 　　《바보! 저것이 무슨 백두산이야? 백두산은 하늘같이 높은데. 백두

‘귀국’이라는 소재를 다루고 있음에도 불구하고 그것이 주는 인상은 다른 작품과 판이하게 다르다. 여기서는 과거의 회상이 사실적 기술이나 민족정체성의 확립을 위한 수단이 아니라 인물의 주관적 내면세계를 초점화하기 위해 존재하며, 흔치 않게 인물의 내적 독백이 서사의 주요 부분을 이루고 있다. 그리고 무엇보다도 중요한 점은 개인의 주관적 상념이 공적 이데올로기에 포섭되지 않고 오히려 그것을 주변부적 요소로 밀어냄으로써 개인의 내면세계를 작품의 핵심적 주제로 떠오르게 한다는 점이다. 결국, 「혼백」은 공적 이데올로기의 족쇄를 풀어헤치고 사적인 내면세계의 자유로운 고백에 집중함으로써 재일조선인 소설문학이 개인의 내면이 완벽히 부재하는 문학은 아니라는 것을 알린다.

29) 정리신, 「현철이와 진옥이」, 『문학예술』제54호, 1975. ?.

산이 일본에 있냐?≫

　　나는 깜짝 놀랜것이 부아가 나서 진옥이를 꾸짖었습니다.

　　정말로 내가 바보였습니다. 진옥이가 ≪백두산≫이라고 했을 때 참말인가싶어 깜짝 놀랬기 때문입니다. 진옥이도 정말 백두산인줄 알고 한 말은 아닐것입니다.

　　진옥이는 샐쭉해서 나를 흘겨보았습니다.[30]

「현철이와 진옥이」의 어린 화자는 단순히 정감 있는 서사적 분위기를 북돋는 차원을 넘어 공적 이데올로기보다 사적 에피소드가 더 도드라지게 만든다는 점에서 범상치 않은 서사적 효과를 불러일으키고 있다. 물론 서사 전개의 개연성과 상관없이 '김일성 수령'을 찬양하는 장면이 삽입된다거나,[31] 민족의식의 고취라는 서사적 목표 하에 전체 서사가 조직되고 있다는 점에서는 여타의 재일조선인 문학작품과 별다른 차이가 없다. 그럼에도, 이 작품은 당위적 이념보다 어린 아이들의 순진성과 발랄함을 더욱 부각시키며 자연스럽게 독자의 웃음을 자아낸다. 결국, 어린 화자의 존재는 재일조선인 소설문학의 이념적 경직성을 완화시키는 순기능을 하는 동시에, 그것이 표방하는 이데올로기적 목표에 미세한 균열을 초래한다고 할 수 있다.

　또, 사물을 의인화한 서술자를 내세우고 있는 일인칭 소설은 지나치게 도드라진 정치적 이념을 걸러 전달하는 완충장치의 역할을 하기도 한다. 『문학예술』에 실린 재일조선인 소설문학 중 유일하게 사물을 서술자로 설정한 작품 「모대기는 돌」[32]을 보자.

　　생각에 지쳐 꾸벅꾸벅 졸고있으니까 별안간 내 궁둥이를 어느놈인

---

30) 위의 글, 46쪽.
31) 이는 주체사상의 정립 이후, 재일조선인 소설문학에 나타나는 일관된 현상이다.
32) 김병두, 「모대기는 돌」, 『문학예술』제23호, 1967.12.

가 탁 찼다.

내 눈으로는 불꽃이 튀였다. 아프다기보다 놀랬다. 어둡고 캄캄한 속에서 나는 그놈이 누군가를 알아보려고 쏘아보았다.

발끝으로 나를 차놓고는 그놈은

「아이고교, 이놈의 새끼!」(…중략…)

오른쪽 발을 뒤로 九十도나 올려 얼굴을 찡그리면서 나를 다시 찼다.

그놈의 륜곽과 나를 찼을 때의 발박닥 크기와 신고있는 가죽신 등으로 나는 그놈이 리병신을 「국회」에 보낼려고 싸다니는 순경놈이라는 것을 알아차렸다.[33]

이 작품은 남한을 배경으로 한 재일조선인 소설문학의 문제점을 고스란히 노출하고 있다. 적대계급에 대한 불타는 적의, 투쟁을 촉구하는 계몽적 목소리, 서사적 개연성의 미비 등 문학적 형상화의 측면보다 정치적 이념의 전파에 더 골몰하다 생기는 문제들이 고스란히 담겨 있는 것이다. 그렇다고 재일동포 작가로서 나름의 독특한 현실 진단이 엿보이는 것도 아니다. 그런 상황에서, 그나마 이 작품에 문학적 숨결을 불어넣는 것이 의인화의 서술전략이다. '돌멩이'의 눈과 입을 통한 우회적 서술전략이 생경한 정치적 이념의 지나친 돌출을 다소나마 완화시키는 효과를 거두고 있는 것이다.

결국, 일인칭 시점의 소설은 재일조선인 소설문학이 정치적 이념의 강력한 통제 아래에서도 재일동포가 감내해야만 했던 고통과 상실의 체험과 더불어 개인적 내면풍경을 더욱 다채롭게 담아낼 수 있게 하는 역할을 하고 있는 것이다.

---

33) 위의 글, 57쪽.

5. 맺음말

지금까지 일인칭 시점을 채택한 재일동포 한국어 소설문학, 즉 재일조선인 한국어 소설문학의 존재양상과 그 형식적 이데올로기적 특성에 대해 살펴보았다. 그 결과를 요약하면 다음과 같다.

일인칭 시점의 재일동포 소설은 크게 두 가지 부류로 나눌 수 있다. 그 하나가 반성적 서술자의 내적 성장을 전경화하고 이를 통해 민족정체성을 정립하려는 부류의 작품들이다. 또 한 부류는 반성적 서술자의 내적 의식보다 경험적 서술자의 자전적 체험이 더 도드라져 있는 작품들이다. 물론 그 정도의 차이가 그다지 크지 않거니와, 양자가 공히 민족정체성의 고취라는 재일조선인 소설의 당위적 목표에 충실히 복무하고 있다는 점에서는 하등 다를 바가 없다. 다만, 경험적 서술자가 자신의 현실적 경험을 진술하는 데 치중하는 소설의 경우에는 자연스레 서술자의 내면의식보다 외적 현실세계를 좀 더 강조하게 마련이다. 그리고 이는 당위적 이념의 규율에서 조금이나마 탈피해 보다 실제적 현실에 근접한 서사공간의 창출을 가능하게 하는 효과를 가져온다.

한편, 반성적 서술자를 내세운 일인칭 소설은 서술자와 모범적 인물 사이에 중개자적 인물을 배치함으로써 서사적 개연성을 높이고 재일조선인 소설문학의 단순성과 전달의 일방성을 일정 부분 극복케 한다. 또한, 그것은 자기 고백적 성향이 강한 편지글의 도입을 통해 개인의 내면심리와 주관적 감성으로 계몽적 목소리를 감싸안음으로써 전지적 서술의 생경함 같은 문제점을 피해 간다. 특히 일인칭 서술시점은 다양한 화자의 존재를 통해 재일조선인 소설형식의 다양화에 기여를 한다. 이를테면, 어린 화자나 사물 같은 다양한 서술자의 등장은 재일조선인 소설문학의 이념적 경직성을 완화시키는 순기능을 한다.

참고문헌

1. 기초자료

『문학예술』 창간호(1960.1)~109호(?)

2. 논저목록

김응교, 「일본 속의 마이너리티」, 『시작』 2004.겨울.

심원섭, 「재일 조선인 시문학에 나타난 자기 정체성의 제양상」, 『한국문학논총』제
　　　31집, 한국문학회, 2002.10.

와세다대학 조선문화연구회·해외동포문학편찬사업 추진위원회·재일본조선문학예
　　　술가동맹, 『재일조선인 조선어문학의 현황과 과제』, 2004.12.11.

조규익, 『해방전 재미한인 이민문학1 - 연구편』, 월인, 1999.

이정석, 「재일동포가 창작한 한국어 산문문학의 존재양상」, 한중인문학회, 『한중인
　　　문학연구』제14호, 2005.4.

＿＿＿, 「재일동포가 창작한 한국어 소설문학 담론의 존재양상」, 『한중인문학 연구』
　　　제16호, 2005.12.

한승옥, 「재일동포 한국어 문학연구 총론(Ⅰ)」, 『한중인문학』제14집, 2005.4.

김태영·강석진 옮김, 『저항과 극복의 갈림길에서- 재일동포의 정체성, 그 역사와
　　　현재 그리고 미래』, 지식산업사, 2005.

Althusser, Louis, 이진수 역, 「예술론 - 앙드레 다스프르에 답함」, 『레닌과 철학』, 백
　　　의, 1991.

Lanser, Susan Snaider, 김형민 옮김, 『시점의 시학』, 좋은날, 1998.

Macherey, Pierre, 배영달 옮김, 『문학생산이론을 위하여』, 백의, 1994.

Franz K. S. Stanzel, 안삼환 역, 『소설형식의 기본유형』, 1982, 탐구당.

Scholes, Robert·Robert Kellogg, 임병권 옮김, 『서사의 본질』, 예림기획, 2001.

제5장

통일문학사 수립을 위하여

재일동포 문학의 민족문학적 성격 연구

소 재 영

목 차

---

1. 머리말

재외동포재단(OKF)의 통계에 의하면 한민족의 약 1할인 700만명이 해외에 거주하고 있으며 그중 절반이 중국(240만) 일본(90만)을 중심한 아시아권에 거주하고 있다고 한다. 근래 모국이 아닌 거주 지역국을 '문화영토'라는 말로 자주 표현하는데 이는 그만큼 영토의 개념보다 문화적 개념 공간의식을 중요시하는 언어로, 해외 국민의 역할이 얼마만큼 중요시되는가를 새삼 말해주고 있다. 특히 중국과 일본을 견주어볼 때 중국의 조선족은 이주의 성격상 한민족의 아이덴티티를 찾으면서도 중국 민족과 함께 협력하여 일본의 제국주의에 저항하며 사회주의 국가 건설에 공동으로 이바지하는 것으로 대부분 문학적 주제를 설정하고 있는 데 반하여, 일본의 경우는 재일동포의 형성 동기 자체가 달라서, 초기부터 일제 치하에서 강제 동원된 근로자 중심으로 교민사회가 형성되었고, 해방이 되면서 미처 귀국하지 못한 60여만의 재일동포가 잔류하여 제국주의에 항거하는 역사에서 교민사가 출발하였으므로 아주 대조되는 면모를 보이고 있다. 대체로 조선족은 거주국 국민과의 협력관계에서, 재일동포는 거주국 국민과의 갈등과 저항의 역사에서 출발하고 있는 점이 양자의 근원적 차이점이다. 재일동포는 더구나 국내의 정치적 영향으로 오랫동안 민단과 총련으로 갈라져 거주국에 대한 저항뿐 아니라 내적 분열과 갈등으로 민족적 아이덴티티를 찾지 못하고 반세기의 세월을 보내 왔다. 그러므로 문학활동에서도 조선족과 재일동포의 문학은 대조적 모습을 보이고 있다.

이제 본론에서는 먼저 재일동포문학의 성격과 특색을 살펴보고, 다음으로 작품 양적인 면에서 절대 우위를 차지하고 있는 일본어(거주국 언어)로 창작된 작품들에 대하여 세대별로 특색을 일괄 검토해 차이점을 찾아보고, 다음으로 한국어(모국어)로 창작된 작품들을 자료 중심으로 일괄 검토하여 보려고 한다. 이 양자의 문학적 성격과 특색을 서로 견주어 보면 재일의 아이덴티티와 민족문학적 특성이 규명되어지리라 생각한다.

필자 일행은 세 차례에 걸쳐 오사카 교도 도교를 중심으로 내왕하면서 재일문학의 작가를 찾고 세미나를 가졌으며 문학 작품들을 손에 닿는대로 수집한 바 있는데, 이러한 자료와 논거를 바탕으로 장차 올 남북통일의 시대를 대비하여 통일문학사의 체계적 근거를 마련할 수 있을 것으로 기대한다.

본고는 연구팀의 자료 처리와 연구 성과를 수합 총괄하는 성격의 논문이므로 기존 연구자들의 성과와 팀 구성원들의 논문의 종합적 정리의 성격이 강하다는 점을 미리 말씀드린다.

2. 재일동포 문학의 성격과 특색

필자는 「중국조선족문학의 위상과 역할」[1]이란 논문을 발표한 적이 있다. 조선족에게는 오늘날 '연변조선족자치주'라는 문화영토가 구획되어 있다. 이곳엔 현재 약 80만의 조선족이 집거하고 있다. 중국에도 본격적인 이주 시기는 19세기 말부터이므로 조선족문학사의 역사도 아직 1세기를 채 넘지 못한다. 그 사이 청일전쟁(1894) 노일전쟁(1904) 을사보호조약(1905) 한일합방(1910)에 이르는 숨가쁜 현대사의 급류를 함께 해 왔으며, 특히 중국과 더불어 일본의 제국주의에 저항하는 등 역사적

---

[1] 소재영, 「중국조선족문학의 위상과 역할」, 『한국학연구』1집, 중국 연변과기대학 한국학연구소, 2001.

격변기를 함께 하면서 문학적으로도 나름대로 독자적 위상과 역할을 맡아 해 왔다고 할 수 있다. 이점에서 조선족은 여타 중국 내 54개 소수민족과 다른 변별성을 지닌다. 또 이점에서 식민지시대에 타의적으로 강제로 끌려가 정착한 일본의 재일동포와도 변별성을 지닌다.

재일동포의 경우, 한일 합방 이후 1920년대 이른바 자유 도항기의 재일동포는 약 1만명을 겨우 상회한다. 그러던 것이 일제 말엽 태평양전쟁 시기에는 군수 및 노동 인력의 부족으로 대대적인 노무 징집령까지 내려 한반도에서 노동력을 몰아갔으므로 1945년 해방이 될 무렵에는 무려 230만이 넘는 재일동포 사회가 형성되기에 이른다. 그러나 종전 이후 약 150여만의 인구가 한반도로 귀환하고 70여만이 일본땅에 그대로 머물러 고난의 재일동포 사회를 형성하게 되는데, 이 숫자는 60년이 경과한 오늘날까지도 큰 변화를 보이지 않고 있으며, 이는 그간 순탄하지 못했던 한일 양국 간의 기구한 역사와도 긴밀한 상관관계를 맺고 있다고 할 수 있다.[2]

재일동포문학의 본격적 연구자의 한 사람인 이소가이이지로(磯貝治良)는 '재일조선인문학으로부터 받는 강렬한 인상은 조선적인 것의 농밀한 형상화이며 민족적인 것의 유지 혹은 탈회에 대한 끝없는 지향'[3]이라는 표현을 하고 있다. 여기서 '조선적인 것' '민족적인 것'이란 일제 식민지 체험을 통한 자기 발견, 민족적 아이덴티티를 회복하려는 노력의 일환으로 생각할 수 있으며, 그러한 자기 체험의 형상화를 통하여 민족과 국가를 찾아가는 과정이라 할 수 있을 것이다. 이소가이씨는 그의 「在日文學論」[4] 가운데서 '식민지 지배의 역사를 주제로 그것을 고발함에

---

2) 이광규,『재일한국인』, 일조각, 1992, 참조.
3) 磯貝治良,「재일조선인문학-부성을 초월하는 문학」,『三千里』, 1979.11, 24쪽.
4) 磯貝治良,「재일조선인문학의 아이덴티티」,『在日文學論』, 新幹社, 2004.

따라 얻어지는 저항적 이이덴티티, 조국 상황에의 귀일 감정과 통일에의 지향에 따라 얻어지는 민족적 아이덴티티, 일본 국가 사회에서 부조리에 대항하여 얻어지는 재일적 아이덴티티, 인간 존재의 내면적 추구에 의하여 얻어지는 아이덴티티, 이 모두가 문학적 동화의 반작용으로 표출되는 것'이라고 규정하고 있다. 그러나 이러한 민족적 정체성의 위기 아이덴티티가 모든 재일동포 문학의 주제로 표출되지는 않는다. 김달수 이은직, 김석범 이회성 등의 1, 2세대를 지나 이양지 유미리 등의 3세대에 이르면서는 문학적 주제를 일반적으로 설명할 수 없을 정도로 다양해져 거주국과 모국 언어 사이에서의 갈등, 가족의 해체문제, 경계인 의식 등 차츰 민족적인 것을 이탈하여 국가를 해체하고 인간과 사회의 관계 양상과 고뇌를 다루는 광범한 주제의식을 표출하기도 한다.[5]

지금까지의 논의는 주로 거주국 언어(일본어)로 표기된 문학에 초점을 맞추어 왔다. 실제 지금까지 논의의 대상이 된 1,2,3세대의 작가들은 모두 일본어로 활동을 해 왔으며, 아쿠다가와상 수상 작품 등 수다한 작품들은 재일문학이면서도 일본문학의 대열에서 어깨를 겨루며 평가를 받아 왔다.

그러나 막상 모국어로 활동하는 작가들에 대해서는 지금까지 평가를 않거나 보류해 온 것이 사실이다. 그런데 지난 2004년 <재일조선인 조선어문학의 현황과 과제> 학술회의[6] 개최를 계기로 이른바 한국어(모국어)로 표기된 재일동포 문학 연구가 활발하게 진행되었는데 <재일동포 한국어 문학작품 자료수집, 정리 및 그 민족문학적 성격에 대한 연구>[7]도 그 일환의 작업이라 할 수 있다. 여기에는 주로 총련 계통의

---

5) 유숙자, 『재일한국인 문학연구』, 월인, 2002, 11쪽 참조.
6) 「재일조선인 조선어문학의 현황과 과제」, 와세다대학 조선문화연구회, 2004.12.11.
7) 한승옥 외, 기초학문육성 지원사업과제, 학술진흥재단, 2004~5.

작가들이 중심을 이루고 있는데, 필자도 이러한 성과를 한 학술회의에서 구체적으로 보고한 바 있다.[8] 이른바 문예동(1959)이 결성되어 『문학예술』이 출간되고[9], 『조선신보』(1961)가 간행되고[10] 조선대학(1956)이 창설되면서 한글 문학에 대한 지면이 확대되어 많은 작품들이 생산되었다. 소설에 『한 상공인에 대한 이야기』(리은직), 『봄비』(박종상), 『고향손님』(소영호), 『원앙유정』(박종상), 『증언』(남상혁), 『길목』(리양호) 등은 재일동포로 살아가며 고민하는 민족문제에 초점을 맞추고 있다. 재일동포에 대한 민족 차별문제, 민족 교육문제도 중요한 주제의식으로 등장한다.

시의 경우는 『허남기 시집』, 『강순시집』, 『봄소식』(남시우) 등 대다수 작품들이 재일동포로 생활하면서 느끼는 차별의식과 사회주의적 투쟁정신이 주류를 형성하고 있다.[11]

일본어로 창작된 작품을 중심으로 지금까지 논의되어 왔던 재일동포문학은 새로이 한국어로 창작된 작품 세계가 밝혀지고 정리되면서 많은 부문에서 후자에게 자리를 양보하여 균형 감각을 되찾을 때가 되었다고 생각된다. 비록 후자의 작품들이 총련계에 치우쳐 있지만 공식화된 사회주의적 방어막을 걷으면 장차 밑그림을 그려야할 통일문학사의 균형 잡인 골격이 만들어질 수 있을 것으로 생각된다. 새삼 재일문학의 현황을 재점검하는 까닭도 이점에서 그 의의를 찾을 수 있을 것이다.

---

8) 소재영, 「중국과 견주어본 재일동포문학의 현황과 성격」,제9회 조선-한국언어문학교육학술회의 발표문, 연변대과기대 한국학연구소, 2005.7.8~9.
9) 『문학예술』100호까지 약300여 명 1500여 편이 발표되었다. 후계지로 『겨레문학』이 속간되고 있다.
10) 『조선신보』는 현재 약14700여호가 발행되었다.
11) 「재일 조선인 조선어문학의 과제」, 와세다대학 조선문화연구회, 2004.12.11.

3. 일본어로 창작된 작품들

1) 1세대의 문학-김달수, 이은직

재일동포문학의 출발점은 아무래도 張赫宙와 金史良에서부터 말하지 않을 수 없다. 전자는 친일문학을 했고 후자는 항일문학을 했다. 장혁주는 일본으로 귀화하여 노구찌미노루(野口捻)로 창씨 개명을 했다. 그러나 김사량은 도일하여 동경대를 입학 창작활동을 계속하여 <빛속에서>(1940)라는 단편이 동경의 대상인 아쿠다가와상 후보에 오르기도 하였으며, 해방 후에는 베이징으로 건너가 김학철의 태항산 조선 의용군에 가담하는 등 민족운동을 하기도 하였다. 오늘날 장혁주는 변절자의 모습으로 김사량은 저항자의 모습으로 재일동포의 대조적 두 표상이 되어 문학사의 첫 페이지를 장식하고 있다.[12]

재일동포문학의 본격적 출발점은 아무래도 40년대를 전후한 시기의 金達壽, 李殷直, 許南麒 등에서부터라고 할 수 있다.[13] 金達壽는 경남 태생으로 어린 시절에 일본으로 건너와 일본대학을 졸업하고 일본어와 일본문학에 대한 피나는 습작 과정을 거쳐 재일 문학 작가의 선두 주맥을 형성하였다.[14] 해방 후 『민주조선』(1946~7)에 발표한 <후예의 거리>는 고국과 무관한 삶을 살아온 주인공이 일제 치하의 조국 방문을 계기로 조선이 처한 민족적 상황을 직접 체득하면서 조선인이라는 각성에 도달해 가는 의식의 변화를 중점으로 기술해 놓고 있다. <박달의 재판>(신일본문학)은 무지몽매한 박달이라는 머슴 주인공을 등장시

---

12) 홍기삼, 「재일한국인문학론」, 홍기삼 외, 『재일한국인문학』, 솔, 2001, 참고.
13) 磯貝治良, 「제1세대의 문학약도」, 『季刊青丘』 봄호, 1994, 37면. 『계간청구』 (1989~96,25호)는 『삼천리』(1975-87,50호)의 후속지로 재일동포문학의 대표 잡지임.
14) 『金達壽小說全集』(1-7), 筑摩書房. 1~3권은 단편집, 4권은 후예의 거리, 고국의 사람, 5권은 일본의 겨울, 밀항자, 6권은 박달의 재판, 현해탄, 7권은 장편 태백산맥이 들어 있다.

켜 해방 후 남한사회의 지배 관료들에 대한 야유와 풍자가 주제의식으로 연결되고 있으며, 작자가 총련을 선택할 수밖에 없었던 사회의식과도 깊은 관련을 맺고 있다. <현해탄>(신일본문학)과 <태백산맥>(문화평론)은 전 후편의 관계로 엮어져 있는데, <현해탄>이 태평양전쟁 중의 한국 서울의 양상을 그리고 있다면 <태백산맥>은 해방 후의 한국과 서울이 중심 무대로 등장하고 있으며, 어느 쪽도 모두 당시 한국인의 생활과 저항이 주제를 형성하고 있다.15)

김달수는 소설가로서의 활동 이외에 재일동포가 거주하는 일본의 문화영토에 대한 지대한 관심을 가지고 「일본 속의 조선문화」(전12권, 講談社, 1750-99)를 완성하는 방대한 문화사업을 벌이기도 하였다.16)

한편 전북 정읍 출생으로 어릴 적 일본으로 건너가 일본대학을 수학하고 김달수와 비슷한 삶을 살아온 이은직도 <물결>이라는 단편을 이미 재학시절에 발표하여 아쿠다가와상 후보에 오른 적이 있으며, 장편 <탁류>도 김달수의 <태백산맥>과 여러 면에서 닮은 점이 많다.17) 두 작품 모두 해방 후 10월 항쟁을 배경으로 하고 있는 데다 미군정이 일제의 정치체제를 그대로 이어 받아 해방 정국에서 우리 자주 민주국가 건설을 어떻게 방해하였는가에 대한 치밀한 보고문학의 형태를 취하고 있다는 점도 유사하다. 긍정적 인물이 공산주의자인 것도 적대적 인물이 지주 친일 세력인 것도 닮아 있다. 이은직은 국문으로 작품 활동을 한 1세대 작가 김민, 류벽, 윤광영, 박원준, 박종상, 소영호, 양우직, 박관범, 서상각 등과 함께 국문 창작 1세대의 대표적 인물이기도 한데, <승냥이>라는 작품이 해방신문에 실린 것(1948)이 첫 국문소설이라는

---

15) 『金達壽小說全集』(7), '태백산맥' 해제, 참조.
16) 김달수는 만년 이진희 강재언 서채원 등과 한국을 여러 차례 방문하였는데, 이 때 필자도 재일문화에 대한 관심을 가지고 국내 여행에 동참한 바 있다.
17) 이은직, 김명인 역, 『탁류』(상중하), 풀빛, 1988.

평가를 받고 있다. <한 상공인에 대한 이야기>는 이은직의 1980년대 작품인데 2002년에 조선문학예술종합출판사에서 출판되었다. 주인공 조봉우는 일제 하에서 가난에 쪼달리다 가출하여 밀선을 타고 일본으로 건너와 갖은 학대를 무릅쓰고 삶의 밑바탕을 헤매면서 민족에 눈뜨고 조국과 민족을 위해 살아가게 된다는 재일동포 상공인의 일대기인 자전적인 작품이다.[18]

2) 2세대의 문학-김석범, 이회성

재일동포 2세대 작가의 대표로는 金石範 李恢成 金泰生 등을 들 수가 있다. 김석범은 그의 어머니가 제주도에서 임신하여 일본의 오사카로 이주한 후 일본땅에서 출생한다. 수태는 한국땅 출생은 일본땅 (1925)인 셈이다. 경도대학 미학과를 수료하고 <까마귀의 죽음>으로 문단에 등단하면서 일약 문단에서 주목받는 작가로 성장하였다. 그는 몇 차례 제주땅을 내왕하면서 이후 <간수박서방>, <관덕정>, 장편 <화산도>에 이르기까지 그가 역사적 대 충격으로 받아들인 제주 4·3 사건을 그의 작품을 관통하는 대주제로 설정하고 있다. 그의 대표작 <화산도>[19]의 시대적 배경은 1948-9년에 이르는 제주 도민의 본격적 학살 시기가 되고 있으며, 이 작품에 등장하는 남승지, 유달현, 양준오, 강몽구, 김동진 등 사건의 뼈대를 이루는 인물들은 모두 공산주의자들이고 모두가 조직에 가담하여 활동한다. 작가는 후기에서 '조국의 분단을 막고 폭력으로부터 자신의 생존을 지키고 해방시킬 수 있는 방법이 게릴라 봉기 이외에 어떤 투쟁 방법이 있겠는가'라고 되묻고 있다. 30

---

18) 강태성, 「재일조선인 조선어소설문학」, 『재일조선인 조선어문학의 현황과 과제』, 와세다대학 조선문화연구회, 2004.
19) 김석범, 『화산도』(1-7), 문예춘추사, 『화산도』(전5권), 이호철·김석희 공역, 실천문학사, 1988.

만 인구 중 8만여 명이 살해된 제주 4·3사건의 비극적 역사를 파고드는 작자의 집요한 의식은 장황한 작품의 종결에 이르기까지 지속된다. <까마귀의 죽음>에 등장하는 이상근, 정기준도 <화산도>의 이방근, 양준오의 성격과 그대로 일치한다. 이방근(이상근)처럼 좌도 아니고 우도 아닌 어느 쪽에도 소외당한 인물을 통해 역설적으로 작자의 희망과 탈출구를 보려 한 것이 아닌가 하는 주장이 어느 면에서는 매우 설득력을 지닌다.[20] <화산도>는 결국 이방근과 남승지의 양인이 중심축을 이루고 있는데, 4·3이라는 역사적 비극이 탄생할 수밖에 없는 한반도의 현실에서 극좌와 극우를 다 거부하는 이방근의 논리와, 죽음의 섬에서 빠져 나가 또 다른 재일을 준비하는 남승지의 논리가 공존하는 작품이라 말하기도 한다.[21]

김석범의 <万德幽靈奇談>[22]은 어릴 적 제주도의 관음사에 공양주로 맡겨진 비천하고 학대받는 존재의 만덕이라는 존재의 행동을 재주 4·3사건을 통해 역동적으로 표현해 보이고 있다. 만덕은 빨치산으로 몰려 처형되었다가 다시 살아나 총을 든 유령으로 둔갑하여 나타나는데, 이는 제주 민중의 저항적 의지를 보여주는 상징적 모습이며 작자가 4·3사건을 대하는 애정과 집념의 표현이라 할 것이다.[23]

김석범이 수태의 땅 제주도에 집념을 보이고 있는 데 반하여, 李恢成은 자신이 태어난 운명의 땅 사하린(당시 일본령 마오카)에 문학적 집념을 보이고 있다. 그의 부친은 규슈의 탄광 노동자로 결혼하여 사하린에 정착하였으며 이회성도 사하린서 태어나 귀국하지 못하고 북해도에서 재일의 삶을 살아왔다. 어릴 적부터 자신뿐 아니라 민족적 정체성

---

20) 홍기삼 외, 앞의 책, 27쪽, 참고.
21) 이재봉, 「재일한인문학의 존재방식」, 『한국문학논총』32집, 2002, 15쪽.
22) 김석범, 『万德幽靈奇談』, 筑摩書房, 1971.
23) 유숙자, 앞의 책, 67쪽.

에 대하여 심각한 고민을 겪는다. 와세다대학 노문학과를 졸업하고 한 때 총련 조선신보에 근무하면서 통일 평론상을 수상하기도 하였다.[24]

그는 자전적 데뷔작 <또다시 이 길을>(1969)에 이어 <우리들 청춘의 길목에서>(1969), <가얏고를 위하여>(1970), <청구의 집>(1971), <약속의 땅>(1973), <유역에>(1992), <백년동안의 나그네>(1995)[25] 등 많은 작품을 썼다.

그의 작품 중 어머니의 고국인 한국에 잠시 머물면서 소재를 얻어 썼다는 <다듬이질하는 여인>(계간예술, 1971)은 일본 문단에 어깨를 겨룰 수 있는 재일 최초의 아쿠다가와상(芥川賞) 수상의 영광을 안겨 준 작품이다. 다듬이질은 전통적 토속적 한국 여인의 삶과 한을 상징하는 언어로 많이 사용되곤 하는데, <다듬이질하는 여인>에는 장술이(작자 어머니의 실명)라는 한 여인의 삶에 식민지 조선의 기구한 시대적 상황 이 그대로 배어나고 있다. 그러나 작가는 비극적 주인공의 부정적 삶에 초점을 맞추기보다는 역경을 딛고 꿋꿋하게 살아가고자 하는 조선 여인 의 강한 생명력과 강한 의지를 작품을 통해 잘 승화시켜 보여주고 있다. 이 작품은 이미 성년이 된 작가가 소년기의 가난과 그리움에 밴 어머니 의 모습을 회상하는 성격의 작품이며 여기에 외할머니의 딸에 대한 동 정과 시각이 겹쳐져 다듬이질하는 심상이 더욱 애잔하게 응어리져 간다.

재일문학은 어떤 의미에선 이회성의 등단으로 말미암아 제 자리를 확 고하게 확보했다고 할 수 있으며, 일본의 거주국 문학과도 어깨를 겨룰 수 있는 스타덤에 발을 내디뎠다고 평가할 수 있을 것이다.[26]

---

24) 이회성, 『이회성작품집』('미진한 꿈' 1-6), 강담사, 1977~79.
25) 이회성, 김석희 역, 『백 년 동안의 나그네』, 프레스빌, 1999. 이 작품은 노마문학 상(野間文學賞) 수상 작품이기도 하다.
26) 유숙자, 「재일 2세대의 문학」, 앞의 책, 참조.

3) 3세대의 문학-이양지, 유미리

재일문학 제3세대의 대표 주자를 꼽는다면 아무래도 李良枝와 柳美里를 들지 않을 수 없다. 이들은 공히 이미 모국과는 사실상 관련이 먼 일본 국민으로 거주하고 있다. 이양지의 작품들이 모국과 거주국 사이의 갈등이 주된 주제를 이루고 있는 반면, 유미리의 작품에선 이미 이러한 의식이 인간적 고뇌와 가족의 해체 등 인간의 근원적인 문제에 더 큰 관심을 보이고 있다.

이양지는 일본의 야마나시현(山梨縣)의 한 시골 출생이다. 그녀의 부모도 이미 어릴 때 귀화하여 별 차별을 느끼지 못했지만 성장과정을 통하여 재일의 문제를 고민하기 시작하였으며, 드디어는 그가 다니던 와세다대학을 결국 중퇴하고 모국의 유학길에 올라 서울대학에서 국문학을 이화여대에서 무용을 전공하면서 모국의 민족 정서에 깊은 애정을 가지고 빠져들게 된다. 그녀는 작품 <나비타령>(1982)을 발표한 이래 세상을 떠난 1992년까지 10년간 작품활동을 했다.[27] <나비타령>은 재일이란 문제로 고민하고 있는 작가 자신이 그의 내적 고통과 가족에게 갑자기 불어 닥친 죽음에 대한 슬픔을 모국의 전통 음악과 무속 살풀이 속에 나타난 민족적 정서인 한으로 승화시켜 나가는 과정을 독자에게 여실히 보여준다. 흰 나비는 살풀이춤에 사용되는 하얀 수건의 움직임을 은유하고 있다. 그가 가야금에 심취한 것도 가야금 산조의 선율에 녹아 있는 정서에 교감했기 때문이다. 그는 죽음 속에서 나비의 환영을 보고 살풀이춤의 하얀 의상에서 한의 빛깔을 응시하고 있다.[28]

이회성에 이어 100회 아쿠다가와상 수상작인 <유희>(1988)는 한국어와 일본어 사이에서 겪는 언어의 갈등문제를 통하여 자신의 아이덴티

---

27) 이양지, 『李良枝全集』, 講談社, 1993.
28) 이양지, 「나비타령」, 『유희』, 삼신각, 1989, 유숙자, 앞의 책, 참조.

티 문제를 확인해 간다는 내용이다. 유학생활을 통해 조국을 이해해야 한다는 언니의 충고와 모국이기에 사랑해야 한다는 자신의 내부 소리 때문에 심각한 갈등을 겪게 되는데, 위선자라는 허위의식에서 자폐증세까지 보이다가 결국 자신의 위선적 태도에 환멸을 느끼고 귀국한다는 내용이다. 작자는 자신 속에서 갈등하고 있는 유희의 모습을 증오의 눈길로 바라보고 있다.[29]

柳美里의 작품을 살펴 보자. 유미리는 가나가와현(神奈川縣) 출신이다. 부모의 별거와 가족의 해체를 목도하면서 자라 고등학교를 중퇴하고 한때 연극과 인연을 맺었으나 이후 글쓰기를 통해 자기 치유의 길을 모색, <물고기의 축제>(1933), <풀하우스>(1996), <물가의 요람>(1996) <가면의 나라>(1998), <가족시네마>(1997), <생>(2001) 등을 차례로 내 놓았다. 이중 아쿠다가와상 수상작인 <가족시네마>는 작자 자신의 가정적 체험을 바탕으로 흩어진 가족들의 재결합을 위한 정치한 필력을 높이 평가받고 있다. 가정의 붕괴, 양친의 별거, 어머니의 불륜, 남동생의 입원, 포르노배우 여동생, 제각기 분산된 가족의 재결합을 위해 아버지의 노력이 눈물겹지만 누구에게도 설득력을 얻지 못하고 있다. 현대 도시 가정의 가족 붕괴와 해체과정을 형상화한 작품으로 일본사회에서 주목의 대상이 된 작품이다.

<풀하우스>도 아버지가 빚을 얻어 새 집을 짓지만 이혼한 아내와 두 딸의 냉담한 반응으로 결국 오갈 데 없는 타인 가족을 불러 모아 가족의 빈 자리를 채우게 된다는 줄거리로, 가정과 가족에 대한 재결합의 중요성을 설파하고 있다. <돌에 헤엄치는 물고기>[30]는 작자가 자신의 상처를 드러내어 이를 직시함으로써 그 상처를 초월하려는 의지를

---

29) 이한창, 「아쿠다가와상을 통해 본 재일동포문학」, 홍기삼 외, 앞의 책, 75~6쪽.
30) 磯貝治良, 「유미리론」, 『在日文學論』, 앞의 책, 250~254쪽.

나타내고 있는데, 결국 자신의 상처는 타인이 아니라 자신이 견디지 않으면 안 된다는 사실을 인식하게 된다. 이러한 작자의 태도는 결국 절박한 자신의 내면에 존재하는 공허와 한의 정서와 맞닿아 있다고 할 수 있다.31)

재일 3,4세대에 오면 일본땅에 삶을 뿌리 내리려는 '정주형'의 이행 과정도 살펴 볼 수 있다. 귀화한 가네시로가스기(金城一紀)의 <GO>라는 작품에서 재일 한국인 스기하라가 총련에서 민단으로 적을 옮기고 공부를 계속하면서 일본 여고생 사쿠라이를 만나 사랑하는 구성을 통하여, 민족을 고민하며 일본 사회에 동화되어 살아가는 삶의 모습은 다가오는 세대의 삶의 방식을 예고하고 있다.32)

4) 이카이노(猪飼野)의 문학

'이카이노'란 지금은 없는 지명이다. 다만 버스 정류장명으로 '이키이노바시'란 명칭만이 아직 남아 있다. 70년대 지명 변경으로 이 지역은 인접 지역과 통합되어 버렸다. 그러나 옛 이카이노는 오늘날의 이쿠노구(生野區) 쓰루하시(鶴橋)를 중심한 이른바 조선인의 집거지역으로, 정치 문학 용어로 즐겨 사용되고 있다. 이카이노문학은 이미 부분적으로 다룬 작가가 있다.33) 그러나 이카이노문학은 역사가 오래며 재일 문학의 원천이요 재일 작가의 집거지이기도 하므로 여기서 언급지 않을 수 없는 성격의 것이다.34)

---

31) 이한창, 앞의 글, 77~82쪽. 유숙자, 잠재된 민족의식과 실존적 고독-유미리, 앞의 책. 참조.

32) 최근의 재일들은 자신들의 정체성을 월경인 즉 디아스포라(Diaspora), 경계인(이주 자)으로 자주 설정한다. 정순희, 「재일 젊은 세대의 아이덴티티」, 『한국문화연구』 8집, 이화여대 한국문화연구원, 2005.

33) 유숙자, 「오사카 이카이노의 재일 한국인문학」, 앞의 책 참조.

34) 근래 한류 물결을 타고 도쿄 신주꾸에도 오쿠보, 쇼쿠안 거리가 재일 한국인 문

이카이노 문학의 주류를 이루는 작가들은 대부분 제주도 출신이라는 점이 홍미롭다. <화산도>의 김석범, <유희>의 이양지도 제주도가 뿌리의 땅이다.

김길호는 재일 제주 출신 작가들 17명[35]을 가려내어 논문 발표를 하였다.[36] 그 중 양석일은 이카이노를 떠나 동경에서 택시 기사를 하며 많은 일본어로 된 작품을 썼다. <광조곡>(1981), <택시드라이버일지>(1984), <밤의 강을 건너라>(1990), <자궁속의 자장가>(1992), <단층해류>(1993), <젯트>(1996), <어둠의 자식들>(2002) 등, 이 중 '밤의 강'은 동경 신주꾸를 무대로 이념도 사상도 아랑곳할 수 없는 냉혹한 밤의 세계에 내던져진 민족학교 출신 젊은이들의 세계를 냉혹하게 그려 내었다는 평가다. 양석일은 폭력과 섹스를 과감히 다룬다. 이를 통해 그는 인간을 주박하는 내면세계에 반기를 들고 이를 해체하려 격렬한 격투를 벌인다. 이것이 그의 작품을 팔리게 하는 요소라는 주장이다.[37]

원수일의 「이카이노이야기」(猪飼野物語, 1987)는 고향 제주에서 건너온 재일 1세대 어머니들의 억척스럽고 생명력 넘치는 삶의 모습이 역동적으로 묘사되어 있다. 이 단편 가운데 <이군의 우울>이란 작품은 1990년 5월 재일동포를 소재로 한 드라마로는 처음으로 NHK에서 황금 시간대에 방영되어 이쿠노문학을 일본사회에 알리는 계기가 되었다. <AV오딧세이>라는 작품은 재일 2세의 주인공이 그간 소식을 모르다가 돌연 나타난 아버지의 행방을 추적하는 우여곡절을 육이오전쟁과 이념적 이데올로기를 시대적 배경으로 그려낸 작품으로, 민족적 비극과

화의 거리로 자리잡아 가고 있다.

35) 김석범, 김시종, 정인, 양석일, 고찬유, 원수일, 김중명, 현월, 김길호, 김태생, 종추월, 고정자, 허옥녀, 김계자, 김창생, 김마스미, 이양지(17명).

36) 김길호, 「제주 출신 및 원적지를 제주에 둔 재일동포들의 문학활동」, 『재일제주인의 삶과 제주도』, 제주발전연구회, 2005.

37) 磯貝治良, 「양석일은 왜 팔리나」, 『재일문학론』, 260~264쪽.

재일의 아이덴티티를 새삼 확인하게 하는 작품이다.[38]

　김시종의 『이카이노시집』, 종추월의 『이카이노타령』, 원수일의 『이카이노이야기』, 김창생의 『나의 이카이노』, 『이카이노발 코리안 가루타』, 김길호의 해외문학상 수상작 『이쿠노아리랑』 등 이카이노문학은 재일문학의 주류를 이루고 있으며, 작가의 대부분이 제주 출신이라는 점도 이채로운 사실이다.

4. 한국어로 창작된 작품들

1) 총련 계열의 작품들

　지금까지 주로 재일동포의 문학이라고 하면 일본어로 창작된 작품들을 일컫는 것으로 여겨 왔다. 재일동포 사회가 민단과 총련으로 갈려 오랫동안 이데올로기의 소통이 없었을 뿐 아니라 모국어로 된 창작이 생활 언어인 일본어에 밀려 소통이 내면화해버린 탓이라 생각된다. 그후 정치적 변화와 더불어 민단과 총련의 대화가 시작되면서 2004년에 개최된 재일조선인 문학 할술회의[39]를 계기로 한글로 창작된 재일문학을 본격 점검하는 분위기가 형성되었다. 그 후 필자를 포함한 재일문학 연구팀이 여러 차례 일본을 방문하여 한국어로 된 작품들의 대대적 수집 활동을 벌였는데 주로 총련계를 중심으로 많은 작품들이 수집되었다.[40]

　그 중 김형규는 문예동이 엮은 단편집 9책을 검토하였다.[41] 여기에는

---

38) 김길호, 앞의 글, 194쪽.
39) 「재일조선인 조선어문학의 현황과 과제」, 참고.
40) 한승옥, 「재일동포 한국어문학 연구 총론」 '재일동포 문학작품목록', 『한중인문학연구』,14집, 2005,4. 수집작품 목록, <재일동포 한국어문학작품 자료수집 정리 및 그 민족문학적 성격에 대한 연구> 중간발표 보고서, 2005 참조.
41) 『찬사』(1962), 『대렬』(1965), 『조국의 빛발 아래』(1965), 『주체의 한길에서』(1970), 『

남북이 경직되어 있던 시기 재일동포 1세대들의 강렬한 조국 지향을 통해 존재의 이중성을 통일하고자 하는 지향성이 나타나 있으며, 민족의식과 집단적 기억을 관념적 차원에서 강조함으로써 재일 조선인이 처한 지향과 정주의 이중성 괴리라는 재일의 상황을 극복하려는 의지가 강렬하게 나타나 있음을 본다. 특히 교육을 통한 현실적 부정과 이념적 고국 지향의식이 두드러진 특생을 공통적으로 보이고 있다.[42]

허명숙은 양우직의 장편 <비바람 속에서>(1991), <서곡>(1995), <봄잔디>(1999)의 삼부작을 통해 재일동포 1세대들의 삶과 민족 정체성을 형성하게 된 과정을 파헤치고 있다. <비바람 속에서>는 해방 후 소위 한신교육투쟁의 승리 과정을 다루고 있으며, <서곡>은 남한정부의 부정적 시각 총련과 민단의 본격적 반목이 중심을 이루고 있으며, <봄잔디>는 오로지 사회주의 조국만이 믿고 의지할 조국임을 재일 민족교육을 통해 완성할 수 있다고 주장하고 있다. 양우직의 민족 주체성에 대한 강한 지향성, 가족과 학교 교육을 통한 인간관계의 구축 등 사회주의 이동 공간으로서의 재일의 위상과 지향점을 소설의 형식을 빌어 설파하고 있다.[43] 그는 「재일동포 한국어 장편소설연구」라는 후속 연구에서는 양우직의 고베 한신대진재 이후 학교 재건의 기록을 다룬 <지진>(2003), 김춘지의 본명 찾기의 서사 <봄바람>이라는 작품에 대해서도 이들과 견주어 작가의식의 시대적 변화를 설파해 보여 주고 있다. 이은직의 <한 상공인의 이야기>[44]에서 주인공 조봉우는 어릴 적 가난에 시달리다 못해 현해탄을 건너는데, 갖은 학대와 차별에 시달리면서

해빛은 여기에도 비친다』(1971), 『영광의 한길에서』(1973), 『재일조선인단편집』(1975), 『신인작품집』(1977), 『조국은 언제나 마음속에』(1979).

42) 김형규, 「조선사람으로서의 자각과 재일의 극복」, 『한중인문학연구』14집, 2005.4.
43) 허명숙, 「재일동포작가 량우직의 장편소설 연구」, 『한중인문학연구』14집, 2005.4.
44) 리은직, 『한 상공인의 이야기』, 조선문학예술종합출판사, 2002.

온갖 천한 일을 마다하지 않고 살아가는 꿋꿋한 삶의 행적을 통하여 차츰 민족적 자각을 갖게 되고 조국과 민족을 위해 살아간다는 재일의 전형적 의지를 '조봉우'를 내세워 그려 보이고 있다. 재일 1세대들의 상징적 인물로 '조봉우'가 형상화되고 있다.

한편 박종상의 <원앙유정>[45]은 국토의 분단으로 젊은 신혼부부가 이남과 일본땅에서 생이별하여 지내다가 37년만에 일본땅에서 만나는 과정을 통하여 분단의 비극이 빚어낸 민족적 비애를 다룬 작품이다. 밀선을 타고 남편을 찾아온 아내가 오무라수용소에 갇혀 있다는 소식을 접하고 백발이 된 아내를 다시 만나게 되는 해후의 사건을 통하여, 남북 분단의 비극과 이념의 갈등 양상을 현실감 있게 묘사해 보여 준다. 주인공 '정태호'는 조선신문사 효고지국장으로 이별과 만남, 분열과 통일의 기쁨, 민족적 지향 의지를 동시에 설파하고 있는 작품이기도 하다.

소영호의 작품 <고향손님>은 한반도에 살다 아들을 찾아 일본에 온 '강노인'이란 주인공을 등장시켜 동족을 외면하며 살아가는 아들의 잘못을 깨우쳐 주고, 손자를 조선 학교에 보내어 조선인답게 살아가라는 훈계를 하고 있다. 조선말을 알아듣지도 못하고 말하지도 못하는 며느리 손자에게 심한 고독감과 모멸을 느끼다가 우연히 조선 치마저고리를 입은 소녀를 만나 친숙해져, 그녀를 통하여 총련의 꿋꿋한 생활 협동의 모습을 듣고 아들의 가정을 설득 교화한다는 내용으로 구성되어 있다. [46]

이정석은 재일의 수기 예술 산문들을 모아 검토한 결과, 특히 예술 산문이 한국문학과 소통할 수 있는 가능성이 더 크다고 주장한다. 이념보다 삶의 본질이 더 잘 드러난다는 것이다.[47]

---

45) 박종상, 『원앙유정』, 조선문학예술종합출판사, 1989.
46) 강태성, 앞의 글, 참고.
47) 이정석, 「재일동포가 창작한 한국어 산문문학의 존재 양상」, 『한국인문학연구』14집, 2005.4.

2) 민단 계열의 작품들

한국어로 창작된 대부분의 작품들은 총련 계열의 작품들임은 이미 위에서 언급하였다. 총련에서 전향하였거나 민단 계열에 속하는 작가들은, 일본어로 창작한 작품 외에 한국어로 작품 활동을 하는 작가들이 매우 희귀하다. 그나마 오사카 이쿠노를 중심으로 활동하는 제주 중심의 작가들이 있으나 작품 수집이 매우 어렵다.[48]

그 중 이쿠노에 거주하면서 창작된 김길호의 <이쿠노아리랑>[49]이란 작품은 이카이노문학의 전형적 작품으로 한국에 소개되어 해외문학상을 수상하기도 하였다. 이 작품은 작품 속의 인물 송명근교수가 제주방언 체취차 이카이노를 찾아 거주하면서 유종호라는 한 케이블방송 사장의 편지와 넝마주이 사진 한 장을 추적하는 과정을 소급하여 소설이 구성되고 있다.

김치가게의 주인 다카야마쇼뎅(高山商店)의 주인인 고할머니는 4,3사건 때 가족을 학살당하고 밀항 해온 여인으로, 아버지가 다른 삼형제 아들을 가진 기구한 운명의 여인이다. 제주에서 도항 시에는 이미 결혼하여 한 살 난 아들 명훈을 두고 있으며, 둘째 남편은 노동자로 아들 명석을 낳고 사망하며, 다시 일본인 남편 스즈기를 맞아 아들 요시오(義男)를 얻는다. 명훈은 나중 월남전에서 사망하고, 명석은 북한으로 가 대학 교수가 되고, 요시오는 교대를 나와 북해도에 가서 역사 교사가 되는데, 어느 날 4 · 3 당시의 제주 목격자인 한 승려(당시는 순경)의 방문으로 그녀는 제주를 다시 찾게 되며, 기구한 운명의 역사가 장

---

48) 일본 滋賀縣立大學에서 박경식 강재언 문고를 찾았으나 한글 자료의 미정리로 잡지 『한양』을 발굴한 외에 별 성과가 없었다. 김리박, 이승순, 김길호 작가의 만남이 크게 도움이 되었다.
49) 김길호, 「이쿠노아리랑」, 『제주문화』, 2005.4.

황히 술회되는데, 이 스토리들이 한 장의 넝마주이 사진의 출처를 풀어가는 형식으로 짜여진 일종의 상황소설이다.[50] 제주, 이쿠노, 남한, 북한을 4·3사건을 바탕에 깔고 회상체 필법으로 술회하고 있다.

5. 재일동포 문학의 민족문학적 성격

재일문학의 지속적 주제로 많은 작품들이 민족적 정체성을 말하고 있는 외에, 허명숙은 근래의 몇몇 작품 가운데서 새로운 변화의 가능성을 주장하여 관심을 모으고 있다.[51] 『문학예술』의 후계지인 『겨레문학』의 작품들을 검토한 결과다. 강태성의 <유채꽃은 피고지고>[52]에서 총련 소속의 양영식이 남한을 방문하고 적십자사의 이수동에게 '남한의 청년들과 통일이라는 지향성에 대해 공감 강한 열망을 갖게 되었다'는 내용에서나, 김옥철의 <친구의 고백>[53]에서 남한과 친근한 인물을 등장시켜 재일교포 사회의 통합과 발전을 모색하고 있는 내용 등에서 그러한 시사점이 감지된다. 이것은 근년 남북의 화해 무드를 탄 지극히 작은 징후이지만, 과거의 재일 작품이 상상할 수 없었던 새 물길을 트는 작업이어서 앞으로의 관심을 끌게 하고 있다.

이제 지금까지의 장황한 논의를 통해 얻은 논리를 바탕으로 재일동포 문학의 미족문학적 성격에 대하여 접근해 보자.

재일동포문학은 일본의 한반도 식민지화와 남북의 분단과 분열이 빚

---

50) 이 작품에 등장하는 주인공 '고할머니'는 재일동포문학의 전형적 여인상이다.
    임헌영, 「재일동포문학에 나타난 한국여성의 초상」, 『한국문학연구』19집, 동국대 한국문학연구소, 1997.
51) 허명숙, 「재일 한국어소설의 최근 동향」, 『한중인문학연구』제15집, 2005.8.
52) 강태성, 「유채꽃은 피고지고」, 『겨레문학』제7호, 2001.겨울·2002.봄 합동호.
53) 김옥철, 「친구의 고백」, 『겨레문학』제4호, 2001.봄호.

어낸 피해의식에서 비롯된다. 그러기에 초창기의 일본어로 된 문학은 재일의 고난을 극복하고 민족적 아이덴티티를 회복하는데 논의의 초점이 맞추어지고 있다. 그러나 이국땅에서 세대를 뛰어넘는 오랜 재일생활을 하는 동안, 이미 10여 만의 동포가 귀화의 길을 걷고 있는 현실에서 재일의 문학이 민족의식의 약화와 동시에 문학이 추구하는 범 인간성 회복의 휴머니즘과 수준을 맞추려는 일본문학 세계문학의 대열에 참여하려는 의식이 작가들에게 있었음은 물론이다. 근래 아쿠다가와상의 작가 이회성, 이양지, 유미리, 현월 등도 민족적 차원에서만은 논의할 수 없는 의미성을 지닌다. 귀화세대는 경계인으로서의 자신의 새로운 위상 찾기까지 실험되고 있다.

민족주의는 재일동포들의 역사적 피해의식이 그 기저에 깔려 있다. 그 피해의식은 남북의 분단으로 더욱 심화되어 나타난다. 창작의 동기도 대부분 이러한 피해의식을 극복하기 위한 몸부림이었으며, 그런 것들의 조직화가 결국 민족의 아이덴티티 회복운동으로 나타난 것이다. 민족의식은 혈연의식이다. 한민족 단일민족이라는 의식이 근간이지만, 남북의 분단은 재일사회에서도 오랜 갈등과 반목을 가져와 창작활동의 저해요소로 작용하였다.

두 번째 결속력은 결국 언어와 문자에서 찾아진다. 언어와 문자를 상실하면 민족의식도 약화된다. 오히려 소멸된다는 말이 적절하다. 민단이 거주국 언어와 모국어 사이에서 방황하는 동안 총련은 오랫동안 모국어와 문자의 끈을 놓지 않았기에 한글로 창작활동을 지속할 수 있었으며, 많은 문학적 성과물도 남겨 놓았다. 말과 언어의 끈으로 북의 사회주의 체제와도 지속적 유대를 유지할 수 있었다. 문자와 언어 지키기는 문화공동체 형성의 근간이지만, 이데올로기의 편향과 문화적 경색을 가져올 우려가 다분히 크다. 그런 점에서 북과 남은 현격한 차이를 보이고 있

으며, 이러한 이질성의 극복이 결국 재일문학의 수준을 한 단계 끌어올
릴 가늠자로 작용할 수 있다.[54]

재일문학 작품 가운데는 모국 지향의 상징인 어머니의 끈질기고 강인
한 캐릭터 설정 외에 아버지의 부재가 특이성을 띤다. 비록 존재하더라
도 부정적이며 나약한 주정뱅이형이 대부분이다. 총련 작품들의 경우
이 자리는 어김없이 사상적 가상 인격으로 환치되어 이념적인 변환을
보여준다. 그러한 변환의 이면에는 으레 민족 교육이 강조되고 있으며,
따라서 언어와 문자의 동일성을 통하여 민족적 동일성으로 치환되어 나
타난다. 총련소설의 경우 타자와의 관계성 속에서 새롭게 민족 정체성
을 구축하고자 하는데, 자본주의의 물신화, 미제 외 남한정권 등 다양한
타자와의 배타적 인식을 통하여 반자본 반제국 반근대 등을 또다른 재
일문학의 담론으로 제시하고 있다.[55] 최종환은 소설에 비해 월등하게
많은 창작시에 대하여 '그들의 목소리가 남과 북의 어느 쪽이 아니라
변경지대에서 도출된 것이기에 기능하였으며, 민족을 향한 그들의 목소
리는 재일의 상황 속에서 분열하는 그들의 내면 정체성을 부여하는 동
시에 남과 북 그리고 일본에 거주하는 혼종적 민족 주체들을 하나의 끈
으로 연결할 수 있는 가능성을 내비치고 있다고 말한다.[56] 작품 속의
전형적 인물구조와 혁명적 영웅상을 민족주의의 공분모 속에서 이념적
장치를 제거하게 되면 재일의 통합된 영웅상으로 자리 잡는 기틀이 마
련될 것이다.[57]

재일동포문학은 한민족의 1할이 넘는 해외동포 문학의 주요 부문으로

---

54) 박현선, 「재일동포 한국어수필의 내적 논리와 민족문학적 성격」, 『한중인문학연
구』제17집, 2006.4. 참고.
55) 이정희, 「재일동포 한국어소설 연구」, 『한중인문학연구』17집, 2006.4. 참고.
56) 최종환, 「재일한국어시문학의 내적 논리와 민족문학적 성격」, 『한중인문학연구』
17집, 2006.4.
57) 백로라, 「재일동포 한국어 극문학연구」, 『한중인문학연구』14집, 2004.5.

장차 올 통일시대 한국문학의 중요한 몫을 담당할 것이다. 그러기 위해서는 재일의 아이덴티티 회복을 근간으로 민단의 한글문학 창작의 강화와 더불어, 총련문학의 이데올로기 억제와 조정을 통하여 재일문학의 합일점을 찾는 작업을 서둘러야 할 것이며, 한편으론 거주국 언어를 통한 일본문학과도 어깨를 겨룰 수 있는 수준으로 피나는 노력을 경주해 나가야할 것이다.

6. 통일문학사의 얼개와 전망

허명숙은 재일동포 한국어소설의 정체성을 여러 문제가 있음에도 불구하고 역시 넓은 의미의 민족주의의 틀 안에서 수렴되어야 한다고 보고, 그 가치 확보를 위해 정치적 유착관계를 벗어나 문학예술 독자의 길을 선택해야 한다고 주장한다. 그러나 이 길은 문학 외적인 사안들과 직결되어 있으므로 남북 간 총련 민단 간 대화와 노력으로 점진적 모색의 길을 택해야 할 것이다. 이정희도 재일소설의 특징을 보다 강화된 민족의식에서 찾아 부자관계 부부관계의 형상화를 다루고 있는데, 이념을 넘어선 민족의식을 매개로 양분된 이데올로기의 연결 고리를 어떻게 만들어 나가야할 것인가의 문제는 여전히 남아 있다고 하겠다. 최종환은 재일동포의 시문학을 논하면서 먼저 내용적 미학적 차원에서 시문학의 객관적 면모부터 노출시켜야 남북을 지양하는 제3의 접점을 찾을 수 있을 것으로 판단하고 있다. 박현선은 재일동포 한국어 수필 가운데서 이러한 민족의식 문화 공동체의 에스닉의식 민족 동질성 회복의 노력이 가장 많이 나타난다고 보고, 소설 시 등 정통 장르 외적인 문학운동에 관심을 돌려 보아야 한다고 주장한다.[58] 그러나 여기서 언급하는 민족의식은 정치적 개념이 아닌 남북의 통합적 역사의식이며 재일에선 총련 민단 어느 쪽에도 남북관계에서 편향된 이념이 아닌 혈연적 공유소를 지칭한다.

근래 재일동포 사회에서도 총련과 민단의 통합을 선언하고 나섰다. 남북관계도 이념적으로 공존의 분모를 강조하는 분위기가 무르익고 있다. 재일동포의 문학에서도 민단측에서 더욱 민족 언어로 된 창작에 관심을 갖고 이를 중요시하는 분위기가 조성되어야 하며, 총련측에서도 통합된 역사의식 민족의식을 근간으로 작품 속에서 이데올로기적 편향성을 점차 줄여 나감으로써 문화적 문학적 동질성을 확보하는 결과를 가져올 수 있을 것이다.

현재 90만 재일동포 가운데는 그 4분의 3이 이미 일본에서 출생한 세대이며 그중 3분의 2 이상이 전후 출생자라는 통계가 나와 있다. 이미 10만 이상이 거주국에 귀화하였으며 해마다 7천 이상이 귀화의 길을 걷고 있다고 한다. 현재 민단이 금강학원 건국학원 경도학원 동경학원(1700명)을 갖고 있는데 비해, 총련은 아직 초등 83교, 중학 56교, 고등 12교, 대학 1교(조선대학)가 있어 한글과 민족교육을 강화하고 있다.(1946년 통계, 540교 약 4만명)[59]

문학은 작가와 독자의 상호관계에서 성립된다. 이미 식민지 분단의 체험 세대는 사라지고 의식 전승 세대인 2,3세대가 재일의 주류를 형성

---

58) <재일동포 한국어문학작품 자료수집 정리 및 그 민족문학적 성격에 대한 연구> 중간 보고서, 재일동포 한국어소설과 민족정체성(허명숙), 재일동포 한국어소설의 가족형상화 양상 연구(이정희), 재일동포 한국어시문학 형식적 특징 연구(최종환), 재일동포 민족주의의 성격과 한국어수필의 민족문학적 성격(박현선) 참고.

59) 강영우, 「일본의 민단 산하 한민족교육의 현황」, 신명직, 「일본 조선학교에서의 민족 교육」, 「재외동포의 정체성 확립과 교육의 방향」, 재외동포교육진흥재단, 2003.

하고 있다. 더욱이 총련의 창작 지침 가운데는 '총련이 공화국의 해외공민 단체' '주체사상을 유일한 지도지침으로' 라는 대문이 있어 근간 지침의 변화가 없는 상황에서 소속 작가나 독자의 의식 변화를 기대하기는 어려운 상황이다.

문학사의 경우 재일 조선대학의 교재인 「朝鮮文學史」(卞宰洙)를 보면, 「조선문학사」(김일성대,5책,1971), 「조선문학사」(사회과학원,5책,1980)가 그대로 요약되어 사적 골간을 이루고 있다.[60] 국어국문학회는 일찍이 '북한의 국어국문학 연구'라는 제목 하에 학술회의를 열고 이를 단행본으로 기획 출판한 적이 있는데[61] 여기서도 각 장르에 걸쳐 이른바 종자이론을 근간으로 한 문학사의 작품 선정 기준과 평가, 그리고 그 복사판으로서의 재일 총련문학의 특성이 언급된 바 있다.

문학사의 통일을 위해서는 먼저 남북의 이념적 간극과 미학적 가치기준의 이질성 극복을 위한 통합적 페러다임이 요청된다. 이 문제는 민단과 총련으로 분열된 재일동포 사회에서도 해당된다. 배타적 민족주의와 국수주의를 경계하면서 민족의 동질성과 정체성을 세우는데 기여하려는 민족문학의 개념은 통일문학사 서술의 기본 정신이 되어야 한다.[62]

남과 북을 통합하는 통일문학사의 얼개는 무엇인가. 이 물음에 대한 일차적 해답은 민족의 동질성과 정체성을 회복하는 일이다. 이 문제는 재일동포 문학에도 어김없이 해당된다.[63] 동질성 회복을 위해서는 분단 이전의 시간성 공간성을 다시 회복하여야 할 것이며, 이를 바탕으로 서로 다른 이념의 공유소들을 찾고 통합하여 이를 민족적 연결고리로 얽

---

60) 卞宰洙, 앞의 책, 참조,
61) 국어국문학회,『북한의 국어국문학연구』, 지식산업사, 1990.
62) 한승옥, 재일동포 한국어문학과 통일문학사, <재일동포 한국어문학의 민족문학적 성격>, 앞 '연구계획서' 참조.
63) 설성경 외,「통일한국문학의 진로와 세계화방안 연구」,『東方學志』 107호, 연세대국학연구원, 2000. 참고.

어매는 작업을 서둘러야 할 것이다. 그러기 위해서는 공통된 언어가 필요하고, 이를 형상화하는 방법으로 활발한 창작활동이 이루어져야 할 것이다.

현재의 민단측에서는 거주국 언어를 통한 세계화 지향도 포기할 수 없는 과제지만, 민족 언어와 민족 문화에 대한 더 깊은 사려와 관심이 필요한 때이며, 총련측에서는 민족 동질성을 앞세워 북한의 해외공민으로서가 아닌, 통합 민족의 이념 공유소를 점차 확대해 나가려는 노력을 기울여야 할 것이다. 재일문학의 통합이 남북 통합을 앞장서려는 노력이 장차 올 통일문학사에서의 재일의 영향을 확대할 수 있을 것이며, 이러한 공감대를 바탕으로 한국어로 된 활발한 문학 활동이 전개되기를 기대한다. 장차 올 통일문학사의 밑그림도 그러한 상호의 노력의 접점에서 그려볼 수가 있을 것이다.

7. 맺음말

지금까지 <재일동포 문학의 민족문학적 성격>에 대하여 장황하게 논의하여 왔다.

2장의 '재일동포문학의 성격과 특색'에서는 재일동포 사회의 역사적 성격을 살펴보고 재일 작가들의 거주국 언어(일본어)와 모국어(한글)로 활동하는 두 그룹을 들어, 양자의 지향점이 같은 것과 다른 것 두 문학의 특색을 구분하여 설명하였다. 재일의 모국 지향이라는 아이덴티티 추구의 바탕은 같이하면서도, 전자는 식민지 체험의 형상화 후자는 이데올로기적 경도를 보이는 점에서 차이를 보이고 있는 점을 지적하였다.

3장에서는 일본어로 작품활동을 하고 있는 작가들을 1세대에서 김달

수 이은직, 2세대에서 김석범 이회성, 3세대에서 이양지 유미리의 여섯
사람을 중심으로 다루었다. 많은 작가들 가운데 선택은 쉽지 않은 일이
나 일단 지금까지 선학들의 평가 비중 특색을 바탕으로 작가나 작품들
을 선정하였으며 이들 작가들의 재일의 체험과 고국 지향적 의식을 추
적하는데 초점을 두고 설명하였다. 결과 식민지 체험과 모국 지향성이
겹쳐지는 지점에서 작가의식의 공통된 흐름을 살필 수 있었으며, 세대
가 지날수록 문학의 공동 관심사인 가정 가족의 해체문제나 재일이 아
닌 일본땅에서 당당하게 살아가기 위한 고민과 갈등을 표출한 작품들도
창작되고 있음을 살폈다. '이카이노의 문학'을 독립 항목으로 둔 것은
재일동포문학의 근원이 이곳에 있었기 때문이다.

　4장에서는 한국어로 창작된 작품들을 주로 총련 계열의 작품들을 중
심으로 살펴 보았다. 이들 작품들은 지향성이 강하고 이데올로기적 성
향이 매우 짙다. 북한문학의 복사판 역할을 하고 있다. 그러나 많은 국
문 작품의 고집스런 창작을 통해 민족의식을 심고 있다는 점에서 긍정
적으로 평가된다. 민단계열의 작품들은 거의 창작된 작품들을 수집할
수 없어 <이쿠노아리랑> 한 작품을 다루는 데 그쳤다.

　5장에서는 '재일동포 문학의 민족문학적 성격'에 대하여 언급하였다.
이 항목에서는 공동 연구원들의 분야별 성과를 종합하여 필자의 의견을
덧붙이는 것으로 끝맺었다. 일본어로 창작된 작품들이 일본문학의 창작
상을 수상한 작품들이 많음을 보더라도 이젠 모국어를 고집하기보다 작
품의 질적 수준면에서 일본문학 나아가 세계성을 지향하는 작품 창작이
기대된다. 그러나 한국어로 창작하는 경우는 장려할 일이나 민단 총련
의 균형적 시각과 작품 활동의 필요성이 요청되며, 남과 북의 통합 이
데올로기 형성을 위한 의식의 전환이 필요하다는 생각이다.

　마지막 6장에서는 '통일문학사의 전망'으로 귀결점을 잡았다. 앞으로

의 문화적 문학적 제반 활동은 민족의 자주 통일이 전제가 되어야 한다. 그러기 위해서는 조선족문학이나 재일동포문학이 남북 어느 한 쪽에 속한 편향된 문학일 수는 없다. 재일동포의 문학도 함께 모국어 창작을 장려하고 작품 속의 경도된 이념적 성향을 조정하여 장차 올 동일문학의 시대에 재일문학이 민족문학의 지평을 확대할 수 있는 많은 자료를 제공할 수 있도록 대비하여야한다는 사실을 주장하였다.

참고문헌

1. 자료

강태성, 「유채꽃은 피고지고」, 『겨레문학』7호, 2001.겨울·2002.봄 합동호.

김길호, 「이쿠노아리랑」, 『제주문화』, 2005.4.

김달수, 『金達壽小說全集』(1-7), 筑摩書房.

김석범, 『万德幽靈奇談』, 筑摩書房, 1971.

김석범, 이호철·김석희 공역, 『화산도』, 실천문학사, 1988.

김옥철, 「친구의 고백」, 『겨레문학』제4호, 2001.봄호.

리은직, 『한 상공인의 이야기』, 조선문학예술종합출판사, 2002.

리은직, 김명인 역, 『탁류』(상중하), 풀빛, 1988.

박종상, 『원앙유정』, 조선문학예술종합출판사, 1989.

유미리, 『가족시네마』, 강담사, 1997.

이양지, 「나비타령」, 『유희』, 삼신각, 1989.

이양지, 『李良枝全集』, 講談社, 1993.

이회성, 『이회성작품집』('미진한 꿈' 1-6), 강담사, 1977~79.

이회성, 『이회성작품집』('미진한 꿈' 1-6), 강담사, 1977~79.

이회성, 김석희 역, 『백 년 동안의 나그네』, 프레스빌, 1999.

2. 저서

김환기, 『재일디아스포라 문학』, 새미, 2006.

국어국문학회, 『북한의 국어국문학연구』, 지식산업사, 1990.

유숙자, 『재일한국인 문학연구』, 월인, 2002.

이광규, 『재일한국인』, 일조각, 1992.

최효선, 『재일동포문학연구』, 문예집, 2002.

홍기삼 외, 『재일한국인문학』, 솔, 2001.

卞宰洙, 『朝鮮文學史』, 靑木書店, 1984.

磯貝治良, 『在日文學論』, 新幹社, 2004.

3. 논문

강태성, 「재일조선인 조선어소설문학」, 『재일조선인 조선어문학의 현황과 과제』, 2004.12.11.

김길호, 「제주 출신 및 원적지를 제주에 둔 재일동포들의 문학활동」, 『재일제주인의 삶과 제주도』, 제주발전연구회, 2005.

김형규, 「조선사람으로서의 자각과 재일의 극복」, 『한중인문학연구』14집, 2005.4.

박현선, 「재일동포 한국어수필의 내적 논리와 민족문학적 성격」, 『한중인문학연구』 17집, 2006.4. 참고.

백로라, 「재일동포 한국어 극문학연구」, 『한중인문학연구』14집, 2004.5.

설성경 외, 「통일한국문학의 진로와 세계화방안 연구」, 『東方學志』107호, 연세대국학연구원, 2000.

소재영, 「중국과 견주어본 재일동포문학의 현황과 성격」제9회 조선-한국언어문학교육학술회의 발표문, 연변대과기대 한국학연구소, 2005.7.8~9.

______, 「중국조선족문학의 위상과 역할」, 『한국학연구』1집, 중국 연변과기대학 한국학연구소, 2001.

와세다대학 조선문화연구회 학술대회 발표문, 『재일조선인 조선어문학의 현황과 과제』, 2004.12.11.

이재봉, 「재일한인문학의 존재방식」, 『한국문학논총』32집, 2002.

이정석, 「재일동포가 창작한 한국어 산문문학의 존재 양상」, 『한국인문학연구』14집, 2005.4.

이정희, 「재일동포 한국어소설 연구」, 『한중인문학연구』17집, 2006.4.

임헌영, 「재일동포문학에 나타난 한국여성의 초상」, 『한국문학연구』19집, 동국대한국문학연구소, 1997.

정순희, 「재일 젊은 세대의 아이덴티티」, 『한국문화연구』8집, 이화여대 한국문화연구원, 2005.

최종환, 「재일한국어시문학의 내적 논리와 민족문학적 성격」, 『한중인문학연구』17집, 2006. 4.

한승옥, 「재일동포 한국어문학 연구 총론」 '재일동포 문학작품목록', 『한중인문학연구』14집, 2005.4.

허명숙, 「재일 한국어소설의 최근 동향」, 『한중인문학연구』15집, 2005.8.
______, 「재일동포작가 량우직의 장편소설 연구」, 『한중인문학연구』14집, 2005.4
磯貝治良, 「제1세대의 문학약도」, 『季刊青丘』봄호, 1994.
磯貝治良, 「재일조선인문학-부성을 초월하는 문학」, 『三千里』, 1979.11.

■ 필자

한승옥 | 숭실대 국문과 교수
소재영 | 숭실대 국문과 명예교수
송현호 | 아주대 국문과 교수
허명숙 | 숭실대 국문과 강사
백로라 | 숭실대 국문과 강사
이정석 | 숭실대 국문과 교수
김형규 | 아주대 국문과 강사
박현선 | 산동대 한국어과 교수
이정희 | 경희대 국문과 강사
최종환 | 경희대 국문과 강사
강명혜 | 강원대 국문과 강사

재일동포 한국어 문학의 민족문학적 성격

지은이 한승옥 외

인쇄일 초판1쇄 2007년 10월 1일 **발행일** 초판1쇄 2007년 10월 8일
발행처 국학자료원 등록일 제324-2006-0041호

편 집 박지혜, 이초희, 김나경 **영 업** 정구형
총 무 한선희, 손화영, 박지연 **물 류** 박홍주, 김종효

서울시 강동구 암사동 463-25 2층
Tel 441-1762, 442-4623,4,6 Fax 442-4625
www.kookhak.co.kr / kookhak2001@hanmail.net

ISBN 978-89-6137-263-3 *93180
가 격 30,000원